卓越系列·高职高专工作过程导向"六位一体"创新型系列教材

# 思想道德修养与法律基础
# 学习践履

编　　著　鲁玉桃　唐青女
指导专家　支校衡

## 内 容 简 介

《思想道德修养与法律基础学习践履》是湖南省教育科学"十一五"规划课题"高职院校《思想道德修养与法律基础》践履型教学模式研究"（立项编号 XJK08CDY001）的成果之一。全书由 5 个模块 23 个项目组成，通过讨论评析典型事例、社会热点难点、大学生关心的现实问题以及实践系列素质能力训练项目，引导大学生学习和践履马克思主义人生观、价值观、道德观和法制观，提升思想道德素质、法律素质和政治素质，提高道德能力、法律能力和政治觉悟，掌握马克思主义理论知识和思想道德法律知识。同时引导大学生围绕自身成长成才过程中出现的重大问题，重点解决价值取向、理想信念、爱国主义、诚实守信、社会责任感、艰苦奋斗、团结协作、心理健康等问题，切实解决大学学习和生活中面临的实际困惑。

本书既适合于用作高职院校大学生学习《思想道德修养与法律基础》的辅助教材，也适合于用作教师讲授《思想道德修养与法律基础》的教学资料，还适合于用作各层次人员学习和践履社会主义核心价值观的读本。

图书在版编目（CIP）数据

思想道德修养与法律基础学习践履 / 鲁玉桃，唐青女编著. —天津：天津大学出版社，2009.7（2012.8 重印）
ISBN 978-7-5618-3074-1

Ⅰ.思… Ⅱ.①鲁… ②… Ⅲ.①思想修养－高等学校－教学参考资料 ②法律－中国－高等学校－教学参考资料
Ⅳ.B825 D92

中国版本图书馆CIP数据核字（2009）第111473号

出版发行 天津大学出版社
出 版 人 杨欢
地 址 天津市卫津路92号天津大学内(邮编:300072)
电 话 发行部:022-27403647 邮购部:022-27402742
网 址 publish.tju.edu.cn
印 刷 廊坊市长虹印刷有限公司
经 销 全国各地新华书店
开 本 185mm×260mm
印 张 16
字 数 400千
版 次 2009年7月第1版
印 次 2012年8月第3次
定 价 27.00元

**高职高专工作过程导向“六位一体”创新型系列教材**

# 编审委员会

# 总序

教育部《关于加强高职高专教育人才培养工作的意见》明确指出：高等职业教育要以培养高技术应用型专门人才为根本任务；以适应社会需要为目标、以培养技术应用能力为主线设计学生的知识、能力、素质结构和培养方案；以“应用”为主旨和特征构建课程和教学内容体系。为此，高等职业院校都在大刀阔斧地进行教学改革以适应社会的需要。

郴州职业技术学院率先在湖南进行课程教学改革，并形成了“六位一体”课程教学模式：课程教学以职业能力需求为导向，确定明确、具体、可检验的课程目标；根据课程目标构建教学模块、设计职业能力训练项目；以真实的职业活动实例做训练素材；以职业能力训练项目为驱动；根据职业能力形成和知识认知规律，“教、学、做”一体化安排，促使和指导学生进行职业能力训练，在训练中提高能力，认知知识；课程考核以平时项目完成情况和学习过程的考核为主。这种模式突出能力本位，完全摆脱了传统学科型课程教学的思维定势。

基于工作过程导向的“六位一体”创新型系列教材作为“六位一体”教学模式改革的一项重要成果，改变了传统教材以学科知识逻辑顺序来编写教材的模式，以一种全新的模块式、项目式结构来构架整个教材体系。

本系列教材较于传统教材有以下创新之处：

1. 教材编写以职业活动过程（工作过程）为导向，以项目、任务为驱动，按照工作过程形成应用性教学体系。改变传统教材篇、章、节式的编写体例，采用创新性的模块、项目为编写体例，以一个工作过程为一个模块，下设若干个任务项目，按真实工作过程来编写教材。

2. 教材的编著有现场专家或者行业、企业专家参与，编著人员“双师”结合，即教师和行业、企业专家相结合，把行业、企业的新工艺、新设备、新技术、新标准引入教材内容，并根据行业、企业需要确定教材中各方面知识的比例结构，从而保证教材的内容质量。

3. 强调能力本位，理论知识以“必需、够用”为原则，符合国家职业教育精神，适合职业教育特点。

随着课程教学改革的不断深入和完善，我们还将推出适合机电、工商管理、旅游、财会等专业的一系列工作过程导向“六位一体”教学改革教材，从而推动和促进职业教育的进一步发展。

我们相信，职业教育的明天定会更加灿烂！

郴州职业技术学院院长　文校衡

# 前言

为了贯彻落实《中共中央国务院关于进一步加强和改进大学生思想政治教育工作的意见》(中发〔2004〕16号)和《中共中央宣传部　教育部关于进一步加强和改进高等学校思想政治理论课的意见》(教社政〔2005〕5号)精神,充分发挥思想政治理论课对大学生进行思想政治教育的主渠道作用,在中宣部、教育部的直接领导下,马克思主义理论研究和建设工程重点教材《思想道德修养与法律基础》于2006年8月出版发行。该教材为全国普通高校本科、专科通用指定教材,2007年、2008年经过两次修订。在教学过程中,我们深刻体会到《思想道德修养与法律基础》的高质量、高水准和高品位,同时,我们也深刻地感受到,配备一本教学辅导资料对该教材做出补充,将有利于教师更好地组织教学、有利于学生更有效地学习和实践社会主义核心价值体系,于是,我们编著了《思想道德修养与法律基础学习践履》。

本书在认真研究和遵循《思想道德修养与法律基础》及其教学大纲的基础上,结合社会现状、大学生特点和高职院校特色而编著。它旨在通过讨论评析典型事例、社会热点难点、大学生关心的问题以及实践系列具体的能力训练项目,引导大学生学习和践履马克思主义人生观、价值观、道德观和法制观,提升思想道德素质、法律素质和政治素质,提高道德能力、法律能力和政治觉悟,掌握马克思主义理论知识和思想道德法律知识。同时引导大学生围绕自身成长成才过程中出现的重大问题,重点解决价值取向、理想信念、爱国主义、诚实守信、社会责任感、艰苦奋斗、团结协作、心理健康等问题,切实解决大学学习和生活中面临的实际困惑。

本书内容由5个模块组成,分别是理想信念观学习与践履、道德观学习与践履、法制观学习与践履、立志成为社会主义"四有"新人以及践履社会主义核心价值体系贯穿训练项目。每个模块包含了若干个项目,模块1由7个项目组成,模块2由5个项目组成,模块3由7个项目组成,模块4作为全书的总结用1个项目,模块5由3个贯穿全课程的训练项目组成。

本书在结构与内容上力求突出以下特色。

第一,结构新颖性。采用大模块与小项目相结合的结构形式,全书一共安排了5个模块23个项目。

第二,理念先进性。灵活运用职业教育"教、学、做"合一理念,强调"教、知、行"统一。即教师的教学是为了让学生将学到的知识内化为实际行动。为此,本书在模块1、模块2和模块3中分别设计了实践体验专题项目,在模块1、2、3、4的每个项目中设计了践履训练,在模块5中设计了3个贯穿全课程的训练项目。

第三,思路创新性。模块5的内容是本书的独有设计,目的在于全程引导学生自觉将践履社会主义核心价值体系落实到具体行动中。这3个训练项目贯穿于《思想道德修养与法律基础》学习的全过程，并且延伸到大学生整个大学学习期间直至终身。同时，本书的许多实践体验专题项目和践履训练都是贯穿于班委会团支部的活动中，目的在于引导师生将《思想道德修养与法律基础》的学习目标与班级的思想政治教育和管理工作融为一体。

第四，目标全面性。注重学生素质、能力和知识3个目标的实现，剖析了学生学习《思想道德修养与法律基础》这门课程应当实现的素质目标、能力目标和知识目标，并将这些目标分解到各个模块中。为便于学生实现学习目标，本书在每个学习项目中分别设置了学习素材、名人名言、关键名词、拓展知识、课后提升等环节的学习和训练。

第五，学生主体性。充分体现学生的主体地位，选材以便于学生的学习和践履为主，兼顾教师的教学。

《思想道德修养与法律基础学习践履》由鲁玉桃、唐青女共同编著，他们都从事思想政治教育教学20余年。本书由郴州职业技术学院院长支校衡教授担任指导专家，支院长是湖南省优秀教师、湖南省优秀教育工作者、湖南省职业教育先进个人、湖南省级专业带头人。他先后在本科院校、电视大学和高职院校从事思想政治教育及管理30余年，熟悉高校思想政治教育教学规律，长年坚持直接面向学生开展心理健康教育，善于应对和处理高校学生思想政治工作中的各种矛盾和冲突。由于编著者水平有限，时间仓促，本书会存在许多不足，欢迎读者来信来函批评指正，编著者不胜感激！

郴州职业技术学院学术委员会对本书的编写方案和初稿提出了修改意见，学术委员会秘书夏红军副教授为本书模块3提供“课后提升”部分的素材。本书的撰写还得到了天津大学出版社尤其是该社原继东编辑的大力支持和指导。谨向以上各位领导、专家表示衷心的感谢！

编著者
2009年6月

# 目　录


## 模块 1　理想信念观学习与践履（1）

项目 1.1　认识大学生活　自觉规划人生 ……（2）
项目 1.2　马克思主义理想信念观学习与践履 ……（18）
项目 1.3　马克思主义人生价值观学习与践履 ……（30）
项目 1.4　马克思主义人生环境观学习与践履 ……（40）
项目 1.5　爱国主义观学习与践履（一） ……（54）
项目 1.6　爱国主义观学习与践履（二） ……（68）
项目 1.7　爱国主义教育基地参观（实践体验） ……（86）

## 模块 2　道德观学习与践履（89）

项目 2.1　社会主义道德观学习与践履 ……（90）
项目 2.2　社会公德观学习与践履 ……（107）
项目 2.3　恋爱婚姻观学习与践履 ……（121）
项目 2.4　职业道德观学习与践履 ……（136）
项目 2.5　社会公德践履（实践体验） ……（161）

## 模块 3　法制观学习与践履（163）

项目 3.1　社会主义法律精神学习与践履 ……（164）
项目 3.2　社会主义法制观念学习与践履 ……（173）
项目 3.3　国家安全观学习与践履 ……（183）
项目 3.4　我国宪法基本制度学习与遵守 ……（189）
项目 3.5　我国主要实体法律制度学习与遵守 ……（199）
项目 3.6　我国程序法律制度学习与遵守 ……（216）
项目 3.7　庭审旁听（实践体验） ……（227）

## 模块 4　立志做社会主义“四有”新人（229）

## 模块 5　贯穿全课程的训练项目（243）
——践履社会主义核心价值体系

项目 5.1　时事点评 ……（244）
项目 5.2　良好行为习惯的养成 ……（244）
项目 5.3　自建个人档案　提高完善自我 ……（244）

参考文献 ……（245）

# 理想信念观学习与践履

## 素质目标

培养马克思主义的世界观、人生观、价值观,提升思想素质。

## 能力目标

能运用马克思主义世界观、人生观和价值观自觉规划人生,规范自己的行为,践履社会主义核心价值体系。

## 知识目标

理解马克思主义世界观、人生观、价值观的含义,掌握人生价值评判标准及实现条件;掌握社会主义核心价值体系的科学内涵并把握爱国主义的科学内涵。

## 计划学时

16 学时。其中,课堂教学 12 学时,实践体验 4 学时。

# 项目1.1 认识大学生活 自觉规划人生

## 学习素材1 认识大学校园

1. 天津大学简介

天津大学是教育部直属国家重点大学，其前身为北洋大学，始建于1895年10月2日，是中国第一所现代大学，素以“实事求是”的校训和“严谨治学，严格教学要求”的治学方针享誉海内外。1951年经国家院系调整定名为天津大学，是1959年中共中央首批确定的16所国家重点大学之一，是“211工程”、“985工程”首批重点建设的大学。

学校占地面积216.9万平方米。现有教职工4 400余人，其中有中国科学院院士5人，中国工程院院士6人，双聘院士8人，“长江学者”23人，博士生导师360余人，硕士生导师1 000余人，具有正高以上职称的教职工470余人。学校现有全日制在校生29 000余人，其中博士、硕士研究生10 000余人。

学校以培养高素质拔尖创新人才为目标，坚持“办特色、出精品、上水平”的办学思路，坚持“育人为本”、“教学优先”、“质量第一”的教育教学理念，对学生实施综合培养，不断加强本科教育，大力发展研究生教育，建立起了适应新世纪经济建设和社会发展需要的教育教学体系。“十五”以来，学校获国家级教学成果奖19项，其中一等奖6项，二等奖13项；全国教学名师奖获得者3人；国家级精品课程15门；国家级“十五”规划教材35种，国家级“十一五”规划教材116种，全国高校优秀教材一、二等奖8项；并有国家级实验教学示范中心2个，国家工科基础课程教学基地3个和“国家大学生文化素质教育基地”、“国家示范性软件学院”、国家集成电路人才培养基地，是首批“国家大学生创新性实验计划”入选学校等。近三年，本科生在国内外各类学生科技竞赛中成绩突出，获国际奖27项、国家级奖91项、地区级奖212项。毕业生一次就业率始终在全国高校中名列前茅。

在学科建设上，形成了以工为主、理工结合，经、管、文、法等多学科协调发展的学科布局。现有18个学院，51个本科专业，92个博士点，151个硕士点，19个博士后科研流动站。拥有博士学位授予权的一级学科20个；一级学科国家重点学科7个，分别是：光学工程、仪器科学与技术、材料科学与工程、建筑学、水利工程、化学工程与技术、管理科学与工程，覆盖二级学科数21个；此外还有二级学科国家重点学科8个，分别是：流体力学、机械设计及理论、动力机械及工程、电力系统及其自动化、微电子学与固体电子学、通信与信息系统、检测技术与自动化装置、结构工程。目前，18个工学门类一级学科中，1/3为国家重点学科，工科优势地位更加明显。

学校科研实力雄厚，始终聚焦国家重大战略需求、聚焦国际科技发展前沿，取得了丰硕成果。拥有3个国家重点实验室，2个国家工程研究中心，2个国家新技术推广中心，30个省部级重点实验室和工程（技术）中心等科研基地。2001年到2006年，有14项成果获国家科技奖励,1项成果入选“中国高校十大科技进展”,199项成果获省部级科技奖励。科研经费实现了稳定和持续的增长,“十五”期间总量超过了17.55亿元。2007年,学校获得自然科学基金资助112项,总经费超过了4 000万元。2006年授权专利193项(其中发明149项)居全国高校第8位。在2005年全国高校“三大检索”论文排名中,SCIE检索论文940篇,居全国高校11位;EI检索论文1 630篇,居全国高校第6位;ISTP检索论文528篇,居全国高校第9位;论文总数6 477篇,居全国高校第7位。学校科技产业蓬勃发展,天津大学科技园是我国首批22个国家级大学科技园试点之一,通过了教育部、科技部的验收并正式授牌。

在21世纪之初,学校制订了面向新世纪的总体发展目标:努力把学校建设成为国内外知名高水平大学,并在21世纪中叶建设成为综合性、研究型、开放式、国际化的世界一流大学。

(选自天津大学网站“天大简介”, http://www.tju.edu.cn/survey/tdinfo.htm)

2. 郴州职业技术学院简介

郴州职业技术学院位于湖南省郴州市。郴州又称福城,素有“湖南南大门”、“中国女排腾飞基地”、“有色金属之乡”、“温泉之乡”、“林邑之都”和全国优秀旅游城市等美誉,北靠107国道和京广铁路,东临京珠高速公路,距长沙和广州仅3小时车程,交通便捷,环境宜人。

学院坚持“以服务为宗旨,以就业为导向”的方针。面向市场办学,设财会金融、工业自动化、工商管理、计算机信息管理、机械与汽车工程、旅游管理与文法等6个系。紧贴经济和社会发展需要,着力培养具有创新精神和适应性强的经营、管理、工程类高技能专门人才。开设31个专业,其中,矿山机电、旅游管理等专业彰显地方特色,是全国中小型企业职工培训示范基地。有全日制在校学生近6 000人。

学院实行“名师领衔、专家治教”。215名专任教师中,有全国高校教学名师1人,省高校教学名师2人,分别占全省高职院校的1/2和1/8,省级专业带头人5名。有专兼职教授、副教授和高级工程师等80人,博士、硕士37人,省青年骨干教师5人。

学院突出职业能力和素质培养。采用“校企合作”、“工学交替”等人才培养模式,在全省率先实施“六位一体”能力型课程模式改革,得到省教育厅和其他职业院校的充分肯定。精品课程建设进入国家级行列,注重实践性教学和职业技能鉴定。

学院教学设施齐全。占地500余亩、总建筑面积18万平方米,为青年学子提供了优良的学习环境。

3. 我的大学

请通过网上搜索、咨询老师等方式,了解自己就读大学的办学条件和优势,并填写在下面空白处。

______________________________

______________________________

______________________________

______________________________

______________________________

______________________________

## 学习素材2 认识大学生活 具备大学生素质

1. 我的大学生活(某大学管理学院工程管理0402班学生)

转眼间,我已经度过了两年的大学生活。在这个美丽的校园里学习、生活,让我慢慢地成长了,也成熟了很多。过去那个不自信、腼腆的我如今面对大家时,能够很自信地交流自己的思想,把自己最阳光的一面展现给身边的人。

我来自一个小县城,那儿经济不发达,在家人和老师的教育下我从小就懂得了要好好学习,考上大学,靠自己的奋斗创造自己的人生。在自己的努力下,我来到了这所大学,开始了新的生活。

记得刚进校时,周围的一切那么陌生,本来就腼腆的我更加不自信了。为了锻炼自己,我经常去参加各种面试和活动,鼓励自己,给自己更多的勇气。经过很多次锻炼,慢慢地我不再像以前一样容易紧张,也勇敢了许多,我的心态也慢慢地平和起来,对待成功或是失败也坦然了许多。后来,我加入了一个自己喜欢的法语社团,在那儿学习一些基本的日常用语,欣赏一些法国电影,也认识了好多朋友。在社团里,我倾注了自己很多的热情,也学到了许多以前从没接触到的知识,增长了很多见识。

除了参加一些活动,其他时间我都奔走于图书馆和教室之间。我是一个很喜欢阅读的女孩,高中时因为学习时间紧张,有好多想看的书都没有机会去看。来到大学,图书馆里的书吸引着我。在周末空闲时间,我就经常一个人在图书馆呆上一天,我很喜欢一个人捧着一本自己喜爱的书一直读下去的感觉。图书馆里有很多种类的书,正好满足了我阅读的欲望。在图书馆看书的日子里,我觉得自己的心是充实的,知识面也广了许多。

没有忘记进入这个大学自己所付出的努力,我知道我在大学还是应该以学业为重。我是热爱学习的。在学习过程中,我会觉得很充实,心也很踏实。上课的时候,我认真地听老师讲解,下课了除了及时完成老师留下的作业,我还喜欢对自己喜欢的科目进行一些总结。那段时间,我很迷高数,也很喜欢那个老师,每天一有时间我就会找一些高数题来做。我觉得高数题很能锻炼自己的思维。慢慢地,我的学习就变得主动多了。大学的学习,真得很需要自制力,没有人会强迫你学习,一切都要自觉地学习,自己要主动地学,才能真正学到知识。

经过了一年的学习、生活,到了大二就完全没有了大一有过的迷茫。因为此时两大任务摆在了我们每一个人的面前:计算机二级考试和全国英语四级过关。我深知这两大任务的重要性,也暗暗下定了决心,一定要通过。我的学习目标明确了,学习的动力就更强了。每天我都给自己安排了任务,自觉地上晚自习。有一段时间,我每天都早早起来站在大阳台上大声读英语、背单词,晚上晚自习,我就有计划地做计算机VB题和四级全真试题。那段时间我的努力总算没有白费,先是自己的二级考试一次性通过,后来的英语四级考试也一次通过了,这给了我更大的学习动力。

那段时间我付出了挺多,对学习投入了很大的热情,同时也觉得那时的生活是最充实的。到了下学期又开始准备六级英语考试了，我仍然像以前一样有计划地安排自己每天的任务，然后在晚自习的时候完成。我一直相信只要自己努力了，结果并不是很重要，不要让自己后悔就行了。可能正是因为这种心态和自己的努力，六级我也一次性通过了。在这一次的期终考试中，我终于从之前的获得二等奖学金走到了获得一等奖学金。

当然，大二的生活除了学习还有很多。我在同学的帮助下加入了中国共产党，成为一位预备党员，还参加了我院工程管理专业评估的专业知识竞赛，获得了二等奖。

在大二一年的时间里，我把自己之前在大学定下的目标都基本实现了。在学习上，我收获了许多，学到了很多；在生活中，我的朋友多了起来，生活内容也丰富起来。在学习过程中感到了快乐，和班里同学的关系比以前更融洽了。不仅在生活中我们互相交流自己的观点，在学习中我们也经常一起探讨，我还尽自己的所能帮助一些需要我帮助的同学。

如今的我，已经进入了大三专业知识的学习。学习目标更加明确了，学习也更加忙碌了。大三，可以说是大学的一个转折时期，进入专业知识的学习意味着上岗前的培训阶段，而这个阶段又是很基本的。我知道它的重要性，所以我需要更加努力。我有时是一个很急躁的人，进入了专业知识的学习，我就告诉自己一定要踏踏实实，把专业知识学扎实。现在我每天还是像之前忙自己的学习，只是学习任务的加重，需要我付出更多的努力。

我在辅导员老师和同学的指引下，光荣地成为一名中共党员。我现在除了更加用功地学习，不辜负他们对我的期望，我还应该做得更多，去帮助周围在学习上、生活上需要我帮助的同学，真正地做好一个党员要做的事。

大学三年已经过去了两年多，在这两年多的时间里，我学会了很多，也改变了很多。我学会了在一个集体中，要顾全大局，为集体争光，积极地参加集体组织的各种活动；学会了在宿舍中和同学相处要谦让，要宽容，要主动关心周围的同学；学会了在外和他人交流时，要自信；学会了在学习过程中，要自觉主动；学会了独立地完成一个个任务……

过去的两年多，收获了很多，但我希望剩下的不到一年的大学生活还有更多的精彩，能给我留下更多值得珍惜的记忆。过去的已经不能改变，但未来我却还可以创造。我始终坚信：只要奋斗就一定会成功！

2. 大学生应具备什么素质

作为一所传统名校，中山大学培养了一代又一代优秀毕业生。作为现任中山大学校长，黄达人教授对如何培养具有时代感的高素质优秀大学生有着独到的见解。近日，他在“中大学子气质大讨论”中，跟同学们谈到了这一点。

问：您认为优秀大学生应具备哪些素质？

黄达人校长：我认为，大学培养学生的目标是要让他们成为人才，就是既要“成人”，又要“成才”。所谓“成人”，就是说我们应该着眼于培养学生的理想人格；所谓“成才”，就是要培养学生的智力和能力，使他们成为有知识本领、对社会和国家有用的人。随着时代的变迁，理想人格不断被赋予具有时代感的新的内涵。我个人心目中作为一名优秀的大学生所应具备的素质有以下七个方面。

(1)知礼。“知礼”，是一个人自处于社会的一条行为准则。孔子说过“不知礼，无以立”，我们的大学生作为将来中国建设的栋梁之才，“知礼”自然是其必备的素质之一。我们应该培养“知礼”的学生，在传授知识的同时，首先应该对他们的价值观念、行为模式乃至言谈举止有一个恰当的引导。一个“知礼”的学生，应该有敬畏之心，应该遵守社会的基本规范和秩序，应该懂得去尊重别人。这两年我们学校开始在校庆日举行学位授予仪式，其目的，就是希望学生接受一种礼仪的教育，知道何为"敬畏"，何为"感恩"。今年我们对学位授予仪式再作调整，我将给所有获得学位的毕业生，尤其是本科生，一一授予学位。学校所做的这种种尝试是重建大学礼仪的一种努力。重视各种礼仪制度的重建和规范，是中山大学乃至全中国的高校都必须面对的一个问题，我们希望通过这种"知礼"的教育，使我们的学生形成一种超越"工具理性"的人文素养，从而成为一个"文明"的现代人。

(2)诚信。这是做人的最基本准则，是一条底线，也是现代社会良性运行的基本保障。如果说"知礼"教育强调的是对社会秩序的遵守的话，那么诚信教育强调的就是对个人内在道德感的培养。只有内诚于心，才能外信于人。诚信是由内心诚实表现的自愿行为，同时也需要家庭、学校和社会的共同熏陶。诚信危机是当今中国社会的一个痼疾，建立诚信的社会道德体系是我国当今社会进步的基本要求。因此，大学要为社会进步贡献力量，首先就要培养具有诚信素质的学生。讲"诚信"，首先就要"知耻"，内心不知耻，就无所谓"诚信"。

(3) 担当。敢于担当，是一个大学生社会责任感的体现，孙中山先生对大学生"做大事"的期待，正在于"担当"二字，他亲笔题写的校训中强调"笃行"，意义也在于此。大学生要敢于接受并承担责任，首先是要有道德心去担当社会责任，要有爱心去奉献社会。一个有担当的、有责任心的大学生，进入社会就是社会的建设者，而不是社会发展的观望者。这种责任心，从大处讲是将自己的发展与社会进步和国家、民族的发展联系在一起，是一种爱国精神，是一种勇于将责任放在自己肩头的勇气；从小处讲是一种意志坚韧而富有爱心的精神。如果一个人总是遇事推诿，逃避责任，那么与此同时，他就可能错过了成就事业的机会，担当和成功是相伴随的，是离开校门后有所建树须具备的基本素质。

(4)勤奋。我们还是要强调读书的勤奋。知识的获得和积累是一个长期的过程，如果不勤奋，一切都无从谈起。这里我想强调的是，如果说在义务教育阶段，我们要提倡给学生减负，那么在大学阶段，学生已经是成年人，应该自觉地"加负"，主动地"汲识"。

这里其实包含了两种态度，一是要"非功利"地读书，一是要"去惰性"地生活。把读书，尤其是"非功利"的读书当作一种习惯，成为自己的生活方式，这样才有助于克服惰性的生活。总而言之，勤奋就是好学，是善于学习，一个善于学习的大学生，在学习过程中就会主动地训练自己，从而达到提升自身综合素质的目的。

(5)超越。敢于超越，是社会进步、国家强大的要求。中国的发展需要一大批富有创新精神和创造能力的人才。我们培养的大学生要在国家现代化和社会进步中扮演重要角色，就必须要有超越意识，要敢于超越前人，敢于超越自我，敢于超越常识。只有敢于超越，才会产生创造力，才会成为我们常说的"创新型人才"。超越又具有人生态度的意义，如果我们培养的学生，真正具有超越的意识，遇到各种事情的时候都能够超越世俗，超越个人的利害得失，能够理性、通达地直接面对内心不愉快的感觉，能够"将心比心"地去理解自己不喜欢或有感情冲突的人和事，那么，我们所取得的，就不仅仅是一般意义上的"教书育人"的成就，而是某种道德上的成就。

(6)阳光。同学们应该有理想，应该胸襟宽广，应该自信向上。孔子说，"君子坦荡荡，小人长戚戚"，换一个角度理解这句话的意思，就是说具有阳光心态的人会有很多朋友,可以说这是一个人有所成就须具备的必要条件。

青年人更应该有一股蓬勃朝气,那是一种阳光的、向上的、不循规蹈矩的、充满扩张性的精神状态。有一句话说:人要诗意地栖居。我想,人首先要热爱生活,才能诗一样地生活。

(7)职业准备。我们的就业教育应该贯穿于整个大学教育的始终。我们的学生应该有一种切合社会发展要求的职业观,如果大学生的就业产生困难,对于中国国民平均素质较低的国家来说,就是人才的最大浪费。大学生应该在就学期间就不断地重新评价自己,认真考虑自己今后的职业取向,做好充分的职业准备。

对于中山大学的学生而言,他不应将未来的职业仅仅看作是一个"饭碗",还应该看到更崇高的职业使命,看到我们将来所从事的职业是否能够推动社会的进步,我们大学生的职业期望应调整到与社会进步联系在一起。这与前面所提到的敢于担当的社会责任心是联系在一起的。

总之,我心目中理想的大学生,应该是一个"文明的现代人",他们诚信知礼,积极向上,敢于超越,勇于担当;他们顺应时代的发展,善于吸收现代世界文明,富有开拓进取的创造精神。我希望我们中大的学生们都能在中大的学习过程中塑造和完善自己,在自己的血脉中注入中大精神,并终身以此为荣。同时,我也相信,这样的大学生,才是真正适应中华民族复兴伟大事业的人才。

## 学习素材3 典型事例

1.修养的作用

耶鲁大学有一批应届毕业生 22 个人,实习时被导师带到华盛顿的白宫某军事实验室里参观。全体学生坐在会议室里等待该实验室主任胡里奥的到来。这时有秘书给大家倒水,同学们表情木然地看着她忙活,其中一个还问了问:"有黑咖啡吗?天太热了。"秘书回答说:"抱歉,咖啡用完了。"

有一个叫比尔的学生看着此景有点别扭,心里嘀咕:"人家给你倒水还挑三拣四的。"轮到他时,他轻声说:"谢谢,大热天的,辛苦了。"秘书抬头看了他一眼,满含着惊奇,虽然这是很普通的客气话,却是她今天唯一听到的一句。

门开了,胡里奥主任走进来和大家打招呼,不知怎么回事,静悄悄的,没有一个人回应。比尔左右看了看,犹犹豫豫地鼓了几下掌,同学们这才稀稀落落地跟着拍手,由于不齐,越发显得凌乱起来。胡里奥主任挥了挥手:"欢迎同学们到这里来参观。平时这些事一般都是由办公室负责接待,因为我和你们的导师是老同学,非常要好,所以,这次我亲自来给大家讲一些有关情况。我看同学们好像都没有带笔记本。这样吧,秘书,请你去拿一些我们实验室印的纪念手册,送给同学们作纪念。"

接下来,更尴尬的事情发生了,大家都坐在那里,很随意地用一只手接过胡里奥主任双手递过来的手册。

胡里奥主任的脸色越来越难看,走到比尔面前时,已经快要没有耐心了。就在这个时候,比尔礼貌地站起来,双手握住手册恭敬地说了一声:"谢谢您!"

胡里奥闻听此言,不觉眼前一亮,伸手拍了拍比尔的肩膀:"你叫什么名字?"比尔照实回答,胡里奥微笑着点头回到自己的座位上。早已汗颜的导师看到此情景,微微松了一口气。两个月后，毕业去向表上，比尔的去向栏里，赫然写着该军事实验室。有几位颇感不满的同学找到导师："比尔的学习成绩最多算是中等，凭什么选他而没选我们?"

导师看了看这几张尚属稚嫩的脸，笑道："是人家点名来要的。其实你们的机会是完全一样的，你们的成绩甚至比比尔还要好，但是除了学习之外，你们需要学的东西太多了，修养就是第一课。"

【问题与思考】

(1)比尔为什么会得到军事实验室的工作?

(2)人生中除了有聪明才智、过硬的技术外，还应需要一些什么东西?学习些什么?

【简析】

(1)从头到尾我们看到的是比尔诚实、谦虚、礼貌的一面，他因此得到了这份工作。

(2)做事先做人，这是很古老的一句话，永不过时。一个人的道德修养是其事业的基础所在，谁能建成空中楼阁呢?

2. 张士柏的金牌人生

张士柏13岁时遭高位截瘫，19岁时获斯坦福大学经济学博士学位，现在他是世界最成功的投资家巴菲特门下的经济师。

13岁时，他在美国少年游泳队的一次训练中，因为跳水时发生意外，造成颈椎断裂，高位截瘫。但是他以顽强的毅力，克服了常人难以想象的困难，出色地完成了高中和大学的课程。他提前一年高中毕业，荣获美国总统签发的"学业成就奖"，被哈佛、斯坦福、加州伯克来分校、宾夕法尼亚大学四所美国著名大学同时录取，又以优异成绩越过硕士，直接进入博士班。现在，他在北京开办了自己的公司，教授中国孩子英语，并带动了自己的姐姐和弟弟一起为他的"张士柏英语网"服务，因为他又要为2008年北京奥运会免费培训上千名的志愿者。

他说："父亲说，只有断了后路才会向前看，否则，总是想有后路可以再往后退。听了父亲的话，我就不再逃避。以前，我梦想拿奥运的游泳金牌，现在，我要努力拿人生的金牌。"

【问题与思考】

张士柏是怎样去拿取他人生的金牌的?

【简析】

明确的人生目标、科学的人生规划、顽强的毅力和执著的信念是他成功的因素。

3. 关于成人、成才和成功

成人、成才和成功是人生中紧密相关而不是截然分开的3个方面。成人是根本，成才是关键，成功是目标。

1)关于成人

成人，就是要学会做人。作为当代中国的大学生，要从时代的要求、国家的需要和个人的实际出发，自觉树立正确的世界观、人生观。学会做人，努力成人，最起码应具备以下3个要素。

(1)要有健全的人格。人格才是最高的学位。大学生要塑造自己健全的人格，应该做到：①养成良好的思想品德，经常在思想意识、道德品质等方面进行自我认识、自我磨炼和自我提高，具有改造自我的勇气；②构建和谐的人际关系，乐于、善于与他人交往，用宽容的眼光看社会、失业和友谊,以真诚、包容、信任等正面态度克服虚伪、嫉妒、猜疑等消极态度;③保持乐观向上的生活态度,对自己充满自信,对社会、生活充满希望,对自己所从事的工作或学习抱有浓厚的兴趣,不羡慕别人,不苛求自己,培养抗挫折能力和适应社会的能力。

(2)要有高度的社会责任感。对社会有无责任感,是检验人生境界高低和人格健全的尺度。社会责任感不是抽象的,具体体现在对家庭、他人、集体、国家、民族的情感、态度、责任和义务上。

(3)要有强烈的创新精神。大学生作为未来的创业者,必须培育、养成自己的创新精神。作为大学生,主要任务就是学习。要十分珍惜、充分利用当前的学习机会和条件,增强学习的紧迫感,保持旺盛的求知欲,为今后的创新、创业打下坚实的基础。当代大学生应具有独立思考能力,在学习中不要被动接受知识教育,要善于科学地怀疑,敢于对约定俗成的既成事实的事物,经过自己的再思索,有所发现,进行再创造。这就要求我们养成尊重科学、崇尚科学、运用科学的品质,尊重权威但不迷信权威。

成长为人不是以个人标准,而是以社会为尺度。对于当代中国的大学生来说,要把个人成长与祖国前途、民族复兴、集体荣誉自觉联系在一起,才能真正成长为人。

首先,民族精神的薪火不能断。在新的历史条件下,当代大学生必须顺应时代潮流,站在传承民族精神的最前沿,努力把以爱国主义为核心的民族精神与以改革开放为核心的时代精神融为一体。当前,我们要把牢固树立和积极实践社会主义荣辱观作为弘扬民族精神的重要任务。高校党委要通过各种行之有效的方式开展社会主义荣辱观教育,使大学生明荣辱之分,做当荣之事,拒为辱之行,牢固树立社会主义荣辱观,努力成为实践社会主义荣辱观的表率。

其次,艰苦奋斗的传统不能丢。今天我们倡导艰苦奋斗,并不是要求我们重新回到过去的贫困生活之中。在新世纪,艰苦奋斗、勤俭节约有其新的内涵。它不单单表现在学习上的刻苦钻研和消费方面的克勤克俭,更重要的是在此基础上形成的人生的价值观念、内在动力和行为作风。

第三,团结合作的意识不能淡。团结合作是人的生存方式、道德规范、品格修养。具有团结合作意识是现代人的重要素质。增强团结合作意识,要从日常的学习生活做起。同学之间应该经常交流思想,互帮互学,学会正确的"争"、可敬的"让",在共事中共同体验合作的迫切感。

总之,大学生学会做人,就要学会淡泊、学会宽容、学会执著、学会自律。淡泊是一种境界,不为虚名所累,不为名利所苦,既能任劳更能任怨,拿得起放得下,以一颗平和心去正确看待人生的酸甜苦辣。宽容是一种美德,学会宽容就要心胸豁达,做人厚道,有容人、容言、容事的气度,这样就会使人们的生活增加更多的理解、和谐和充实。执著是一种自信,选定了目标就要坚毅地走下去,不被困难所击倒,不为失败所沮丧。自律是一种底线,自律使人自知,自知使人自明,明白什么该做,什么不该做,任何时候不放纵自己,使我们道德自律、廉洁自律。

2)关于成才

成才,就是要学会学习。立志成才,是当代大学生的共同愿望。成才,必须明确方向定位。首先,要适应社会需要。把握社会发展趋势,顺应时代潮流,是确立成才方向的首要问题。一个人只有具有较强的社会适应能力，把个人成才追求与社会需要紧密联系起来，其自身的潜能才能得到充分发挥，才能成为社会需要的有用人才。其次，要发挥自身优势。对自己要有客观的把握，要有一个准确的定位，找寻自己的优势和长处，选择最能发挥自己专长和兴趣的方面作为自己的成才定位。再次，要利用现实条件。要全面分析现实条件提供了哪些有利因素、哪些不利因素，这些因素哪些可以直接利用、哪些能够改善和转化、哪些应该暂时等待、哪些无法克服，在此基础上明确成才定位。

大学生的主要任务是学习，学习的内容不仅是书本知识，还有实践知识。对于这两种知识的学习，都是自身素质的提高，都是对未来成才的准备。

一要打牢文化根基。文化知识是人才成长的基础和条件，在大学生成才过程中具有关键性作用。第一，基础知识要扎实、宽厚。基础知识是大学生合理知识结构的“底座”，是获取专业知识和综合知识的前提条件。第二，专业知识要精深。专业知识是大学生知识构成的特色，要想在某一方面有所建树，就必须力求掌握这一领域精深的专业知识。第三，综合知识要兼有。作为当代大学生要努力掌握人文知识和理工知识，在综合知识方面多下工夫。

二要加强实践锻炼。社会实践是大学生成才的必由之路。大学生只有走出校园，深入社会，才能更多地了解国情、民情、党情，才能更深刻地理解邓小平理论和“三个代表”重要思想的科学内涵，才能够锻炼真本事，增长真才干。从根本上讲，大学生参加社会实践是为了提高自己的适应能力、创意能力、表达能力、社会交往能力等各方面能力，更好地走入社会。

三要保持健康心理。一个人的健康表现为生理健康、心理健康和行为健康。只有具备三种健康的人，才是真正健康的人。不断搞好心理卫生，调整心态，拥有健康的心理对当代大学生非常重要。因此，在学习生活中，不要放弃自己快乐的权利，不断发现快乐、创造快乐、享受快乐。在自我调节难以奏效时，应该求助心理咨询。

3）关于成功

成功，就是要学会做事。成功不只体现为某种结果，更体现为下面三个层次。其一，成功是一种精神。无数事实证明，在成功的道路上，成功无禁区，不必要与常规保持一致，而只有在逆境中依靠自强、自立、自信的奋斗精神，另辟蹊径，脚踏实地，最终才能体会到成功的喜悦。其二，成功是一次升华。俗话说，失败是成功之母。那些出类拔萃的伟人之所以会取得成功，正是因为他们能正确对待失败，从失败中获取教益，从而踏上了成功的大道。但成功并不是失败的简单积累，而是对失败的深刻感悟和不断超越，是智慧和理性的升华。其三，成功是一个过程。今天的成就是因为昨天的积累，明天的成功则有赖于今天的努力。真正的成功是将勤奋和努力融入每天的学习生活中，融入每天的工作实践中。

同学们在大学期间，应交两个“朋友”，一个是运动场，到运动场上锻炼身体、强健体魄，一个是图书馆，到图书馆里博览群书、丰富自己；乐于吃两样“东西”，一个是吃亏，做人不怕吃亏，一个是吃苦，做事不怕吃苦；靠“两实”成长，一个是诚实，做人靠诚实，一个是扎实，做事靠扎实。真正的有志青年追求成人、成才、成功，必须要有高度的责任感、宽厚的知识、执著的精神、健康的身心才能实现。

（选自吉林省委副书记全哲洙与吉林华侨外国语学院大学生座谈如何成人成才成功的讲话，2006年4月11日）

## 学习素材4 如何进行人生规划

1. 人生规划的步骤

人生规划既是一个实现你终生目标的时间表，也是一个实现那些影响你日常生活的无数更小目标的时间表。人生规划的设计应使你的注意力集中起来，在一个特定的时间范围里充分地利用你的脑力和体力。事实上，注意力越集中，脑力和体力的使用就越有效。个人兴趣爱好及个人才智能力优势与社会、家庭所提供的发展机会相配合的区域，是人生定位的上选，成功实现目标的概率很高。相反，个人处于劣势和排斥的区域，是人生发展应该避开的暗礁区，不宜作为成功人生的定位。人生规划可以合理地分配你的精力。以下是人生规划设计的六个步骤，仅供参考。

**步骤一：**发现或搞清楚你的主要人生目标是什么。

所谓主要人生目标（人生定位），应该是一个你终生所追求的固定的目标，你生活中其他的一切事情都围绕着它而存在。为了找到你的人生主要目标，你可以问自己几个问题，如：

(1)我是谁？

(2)我想在一生中成就何种事业？

(3)临终之时回顾往事，一生中最让我感到满足的是什么？

(4)在我的日常生活中，哪一类的成功最使我产生成就感？

幸福成功的人通常是这样一类的人，即他的职业和生活方式与他的人生目标相一致。比如，一个有着很强组织意识、文字天赋和教诲倾向的人，就很可能从编辑、教师等职业生活中得到最大满足。

**步骤二：**当你能够用一个简单的句子表达你的人生目标时，就该着手准备实现这项目标。

这时，职业的选择就是你所要着重考虑的问题。应该知道，职业是帮助你实现人生目标的工具。规划自己的职业，就像将军筹划一场战役一样，也像一个足球教练确定一场重要比赛的作战方案一样，十分重要。

你可以问自己：“我的职业正在帮助我实现人生的最终目标吗？”如果答案是否定的，那就干脆重新更换职业。倘若更换职业是不现实的，那你可再进一步问自己：“是否有一种途径可以让我现有的职业与我的人生基本目标一致起来？”对于第二个问题，答案常常是肯定的。例如，一个事业有成但又并不满足物质上富有的律师，他可能会利用他的部分精力做些公益事情并从中得到精神满足。

最理想的职业方面的人生规划，应该是在你从学校毕业之时就开始进行的。在这个时候，只要心中明确你的人生大目标，你就会知道要选择或接受什么样的一份职业。毫无疑问，你会选择那份将有助于你实现人生目标的职业。

**步骤三：**在弄明白了你的职业将会帮助你实现人生更大目标之后，应该着手考虑你的人生和职业规划中的具体细节。

你需要有一个详细的个人职业发展计划。这个计划可以是一个5年的计划，也可以是一个10年或20年的计划。不管是属于何种时间范围的计划，至少应该能够回答如下问题：

(1)我要在未来5年、10年或20年内实现一些什么样的职业或个人的具体目标?

(2)我要在未来5年、10年或20年内挣到多少钱或达到何种程度的挣钱的能力?

(3)我要在未来5年、10年或20年内有什么样的一种生活方式?

对于这些问题的回答,将给你提供一份有关你的短期目标的清单。在形成这些目标的过程中,不要纯粹地依靠逻辑思维。这一类的抉择,应该发挥你的创造力,并把你的情绪、价值和信仰等因素全部调动起来。

**步骤四:**在形成了上面的具体的短期目标之后,你应该策划一下将如何达到目标。

比如,你现在是一个中层的管理人员,你的5年、10年或20年个人职业发展规划要求你成为一个高级主管。那么,怎么才有可能实现你的目标呢?如果你能够回答好如下的各项问题,你就应知道自己该怎样做了。这些问题是:

(1)我需要哪些特别的训练才能使我够资格做一名高级主管?

(2)我该增加哪些书本知识?

(3)我目前的上司在这方面是我的一个帮助还是一个障碍?

(4)在目前的这个公司,我最终成为高级主管的可能性有多大?在这里的机会是否比在其他公司更大?

(5)得到这份职位的人的一般教育程度、经验水平和年龄层次是怎样的?

**步骤五:**行动。

这是所有步骤中最艰难的一个步骤,因此要求你停止梦想而切实地开始行动。我们知道良好的动机只是一个目标得以确立和开始实现的一个条件,但不是全部。如果动机不转换成行动,动机终归是动机,目标也只能停留在梦想阶段。要想实现人生的终极目标,有两个方面的陷阱应该谨慎避免,一个是懒惰,另一个是错误,哪怕是小的错误。

懒惰是事业成功的天敌。很多人不停息地奋斗一辈子都没有能够完美地实现自己的人生目标,更不用说懒惰者了。要想有一个无悔的人生,除了认准目标外,还要集中精力全力以赴。在实现人生终极目标的过程中,难免受到各种妨碍或各种诱惑,任何的闪失或偏差都会使你远离既定目标。然而,人非圣贤,谁能无过?只要在通往理想的艰难跋涉途中,尽可能少地犯错误,就可以尽可能快地达到你的目标。

**步骤六:**不断地修改和更新你的人生和职业发展目标。

人生目标的确定往往是基于特定的社会环境和条件的。这样的环境和条件总是在变化,确定了目标也应该做出修改和更新,况且这样的目标虽然写出来了,但是并未镶刻在石头上,它的存在只是为你的前进提供一个架构,指示一个方向。你是它的创造者,你可以在它看来正把你引向歧途的任何时候更改它。

在进行人生规划时,切忌以下几个方面:

(1)从众心理/羊群效应,即一切都紧跟潮流,别人做什么,我也做什么;

(2)经验至上论和信心过度,即过分相信自己的经验,认为自己“无所不能”;

(3)先入为主,即非常固执地相信自己最先形成的观点,拒绝随着环境的变化而改变;

(4)安于现状,即对目前的一切很满意,看不到潜在的改变及危险;

(5)总想证明过去的决策是正确的,即为某种选择付出了很多之后,由于不想这些付出变成“沉没成本”,便顽固地坚持着不肯放弃,找出种种理由来为自己辩解;

(6)寻求支持,即遇到问题时,不是自己主动地去寻找解决方案,而是依赖于别人的支持;

(7)形式决定答案,即追求出风头的机会和各种表面上的荣誉,忽视内在的真正提高。

大学时代是一个人职业生涯的探索阶段,这个阶段的主要任务是:发现和发展自己的需要和兴趣,发现和发展自己的能力和才干,为进行实际的职业选择打好基础;学习职业方面的知识,寻找现实的角色模式,获取丰富信息,发现和发展自己的价值观、动机和抱负,做出合理的受教育决策,将幼年的职业幻想变为可操作的现实;接受教育和培训,开发工作世界中所需要的基本习惯和技能。

2.人生规划范例:大学三年怎么过?

罗丽娟是某职业技术学院工商管理系营销专业的大一新生,为了避免大学毕业后的就业走弯路,她根据自己所选择的专业,拟写了三年大学生活规划:

首先,认识自我。

优点:性格外向,开朗、活泼,喜交朋友,语言表达能力强。对社会经济、营销、网络等有浓厚的兴趣,喜欢理财。

缺点:过于自信,自制力不强。

其次,确定目标。

长远目标:以优异成绩完成学业,顺利毕业,进入知名外资企业从事营销职业。

短期目标:适应大学生活,提高独立能力,初步了解自己所学的专业,学好相关的知识,提高思想道德、法律素质和政治觉悟。

再次,开始制定详细计划。

一年级:初步了解专业和职业,确定学习目标和知识目标,提高人际沟通能力。

• 熟悉校园环境,了解任课老师,认识新同学,养成独立生活能力。为自己创造和谐、良好的学习环境。

• 与师兄师姐们进行交流,尤其是大三的毕业生,询问他们专业、职业、就业等情况,并做好交流笔记;

• 多参加学校活动,增加交流技巧,培养广泛兴趣爱好,提高自身素质和能力,增强自信心;

• 学习计算机知识,争取可以通过计算机和网络辅助自己的学习,加强英语口语训练,提升口语能力;

• 努力学好各门课程知识并达到相应的应用能力;

• 养成良好日常行为习惯,提高思想道德、法律素质和政治觉悟。

二年级:努力学好专业知识和提高专业技能。

• 继续参加学生会或社团等组织,锻炼自己的各种能力;

• 通过学习,具备扎实的专业知识和较高的专业技能;

• 积极参加社会实践活动;

• 提高自己的责任感、主动性和受挫能力;

• 英语口语能力增强,计算机应用能力增强,语言文字表达能力增强;

• 积极参加考证,至少获取一个技术等级(高级)证书。

三年级上学期：提高求职技能，搜集公司信息。

- 继续学习专业知识和技能，完成各门课程考核；
- 制作个人档案，学习写简历、求职信；
- 利用假期参加就业前的实习实践活动。

三年级下学期：工作申请，成功就业。

- 完成毕业设计、论文撰写、毕业考核等，获得毕业证及所需的相关等级证书；
- 了解搜集工作信息的渠道，并积极尝试；
- 开始就业申请，积极参加招聘活动，在实践中检验自己的积累和准备。

最后 在找到自己合适的职业以后，再进行新的规划。

在拟好了规划后，还应该提醒自己，在实施目标时，也会碰到困难。如很难预料的或难以控制的事情发生，像社会经济衰退、生病、环境突然发生变化等。在这种情况下，应该等待，或者寻求其他方法，或改变自己的设想，以适应社会需求。

## 学习素材5 名人名言

1. 夫君子之行，静以修身，俭以养德，非淡泊无以明志，非宁静无以致远。——诸葛亮

【简析】

德才兼备的品行，是依靠内心安静、精力集中来修养身心的，是依靠俭朴的作风来培养品德的。不看轻世俗的名利，就不能明确自己的志向，就不能平静安详、全神贯注地学习，就不能实现远大的目标。要学得真知，必须使身心在宁静中研究探讨。人们的才能是从不断的学习中积累起来的。如果不下苦功，学习就不能提高，就不能发扬自己的才干。如果没有坚定不移的意志，就不能使学业成功。

2. 勿以恶小而为之，勿以善小而不为。惟贤惟德，能服于人。——刘备

【简析】

这是刘备的临终遗言，告诫刘禅要谨小慎微，励精图治！其意就是不要以为好处少就不努力做了，也不要以为害处小就可以任性妄为之。这句话告诉我们修身养性和做人的道理，坏事再小也不能做，好事虽小也不能不屑于做！

## 关键名词

**高等学校**：泛指对公民进行高等教育的学校。从类型上讲，包括普通高等学校、成人高等学校、民办高等学校等。从学历上讲，包括专科、本科、硕士研究生和博士研究生四个层次。

**理念**：指人们对某种事物持有的观点、看法和信念。

**历史使命**：指人们担负的重大历史任务和重大历史责任。

**素质**：指一个人所具有的天赋、素养、才智和能力，包括思想政治素质、道德素质、法律素质、心理素质、业务素质、身体素质等。

**思想政治素质**：指人们在为实现本阶级利益而进行的各种社会实践活动中表现出来的特定品质。

**道德素质**：是人们的道德认识和道德水平的综合反映，包含着一个人的道德修养和道

德情操,体现着一个人的道德水平和道德风貌。

**法律素质:**指人们认识上、行为上知法、守法、用法、护法的素养和能力。

**社会主义核心价值体系:**是社会主义意识形态的本质体现,是全党和全国各族人民团结奋斗的共同思想基础。它包括四个方面的基本内容,即马克思主义指导思想、中国特色社会主义共同理想、以爱国主义为核心的民族精神和以改革创新为核心的时代精神、以"八荣八耻"为主要内容的社会主义荣辱观。这四个方面的基本内容相互联系、相互贯通,共同构成辩证统一的有机整体。

**践履:**指实行、实践。在"思想道德修养与法律基础"课程中是指学生通过素质能力训练项目的实施,自觉将该课程包含的理想信念观、道德观和法制观落实到自己的日常行动中,养成良好的行为习惯。

## 拓展知识

1. 普通高等学校基本办学条件合格指标

| 学校类别 | 本科 | | | | |
|---|---|---|---|---|---|
| | 生师比 | 具有研究生学位教师占专任教师的比例(%) | 生均教学行政用房(平方米/生) | 生均教学科研仪器设备值(元/生) | 生均图书(册/生) |
| 综合、师范、民族院校 | 18 | 30 | 14 | 5 000 | 100 |
| 工科、农、林院校 | 18 | 30 | 16 | 5 000 | 80 |
| 医学院校 | 16 | 30 | 16 | 5 000 | 80 |
| 语文、财经、政法院校 | 18 | 30 | 9 | 3 000 | 100 |
| 体育院校 | 11 | 30 | 22 | 4 000 | 70 |
| 艺术院校 | 11 | 30 | 18 | 4 000 | 80 |

| 学校类别 | 高职(专科) | | | | |
|---|---|---|---|---|---|
| | 生师比 | 具有研究生学位教师占专任教师的比例(%) | 生均教学行政用房(平方米/生) | 生均教学科研仪器设备值(元/生) | 生均图书(册/生) |
| 综合、师范、民族院校 | 18 | 15 | 14 | 4 000 | 80 |
| 工科、农、林院校 | 18 | 15 | 16 | 4 000 | 60 |
| 医学院校 | 16 | 15 | 16 | 4 000 | 60 |
| 语文、财经、政法院校 | 18 | 15 | 9 | 3 000 | 80 |
| 体育院校 | 13 | 15 | 22 | 3 000 | 50 |
| 艺术院校 | 13 | 15 | 18 | 3 000 | 60 |

备注:(1)聘请校外教师经折算后计入教师总数,原则上聘请校外教师数不超过专任教师总数的四分之一;(2)凡生师比指标不高于表中数值,且其他指标不低于表中数值的学校为合格学校。

(选自教育部《普通高等学校基本办学条件指标(试行)》)

2. 如何理解社会主义核心价值体系的内涵

社会主义核心价值体系是社会主义意识形态的本质体现,是全党全国各族人民团结奋斗的共同思想基础。它包括四个方面的基本内容。

1)坚持马克思主义指导思想

马克思主义是我们立党立国的根本指导思想。在我国社会主义核心价值体系建设中,马克思主义为我们提供了正确的世界观和方法论,提供了正确认识世界和改造世界的强大思想武器。只有用马克思主义的立场、观点、方法来正确认识经济社会发展大势,正确认识社会思想意识中的主流与支流,才能在错综复杂的社会现象中看清本质、明确方向。在长期的革命斗争和社会主义建设实践当中,我们党依靠马克思主义的正确指导,取得了中国革命、建设、改革和发展的巨大历史性成就。马克思主义在党和国家生活的指导地位,决定了它是社会主义核心价值体系的根本指导思想。这一点丝毫不能含糊。

2)坚持中国特色社会主义共同理想

理想是一个民族、一个社会的灵魂所系。马克思主义对理想问题作了科学阐述,把理想问题与人类历史发展规律内在地联系起来,使人们对理想问题有了更为科学的把握和自觉的认识。以马克思主义为指导的中国共产党人,始终坚持崇高的理想,坚持理想主义与现实主义相结合,使崇高理想成为我们党、我们民族精神生活中不可或缺的一部分。对于共产党人来说,最高理想是实现共产主义。在现阶段,建设中国特色社会主义是我们全社会的共同理想。建设社会主义核心价值体系,应该用中国特色社会主义共同理想来统一思想、鼓舞人心、凝聚力量。中国人民在建设社会主义的伟大实践中选择了建设中国特色的社会主义。改革开放以来,中国特色社会主义事业的蓬勃发展,不仅使中国人民长期追求的崇高理想一步步走向现实,而且表明中国在建设现代化的伟大征程中正在探索人类社会新的发展道路和方向。中国特色社会主义的共同理想,昭示了我们要在中国特色社会主义道路上,在21世纪头20年全面建设小康社会,到21世纪中叶基本实现现代化。

3)坚持以爱国主义为核心的民族精神和以改革创新为核心的时代精神

民族精神和时代精神是一个民族赖以生存和发展的精神支撑。一个民族,没有振奋的精神和高尚的品格,不可能自立于世界民族之林。江泽民同志深刻地指出:“有没有高昂的民族精神,是衡量一个国家综合国力强弱的一个重要尺度。”胡锦涛同志指出:“民族精神是我们民族的生命力、凝聚力和创造力的不竭源泉。”在五千多年的发展中,中华民族形成了以爱国主义为核心的团结统一、爱好和平、勤劳勇敢、自强不息的伟大民族精神。在改革开放新时期,中华民族又形成了勇于改革、敢于创新的时代精神。在全面建设小康社会、加快推进社会主义现代化的进程中,民族精神和时代精神对于中华民族的凝聚力、激励作用越来越突出,已深深熔铸在民族的生命力、创造力和凝聚力之中,成为社会主义核心价值体系中不可或缺的一部分。

4)坚持社会主义荣辱观

胡锦涛同志在2006年“两会”期间,明确提出了以“八荣八耻”为主要内容的社会主义荣辱观。他强调指出:“在我们的社会主义社会里,是非、善恶、美丑的界限绝对不能混淆,坚持什么、反对什么,倡导什么、抵制什么,都必须旗帜鲜明。”荣辱观是世界观、人生观、价值观的重要内容,树立正确的荣辱观是形成良好社会风气的重要基础。以“八荣八耻”为主要内容的社会主义荣辱观,明确了当代社会最基本的价值取向和行为准则,体现了社会主义的基本道德规范,体现了中华民族传统美德、优秀革命道德与时代精神的完美结合。社会主义荣辱观作为社会主义核心价值体系的重要组成部分,已经成为并将继续成为引领社会风尚的一面旗帜。

以上社会主义核心价值体系四个方面的内容,相互联系、相互贯通、相互促进,是有机统一的整体。坚持马克思主义的指导地位,就抓住了社会主义核心价值体系的灵魂;树立共同理想,就突出了社会主义核心价值体系的主题;培育和弘扬民族精神和时代精神,就把握了社会主义核心价值体系的精髓;树立和践履社会主义荣辱观,就打牢了社会主义核心价值体系的基础。

(选自中国共产党第十六届中央委员会第六次全体会议《中共中央关于构建社会主义和谐社会若干重大问题的决定》,2006 年 10 月)

## 训练提升

### 一、选择训练

1. 单项选择训练

(1)下列选项中,属于现代社会人们自我修养的正确途径是(　　)。

A. 坐而论道　B. 闭门思过　C. 躬行实践　D. 合理宣泄

(2)一个人进行思想、道德、科学文化、心理审美等自我修养所达到的实践水平或程度是(　　)。

A. 修养的境界　B. 修养的途径　C. 修养的目的　D. 修养的内容

(3)现代中国人人生修养的境界应该是(　　)。

A. 争做“四有”新人　B. 为个人和全家求温饱

C. 立德,立言,立功　D. 无己,无功,无名

(4)提高思想道德素质和法律素质,最根本的是要学习和践履(　　)。

A. 科学发展观　B. 马克思主义历史观

C. 马克思主义世界观　D. 社会主义核心价值体系

2. 多项选择训练

(1)大学生活特点表现在(　　)。

A. 大学是知识的海洋　B. 大学有教书育人的良师

C. 大学有浓厚的学习氛围　D. 大学有浓厚的成才氛围

(2)新的学习理念表现在(　　)。

A. 自主学习　B. 全面学习　C. 创新学习　D. 终身学习

(3)“思想道德修养与法律基础”是帮助大学生树立正确的(　　)的一门课程。

A. 世界观　B. 人生价值观　C. 道德观　D. 法制观

(4)提高思想道德素质和法律素质,最根本的是要澄清(　　)界限。

A. 是非　B. 善恶　C. 真假　D. 美丑

### 二、分析训练

1. 1988 年 1 月,75 位诺贝尔奖金获得者在法国首都巴黎聚会,这些被称为“诺贝尔们”的大科学家以“21 世纪的希望和威胁”为主题,就人类面临的重大问题进行了首次研讨。与会期间,有人问一位科学家:“您在哪所大学、哪个实验室学到了您认为最主要的东西呢?”出人意料,这位白发苍苍的学者答道:“是幼儿园。”“在幼儿园学到了什么呢?”学者答:“把自己的东西分一半给小伙伴们;不是自己的东西不要拿;东西要放整齐;吃饭前要洗手;做错了事情要表示歉意;午饭后要休息;要仔细观察大自然。从根本上说,我学到的全部东西就是这些。”

请问,这位白发苍苍学者的回答说明了什么问题?

2.孔子提出:人应该虚心学习,充实头脑,注重自省自修,使自己不断完善,成为有益于社会的"仁"人。他在描述自己一生历程和人生实践经验时说:"吾十有五而志于学,三十而立,四十而不惑,五十而知天命,六十而耳顺,七十而心所欲,不逾矩。"

请问,孔子的这段话说明了什么?

**三、问答训练**

1.结合个人实际,谈谈大学新生如何尽快适应大学生活。

2.当代大学生的历史使命和成才目标是什么?

3.谈谈你对社会主义核心价值体系的科学内涵和重要意义的理解。

4.谈谈你进入大学以来,遇到过哪些人际交往问题,是如何处理的。

**四、论述训练**

1.有人说大学教育的关键在于校园文化的熏陶,你对所在大学校园文化氛围印象如何?你准备怎样利用这种氛围塑造自己?

2.结合实际,谈谈你将如何提高自身的思想道德素质和法律素质?

**五、践履训练**

根据自己的实际情况,拟写一份人生规划书,并在学习和社会生活实践中不断地完善和实现自己的人生规划。

## 项目1.2 马克思主义理想信念观学习与践履

### 学习素材

#### 学习素材1 典型事例

1.长征:理想与信念的伟大胜利

长征,是中国革命由挫折走向胜利的伟大转折。红军在长征中锻造的伟大长征精神,是中华民族最宝贵的精神财富。

长征,是红军在无后方依托的极其艰险的环境下,进行的一场大规模、长距离的战略转移。党和红军在征途中,粉碎了国民党数十万大军的围追堵截,征服了自然界无数难以想象的艰难险阻,战胜了党内的"左"倾教条主义错误和"右"倾分裂主义,最终夺取了长征的伟大胜利。长征的伟大胜利,使党中央实现了对全国红军的统一指挥和把中国革命大本营奠基西北的战略目标,开创了中国革命的新局面,为随后开始的全民族抗战建立了前进的阵地,成为党和红军由第五次反"围剿"失败到抗日战争兴起的伟大转折。

长征的艰难险阻,锻造了伟大的长征精神。红军在长征中以英勇的斗志、顽强的作风、坚定的信念和秋毫无犯的纪律等等,最大限度地体现了人民军队的本质特征和光荣传统,从而形成了伟大的长征精神。这种精神概括起就是:革命理想高于天的忘我献身精神;敢于战胜一切敌人而决不被敌人所屈服的革命英雄主义精神;顾全大局、紧密团结的革命集体主义精神;与人民群众生死相依、患难与共的为人民服务精神;坚忍不拔、百折不挠的艰苦奋斗精神；一切从实际出发，坚持走自己道路的求实创新精神。

长征精神，是党和红军优良作风的高度凝结，是中国共产党人世界观、人生观、价值观的全面展示，是中华民族最可宝贵的精神财富，不仅进一步发扬光大了中华民族的传统美德，而且为后来的延安精神、西柏坡精神等革命精神奠定了发展的基础。正是在这些革命精神的鼓舞激励下，党和人民军队战胜了遇到的各种困难和敌人，最终夺取了中国革命的伟大胜利。

坚定的理想信念，是长征精神的核心。为革命奋斗终生的崇高理想和跟着党就胜利的坚定信念，是红军夺取长征胜利最重要的精神支柱和力量源泉。可以说，长征的胜利，就是红军指战员理想和信念的伟大胜利。

在红军长征的漫漫行程中，"天上每日几十架飞机侦察轰炸，地下几十万大军围追堵截，路上遇着了说不尽的艰难险阻"，可谓处处是险境，步步关生死。参加长征的红军部队中，不仅有年近花甲的老同志，如徐特立、董必武、林伯渠、谢觉哉等，也有许多稚气未脱的红小鬼，斯诺《西行漫记》中介绍的那位年仅15岁却有四年军龄的"老红军"就是他们的代表；还有一大批柔中寓刚的女同志，如和男同志一样冲锋陷阵的红四方面军妇女团以及红一、红二方面军中的贺子珍、邓颖超、康克清、刘英、邓六金、危拱之、陈琮英、蹇先任、蹇先佛、李贞等等。红军战士们不仅要面对国民党的重兵"追剿"，时刻承受生与死、血与火的考验，而且还要面对断粮，缺乏冬衣，长途跋涉所造成的饥饿、寒冷和极度疲乏等超越人类生理极限的挑战。然而，就是这样一支看上去面黄肌瘦、衣衫褴褛、妇孺老弱掺杂其间的队伍，却始终保持着昂扬的斗志和振奋的精神，勇敢地投入战斗，坦然地承受磨难，坚定不移地朝着党指引的方向勇敢前进，犹如一股势不可挡的滚滚洪流！

究竟是什么力量，使红军的广大指战员表现出如此顽强的意志、焕发出如此高昂的斗志？一句话，因为他们有崇高而坚定的革命理想和信念！这是红军所向披靡、英勇无畏的深刻思想基础。

在红军中，集合着一大批甘愿为理想而献身的"特别精干、英勇和忠诚"的坚定分子，老一辈无产阶级革命家是他们的杰出代表。如红军总司令朱德，曾是滇军的旅长，红二方面军的总指挥贺龙，曾是国民革命军的师长，红军的先后两任参谋长刘伯承、叶剑英早年曾分别是川军名将和粤军参谋长。在旧军队中，他们都享有高官厚禄，衣食无忧。但是，当他们认识了共产主义的伟大真理后，坚信只有共产党才能救中国。为了实现救国救民的崇高使命，他们甘愿舍弃个人的荣华富贵，把个人小我融入革命大我，哪怕是枪林弹雨、出生入死，哪怕是饥寒交迫、吃糠咽菜，也无怨无悔、义无反顾！

红军中还有一大批出身贫苦的普通战士。他们祖祖辈辈在地主老财的剥削压迫下，过着牛马不如的生活。是共产党领导他们闹革命，建立了红色政权和根据地，开展打土豪、分田地的斗争，他们才能够成为土地的主人，过上了当家做主的日子。因此，他们坚信共产党是为广大老百姓谋利益的政党，跟着共产党干革命，才有幸福，才有光明！正是在这种信念鼓舞下，他们不惜告别父老、远离家乡，坚定不移地跟着党，从长江南北万里跋涉，斩关夺隘，最终胜利到达陕甘地区。为理想而忘我献身的军队是不可战胜的。红军正是这样一支军队。

在共同的革命理想指引下，红军官兵在长征中团结一心、同甘共苦，齐心协力去战胜敌人、克服困难。征途迢迢，关山重重，党和红军的各级领导干部，处处以身作则，吃苦在先。行军途中,许多领导干部的马上坐的是生病或受伤的战士,他们自己却和普通士兵一样步行。红六师师长贺炳炎在长征中重伤截肢失去右臂,不仅把自己的马让给伤病员骑,还把缰绳缠在断臂上亲自牵马引路。部队过草地时粮食断绝,为了使战士们能够保存体力,贺龙忍痛杀了自己心爱的战马。为了防止吃野菜中毒,许多部队由干部和党团员组成检验组先行尝试,不少人因此而献出了生命。生死关头、危险时刻,共产党员和各级干部身先士卒,冲锋在前。聂荣臻回忆说,红军打仗打的是干部,打的是党团员。每打一仗下来,党团员的伤亡数,常常占到伤亡总数的25% ~50%。党和红军各级领导干部的模范带头作用和表率作用,与国民党军官的贪赃枉法、中饱私囊形成鲜明对比,使广大战士们更加坚定了跟着党革命到底的信念。红军官兵之团结,士气之旺盛,是当时国内任何军队所望尘莫及的。团结就是力量,团结才能出战斗力。红军长征中,能够以弱劣之旅战胜强大敌人,官兵之间建立在共同理想信念基础上的牢固团结,是最重要的原因之一。

伟大的党造就伟大的军队,培育伟大的战士,成就伟大的事业。而这一切,都源自于伟大崇高的革命理想和信念!长征中,共产党人以自己的实际行动,诠释了理想信念的伟大作用。

红军长征的胜利,给我们留下许多宝贵的经验和深刻的启示。其中最重要的一条就是:在新的历史条件下,要实现中华民族的伟大复兴,要战胜一切困难和挑战,就必须有坚定的政治信仰和百折不挠的革命意志!

历史一再证明,一个民族要复兴,必须要有民族精神的支撑。坚定的理想信念,是我党我军的强大精神支柱和取之不尽、用之不竭的力量源泉,是我们党和民族最可宝贵的精神财富。加强理想信念教育,在新的历史条件下有着极为重要的紧迫性和必要性。

(选自陈力:《长征:理想与信念的伟大胜利》,载中国网,2006 年 8 月 22 日)

【问题与思考】

是什么激励着红军前仆后继、百折不挠?

【简析】

是坚定不移的理想信念。

2. 职业理想让一名高职生梦想成真

面试室的门,再一次被打开,又一个拿着简历的人从面试室中走了出来。“58 号”,随着服务小姐的喊号声,一名叫常爽的年轻女孩站了起来,她不经意地向后掠了一下头发,然后迈着自信的步伐走进了面试室。

考官是一家外企公司的几名高级官员,一律黑色西服、白衬衫、真丝领带。他们个个非常严肃,不露半点笑意,似乎有着至高无上的权力和极大的优越感。

常爽是第一次感受如此强烈的竞争气氛,但是她并没有畏缩。主考官用英语问道:“请谈一下企业在竞争中如何运转?”

常爽回答时英语非常流利,她从当前的市场状况谈起,说明企业必须具备的条件,公司人员应该通晓的业务以及如何认识市场、如何开拓市场等……看看主考官惊愕又欣喜的神色,常爽心中暗暗高兴。

一位主考官说:“你被聘用了!请问你的学历,毕业于哪家大学哪个系?”

“对不起,我只是一名高职毕业生,没有本科学历,但是我自学了市场营销和企业管理,英语过了 6 级。”

"你说什么？你只是一名高职生？那……对不起了，我们招的员工最低学历是大学本科，请原谅。"

常爽说了声："谢谢。"正当常爽收拾好书包走出面试室准备离开时，有人从后面走了过来，他冲着常爽的背影说了一声："小姐，请留步。"

"是叫我吗？"常爽站住了，她回过身去，一双大眼睛充满疑惑。她看见一名身穿名牌服装、保养很好的中年人走到她的面前："自我介绍一下，我是胜业公司的总裁，我叫冼金华。"说着他拿出一张名片递给了常爽。

"您……"常爽看着名片，不知这位老总的意思。冼总忙说："是这样的，刚才我也在面试室，我非常欣赏你刚才的谈吐和才识，如果你不嫌弃的话，我们公司愿意聘请你。"

常爽感到有些突然："我只是一名高职毕业生，我没有本科文凭。"

"我们崇尚实力，如果您愿意的话，请您明天来公司面谈。"常爽有点喜出望外。

第二天，常爽如约来到胜业公司，冼先生热情地接待了她。冼先生首先介绍了自己的企业，又问了常爽一些问题，然后对她说："你先到公司的策划部上班，试用期3个月，怎么样？"

"我明天就来上班。"常爽高兴地回答。

在回家的路上，往事像一股涓涓细流，追踪着逝去的岁月，从常爽的脑海潺潺流出：早在入学第一年，就在老师的指导下树立了职业理想并为理想的实现做了职业规划设计。她的职业目标是希望进入一个中型企业，从事经营管理或企划工作。为了实现目标，多少个日夜，她给自己制定了严格的作息时间和学习计划，早晨自修英语，晚上自学专业知识，一有机会就去参加各种进修班，学习市场营销、企业管理、财会、电脑等课程。

三年的时间匆匆流逝，今天，她真的遇到了一位慧眼识珠的伯乐，找到了理想的职业岗位。

两年后，由于其出色的工作表现，常爽被提升为公司策划部的副部长。

**【问题与思考】**

高职毕业的常爽在众多的竞聘者中为什么会脱颖而出？她成功的原因是什么？

**【简析】**

(1)常爽为这次就业作了充分的准备，如她的流利英语，对公司企业了解、对市场状况分析及公司人员业务的通晓，是她这次成功的直接原因。

(2)常爽的成功说明学历、文凭只是成功的外在因素，理想、信念、知识、实力、能力才是成功的根本原因。

3. 传销——大学生的"发财路"

2008年4月2日，在成都医学院举行的反传销大型活动现场，女大学生林宜向全校师生讲述了自己误入非法传销魔窟的经历。

2007年11月21日，成都医学院召开高校双选会。护理专业的林宜没有参加，这时候她已坐在前往陕西宝鸡的火车上，去见她大一时的学友罗晶。罗晶在短信里数次邀请她去宝鸡。"她说自己做的天津天狮化妆品生意一月可赚几千元，让我也去试试。"

林宜知道罗晶大二时退学自己出去闯，赚了不少钱。快到毕业时，罗晶短信频频。"我说还是想在这边找工作暂时不去，罗晶就说我不重视友情。"她父母都见过罗晶，也同意女儿去会老友旅游几日。高兴地登上火车，林宜不知道自己已经被老友使用了传销人员惯用的伎俩——“杀熟”。

下了火车，林宜又坐上了前往罗晶住所的车，罗晶向林宜索要她的新款手机。“这哪是新款啊。”林宜说着把手机递了过去。还没来得及要回就下车了。

走进一幢两层平房，十几个人拥上来倒水、削水果，林宜被奉为上宾。然后大家开始聊股票、期货和国家大事……“他们一直说得让你没有思考的余地，直到他们说要开始上课。”这不正和电视中讲的传销有些像？林宜想赶快离开，可门被迅速封住！一摸电话不在身上，罗晶在一旁微笑，此时，林宜哭泣、喊叫、挣扎都没用了……

接下来是重复听一样的课程，听一夜暴富的名人故事、听改变观念才能获胜的哲理。林宜到陕西三天屋都没出过，连晚上起床都有人跟着！六天后，罗晶悄悄说：“只要你能回答出每节课后的提问，就让你回家。”林宜爽快答应。她用了八天时间就能回答每个问题，她逐渐被洗脑了。

被洗脑后，林宜向家里谎称自己找到工作需要生活费2 800元，用这钱买了一套天狮化妆品，交钱后成为A级员工，按行话说，就是“上线”了。之后，她给爸爸打了电话，让爸爸来宝鸡看她的新工作好不好。

林光勇接到女儿电话时就起了疑心，他把一些钱和一支红笔装在贴身的衣兜里去了宝鸡。一进屋，他看见地铺就知道女儿陷入了圈套，可七八个彪形大汉挡在了门口。装作被听的课洗了脑，林光勇的表现让监视他的三个大男人放松了警惕。晚上睡觉的时候，林光勇在被窝里用红笔在两张10元人民币上写了两行字：我是人民教师，住在××地段，要报警。在女儿进入组织的20天，村里停电了，林光勇与修电线的电工攀谈后，迅速回到平房二楼的阳台，把事先写好字的钱扔了下去，电工把钱捡了起来。

半小时不到，警察捣毁了传销窝，父女被护送上回成都的火车。上车后，林宜想起一群人追到火车站的场景，还打着寒战……

（选自《女大学生身陷传销魔窟20天 父亲也被骗》，四川在线－华西都市报，http://edu.QQ.com，2008年4月5日）

【问题与思考】

这个事例给你什么启发？

【简析】

“发财就是成功”、“捷径致富”的观念扭曲了大学生的价值观、理想观。大学生应在学好理论知识的同时，提高自身的辨识能力，掌握法律常识。树立科学理想信念，将所学知识运用到社会主义现代化建设中去，将个人理想与社会理想紧密的结合在一起。

4. 读书的目的

湖南省株洲市某重点中学一语文教师这样教育自己的学生：“读书应该是为了自己”，将来“挣下大把的钱”，“甚至找一个漂亮的老婆”。含有这些观点的教研论文《入学教育课》参加了2000年株洲市中学语文教研论文评选。

《入学教育课》中有这样一段话：“那么我又问：你读书干什么？考大学干什么？总之你为了什么？也许你会说，为了实现共产主义，为了社会主义建设。而我要明确地告诉你———读书考大学，是为了自己，不是别人。读书增强了自己的本领，提高了自己的资本，将来能找到一个好的工作，挣下大把的钱，从而有一个美好的个人生活，比如生活愉快、人生充实、前途美好、事业辉煌。甚至找一个漂亮的老婆、生一个聪明的儿子。所以，我强调读书应该是为了自己！”

**【问题与思考】**

(1)读书是为了什么？

(2)该语文老师错在哪里？

**【简析】**

(1)读书是为了获取知识、学习技能，然后走向社会，就业上岗，为国家、为社会作贡献。读书是为了丰富自己，获得更高质量的生活。对于读书的目的，周恩来有一句名言：为中华之崛起而读书。

(2)该老师错在把欲望当作理想。理想是崇高的、伟大的，它不能与欲望相比较。当然谈理想不能否定积极的、适度的欲望。

## 学习素材2　名人名言

1. 世界上最快乐的事，莫过于为理想而奋斗。——苏格拉底

**【简析】**

每个人都有自己的人生理想，并且要为之拼搏；没有理想的人，必定是行尸走肉。理想是崇高的，只有不断为理想而奋斗的人生才会是快乐、完整和无憾的。

2. 敌人只能砍下我们的头颅，决不能动摇我们的信仰！因为我们信仰的主义，乃是宇宙的真理！——方志敏

**【简析】**

这里的信仰就是指信念，信念是对理想的支持，是人们追求理想目标的强大动力。为了真理，我们可以放弃一切，甚至生命，也一定要坚定自己的信念。大学生在提高知识水平、增强实践才干的同时，更要坚定科学、崇高的理想信念，提升精神境界，塑造高尚人格。

## 关键名词

**理想：**是人们在实践中形成的、有可能实现的、对未来社会和自身发展的向往和追求，是人们的世界观、人生观和价值观在奋斗目标上的集中体现。

**信念：**是认知、情感和意志的有机统一体，是人们在一定认识基础上确立的对某种思想或事物坚信不疑并身体力行的心理态度和精神状态。

**信仰：**是指对人们对某种理论、学说、主义的信服和尊崇，并把它奉为自己的行为准则和活动指南，它是一个人做什么和不做什么的根本准则和态度。

## 拓展知识

1. 怎样理解理想信念与理想、信念、信仰的关系

理想信念是把理想和信念这两个概念合在一起而形成的一个综合性的概念，但它决不是理想和信念这两个概念的简单叠加，而是把二者有机地融为一体所形成的一个新概念。这一新概念，是我们在改革开放新的历史时期，在进行理想、信念教育的过程中，适应现实的需要而逐步形成的。理想信念与理想、信念一样，同属于精神生活范畴，是指人们

把一种对象视为最高价值,高度地信服和敬仰,并以之统摄自己的精神生活,作为自己的精神寄托,矢志不渝、自觉追求的精神状态。它体现了理想和信念的辩证统一,是世界观、人生观和价值观的核心和集中体现。从含义上看,与理想、信念、信仰这三个相近的概念相比,理想信念有其自身的特殊性。

第一,与理想、信念相比,理想信念强调了理想和信念中两个基本方面的统一。

理想和信念这两个概念含义非常相近,二者有相互交叉之处。理想离不开信念,信念是理想的基础,而且在某些时候,理想本身就是信念,信念本身就是理想。当理想作为信念时,它是指人们确信的一种观点和主张;当信念作为理想时,它是与奋斗目标相联系的一种向往和追求。因此如果把理想这一概念的外延扩大,从广义上理解,也含有信念的内容;如果把信念这一概念的外延扩大,从广义上理解,也含有理想的内容。但是理想和信念毕竟不是可以互相代替的两个概念。这是因为,二者虽有相通之处,但各自的侧重点和作用是不相同的。理想重在标志人与奋斗目标之间的关系,主要是指向未来的,为人们的行动指明方向;而信念则重在标志人与事物、观念的看法和态度,主要是面对现在,为人们的行动提供精神支柱。但是,在理想信念这一概念没有形成以前,我们在进行理想、信念教育时,往往不特定地区分使用理想和信念这两个单独的概念。这样就有可能造成两种偏向:或者在单独地使用理想这一概念时,有可能忽视现实生活中的人们应秉持的信念支撑;或者在单独地使用信念这一概念时,有可能淡化对未来奋斗目标的追求。理想信念这一概念把这两个单独概念各自侧重的方面辩证地统一为一体,使理想、信念和理想信念这三个概念各自的含义确切明晰,有效地避免了概念使用上的混乱。

第二,与信仰相比,理想信念更加适合中国语境。

从理想信念这一综合概念的内容及其适用范围来看,它相通于世界通常使用的信仰一词。但是,在中国语境中,信仰并不是一个通用的基本概念。在中国传统文化中,信仰一词并不多见,几乎只在汉语佛经中偶有所见。在马克思主义学术传统中,信仰一词往往特指宗教或宗教信仰。在人们的传统印象中,信仰一词与宗教的来源有关,带有强烈的主观色彩。在中国共产党人的理论和文献中,理想和信念这两个概念出现的频率极高,虽然也能够找到信仰一词,但都是在科学的理想信念的意义上而不是在宗教信仰的意义上使用的。比如,毛泽东说:"有些青年,仅仅在嘴上讲其信仰三民主义,或者信仰马克思主义,这是不算数的。陈独秀不是也'信仰'过马克思主义吗?他后来干了什么呢?他现在到哪里去了呢?他一小差就开到泥坑里去了。"邓小平说:"为什么我们过去能在非常困难的情况下奋斗出来,战胜千难万险使革命胜利呢?就是因为我们有理想,有马克思主义信念,有共产主义信念。"江泽民说:"我们改革开放和现代化建设,是亿万人民群众自己的事业。人民群众的理想信念、精神状态和人心所向,最终决定建设有中国特色社会主义事业的成败。""要紧密结合干部群众在思想认识和工作、生活中产生的新问题,突出加强理想信念教育,不断增强全体人民的凝聚力。理想信念教育,是党的思想政治工作的核心内容,只有在全党同志和全体人民中牢固确立正确的理想信念,才能不断增强凝聚力战斗力,我们的事业才能不断取得成功。"因此,在讲述有关马克思主义、社会主义的理想和信念时,应统一使用理想信念这一概念。

2. 大学生树立科学的理想信念必须避开哪几种认识上的误区

1)走出“渺茫”的认识误区

持“渺茫”观点的人认为,共产主义没有经过实践检验,是一种可望而不可即的良好愿望,是渺茫的幻想。这种错误观念,源于对共产主义及其发展规律的片面理解。共产主义既是一种社会理想、一种理论体系、一种社会制度,同时也是社会的一种现实运动,是实现理想的实际运动。共产主义的最终实现绝不是空谈,它需要一代又一代人经过各个历史阶段的实践活动才能达到。我国的改革开放和社会主义现代化建设事业,既是共产主义运动的现实部分,又是为实现共产主义而创造条件的。人既应该享受,也应该创造,真正的人生乐趣不在于享受,而在于创造。创造需要理想,共产主义既为人们的创造活动指明了科学方向和目标,又能激发人们的创造热情和积极主动的奋进精神。我们虽然不能享受共产主义社会的完美和幸福,但崇高的理想与能动的实践统一于创造活动中,这本身就是理想的生活,会使人执著地追求共产主义理想。“渺茫”论的错误还在于它不懂得共产主义发展是一个由量变到质变、由阶段性质变化到根本性质变化的漫长的历史过程。量变、阶段性质变化和根本性质变化都是共产主义历史发展整个链条中不可缺少的环节。其中每一个环节都是某一代人或若干代人共同努力的成果。依据辩证唯物主义的发展观,共产主义不可能由一代人建成,更不可能使为之奋斗的每一代人都能充分享受其最终成果。但是,每一代人的努力都能在共产主义发展链条上产生看得见摸得着的成果,并能或多或少地享受前人和自己创造的这些成果。实践告诉我们:共产主义既是可望的,又是可即的,绝不是渺茫的。

2)走出“怀疑”的认识误区

持“怀疑”观点的人对共产主义理想信念存有种种疑虑。他们认为,现在是社会主义初级阶段,宣传共产主义理想超出了人们的思想觉悟,因此,他们主张只提建设中国特色社会主义的共同理想,不提共产主义理想。在以苏东剧变为标志的世界社会主义遭受严重挫折之后,“怀疑论”者更是对社会主义、共产主义产生了深深的怀疑,并进而得出社会主义、共产主义“已经失败”的结论。这种“怀疑论”是没有道理的。毫无疑问,进行理想教育要注意层次性,要考虑社会主义初级阶段的实际状况和人们的思想觉悟水平,要用共同理想动员、团结和凝聚广大人民群众。但是,这一切与宣传共产主义理想并不矛盾。既然共产主义是科学真理,既然我们党在民主革命时期就宣传共产主义理想,今天我们已经进入了社会主义社会,为什么反倒不能宣传呢?更何况人的共产主义理想不是天生的,而是从外部灌输、教育才可以形成的,否则,人们永远达不到最高的理想境界。同时,理想作为一种社会意识,本身具有超前性,它基于现实而又高于现实,如果否认这种高于和超越,完全拘泥于现实,那就根本不可能有共产主义理想的产生,就只能放弃共产主义理想的宣传教育,人们也就失去了长远的、根本的、明确的奋斗目标。另一方面,社会主义作为空前宏伟的崭新事业,其发展的历史进程不是一帆风顺的,而必然会充满着曲折、坎坷和挫折。社会主义革命首先在经济文化比较落后的国家取得胜利,这就更增加了巩固和发展社会主义的难度。在探索社会主义道路的过程中也难免发生这样或那样的失误。更严重的是,在这个过程中还可能出现暂时的倒退甚至复辟。苏联解体、东欧剧变使世界社会主义运动进入低潮,但这并不意味着社会主义已经失败。正如邓小平深刻指出的:“一些国家出现严重曲折,社会主义好像被削弱了,但人们经受锻炼,从中吸取教训,将促使社会主义向着更加健康的方向发展。因此,不要惊慌失措,不要认为马克思主义就消失了,没用了,失败了。哪有这回事!”

3)走出“无用”或“无关”的认识误区

这种观点把社会理想与个人理想分离开来,认为社会理想的实现与现实生活中的个人发展关系不大,也不能给人们带来任何实惠,对于个人成才和人生幸福都不具有实际价值。在当今中国,坚持中国共产党的领导、走中国特色社会主义道路、实现中华民族的伟大复兴,是广大人民群众的共同理想。在这样的社会环境下,任何有志成才的人,都必须树立这一共同理想,并把它与远大的共产主义理想紧密联系起来。只有这样,才能够根据社会主义现代化建设事业的要求,结合自己的实际,不断增强社会责任感和历史使命感,为个人的健康发展提供强大的动力之源,不断追求崇高理想,不断实现个人的完善。在社会主义革命、建设和改革的实践中涌现出的大批英雄人物、劳动模范、创新标兵,无一不是在社会主义、共产主义理想的旗帜下成长起来的。认识上的偏差必然导致行动上的错位。离开了崇高的社会理想,无论什么样的个人才智,都只能是自我欣赏、故弄玄虚的小伎俩,无缘于“人才”这一美名。离开了崇高社会理想来设计自我发展的人,由于目光短浅,看到的往往是眼前的实惠,想到的往往是个人的享乐,从而陷入拜金主义和享乐主义的泥潭。不可否认,在现实生活中,有人投机取巧、损公肥私,每日花天酒地、玩世不恭,但在广大人民群众的眼里,他们虽然活着却已经死了,成为不齿于人类、无异于虚度人生的行尸走肉。因此说,人总是要有点精神的,无论做什么工作,无论在什么时候,都不能离开崇高理想的指引。

3.怎样对大学生进行理想信念教育

1)提高大学生对理想信念教育重要性的认识

马加爵在行刑前接受记者采访时说:“我觉得没有理想是最大的失败。这几年没什么追求,就是很失败。”这番话有种直指内心的力量,那是他回首二十多年生命历程所做的最后感悟,每一个字都显得格外的沉重。

理想信念是世界观、人生观和价值观的集中体现,属于人的精神生活范畴,是人的精神生活的内在需求和动力支柱。“人是理性的动物。”人不仅是一种物质存在,而且是一种精神存在。人之所以区别于一般动物,在于人具有超越物欲的精神需求。人的本质是对于生命意义的探索,是人的精神性的彰显。“而人的精神性及其在生活中的实现,其实质或核心乃是一个精神家园的寻找问题——所谓精神家园也便是人所确信不移的精神努力目标,是人的终极关怀,是被人认作自己生存之根本的精神理想。”实际上,这里所指称的“精神家园”、“终极关怀”或“精神理想”,就是我们所说的理想信念。可见,理想信念是人的价值生活或意义生活所不可或缺的精神动力,“人之所以能在生活中克服千难万险,最根本的在于人有其精神动力或精神支柱。”所以,人不能没有理想信念,没有理想信念的人就等于没有灵魂,没有灵魂的人就会产生一种“空无感、疏离和价值无根感”,而具有“价值无根感”的人精神上就会无所寄托,只能去寻求纯粹的物欲满足,因而不能称之为一个完整意义上的理性的人。树立了正确的理想信念的人,就有了人生的航标和方向,从而能够不断地引领着自己一步步驶向人生的真谛。而理想信念的偏差,则会造成个人人生道路和社会发展的方向性错误。因此,加强大学生对理想信念教育重要性的认识,是促成其树立正确的人生观和价值观的前提。

2）把理想信念建立在马克思主义科学信仰上

当代一部分大学生之所以面对令人眼花缭乱的现实感到心灵空虚，无所适从，转而投向各种封建迷信，甚至邪教去寻求精神慰藉，乃至成为各种错误思想的俘虏，根本原因在于缺乏科学世界观、人生观和价值观的引导，缺乏坚定的马克思主义的理想信念。

对马克思主义理想信念的强调，源自于马克思主义是一种科学，是科学性与价值性的统一。它不但揭示了人类历史发展的客观规律，揭示了无产阶级伟大而崇高的历史使命，而且指明了全人类最美好的共产主义理想。共产主义的远大目标是人类社会实践所能提出的最大的现实目标，是实践的威力和人类自信力的体现和象征。它不但具有最大的物质价值，带给人类以最大的物质利益，而且具有崇高的精神价值，鼓舞人类进入最高的精神境界，塑造完美高尚的新人格。马克思主义的理想、共产主义的信念是唯一科学的真理性认识。只有树立了坚定、正确的理想信念，把理想信念建立在马克思主义科学信仰上，才能在复杂的环境和各种思潮的激荡中，牢牢地把握住自我，不至于迷失方向。当代大学生尤其要重视加强马列主义、毛泽东思想、邓小平理论的学习，树立科学的世界观、正确的人生观、价值观，自觉改造自己的主观世界，不断提高理论素质，增强抵抗各种错误思想的能力。

3）理想信念教育应注意生活化，力避"假、大、空"

大学生是社会中一个独特的群体，他们有思想，爱动脑，独立意识强，热爱生活并渴望参与生活。针对大学生的这些特点，理想信念教育要想取得成效，就必须从日常精神生活做起，注意生活化，切实掌握好人们日常生活中的信念、信仰与迷信之间的界限，引导大学生建立健康、充实的精神生活。要把理想信念教育与实际生活、具体行动结合起来，在实际活动中渗入理想的内容，体现理想的追求，力避"假、大、空"；要把学生的个人生活理想与社会主义的共同理想结合起来，以个人的生活理想为基础，以社会主义、共产主义的理想为引导，积极追求共产主义这个最高理想。

4. 什么是马克思主义

1）马克思主义的宗旨目的

马克思主义诞生于19世纪40年代，创始人是马克思、恩格斯。

马克思主义是世界劳动人民主要是无产阶级反抗压迫、反抗剥削、追求平等、谋求自身解放、谋求自身幸福生活的革命斗争产物，其宗旨目的是为了"消灭不平等，实现人类和平平等以及解放人类的生产力"。这个宗旨目的，代表了全世界劳动人民的共同愿望和共同追求的目标，体现了马克思主义科学理论体系在人类思想领域中的无比先进性和革命性。它是世界人们信仰马克思主义、追求马克思主义、创新发展马克思主义、运用马克思主义的根本原因所在。

2）马克思主义的"发展性"特征

马克思主义是一个随着社会发展而不断创新发展的科学理论体系，而绝不是僵化的、一成不变的理论教条。马克思主义的历史，是马克思主义创始人及其后继者，对已经改变的实践进行新的理论概括并用创新理论指导发展了的实践的历史。

3）马克思主义的理论内容及其科学性

马克思主义理论主要指马克思主义的三个核心理论内容，即马克思主义哲学、马克思主义政治经济学和科学社会主义。马克思主义哲学，是关于辩证法和历史唯物主义，是关于自然、社会和人类思维发展的一般规律的学说。马克思主义政治经济学，是关于经济运动一般规律的科学。科学社会主义是关于人类解放运动的一般规律的科学，是实现马克思主义宗旨目的的实践运动的科学。

马克思主义是一个“揭示各种客观规律、运用各种客观规律”的为人类造福的科学理论体系，即马克思主义是一个指导人类认识客观规律，并运用客观规律为人类自己造福的科学理论体系。马克思主义本身所具有的特点，决定了马克思主义的符合事物客观实际性，决定了马克思主义理论体系的科学性和正确性。

**一、选择训练**

1. 单项选择训练

(1)(　　)是最根本、最重要的，处于理想的核心地位。

A. 生活理想　B. 职业理想　C. 道德理想　D. 社会理想

(2)信念是(　　)的融合和统一。

A. 认知、情感和理想　B. 认知、情感和意志

C. 认知、态度和意志　D. 态度、情感和理想

(3)理想与空想的区别在于(　　)。

A. 是否具有主观能动性　B. 是否是自然形成的

C. 是否符合客观规律性　D. 是否是创新思维的结果

(4)(　　)是实现理想的根本途径。

A. 勇于实践、艰苦奋斗　B. 对美好理想的向往

C. 执著的信念　D. 无私奉献

(5)在今天，社会倡导和人们呼唤爱国主义、集体主义、为人民服务、实事求是、艰苦创业、大胆革新、乐于奉献等理想人格，并以此作为做人的楷模和标准，这样的向往和追求是人生理想中(　　)。

A. 生活理想的内容　B. 职业理想的内容

C. 道德理想的内容　D. 社会理想的内容

2. 多项选择训练

(1)理想(　　)。

A. 是指在实践中形成的、有可能实现的、对未来社会和自身发展的向往和追求

B. 是人们的世界观、人生观和价值观在奋斗目标上的集中体现

C. 既高于现实，又来源于现实

D. 是远离现实的、人类特有的一种精神现象

(2)古希腊哲人德谟克利特说：“能使愚蠢的人学会一点东西时，并不是言辞，而是厄运。”这句话是说明：(　　)。

A. 厄运使人屈从命运　B. 厄运是人生的学校

C. 逆境是最好的老师　D. 厄运是使人产生焦虑、忧愁的情绪体验

(3)下列名言警句说明“立志须躬行”的有(　　)。

A. 合抱之木，生于毫末　B. 九层之台，起于累土

C. 千里之行，始于足下　　D. 生于忧患，死于安乐

(4) 当代大学生应当树立的共同理想是(　　)。

A. 建设中国特色社会主义　　B. 确立马克思主义的坚定信念

C. 实现中华民族的伟大复兴　　D. 树立共产主义的远大理想

**二、分析训练**

1. 一个民族如果丢掉了理想，就会衰败、落后；一个人如果没有崇高理想，就失去了人生的精神支柱，失去了方向和动力。

如何正确理解上述这段话的含义？

2. “为什么过去我们能在非常困难的情况下奋斗出来，战胜千难万险使革命胜利呢？就是因为我们有理想，有马克思主义信念，有共产主义信念。”

“我们过去几十年艰苦地奋斗，就是靠坚定的信念把人民团结起来，为人民自己的利益而奋斗。没有这样的信念就没有凝聚力。没有这样的信念，就没有一切。”

试分析邓小平同志这两段话的深刻含义。

3. 袁隆平为了杂交水稻事业，几十年如一日，矢志不渝，默默奉献。刚开始研究时，许多人说他是自讨苦吃，他坦然回答：“为了大家不再饿肚子，我心甘情愿吃这个苦。”研究条件的简陋艰苦、滇南育种遭遇大地震的威胁、“文革”期间的政治冲击、上千次的试验失败……都动摇不了袁隆平研究杂交水稻的决心。他把科研看得比家庭，甚至比生命还重，几十年像候鸟一样追赶着太阳南来北往育种，攻关的前十年有七个春节是在海南岛度过。在艰苦的条件下，他患上了习惯性肠胃炎，体重下降二十多斤。同事们担心他的身体，但他却毫不在乎地说：“只要杂交稻能够培育成功，就是豁出性命，也心甘情愿！”

试问是什么力量促使袁隆平把杂交水稻事业科研看得比家庭，甚至比生命还重？

**三、问答训练**

1. 结合自身实际，简述理想信念对大学生成长的重要意义。

2. 当代大学生应怎样树立科学的理想信念？

3. 大学生应如何对待实现理想过程中的顺境和逆境？

4. 如何认识立志高远与始于足下的关系？

**四、论述训练**

1. 大学生如何确立社会主义信念？

2. 大学生应怎样处理理想与现实的矛盾，以实现自己的人生理想？

3. 共产党人和先进分子为什么必须选择共产主义理想？共产主义理想对人生有什么能动作用？

**五、践履训练**

1. 以班级为单位，由团支部组织，以“我的未来不是梦”为主题，举办一场演讲赛。

2. 自愿写一份加入中国共产党的申请书。

# 项目1.3 马克思主义人生价值观学习与践履

## 学习素材1 典型事例

1. 徐本禹:我希望自己是根火柴,点燃千千万万颗爱心

2002年暑期,徐本禹,一个大四学生从千里之外的武汉来到贵州猫场镇狗吊岩村为民小学搞社会调查。暑期结束返校时,孩子们一直把他送到好几公里外。每个孩子都流下了眼泪。一个孩子仰着头问道:"大哥哥,你还会来吗?"徐本禹噙着眼泪,点了点头。他没有告诉孩子们,他正在准备考研究生。

徐本禹以372分的优异成绩考取了研究生,他的导师是华中农业大学经济贸易学院院长王雅鹏教授。同时,他因为学业优秀获得6 000元国家奖学金。但当天晚上,他彻夜未眠。猫场镇狗吊岩村孩子们的眼光一直在他脑海中闪现。

徐本禹出生在山东聊城一个贫困农民家里。他到华中农业大学上学时,甚至没有一件御寒的冬衣,是同寝室一个学生的母亲给了他一件夹衣。这是他第一次得到别人的温暖。事后回想起来,他说,是这件夹衣改变了他的价值观。当时他只有一个念头:别人帮助了我,我一定要帮助别人。

就在那个无法入眠的夜晚,徐本禹做出了一生中最重要的一个决定:回到猫场镇狗吊岩村帮助那些孩子。

徐本禹的这一举动被媒体报道后,在校园内和社会上引起了强烈的反响。有人支持,有人表示不解:将两年的青春时光掷在穷困的山区里,值吗?徐本禹太理想主义了,这不是在犯傻么?徐本禹却说去贵州义务支教两年只是为了实现自己对一群孩子们的承诺,只是为了"帮帮他们"。"只有不计回报情愿付出的人才能攀登人生的顶峰",徐本禹说,这是他的座右铭,也是他的人生价值观。

华中农业大学了解情况后,决定为他保留两年的研究生学历。

**【问题与思考】**

分析徐本禹的人生价值观。

**【简析】**

徐本禹是一个平凡的人,但他做出了不平凡的事业。他认为人生价值的实现在于对社会的奉献。

2. 洪战辉:在贫困中求学,在艰辛中自强,做生活的强者

1982年,洪战辉出生在河南省周口市西华县东夏镇洪庄村。在12岁之前,洪战辉和众多农村的男孩一样,有着一个天真烂漫的童年,父亲、母亲、弟弟、妹妹和他共同组成的家庭,尽管生活很艰苦,但也很幸福。

1994年8月底的一天,洪战辉的人生之路发生转折。那天,洪战辉的父亲洪心清突然发疯,将自己1岁的女儿摔死。这年的腊月二十三,疯疯癫癫的洪心清不知从哪儿又捡

回一个被遗弃的女婴,取名洪趁趁。1995 年 8 月 21 日,母亲不堪家庭重担和疯丈夫的毒打,选择了逃离。

似乎一夜之间,13 岁的洪战辉便突然长大了。他稚嫩的肩膀开始接过全家生活的重担:抚养幼小的洪趁趁,伺候病情不稳定的父亲,照顾年幼的弟弟,寻找出走的母亲。

初中三年,洪战辉无论是在早上、中午还是下午、晚上,都要步行在学校和家之间,既要读书,又要照顾家人。

1997 年 7 月,16 岁的洪战辉成为东夏镇中学考上河南省重点高中西华一中的三个学生之一。9 月 1 日,利用暑假打工挣到一部分学费后,洪战辉按时到西华一中报到。他在学校附近租了一间房子,从家里把小趁趁接到了身边。每天早晨,他要让小妹妹吃早点,再叮嘱她不要外出,然后上学。中午和晚上,他从学校打了饭,带回住处和小趁趁一起吃。洪趁趁到了上学年龄后,洪战辉每天还要辅导妹妹的功课。

打工挣钱成了洪战辉繁重学业之外最大的任务。洪战辉在校园里,利用课余时间卖起了圆珠笔芯、书籍资料、英语磁带等,用微薄的收入维持着全家的生活。

生活的压力、家庭的现状逼迫洪战辉几度辍学。断断续续读高中 5 年后,洪战辉考上了湖南怀化学院。于是,他开始带着妹妹上大学。大学期间,洪战辉想过各种办法打工挣钱,卖电话卡、当代理商、拉广告……

当社会各界知道洪战辉的情况后,不少人提供财力、物力的帮助,但都被他谢绝了:“不接受捐款,是因为我觉得一个人自立、自强才是最重要的。”

洪战辉对金钱有着自己的原则,他认为,不是用自己双手挣来的钱,决不能花费到自己身上。“我想告诉那些处于贫困中、挣扎中的人们,要保持一种平和的心态,不要怨天尤人,最主要的是你怎么去改变你自己,用什么样的方式去改变你自己。”洪战辉说。

**【问题与思考】**

洪战辉的人生价值观有什么特点?

**【简析】**

自立自强,乐观向上,勇于担当,努力学习。洪战辉的人生观体现了他的人格美,人性美。他的人生目的就是做生活的强者。

3. 千手观音——邰丽华

邰丽华(聋人),女,中国残疾人艺术团舞蹈演员。幼年因高烧失去听力。15 岁接受正规的舞蹈训练,1992 年起开始随中国残疾人艺术团担负国内外演出任务,并成为业务骨干。她克服残疾带来的种种困难,自强不息,刻苦训练,先后出访 20 多个国家,国内巡演 20 多个省市,演出数百场,受到国内外广大观众喜爱。在多年的演艺生涯中,邰丽华以自己的行动展示了残疾人艺术的人性之美,台风端正,表演认真,不断追求艺术高峰,在各类比赛中取得了优异成绩。邰丽华热爱残疾人事业,热爱残疾人特殊艺术,为宣传残疾人事业她长期在外演出,很少与家人团聚,经常带病训练,先后拍摄了 4 部个人专题片,多次参加慈善公益演出,任劳任怨、不计名利、不计报酬,表现了良好的大局观和集体观。2005 年春节晚会由她主演的节目千手观音获得了前所未有的成功。

**【问题与思考】**

邰丽华的人生说明了什么?给我们带来了什么样的启示?

【简析】

“所有人的人生都是不一样的，有圆有缺有满有空，这是你不能选择的。但你可以选择看人生的角度，多看人生的圆满，然后带着一颗快乐感恩的心去面对人生的不圆满”——这就是郃丽华所领悟的生活真谛。

生命的价值在于不断追求。郃丽华身残志坚，坚持不懈。她带着一颗快乐感恩的心面对人生，使自己的生命价值得以展现。

4. 堕落由心开始

某高职院校毕业生李力，凭借着自己英俊的外貌和父母的权力，毕业后顺利分配到省中行搞信贷工作。优越的条件，迷人的金钱，时刻都在吸引着他的目光。面对金钱的诱惑，不到一年时间，他的道德防线就被冲垮了。刚开始，他只是吃请，向贷款单位索贿。后来，他干脆就把手直接伸向银行的金库，私吞公款500万元。正当他还在做金钱美梦之时，一副沉重的手铐铐住了他的双手。他哭了，他后悔极了，他在自己的悔过书中这样写道：“今天，我之所以走了犯罪的道路，就是没有严格要求自己，没有在成长过程中加强自己道德修养。在学校里，我只注重智育，从未重视过德育，只学会了做事，可没有学会做人……”

【问题与思考】

是什么样的人生观导致了李力的堕落？

【简析】

李力的人生观，智育是重要的，德育是不重要的，做事是重要的，做人可以不重要，道德修养可以不要。他的人生目的是金钱至上。是拜金主义、享乐主义的人生观导致了李力的堕落。

5. 成功、自信、快乐

**成功就是成为最好的你自己**

美国作家威廉·福克纳说过：“不要竭尽全力去与你的同僚竞争。你应该在乎的是，你要比现在的你强。”

成功的第一步：把握人生目标，做一个主动的人。

怎么去发现自己的目标呢？建议你闭上眼睛，把第一个浮现在你脑海里的理想记录下来，因为不经过思考的答案是最真诚的。或者，你也可以回顾过去，在你最快乐、最有成就感的时光里，是否存在某些共同点？它们很可能就是最能激励你的人生目标了。再者，你也可以想象一下，十几年后，当你达到完美的人生状态时，你将会处在何种环境下？从事什么工作？其中最快乐的事情是什么？当然，你也不妨多和亲友谈谈，听听他们的意见。

成功的第二步：尝试新的领域、发掘你的兴趣。

为了成为最好的你自己，最重要的是要发挥自己所有的潜力，追逐最感兴趣和最有激情的事情。

那么，如何寻找兴趣和激情呢？首先，你要把兴趣和才华分开。做自己有才华的事容易出成果，但不要因为自己做得好就认为那是你的兴趣所在。为了找到真正的兴趣和激情，你可以问自己：对于某件事，你是否十分渴望重复它，是否能愉快地、成功地完成它？你过去是不是一直向往它？是否总能很快地学习它？它是否总能让你满足？你是否由衷地从心里(而不只是从脑海里)喜爱它?你的人生中最快乐的事情是不是和它有关?当你这样问自己时,注意不要把你父母的期望、社会的价值观和朋友的影响融入你的答案。

成功的第三步:针对兴趣,定阶段性目标,一步步迈进。

首先,你应客观地评估距离自己的兴趣和理想还差些什么?是应该学习一门课、读一本书、做一个更合群的人、控制自己的脾气还是成为更好的演讲者?

其次,你应定阶段性的、具体的目标,再充分发挥中国人的传统美德——勤奋、向上和毅力,努力完成目标。

任何目标都必须是实际的、可衡量的,不能只是停留在思想上的口号或空话。制定具体目标时必须了解自己的能力。目标设定过高固然不切实际,但目标也不可定得太低。对目标还要做及时的调整:如果超出自己的期望,可以把期望提高;如果未达到自己的期望,可以把期望调低;达成了一个目标后,可以再制定更有挑战性的目标;失败时要坦然接受,认真总结教训。

**自信是自觉而非自傲**

自信的人敢于尝试新的领域,能更快地发展自己的兴趣和才华,更容易获得成功。自信的人也更快乐,因为他不会时刻担心和提防失败。

自信的第一步:不要小看自己,多给自己打气。

"自"信的关键在于自己。如果你自己总认为自己不行,你是无法得到自信的。自信的秘密是相信自己有能力。中国古谚:"天生我才必有用","一枝草,一点露"。每个人都有自己的特性和长处,值得看重和发挥。

自信是一种感觉,你没有办法用背书的方法"学习"自信,而唯一靠"学习"提升自信的方法是以实例"训练"你的大脑。要得到自信,你必须成为自己最好的拉拉队。每晚入睡前不妨想想,今天发生了什么值得你自豪的事情?你得到了好的成绩吗?你帮助了别人吗?有什么超出了你的期望吗?有谁夸奖了你吗?每天找到一件成功的事情,你会慢慢发现,这些"小成功"可能会越来越有意义。

自信的第二步:用毅力、勇气,从成功里获得自信,从失败里增加自觉。

当你感觉到自信时,无论多么小的成功,你都会特别期望再一次得到自己或别人的肯定,这时,你需要有足够的毅力。

有时,你可能没做过某一件事,不知道能不能做成。这时,除了毅力外,你还需要勇气。

有勇气尝试新事物的同时,也必须有勇气面对失败。但当你畏惧失败时,不妨想一想,你怕失去什么?最坏的下场是什么?你不能接受吗?自觉的人会从失败中学习,认识到自己不适合做什么事情,再提升自己的自觉。因此,不要畏惧失败,只要你尽了力,愿意向自己的极限挑战,你就应为自己的勇气而自豪。

自信的第三步:自觉地定具体的目标,虚心地听他人的评估。

情商中的自觉有两个层面:对自己和环境皆能掌握主客观的情势。自觉的人不会过度地自我批评,也不会天真地乐观,他们能客观地评估自己。所以,他们会坦诚地面对自己的能力极限,不会轻易地接受自己能力范围外的工作。

自觉的人不但公平地评价自己,还主动要求周围的人给自己批评和反馈。

获得坦诚的反馈特别是负面的回馈并不容易。所以,你最好能有一些勇敢坦诚的知心好友，他们愿意在私下对你说真心话。当然，你不能对负面的反馈有任何不满，否则你以后就听不到真心话了。

**快乐比成功更重要**

科学研究证明：心情好的人最能发挥潜力；快乐能提高效率、创造力和正确决策的概率；快乐的人有开明的思想，愿意帮助别人。但与其说快乐带来成功，还不如说成功的目的是带来快乐。所以，快乐比成功更应成为我们的最终目标。

快乐的第一步：接受你的父母、环境和自己。

不快乐的人总对一些无奈的事生闷气，不喜欢自己、父母和老师，不愿意读枯燥的书、不愿意应付考试。对于这些无奈的事，要学会坦然地接受它们。在所有"不能改变的事情"中，最不能改变的是父母，最应接受的也是父母。

除了接受父母，你还应接受环境中不能改变的事情。有些同学期望着不必考他们认为没用的题目，不必上他们认为没用的课，不必听他们不信任的老师讲课。但在社会中生存，我们必须学会接受那些不能改变的事。凌志军说："如果我遇到'应该做的事情'和'喜欢做的事情'之间的冲突，我会给自己安排一个时间表，每天在规定的时间里完成'应该做的事情'——时间表能激励你集中精力并提高效率，然后去做'喜欢做的事情'。"人生是有限的，大家应把有限的时间用在"喜欢做的事情"上，但必须先把"应该做的事情"做得足够好。

最无谓的"发愁"就是对自己不满意。这不但浪费了时间，而且会造成事倍功半。所以，同学们一方面要培养自己的自信，以每一个小的成功激励自己，另一方面也必须能接受自己，理解你们是为自己而生活的。为自己而生活就是要为了自己的快乐、兴趣和人生目标而努力，不要活在别人的价值观里。

当你开始为自己而生活，接受并喜欢你自己，接受并接近你的父母，接受环境中不能改变的事情，你就会发现你开始快乐了。

快乐的第二步：宣泄你的情感，控制你的脾气。

中国人总认为矜持、含蓄是美德。但在今天的时代里，直截了当的沟通更为重要。拐弯抹角、言不由衷、瞻前顾后、当面不说、背后乱讲都是坏习惯。

当你怒火中烧时，应该依靠"自觉"和"自控"。自觉的人知道自己何时会喜怒哀乐，也理解喜怒哀乐的宣泄会造成何种后果。如果他感到气愤，通常会尽量自控地用最有建设性的方式处理。正面、感性的沟通可以降低火爆的气氛。

自控是一种内心的自我对话，可以提醒自己不要落入恶劣态度的陷阱。除了理智分析外，深呼吸是最快、最简单的情绪调节法。

如果认为自控不容易，那么，你可以请你的知心好友随时提醒你。

快乐的第三步：有人分享快乐加倍，有人分担痛苦减半。

科学研究告诉我们，调节自己的心情最好的方法就是找到知心的人倾诉和沟通。因此，若想达到感情的平衡，我们必须懂得依靠别人。与人沟通是提升你的情商和快乐的唯一方法。所以，如果你情绪不好，或受了委屈时，应多向父母、朋友倾诉，不要总把话闷在心里，只对日记倾诉。

（摘选自微软全球副总裁、著名华人科学家李开复先生的《给中国学生的第三封信——成功、自信、快乐》）

【问题与思考】

大学生应当怎样确立人生目标?

【简析】

在人生的道路上每一个人的成长都并非一帆风顺,所处的环境并非都是顺境,面对挫折,如何看待,如何调适自己?怎样实现人生价值?何谓成功?本文都给出了好的答案。成功最重要的是“成为最好的你自己”,快乐比成功更应成为我们的生活目标。成功、自信、快乐是一个良性循环:从成功里可以得到自信和快乐,从自信里可以得到快乐和成功,从快乐里可以得到成功和自信。

## 学习素材2 名人名言

1. 生命的长短以时间来计算,生命的价值以贡献来计算。——裴多菲

【简析】

人的生命是有限的,生命的价值是无限的。对于一个人的价值的评判,主要是以他对社会所作的贡献为标准。个体对社会和他人的生存和发展贡献越大,其人生的社会价值就越大,反之,人生价值就越小。

2. 人的生命是有限的,可是,为人民服务是无限的,我要把有限的生命,投入到无限的为人民服务之中去。——雷锋

【简析】

一个树立了为人民服务人生观的人,就能以正确的人生态度对待人生、对待生活,始终对祖国和人民具有高度的责任感,在服务人民、奉献社会中实现自己的人生价值。正像毛泽东所说的,只有具有这种崇高精神的人,才是“一个高尚的人,一个纯粹的人,一个有道德的人,一个脱离了低级趣味的人,一个有益于人民的人”。

## 关键名词

**世界观**:指人们对生活在其中的世界以及人与世界的关系的总体看法和根本观点。

**人生观**:指人们在实践中形成的对于人生目的和意义的根本看法,它决定着人们实践活动的目标、人生道路的方向和对待生活的态度。

**价值观**:指一个人对周围的客观事物(包括人、事、物)的意义、重要性的总评价和总看法。

**人生价值**:指人的生活实践对于社会和人所具有的作用和意义。它包括人生的自我价值和社会价值。

**社会价值**:指个体的人生对社会和他人的存在与发展的意义,是个体人生对社会和他人需要的实现和满足,主要表现为个人通过劳动、创造对社会和他人所作的贡献。

**自我价值**:指个体的生活活动对自己的生存和发展所具有的意义,主要表现为对自身物质和精神需要的满足程度。

**个人主义**:是一切以个人的特殊利益为核心的思想体系和道德原则。把个人利益放在首位,强调个人利益高于一切,把他人利益和社会整体利益看做是实现个人利益的手段。

## 拓展知识

1. 怎样认识"主观为自己、客观为别人"的人生价值取向

(1)"主观为自己、客观为别人"理论的提出。《中国青年》杂志于1980年第5期发表了署名"潘晓"的《人生的路啊,怎么越走越窄……》一封来信,潘晓在信中直言不讳地说:"我体会到这样一个道理:任何人,不管是生存还是创造,都是主观为自己、客观为别人。就像太阳发光,首先是自己生存运动的必然现象,照耀万物,不过是它派生的一种客观意义而已。所以我想,只要每一个人都尽量去提高自我存在的价值,那么整个社会的发展也就成为必然的了。这大概是人的规律,也是生物进化的某种规律——是任何专横的说教都不能淹没,不能哄骗的规律。"

(2)"主观为自己、客观为别人"的实质是个人主义。"主观为自己、客观为别人"人生观认为,人的一切行为动机都是从自己的利益出发,只为自己打算。按照这种观点,一切为民族、为人民作出贡献和牺牲的人,都是为了得到一个好名声,都是"主观为自己、客观为别人"。

(3)历史证明,"主观为自己、客观为别人"人生观是错误的。从新民主主义革命到社会主义现代化建设,出现过千千万万为他人、为集体、为国家而忘我工作和斗争,甚至不惜抛头颅、洒热血、英勇献身的人。

(4)现实生活中确实有表面上做对别人有利的事而实际上却是满足个人私利的人。但是,这种人是无法经受起时间考验的,当他们利己主义的本质暴露出来后,总是会被历史和人民所唾弃。

(5)实践"主观为自己、客观为别人"的人生观,每个人就会无止境地追求个人权益,这必将导致人与人之间的权益冲突,产生个人和他人之间的相互排斥性,社会将无法保持和谐。

(6)人生价值包含自我价值和社会价值两个方面,社会价值是实现自我价值的基础,没有社会价值,人生的自我价值就无法存在。因此,人生价值的评价尺度,是以他对社会所作的贡献为标准的,而不是取决于他的个人成就。

2. 对"人性自私"的分析

人性自私论认为,"自私是人的天性,人人都自私"。人性真的是自私的吗?不是!

(1)马克思主义认为,人的本质是一切社会关系的总和。现实生活的人各有自己的社会身份,处于复杂的社会关系中,因而各人有着自己的思想和行为方式。

(2)在复杂的社会关系中,"相互关照"符合人们的共同利益,是大家的共同要求。人们之间的许多社会关系,如共同劳动、日常生活等方面,都要求大家相互帮衬、相互关照。一个只关心自己,对国家、民族、同事、亲友等等的利益都不顾的人,是不可能孤独地生存的。

(3)人们由于地位、境遇和所受教育的差别,理解和接受"人需要相互关照"这个共同经验的程度是不同的。有的人深刻理解这个经验,能关照一切需要关照的人;大多数人有条件地接受这个经验,在他们认识到的范围内,愿意为共同利益出力;有的人只在很小的范围里接受这个经验。一个人关照范围的大小,标志着他的生命的意义和价值的大小。

（4）现实生活中人有自私心与人性自私是两个不同的问题。人有自私心不可避免，但是人性并非自私的。

3. 大学生应当摒弃哪些错误的人生观

（1）享乐主义人生观。享乐主义人生观把享乐作为生活目的来追求，认为人生在世，唯有享乐而已；主张人生是短暂的，应当及时行乐。享乐主义人生观是剥削阶级利己主义的特殊表现，这种人生观从人的自然本性出发，把人生看成是纯粹的生理需要，认为人生的目的和意义就在于追求物质生活享受。

（2）拜金主义人生观。拜金主义人生观是人们对金钱迷恋所形成的一种极端错误的思想意识。"一切向钱看"，将金钱神秘化、神圣化，把金钱作为圣物来崇拜，以追逐和获取金钱来理解人生的目的和生活的全部意义。如果让拜金主义成为社会的主导，钱权交易、行贿受贿、贪赃枉法等现象就会层出不穷，人与人之间就会只剩下赤裸裸的金钱关系。

（3）权力至上论人生观。"权力"一般是指在社会公共生活中一定范围内的支配权力，其实质是一种社会公共职责。权力至上论人生观认为"有权就有一切"，是剥削阶级社会中统治阶级的思想意识。权力至上论在现实生活中表现为，以做官掌权为人生奋斗的唯一目标，想尽一切办法获取权力，一旦掌权则将人民赋予的权力用于谋取私利。

（4）实用主义人生观。实用主义人生观把"方便"和"有用"作为待人处事的信条和原则，以"有用即真理"为核心。实用主义人生观在现实生活中主要表现为讲"实惠"，即"理想，理想，有利就想；前途，前途，有钱就图"。持这种人生观的人有时会为了得到某种"实惠"而不择手段，为所欲为。

（5）存在主义人生观。存在主义从主观以自我设计为人生向导，以追求绝对自由作为人生目的，以随心所欲、盲目冒险作为人生态度，是一种极端个人主义和无政府主义的人生观。持有这种人生观的人很容易陷入脱离社会需要、以自我为中心的个人小天地。

（6）悲观主义人生观。悲观主义人生观是享乐主义人生观走向另一个极端的表现。它认为人生就是痛苦，就是悲剧。持悲观主义人生观的人容易迷惘消沉、厌世轻生。

4. 大学生应当怎样正确应对挫折

挫折是指人们在通向目标的道路上遇到的不良思想行为结果和影响，克服挫折是一个用积极的人生态度战胜消极的人生态度的人生观修养过程。大学生遭遇挫折时，可以尝试以下方式解决问题。

（1）以长补短。即通过发挥自己的特长来克服因自身的短处或者缺陷所引起的不良情绪，从而减轻因挫折所带来的消极情绪的压力。例如失恋后寻求学业成绩的补偿，外貌不扬寻求品学兼优的补偿等等。

（2）确定合适的目标预期。目标预期过高，实现的难度太大，遭受挫折的可能性就大些，屡受打击容易丧失自信。因此，发现自己的目标预期与自己的能力水平不相适时，应及时加以调整。

（3）提高挫折耐受力。耐受力强的人，即使屡遭打击，也不会气馁；耐受力弱的人，哪怕是轻微的挫折也容易意志消沉。大学生提高挫折耐受力可以从以下几个方面入手。第一，自觉提高思想境界。思想境界越高，挫折耐受力越强。第二，自觉提高对挫折的判断力。能正确估计挫折的人，对挫折的耐受力较强。能正确面对挫折的人，对挫折的耐受力也强。第三，不断积累面对挫折的经验。经验丰富的人对新的挫折往往能从容面对，从小娇生惯养未经受挫折的人,一遇到挫折则会惊慌失措。第四,自觉提高解决矛盾的能力。解决矛盾的能力越强,挫折的耐受力则越强。第五,自觉增强体质。身心健康,才能自信地面对挫折。

**一、选择训练**

1. 单项选择训练

(1)科学的人生观是(　　)。

A. 为人民服务的人生观　B. 构建自己"精神家园"的人生观

C. "自我设计"、"个人奋斗"的人生观　D. 为个人和全家求温饱、谋幸福的人生观

(2)人生观的核心是(　　)。

A. 人生价值　B. 人生目的　C. 人生态度　D. 人生信仰

(3)人的本质属性是(　　)。

A. 自私本性　B. 社会性　C. 自然性　D. 社会性和自然性

2. 多项选择

(1)下列不属于人生价值实现的个人条件的有(　　)。

A. 良好的经济、政治环境　B. 较高的自身能力

C. 立足现实,坚守岗位　D. 自强不息的精神

(2)关于人生目的在人生实践中的作用,下列说法中不正确的是(　　)。

A. 人生目的决定人生道路　B. 人生目的决定人生态度

C. 人生目的决定人生理想　D. 人生目的决定人生选择

(3)在社会主义初级阶段,我们反对"权力至上"、"金钱拜物教"、"享乐主义"等人生目的,不提倡"平生无大志,但求足温饱"等平庸的人生目的,而提倡(　　)。

A. 先公后私、先人后己的人生目的　B. 禁欲主义、苦行僧主义的人生目的

C. 尽情享受口腹耳目快乐的人生目的　D. 主观为自己、客观为他人的人生目的

E. 大公无私、全心全意为人民服务的人生目的

(4) 人生观在人生中的重要意义体现在(　　)。

A. 人生观决定着一个人做人的标准

B. 人生观决定着一个人思想意识的性质和水平

C. 人生观是把握人生方向,抉择人生道路的指南

D. 人生观体现着人们对整个世界的根本看法和观点

(5)人生观是通过(　　)三个主要方面体现出来的。

A. 人生目的　B. 人生态度　C. 人生价值　D. 生活阅历

(6)下列关于人生价值评价的说法中,正确的有(　　)。

A. 个人为社会提供的物质财富的多少,是对人生价值进行评价的唯一标准

B. 评价人生价值时,既要看动机,也要看效果

C. 能力强的人实现的人生价值一定要比能力弱的人实现的人生价值大

D. 尽管个人能力有大小,但只要为社会为人民尽职尽责,作出了应有贡献,都是有价

值的

(7)“你不奉献我不奉献谁来奉献,你也索取我也索取向谁索取”,这句话反映的道理是:(  )。

A. 奉献和索取是对立的

B. 奉献和索取可以由人的主观动机来决定

C. 索取是奉献的前提和基础

D. 奉献和索取是辩证统一关系,人生的真正价值在于对社会的奉献

E. 人生观调节着个人与他人,个人与集体,个人与社会,个人与自然之间的关系

(8)人生观决定着人的(  )。

A. 实践活动的目标　　B. 人生道路的方向

C. 待人接物的态度　　D. 对待生活的态度

**二、分析训练**

1. 歌德说:“你要欣赏自己的价值,就得给世界增添价值。”

爱因斯坦说:“一个人的价值,应当看他贡献什么,而不是看他取得什么。”

运用人生观的知识,说明你对以上名人名言的理解。

2. “人不可能把金钱带进坟墓,但金钱可以把人送进坟墓。”

试问,这一至理名言告诉了我们什么道理?

**三、问答训练**

1. 如何理解人的本质?

2. 简述人生目的对人生观的作用。

3. 如何看待人生自我价值与社会价值的关系?

4. 如何理解人生价值在于贡献?

**四、论述训练**

1. 人生道路并不见得一帆风顺,可能会遇到各种挫折,能否正确地应对人生挫折成为战胜挫折的关键一步。请你谈谈大学生应当怎样以正确的人生态度去应对人生道路上的挫折?

2. 谈谈你对“主观为自己,客观为他人”人生价值取向的认识。

**五、践履训练:人生观、价值观问卷调查**

调查内容为:

(1)人生最重要的是(  )。(选三项)

A. 理想　　B. 健康　　C. 知识　　D. 友谊

E. 爱情　　F. 金钱　　G. 名誉

(2)你认为个人价值取决于(  )。

A. 是否为社会创造了价值　　B. 人格是否高尚

C. 社会名望高低　　D. 生活是否舒适

E. 挥洒金钱及权利

(3)大学生应当如何应对竞争?(  )

A. 提高学识、锻炼能力　　B. 要霸道,老实人会吃亏

C. 见利益当仁不让　　D. 不择手段

(4)你对自己人生前途的态度是(　　)。

A. 乐观、奋力追求幸福　　　　B. 迷茫

C. 悲观

要求:(1)至少调查100名大学生;

(2)根据统计结果写一份调查报告,找出问题并提出解决方案。

# 项目1.4 马克思主义人生环境观学习与践履

## 学习素材

### 学习素材1 健康的标准

1. 世界卫生组织规定的健康10条标准

(1)有足够充沛的精力,能从容不迫地应对日常生活和工作压力,而不感到过分紧张。

(2)态度积极,乐于承担责任,不论事情大小都不挑剔。

(3)善于休息,睡眠良好。

(4)能适应外界环境的各种变化,应变能力强。

(5)能够抵抗一般性的感冒和传染病。

(6)体重适当,体态匀称,站立时头、肩、臂的位置协调。

(7)反应敏锐,眼睛明亮,眼睑不发炎。

(8)牙齿清洁、无空洞、无痛感、无出血现象,齿龈颜色正常。

(9)头发有光泽、无头屑。

(10)肌肉和皮肤富有弹性,走路轻松,身材匀称。

这10条标准,前4条主要是心理健康和社会环境方面的健康标准,后6条主要是身体方面的健康标准,这些内容具体阐述了健康的定义,体现了健康所包括的身体、心理、社会三个方面的内容。

2. 大学生心理健康的标准

大学生心理健康的标准,迄今为止还没有一个统一的概念。综合国内外专家学者的观点,根据大学生的年龄特征、心理特征和角色特征,我国当代大学生心理健康的标准包括以下几个方面。

(1)智力正常。智力是指一个人认识能力与活动能力所达到的水平,是人的观察力、注意力、记忆力、想象力、思维力、创造力和实践能力等的综合。智力正常是大学生学习、生活、工作的最基本的心理条件,也是适应周围环境变化所必需的心理保证,因此衡量时,关键在于是否正常地、充分地发挥了效能,即有强烈的求知欲,乐于学习,能够积极参与学习活动。

(2)情绪健康。其主要标志是情绪稳定和心情愉快,包括的内容有:愉快情绪多于负性情绪,乐观开朗,富有朝气,对生活充满希望;情绪较稳定,善于控制与调节自己的情绪,

既能克制又能合理宣泄;情绪反应与环境相适应,情绪反应是由适当的原因引起的,反应的强度与情境相符。情绪在心理健康中起核心作用,情绪异常往往是心理疾病的先兆。

(3)意志健全。意志是一种心理过程,即个体在完成一种有目标的活动时,所进行的选择、决定与执行的心理过程。一个意志健全的人在行动的自觉性、果断性、顽强性、自制力等方面都表现出较高的水平,在各种活动中都有自觉的目的性,能适时地做出决定并运用切实有准备的方式解决所遇到的问题,在困难和挫折面前能采取合理的、有效的反应方式,善于控制自己的情绪和言行,而不是行动盲目,畏惧困难,顽固执拗。

(4)人格完整。心理学上的人格是指与一个人比较稳定的心理特征的总和,包括气质、性格、能力、兴趣、爱好、需要、理想、信念等等。气质和性格是人格的重要组成部分。人格完整就是一个人所想、所说、所做的都是协调一致的:人格结构的各要素完整统一;具有正确的自我意识,不产生自我同一性混乱;以积极进取的人生观作为人格的核心,并以此为中心把自己的需要、目标和行动统一起来。

(5)自我评价正确。正确的自我评价是大学生心理健康的重要条件,对自己的认识比较接近现实,有自知之明,恰如其分地认识自己,摆正自己的位置,对优点感到欣慰,又不至于狂妄自大,对弱点既不回避,也不自暴自弃,而是善于自我接纳,喜欢自己,接受自己,自尊、自强、自制、自爱适度,正视现实,积极进取。

(6)人际关系和谐。乐于与人交往,既有广泛而深厚的人际关系,又有知心朋友;在交往中保持独立而完整的人格,有自知之明,不卑不亢;能客观评价别人和自己,善于取长补短;对人宽容,乐于助人,积极的交往态度多于消极态度;交往动机端正。

(7)适应能力强。与社会保持良好的接触,对周围事物和环境能做出客观的认识和评价,能够面对现实,接受现实,并能主动适应。以有效的办法应对环境中的各种困难,不退缩,还要根据环境的特点和自我意识的情况努力进行协调。

(8)心理行为符合年龄特征。在校大学生正处于青春期,心理特征应与年龄特征和角色相适应。如果一个大学生经常严重地偏离这些心理行为特征,有可能是心理异常的表现。

心理健康是较长一段时间持续的心理状态,一个人偶尔出现的一些不健康的心理行为并不意味这个人就一定是心理不健康。而且心理健康状态并非固定不变的,而是不断变化的,既可以从不健康转变为健康,也可以从健康转变为不健康。以上心理健康标准仅仅反应了大学生个体良好地适应社会生活所应有的心理状态的一般要求,而不是最高境界。

(选自《大学生心理健康的标准》(医学心理学与精神医学版),医学教育网,http://www.med66.com/html/ziliao/07/46/84464b3e226fd6b271dd79e4216a5245.htm)

## 学习素材2 名人名言

1.一种美好的心情,比十副良药更能解除生理上的疲惫和痛楚。——马克思

【简析】

兴奋、愉悦的心情有助于提高人们的学习、工作的效率和生活质量。抱怨、悲伤的情绪易使人消沉,降低学习和工作效率,长期处于焦虑、抑郁情绪中还会消磨自己的意志,甚至降低人的免疫力,影响身体健康。因此,合理调控情绪,保持兴奋、愉悦、美好的心情是

我们事业的基础，一切工作的出发点。

2. 要尽己性，尽人性，尽物性。——森田正马

【简析】

所谓“尽己性”，就是要真正明确自己的状态，怀着生的渴望去过积极的生活，为实现自我从现在做起，奋发努力。所谓“尽人性”，就是要肯定别人应有的价值，发挥他的长处。所谓“尽物性”，就是要看准每件事物的存在价值，提高它的价值。现实生活中，我们应该科学地对待人生环境，促进自我身心、人际关系、人与社会、人与自然的和谐。

## 学习素材 3　典型事例

1. 马加爵的犯罪根源

2004 年 2 月 23 日，云南省昆明市云南大学 6 幢 317 号宿舍发现 4 具男性尸体，经查死者是该校生化学院生物技术专业 2000 级的 4 名学生——唐学礼、杨开红、邵瑞杰和龚博。云南省公安厅和昆明市公安局在之后的现场勘查和调查访问后认定，4 人的同学马加爵有重大作案嫌疑。而此时马加爵已失踪数天。

马加爵 1981 年 5 月 4 日出生，当年不到 23 岁，杀人手段却极其残忍。警方发现尸体死亡原因都为脑部钝器击打所致。

2 月 24 日，公安部发出 A 级通缉令，3 月 1 日又向社会公开发布了通缉令，悬赏 20 万，查缉马加爵。此后，曾有 10 来个“疑似”马加爵，经指纹指认或 DNA 测试后被否定。

据介绍，马加爵平时爱踢足球和打篮球。4 个死者中，除龚博住在另一幢楼外，马加爵和唐学礼、杨开红同住第 6 宿舍楼 317 房间，邵瑞杰则住在隔壁的 316 室。5 个人同级，常在一起打球。据同学说，马加爵生性比较粗暴。平时打球，只要有人踢不好或无意间踢到他身上，他便会动怒，有时甚至翻脸骂人。马加爵有几个广西老乡以前常来找他玩，后来渐渐不来了。还有同学回忆，马加爵以前经过 316 室，只要听到里面的音乐声大一点就会破口大骂。有一次同宿舍的一位同学动了马的东西，马发现后便一直记恨在心，从此不再理睬该同学。同学都说他性格孤僻，不太好处。

【问题与思考】

分析马加爵的犯罪根源。

【简析】

专家认为，马加爵犯罪是因为穷困、歧视而心理畸变、人格分裂发展的结果，是强烈、压抑的情绪和扭曲的人生观所致，是自以为是、唯我独尊、极端自私心理的恶性发展。马加爵犯罪是他受到周围环境的歧视和不公平对待的结果。而他自己又不会调整心态去适应并正确面对现实，难以排解痛苦，终于有一天在一点小事的刺激下积郁爆发、心理崩溃并铤而走险，报复杀人，铸下大错。

2. 同学们是否总是和我作对？

小张是个内向的姑娘，中学的时候就只知道埋头读书，很少参加班级的集体活动，几乎没什么朋友，但是因为成绩好，不时有同学向她请教。到外地上大学后，她觉得自己陷入了孤立无援的境地，尤其是同寝室的人，故意孤立她、挤对她。下课了，寝室的另外几个同学结伴回去，但从来不叫她；周末，她们几个出去玩，也从不邀请她。不仅如此，她觉得同学老在背后说她坏话，连她穿漂亮衣服也遭她们的非议。上课时，她在专心听讲，同学

故意在旁边讲话，干扰她。到后来，甚至睡觉也睡不好，因为同学老是在半夜三更发出很响的声音。小张在电话中多次向家里哭诉，家长觉得事情严重，专程赶到学校，找到了老师。可是，经过老师的调查，发现事实并非如此，同学们说小张沉默内向点，但是大家根本没有故意孤立她，相反还经常邀请她参加各种活动。

**【问题与思考】**

小张为什么会觉得自己陷入了孤立无援的境地，并时时感到同学与她对立？

**【简析】**

大学新生对新环境不适应，如果得不到及时调整，可能会产生失落、自卑、焦虑、抑郁等情绪，甚至诱发精神疾病。大学新生入学后，必须重视自身的心理调整，尽快度过心理失衡期，成功地进行角色转换。

3. 一位在校大学生写给思想政治课教师的信

唐老师：

您好！我很高兴能在这里给你写信。

老师，我最近有个坏毛病，就是我不知道为什么，从这个学期开学以来，我一直都很自卑。不是因为学习成绩差而自卑，而是因为我自己在穿着上跟不上时代。

爱美之心，人皆有之。我自己也不例外。我经常都这样想，很想自己去买几套像样的衣服来穿。但是想想，我现在能在这里读书就已经是很不错了。

可是，有时候感觉现在的社会，对一个人的外表要求是很高的，所以，我对我自己不会打扮而感到特别的自卑。我身边的同学也经常说我根本就不像一个大学生，像一个初中生的穿着一样。说我老土，说我思想跟不上时代。

其实，很多时候，我也这样想过，我要不要去拉拉头发，或者做个发型。但是我考虑到我是消费者，在经济上不允许我这样做。

一般情况下，我是一个比较坚强的女孩，但是，今天听到同学在一旁相互比美，我感到特别的自卑，感觉我自己真的有点像初中生一样。

唐老师，我该怎么样去调整我自己的心态呢？

为什么我不像其他的孩子那样，出生就能过美满、幸福、快乐的生活？

某某

某年某月某日

**【简析】**

这是一位在校大学生写给《思想道德修养与法律基础》任课教师的信。在信中，该学生流露出自卑的心理，不是因为学习，而是因为外表、经济及同学对她的评价。大学生应该是什么样的形象？应该是素质、道德、知识、涵养、能力、气质的综合体，包括健康的身体和心理。大学期间应当在学习上不断充实自己，完善自我。当然，在条件许可的情况下也可以改变一下，适度修饰自己的衣着。

## 关键名词

**身心健康**：指一个人的生理和心理与社会处于相互协调的和谐状态。

**心理健康**：指一个人以积极、有效的心理活动，平稳、正常的心理状态，对当前和发展

着的社会和自然环境做出良好适应的状态。

1. 大学生常见的心理问题

大学生是风华正茂的一代，其生理、心理均趋向成熟。但由于受人际关系不良、经济困难、失恋、学业受挫等影响，常造成心理障碍。根据一项以全国12.6万大学生为对象的调查显示，约20.23%的人有不同程度的心理障碍。某大学学工部两次对入学新生进行全面的心理测查，结果表明，25%的学生存在程度不同的心理障碍。据统计，因各种心理疾病而休、退学的大学生人数已占总休、退学人数的50%左右。引起大学生心理障碍的主要原因有以下几个方面。

1）难以适应生活环境的转变

小张自言从小属于"被管大的一代"，上中学时，爸爸妈妈什么都不让她干，早上来不及吃饭，妈妈就把早餐送到学校去。到北京上大学后她慌神了，每天不知道该干什么，还觉得时间不够用，整日浑浑噩噩，学习成绩下降，成了班上的"第三梯队"。她开始头痛，注意力无法集中，成了心理障碍队伍中的一员。

刚入学的大学生要顺利度过生活环境的转变期，应从小事做起，从眼前做起，利用每一件小事和每一次机会锻炼自己独立生活、独立工作的能力。

2）学习紧张和竞争压力造成心理负担过重

经过高考拼杀的学生带着良好的感觉进入大学校园之后，突然发觉自己站在"山顶"的感觉没有了。在高手如云的集体内，昔日那种"鹤立鸡群"的优越感已荡然无存，"众星捧月"的地位变了，无形中在心理上产生了一种失落感。如某高校一名数学系新生在中学是老师宠爱、同学羡慕的数学尖子，升入大学后不久，在一次新生摸底考试中未能及格，自信心顿然坍塌，在一个寒冷的早晨跳楼身亡。

因此，老师和家长要教育他们正视现实，认识到考上大学只是人生征途中的一次胜利，今后的路还很长。从一进校门起，新的竞争又宣告开始，大家又站到了新的起跑线上。因此入校后短暂的兴奋之后就应当及时冷静并认真地分析利弊，正确认识自我，踏踏实实走自己的路。

3）人际关系失调造成社交障碍

某医科大学学生小王由于来自农村，缺乏体育、音乐才能。别人去踢足球、跳舞，他不好意思向人请教，自傲与自卑发生冲突，最终跳楼身亡。

这个学生的问题属于交往过程中出现的回避型人格障碍，其特点是：心理自卑，行为畏缩，面对挑战采取逃避态度或无力去应付；想与人交往，又怕被人拒绝、嫌弃；想得到别人的关心和体贴，又害羞不敢与人接近；不与人交往并非出于自愿，内心矛盾重重。

消除社交障碍主要要学会正确评价自己，增加自信，消除自卑和恐惧。否则，对自己的神态举止特别敏感，生怕在别人面前出丑、失态，反而使自己在别人面前感到异常紧张。社交障碍是一种恐惧心理的自我加强过程。恶性循环一旦形成，恐惧愈演愈烈，最后严重影响正常的学习和生活。有这种问题的同学要大胆一些，多参加集体活动，并敢于抛头露面。

4)理想和目标落空造成内心困惑

进入大学后,学习失去了中小学时的动力,又不可避免地接触到了社会市侩、阴暗的一面,习惯于只读圣贤书的学子们在现实面前感觉到困惑。某大学男生小赵中学时成绩优秀,进大学后很快奉行“六十分万岁”,他直言:大学没什么意思。

针对这种情况应该引导学生明确学习方向,实现从应试教育到素质教育的转变。大学学习的目的是掌握一定的专业知识和技能,提高自身的素质。实现这一目标就要从学好专业课,提高专业技能,培养高尚道德情操,锻炼组织社交能力,提高身体和心理素质等多方面去努力。在学习内容上注意寻找自己的学习兴趣,除完成正常的学习任务外,应根据自己的兴趣养成发现问题、思考问题、研究问题的习惯,变被动学习为主动学习,提高学习的自觉性和自主性。

5)情感受挫促成心灵苦闷

时下的大学校园,恋爱已是公开的秘密,部分大学生匆匆加入“恋爱族”,由于对爱或被爱缺乏正确的理解,往往饱受失恋之苦,但又难以自我调适,轻者陷入情感的漩涡难以自拔,重者则会痛不欲生,寻死觅活,甚至导致精神失常、自杀等严重后果。

谈恋爱是一种审美,一旦双方产生了恋情,要沉着、冷静、理智地对待,既应珍视纯洁的感情,又不能任其发展,注意适度控制,正确处理恋爱与学业的关系。对于单相思和失恋者,要注意做好耐心细致的思想工作,教育他们恋爱是以双方自愿为原则的,把他们的注意力转移到学习上来。

(摘自东南大学校友论坛,http://club.chinaren.com/107147061.html)

2.症状自评量表SCL-90

《症状自评量表SCL-90》是世界上最著名的心理健康测试量表之一,是当前使用最为广泛的精神障碍和心理疾病门诊检查量表,将协助使用者从10个方面来了解自己的心理健康程度。该测验适用对象为16岁以上的用户,实践中对大学生心理健康状况进行综合诊断时使用得比较多。

SCL-90共有90个询问题目,其内容涉及感觉、思维、情绪、意识、行为、生活习惯、人际关系、饮食睡眠等。这90个询问题目中隐含着10个因子,它们包括如下内容。

(1)躯体化:包括1、4、12、27、40、42、48、49、52、53、56、58共12题。该因子主要反映主观的身体不适感,包括心血管、胃肠道、呼吸等系统的不适合头痛、背痛、肌肉酸痛,以及焦虑等其他躯体症状表现。

(2)强迫:包括3、9、10、28、38、45、46、51、55、65共10题。它与临床上所谓强迫表现的症状定义基本相同,主要指那种明知没有必要,但又无法摆脱的无意义的思想、冲动、行为等表现。还有一些比较一般的感知障碍(如“脑子都变空了”、“记忆力也不行等”)也在这一因子中反映。

(3)人际关系敏感:包括6、21、34、36、37、41、61、69、73共9题。它主要指某些人的不自在感和自卑感,尤其是在与其他人相比较时更为突出。自卑感以及在人际关系方面明显处不好的人,往往是这一因子的高分对象,与人际交流有关的自我敏感及反向期望也是产生这方面征象的原因。

(4)抑郁:包括5、14、15、20、22、26、29、30、31、32、54、71、79共13题。它反映的是与临床上抑郁症相联系的广泛的概念,忧郁苦闷的感情和心境是代表性症状。它还以对生活的兴趣减退、缺乏活动愿望、丧失活动力等为特征,并包括与失望、悲观、忧郁相联系的其他感知及躯体方面的问题。该因子中有几个项目包括死亡、自杀等概念。

(5) 焦虑:包括 2、17、23、33、39、57、72、78、80、86 共 10 题。它反映一些通常的在临床上明显与焦虑相联系的症状及体验,一般指那些无法静息、神经过敏、紧张以及由此产生的躯体征象(如震颤)。那种游离不定的焦虑及惊恐发作是本因子的主要内容,它还包括反映一个"解体"的项目。

(6) 敌意:包括 11、24、63、67、74、81 共 6 题。这里主要从三个方面反映病人的敌对表现、思想、感情及行为。其项目包括从厌烦、争论、摔物,直至争斗和不可抑制的冲动暴发等各个方面。

(7) 恐惧:包括 13、25、47、50、70、75、82 共 7 题。它与传统的恐惧状态或广场恐惧症所反映的内容基本一致,恐惧的内容包括出门旅行、空旷场地、人群、公共场所及交通工具。此外,还有反映社交恐惧的项目。

(8) 妄想:包括 8、18、43、68、76、83 共 6 题。所谓妄想是一个十分复杂的概念,本因子只是包括了它的一些基本内容,主要是指想象、思维方面,如投射性思维、敌对、猜疑、虚构、被动体验和夸大等。

(9) 精神病性:包括 7、16、35、62、77、84、87、88、90 共 9 个题。用于在门诊中迅速、扼要地了解病人的病情程度,以便做出进一步的治疗或住院等决定,故把一些明显的、纯属精神病性的项目汇集到了本因子中。有 4 个项目代表了一级症状:幻状的精神病表现,如精神分裂症等项目。

(10) 其他:包括反映睡眠的 44、64、66,共 3 题,反映饮食的 19、60 两题,反映死亡观念的 59 题和反映自罪观念的 89 题,总共 7 项。此因子的 59、89 两题和第 4 因子的 15 题三项,综合起来可以反映自杀倾向。

在评分规则方面,用 SCL-90 采用 5 级评分制,现有两种记分法。"1 ~ 5"分制:1 分表示没有该种情况;2 分表示在频度和强度上较轻;3 分表示中等;4 分表示较重;5 分为严重。"0 ~ 4"分制:0 分表示无,1 分表示较轻,以次类推。这里的"轻、中、重"主要靠自评者自己去体会,没有绝对的界限。

SCL-90 评定的时间范围是"现在"或"最近一星期"。

指导语:

以下列出了一些人可能会有的问题,请仔细阅读每一条,然后根据最近一星期来的自己的实际感觉,选择最符合您的一种情况并在每一个项目后面所附的备选答案的相应编号上画"O"。其中,选"没有"时在 A 上画"O",选"较轻"时在 B 画"O",选"中等"时在 C 上画"O",选"较重"时在 D 上画"O",选"严重"时在 E 上画"O"。

(1) 头痛。 A. 没有 B. 较轻 C. 中等 D. 较重 E. 严重

(2) 神经过敏,心中不踏实。 A. 没有 B. 较轻 C. 中等 D. 较重 E. 严重

(3) 头脑中有不必要的想法或字句盘旋。 A. 没有 B. 较轻 C. 中等 D. 较重 E. 严重

(4) 头昏或昏倒。 A. 没有 B. 较轻 C. 中等 D. 较重 E. 严重

(5) 对异性的兴趣减退。 A. 没有 B. 较轻 C. 中等 D. 较重 E. 严重

(6) 对旁人求全责备。　A. 没有　B. 较轻　C. 中等　D. 较重　E. 严重
(7) 感到别人能控制您的思想。　A. 没有　B. 较轻　C. 中等　D. 较重　E. 严重
(8) 责怪别人制造麻烦。　A. 没有　B. 较轻　C. 中等　D. 较重　E. 严重
(9) 健忘。　A. 没有　B. 较轻　C. 中等　D. 较重　E. 严重
(10) 担心自己服饰的整齐及仪态的端正。　A. 没有　B. 较轻　C. 中等　D. 较重　E. 严重
(11) 容易烦恼和激动。　A. 没有　B. 较轻　C. 中等　D. 较重　E. 严重
(12) 胸痛。　A. 没有　B. 较轻　C. 中等　D. 较重　E. 严重
(13) 害怕空旷的场所或街道。　A. 没有　B. 较轻　C. 中等　D. 较重　E. 严重
(14) 感到自己的精力下降,活动减慢。　A. 没有　B. 较轻　C. 中等　D. 较重　E. 严重
(15) 想结束自己的生命。　A. 没有　B. 较轻　C. 中等　D. 较重　E. 严重
(16) 听到别人听不到的声音。　A. 没有　B. 较轻　C. 中等　D. 较重　E. 严重
(17) 发抖。　A. 没有　B. 较轻　C. 中等　D. 较重　E. 严重
(18) 感到大多数人都不可信。　A. 没有　B. 较轻　C. 中等　D. 较重　E. 严重
(19) 胃口不好。　A. 没有　B. 较轻　C. 中等　D. 较重　E. 严重
(20) 容易哭泣。　A. 没有　B. 较轻　C. 中等　D. 较重　E. 严重
(21) 同异性相处时感到害羞不自在。　A. 没有　B. 较轻　C. 中等　D. 较重　E. 严重
(22) 感到受骗、中了圈套或有人想抓住自己。　A. 没有　B. 较轻　C. 中等　D. 较重　E. 严重
(23) 无缘无故地突然感到害怕。　A. 没有　B. 较轻　C. 中等　D. 较重　E. 严重
(24) 自己不能控制地大发脾气。　A. 没有　B. 较轻　C. 中等　D. 较重　E. 严重
(25) 怕单独出门。　A. 没有　B. 较轻　C. 中等　D. 较重　E. 严重
(26) 经常责怪自己。　A. 没有　B. 较轻　C. 中等　D. 较重　E. 严重
(27) 腰痛。　A. 没有　B. 较轻　C. 中等　D. 较重　E. 严重
(28) 感到难以完成任务。　A. 没有　B. 较轻　C. 中等　D. 较重　E. 严重
(29) 感到孤独。　A. 没有　B. 较轻　C. 中等　D. 较重　E. 严重
(30) 感到苦闷。　A. 没有　B. 较轻　C. 中等　D. 较重　E. 严重
(31) 过分担忧。　A. 没有　B. 较轻　C. 中等　D. 较重　E. 严重
(32) 对事物不感兴趣。　A. 没有　B. 较轻　C. 中等　D. 较重　E. 严重
(33) 感到害怕。　A. 没有　B. 较轻　C. 中等　D. 较重　E. 严重
(34) 您的感情容易受到伤害。　A. 没有　B. 较轻　C. 中等　D. 较重　E. 严重
(35) 旁人能知道你私下的想法。　A. 没有　B. 较轻　C. 中等　D. 较重　E. 严重
(36) 感到别人不理解你、不同情你。　A. 没有　B. 较轻　C. 中等　D. 较重　E. 严重
(37) 感到人们对你不友好、不喜欢你。　A. 没有　B. 较轻　C. 中等　D. 较重　E. 严重
(38) 做事必须做得很慢以保证做得正确。　A. 没有　B. 较轻　C. 中等　D. 较重

E. 严重

(39) 心跳得很厉害。 A. 没有 B. 较轻 C. 中等 D. 较重 E. 严重

(40) 恶心或胃部不舒服。 A. 没有 B. 较轻 C. 中等 D. 较重 E. 严重

(41) 感到比不上他人。 A. 没有 B. 较轻 C. 中等 D. 较重 E. 严重

(42) 肌肉酸痛。 A. 没有 B. 较轻 C. 中等 D. 较重 E. 严重

(43) 感到有人在监视你、议论你。 A. 没有 B. 较轻 C. 中等 D. 较重 E. 严重

(44) 难以入眠。 A. 没有 B. 较轻 C. 中等 D. 较重 E. 严重

(45) 做事必须反复检查。 A. 没有 B. 较轻 C. 中等 D. 较重 E. 严重

(46) 难以做出决定。 A. 没有 B. 较轻 C. 中等 D. 较重 E. 严重

(47) 怕乘电车、公共汽车、地铁或火车。 A. 没有 B. 较轻 C. 中等 D. 较重 E. 严重

(48) 呼吸困难。 A. 没有 B. 较轻 C. 中等 D. 较重 E. 严重

(49) 一阵阵发冷或发热。 A. 没有 B. 较轻 C. 中等 D. 较重 E. 严重

(50) 因为感到害怕而避开某些东西、场合或活动。 A. 没有 B. 较轻 C. 中等 D. 较重 E. 严重

(51) 脑子变空了。 A. 没有 B. 较轻 C. 中等 D. 较重 E. 严重

(52) 身体麻木或刺痛。 A. 没有 B. 较轻 C. 中等 D. 较重 E. 严重

(53) 喉咙有梗塞感。 A. 没有 B. 较轻 C. 中等 D. 较重 E. 严重

(54) 感到没有前途、没有希望。 A. 没有 B. 较轻 C. 中等 D. 较重 E. 严重

(55) 不能集中精神。 A. 没有 B. 较轻 C. 中等 D. 较重 E. 严重

(56) 感到身体某一部分软弱无力。 A. 没有 B. 较轻 C. 中等 D. 较重 E. 严重

(57) 感到紧张或容易紧张。 A. 没有 B. 较轻 C. 中等 D. 较重 E. 严重

(58) 感到手或脚发硬。 A. 没有 B. 较轻 C. 中等 D. 较重 E. 严重

(59) 想到死亡的事。 A. 没有 B. 较轻 C. 中等 D. 较重 E. 严重

(60) 吃得太多。 A. 没有 B. 较轻 C. 中等 D. 较重 E. 严重

(61) 当别人议论你或看着你时感到不自在。 A. 没有 B. 较轻 C. 中等 D. 较重 E. 严重

(62) 有意引进不属于你自己的想法。 A. 没有 B. 较轻 C. 中等 D. 较重 E. 严重

(63) 有想打人或伤害他人的冲动。 A. 没有 B. 较轻 C. 中等 D. 较重 E. 严重

(64) 醒得太早。 A. 没有 B. 较轻 C. 中等 D. 较重 E. 严重

(65) 必须反复洗手、数数或触摸某些东西。 A. 没有 B. 较轻 C. 中等 D. 较重 E. 严重

(66) 睡得不稳不深。 A. 没有 B. 较轻 C. 中等 D. 较重 E. 严重

(67) 有想摔坏或破坏东西的冲动。 A. 没有 B. 较轻 C. 中等 D. 较重 E. 严重

(68) 有一些别人没有的想法或念头。 A. 没有 B. 较轻 C. 中等 D. 较重 E. 严重

(69) 感到对别人神经过敏。 A. 没有 B. 较轻 C. 中等 D. 较重 E. 严重

(70) 在商店或电影院等人多的地方感到不自在。 A. 没有 B. 较轻 C. 中等 D. 较重 E. 严重

(71) 感到做任何事都很困难。 A. 没有 B. 较轻 C. 中等 D. 较重 E. 严重

(72) 一阵阵恐惧或吃惊。 A. 没有 B. 较轻 C. 中等 D. 较重 E. 严重

(73) 感到在公共场所吃东西很不自在。 A. 没有 B. 较轻 C. 中等 D. 较重 E. 严重

(74) 经常与人争论。 A. 没有 B. 较轻 C. 中等 D. 较重 E. 严重

(75) 单独一人时神经很紧张。 A. 没有 B. 较轻 C. 中等 D. 较重 E. 严重

(76) 别人对你的成绩没有做出恰当的评价。 A. 没有 B. 较轻 C. 中等 D. 较重 E. 严重

(77) 即使和别人在一起也感到孤单。 A. 没有 B. 较轻 C. 中等 D. 较重 E. 严重

(78) 感到坐立不安、心神不定。 A. 没有 B. 较轻 C. 中等 D. 较重 E. 严重

(79) 感到自己没有什么价值。 A. 没有 B. 较轻 C. 中等 D. 较重 E. 严重

(80) 感到熟悉的东西变得陌生或不像是真的。 A. 没有 B. 较轻 C. 中等 D. 较重 E. 严重

(81) 大叫或摔东西。 A. 没有 B. 较轻 C. 中等 D. 较重 E. 严重

(82) 害怕会在公共场合昏倒。 A. 没有 B. 较轻 C. 中等 D. 较重 E. 严重

(83) 感到别人想占你的便宜。 A. 没有 B. 较轻 C. 中等 D. 较重 E. 严重

(84) 为一些有关"性"的想法而苦恼。 A. 没有 B. 较轻 C. 中等 D. 较重 E. 严重

(85) 你认为应该因为自己的过错而受到惩罚。 A. 没有 B. 较轻 C. 中等 D. 较重 E. 严重

(86) 感到要把事情做完。 A. 没有 B. 较轻 C. 中等 D. 较重 E. 严重

(87) 感到自己的身体有严重的问题。 A. 没有 B. 较轻 C. 中等 D. 较重 E. 严重

(88) 从未感到和其他人很亲近。 A. 没有 B. 较轻 C. 中等 D. 较重 E. 严重

(89) 感到自己有罪。 A. 没有 B. 较轻 C. 中等 D. 较重 E. 严重

(90) 感到自己脑子有毛病。 A. 没有 B. 较轻 C. 中等 D. 较重 E. 严重

评分规则：

若选A计1分，选B计2分，选C计3分，选D计4分，选E计5分。将因子F1(躯体化)、F2(强迫)、F3(人际关系敏感)、F4(抑郁)、F5(焦虑)、F6(敌意)、F7(恐惧)、F8(妄想)、F9(精神病性)、F10(其他)各自所包含的项目得分分别累计相加，即可得到各个因子的累计得分；将各个因子的累计得分除以其相应的项目数，即得到各个因子的因子分数——*T*分数。如，若躯体化一项合计分为8，题目数为8，则因子分数为1。如果将各个

因子分数相加,即可得到总因子分数。若将整个问卷的总项目数减去选 A(即代表“没有”)的答案项,可得到反映症状广度的阳性项目数。

SCL-90 测验答卷得分换算表

| 因子 | 所属因子的项目编号 | 累计得分(S) | T 分数(S/项目数) |
|---|---|---|---|
| F1 | 1,4,12,27,40,42,48,49,52,53,56,58 | | |
| F2 | 3,9,10,28,38,45,46,51,55,65 | | |
| F3 | 6,21,34,36,37,41,61,69,73 | | |
| F4 | 5,14,15,20,22,26,29,30,31,32,54,71,79 | | |
| F5 | 2,17,23,33,39,57,72,78,80,86, | | |
| F6 | 11. 24. 63. 67. 74. 81 | | |
| F7 | 13,25,47,50,70,75,82 | | |
| F8 | 8,18,43,68,76,83 | | |
| F9 | 7,16,35,62,77,84,85,87,88,90 | | |
| F10 | 19,44,59,60,64,66,89 | | |
| 阳性项目总数:( = 90 - 选 A 的项目数) | | 总累计得分: | 总因子分数 |

结果分析:

SCL-90 测查结果的解析可以从许多角度进行。既可以从整个量表(90 个题目)中的阳性症状广度和总因子分数出发,宏观评定被测人心理障碍的大体情况,又可以从统计原理出发,对被测试的某一因子得分偏离常模团体均数的程度加以评价。

SCL-90 在国内已有 18 ~29 岁正常人的测验常模(见下表)。该常模给出了各种因子的平均数(*X*)和标准差(*SD*),当达到两个标准差时,即可认为是异常。在对大学生进行心理健康测评和心理咨询过程中,比较粗略、简便、直观的判断方法是看因子分数是否超过 3 分(1 ~5 分制),若超过 3 分,即表明该因子的症状达到中等以上的严重程度。此时,应对受测大学生采取必要的心理治疗措施。

正常人 SCL-90 的因子分布

| 项目 | X + SD | 项目 | X + SD |
|---|---|---|---|
| 躯体化 | 1. 34 +0. 45 | 敌意 | 1. 50 +0. 57 |
| 强迫 | 1. 69 +0. 61 | 恐惧 | 1. 33 +0. 47 |
| 人际关系 | 1. 76 +0. 67 | 妄想症 | 1. 52 +0. 6 |
| 抑郁 | 1. 57 +0. 61 | 精神病性 | 1. 36 +0. 47 |
| 焦虑 | 1. 42 +0. 43 | 阳性项目数 | 27. 45 ±19. 32 |

3. 大学生的心理调适方法

1)确立新的适合自己的追求目标

许多大学生入学后,产生这样那样的心理问题,主要是缺乏新的追求目标所致。许多大学生进入大学后,往往想轻松轻松,不进行目标规划,从而造成理想缺损,结果在大学里浑浑噩噩,产生迷茫感与失落感,最终导致心理问题和疾病。所以大学生进入大学适应新的环境后,应立即确立一个新的学习、奋斗目标。同时从心理学角度来说,有一个明确的目标，会使心理指向集中于一处，这样无形中会转移注意力，削弱心理问题对心理的影响，并有了内在驱动力，可促使人变得积极向上，从而更有利于克服各种心理问题和疾病。

2）建立有规律的校园生活，正确对待学习、生活和就业所带来的压力

面对紧张的学习生活，大学生应建立起一个适合自己的有规律的生活体系，如为自己制定适合自己生物钟的作息时间表，按照时间表进行有规律的学习与生活。研究表明，有规律、有节奏的生活对保养身心、消除疾病是大有益处的。其次应做到脑力劳动与体力劳动的有机结合。脑力与体力的交换使用，不但有助于消除精神疲劳，而且会调节心理压力，平衡失调的身心。

对于因学习紧张、生活贫困、就业困难所带来的心理压力，首先应勇敢面对，泰然处之。其次是加强自己的心理品质，提高抗干扰能力，为自己树立远大的目标，培养高尚的情操和人格修养。同时要保持心态的平衡，遇到问题，应不断进行心理调适，始终以乐观、坚强、自信的态度对待生活。从心理学角度来说，一个人以一种自信、坚强、乐观的精神面貌面对生活，是有助于及时调整心态，从心理困境中走出的。

3）积极转移注意力，学会自我宣泄

转移注意力，是有助于摆脱心理困境的。如抑郁时，可积极进行户外活动如打打球、散散步、找知心朋友谈谈心等。焦虑时，可找一部自己喜爱的休闲文学作品或影视看看，有条件的，最好定期做一些外出旅游。因为从心理学角度来说，一个人一旦离开原来的生活环境，面对新事物，心理环境往往会逐步开朗，有利于减轻和消除心理问题，走出心理困境。

大学生应学会自我宣泄。对一些经常产生的不满、愤怒与痛苦应积极加以宣泄释放，如进行快跑、拳击等激烈的体育运动，或找知己加以倾诉等等，以减轻心理压力。不断增强自身的心理品质，有意识地控制自己波动的情绪，以乐观、坚强的积极态度去面对所遇到的困境，使自身的心态保持平衡。

4）上网有度，积极在现实中结交朋友

对网络的过分依赖，已成为诱发大学生心理问题的重要因素。所以大学生上网应有度，对自己上网的目的、时间应有个适当的计划。在目的方面大学生应充分利用网络的优势进行学习与交流，网上交友聊天应有度。在上网时间上，最好每天不超过 80 分钟。对于一些大学生所产生的交际障碍，大学生应克服心理障碍和自闭倾向，积极在现实生活中寻找朋友，而不应沉迷于网上交友和网恋。

5）正确对待情感问题

情感的困惑和恋爱的危机，始终是诱发青年大学生心理问题的一大因素。对待失恋态度的正确与否，直接关系到大学生自身的身心健康。面对失恋的打击，大学生应学会理智应对，如积极转移自己的注意力，从事其他事情，诸如外出旅游、找知己倾诉等等以冲淡心理的压抑和痛苦。同时，失恋者应及时地树立起自信心，重新规划未来的生活。首先是尽量改变以前与恋人相处的环境和习惯，然后重新制定生活、工作的计划和规律，其次是重新规划自身的人生目标，调整自己的爱情诉求。结合自身的条件，定位自己的爱情目标。对自己的事业目标也应进行评估，分析是否要进行调整，以切合自身实际，求得成功，满足自己的价值诉求，以此调整自己的灰色心态，走出失恋的心理阴影。

以上是大学生对于心理问题所进行的日常性调适方法。如心理问题比较严重或有心

理疾病,除进行上述自我调适外,大学生应积极地去看心理医生,千万不要因害羞和世俗的偏见而讳疾忌医。

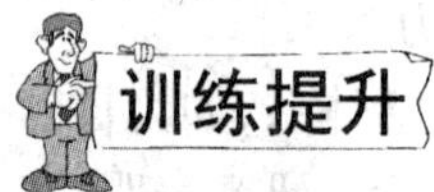


一、选择训练

1. 单项选择训练

(1)优良的心理品质能增强人际吸引力,不良的心理品质导致人际排斥。下列心理品质中,能增强人际吸引的是(　　)。

A. 唯我独尊　　B. 意志薄弱　　C. 嫉贤妒能　　D. 乐观豁达

(2)人与人之间通过一定方式进行接触,在心理或行为上产生相互影响的过程是(　　)。

A. 人际关系　　B. 平等互助　　C. 公共生活　　D. 人际交往

(3)在我们的社会生活中,与人交往时既不能自持清高,看不起别人,也不能自卑自怯,自暴自弃。这是人际交往中(　　)。

A. 谦让原则的要求　　B. 平等原则的要求

C. 互助原则的要求　　D. 友爱原则的要求

(4)在充满竞争的现代社会中,要正确对待竞争,应该保持的健康心态是(　　)。

A. 因竞争失败而产生嫉妒心理,贬损他人

B. 为在竞争中获胜而弄虚作假,损人利己

C. 因担心"枪打出头鸟"而害怕竞争,甘居中游

D. 胜不骄,败不馁,始终保持不甘落后的进取精神

2. 多项选择

(1)良好的个性品质对人际交往有巨大的吸引力,不良的个性品质对人际交往有巨大的排斥力。公民应养成良好的个性品质,克服不良个性品质。下列应克服的个性品质是(　　)。

A. 有多方面的兴趣,爱好

B. 意志坚定,情绪乐观,并且有谦逊的品质

C. 对人一视同仁,富于同情心

D. 不为他人的处境和利益着想,有极强的嫉妒心

(2)不正确的交友方式或观念是(　　)。

A. 君子之交淡如水　　B. 相知无远近,万里尚为邻

C. 要想朋友好,银钱少打扰　　D. 对友只说三分话,未可全抛一片心

(3)人生的幸福需要心理健康,事业的成功需要心理健康,现代社会生活更需要心理健康。现代人为了有健康的心理,应加强心理修养。加强心理修养的主要途径有:(　　)。

A. 掌握心理调适方法,学会自我调节

B. 发展与他人的交往,建立良好的人际关系

C. 培养多方面的兴趣和爱好,养成健康的生活方式

D. 树立正确的人生观,养成积极乐观的态度

E. 正确地对待环境,客观地认识自己,建立良好的自我形象

(4)人际关系在人们的社会生活中具有十分重要的作用,良好的人际关系能够(　　)。

A. 使人不需艰苦的劳动,便可坐享其成　B. 使人有有求必应的朋友

C. 使人保持心境轻松,平稳,态度乐观　D. 为一个人事业的成功创造优良的环境

E. 使人的物质生活和精神生活获得更多的幸福

(5)交往需要谈话,谈话促进交往。下列谈话的方法和技巧中,有利于建立良好人际关系的有(　　)。

A. 过分地恭维别人　B. 明知不对,少说为佳

C. 洗耳恭听,不随意打断别人谈话

D. 注意语言、眼神、手势等非语言因素的影响

E. 充分、善意地看到别人的长处,因人、因时、因场合地适当赞美

(6)关于竞争与合作的关系中正确的说法有(　　)。

A. 竞争需要借助合作才有可能获胜,合作增强了竞争的能力

B. 竞争中有合作,合作中有竞争,二者相互渗透,相辅相成

C. 合作是为了更好地竞争,合作越好,竞争中成功的可能性就越大

D. 在现代社会中,无论竞争还是合作都是为了获取最大的物质利益

(7)竞争层次的客观性决定了无论何种竞争都离不开合作,合作的基础在于竞争。对人生态度形成起主要作用的心理因素有(　　)。

A. 认知　B. 体验　C. 情感　D. 意志

(8)协调个人与他人关系应坚持的原则有(　　)。

A. 互助　B. 平等　C. 诚信　D. 宽容

(9)科学对待人生环境主要就是要协调好(　　)。

A. 自我身心的关系　B. 个人与他人的关系

C. 个人与社会的关系　D. 人与自然的关系

**二、分析训练**

1. 从名列前茅到摸底考试不及格。

小梁是个自尊心极强又多愁善感的男生,虽不很聪明但凭着自己的刻苦努力,在班级的成绩一直名列前茅。经过高考的拼杀,他带着良好的感觉进入大学校园,之后,突然发觉自己站在山顶的感觉没有了。在高手如云的集体内,昔日那种鹤立鸡群的优越感已荡然无存,众星捧月的地位变了。升入大学后不久的一次新生摸底考试竟然还不及格,使他自信心突然坍塌。一个学期过去了,学习越来越吃力,他对自己越来越没信心,成绩也越来越差,生活变得没有规律,食欲不振,经常失眠,到后来竟然想退学。

试分析是什么原因导致小梁从名列前茅到自信心突然坍塌?如何让他重拾自信?

2. 分析以下两位女生为什么会出现苦恼、困惑和迷惘?请根据所学知识,帮助两位女生解决其问题,让她俩走出困境。

(1)吕同学,女,大一学生,河北人。来广州就读后,发现无论是学习上还是生活上都出现了极大不适应,由于语言交流的障碍,至今仍然没有融入校园生活,而且和广州籍舍

友也出现了一定的隔阂,她为此十分苦恼。

(2)邱同学,女,大三学生,不喜欢运动,无特别爱好,学习成绩良好。自从担任班干部之后,发现和周围同学的关系不大融洽。面对各方面的压力时又刻意压抑自己,甚至产生一种"不知道自己整天在忙什么"的困惑,对于实习和就业也有种前途渺茫的感觉。

3. 近年来,大学生自杀事件频频发生,因心理问题自杀死亡的大学生人数正呈逐年上升趋势。据不完全统计,北京 2006 年有 15 名大学生因心理问题自杀身亡,2005 年全年为 19 人;安徽省 2006 年已有 12 名大学生因心理问题自杀死亡,2005 年全年为 11 人,2004 年全年为 9 人。其他各地高校也时有大学生自杀身亡事件发生,心理问题已经成为大学生的头号杀手。

请你根据以上资料,结合大学生的实际生活,分析大学生存在的主要心理问题及产生心理问题的原因。你认为怎样才能有效促进大学生的心理健康?

**三、问答训练**

1. 如何理解健康的含义,怎样协调自我身心关系?
2. 你有哪些调节情绪的方法?
3. 建立良好人际关系的方法和技巧有哪些?
4. 如何正确认识处理好个人与他人、个人与社会的关系?

**四、论述训练**

1. 试述应如何协调人与自然的关系,有效解决当今世界面临的环境和资源问题?
2. 试述大学生应当如何完善个性和健全人格?

**五、践履训练**

对照《症状自评量表 SCL-90》,了解自己的心理健康状况,如果发现有问题,主动寻求解决的方法。

**【说明】**由于《症状自评量表 SCL-90》具有较强的专业性,因此,如同学们自己检测出的结果不理想尤其是自认为有心理疾患时,请先向心理健康老师或者心理健康咨询专家求助。

## 项目 1.5 爱国主义观学习与践履(一)

### 学习素材 1 中华人民共和国国旗、国徽、国歌和版图

1. 中华人民共和国国旗

中华人民共和国国旗是中华人民共和国的象征和标志。每个中华人民共和国公民和组织,都应当尊重和爱护国旗。

中华人民共和国的国旗是五星红旗,旗面为红色,长方形,左上方缀黄色五角星五颗,四颗小星环拱在一颗大星的右面,并各有一个尖角正对大星的中心点。国旗中的大五角星代表中国共产党,四颗小五角星代表工人、农民、小资产阶级和民族资产阶级四个阶级。

旗面为红色，象征革命，星呈黄色，表示中华民族为黄色人种。五颗五角星互相联缀、疏密相间，象征中国人民大团结。每颗小星各有一个尖角正对大星中心点，表示全体四个阶级对党的向心之意，受党的全面的领导。

国旗图案

国徽的图案

2. 中华人民共和国国徽

中华人民共和国国徽是中华人民共和国主权的象征和标志。

中华人民共和国国徽的图案内容为中华人民共和国国旗、天安门、齿轮和谷穗。

国徽蕴含的内容是：中国的新民主主义革命是从五四运动开始的，到 1949 年取得胜利，建立了中华人民共和国，天安门是五四运动的发源地，又是中华人民共和国成立时举行开国大典的盛大场所，用天安门图案作新的民族精神的象征，用齿轮、谷穗象征工人阶级与农民阶级，用国旗上的五星，代表中国共产党领导下的中国人民大团结，表现新中国的性质是工人阶级领导的以工农联盟为基础的人民民主专政的社会主义国家。

3. 中华人民共和国国歌

中华人民共和国国歌为《义勇军进行曲》。

1949 年 9 月 27 日，中国人民政治协商会议第一届全体会议通过决议，在中华人民共和国国歌未正式制定前，以田汉作词、聂耳作曲的《义勇军进行曲》为代国歌。1978 年 3 月 5 日，第五届全国人民代表大会第一次会议通过《义勇军进行曲》新词。1982 年 12 月 4 日，第五届全国人民代表大会第五次会议通过关于中华人民共和国国歌的决议，撤销 1978 年 3 月 5 日全国人大会议通过的新词，恢复田汉作词、聂耳作曲的《义勇军进行曲》为中华人民共和国国歌。2004 年 3 月 14 日，十届全国人大二次会议通过的宪法修正案，规定中华人民共和国国歌是《义勇军进行曲》。

# 中华人民共和国国歌

## （义勇军进行曲）

1=G $\frac{2}{4}$

进行曲速度

田 汉 词
聂 耳 曲

(1· 35 5 | 6 5 | 3· 1555 | 3 1 | 555555 | 1) 0 5 | 1· 1 |
起 来！不

1· 1 5 67 | 1 1 | 03 123 | 5 5 | 3· 3 1· 3 | 5· 3 2 |
原 做奴隶的 人 们！ 把我们的 血 肉，筑 成我 们 新 的长

2 — | 6 5 | 2 3 | 53 05 | 3231 | 3 0 | 5· 6 1 1 |
城！ 中 华 民 族 到了 最危险的时 候， 每 个人被

3· 3 5 5 | 2 2 2 6 | 2· 5 | 1· 1 | 3· 3 | 5 — | 1· 3 5 5 |
迫 着发出 最后的吼 声。起 来！起 来！起 来！ 我 们万众

6 5 | 3· 1 5 5 5 | 30 10 | 5 1 | 3· 1 5 5 5 | 30 10 | 5 1 |
一 心，冒 着敌人的 炮 火 前 进！冒 着敌人的 炮 火 前 进！

5 1 | 5 1 | 1 0 ‖
前 进！前 进！ 进！

4. 中华人民共和国版图

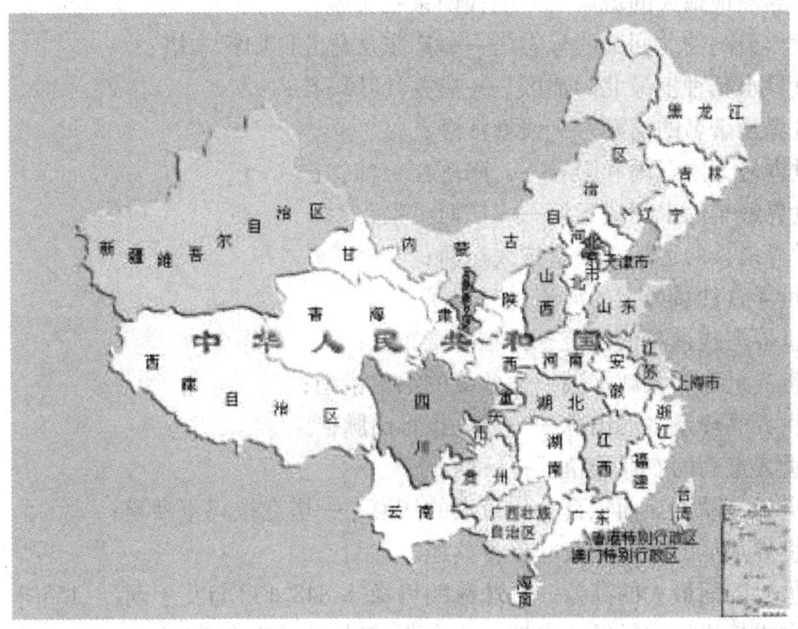


中国位于亚洲东部，太平洋西岸。北起漠河附近的黑龙江江心，南到南沙群岛的曾母暗沙。西起帕米尔高原，东至黑龙江与乌苏里江汇合处。陆地面积960万平方公里，陆上边界2万多公里。

领海由渤海（内海）和黄海、东海、南海三大边海组成，东部和南部大陆海岸线1.8万公里。内海和边海的水域面积约470万平方公里。海域分布有大小岛屿7 600个，其中台湾岛最大，面积35 798平方公里。

渤海位于辽东半岛老铁山角到山东半岛北岸蓬莱角的渤海海峡，与黄海水域相通，有庙岛群岛绵亘峡口，面积7.7万平方公里，平均水深18米，最深处70米。

黄海北起鸭绿江口，南以长江口北岸向济州岛方向一线同东海分界，西以渤海海峡与渤海相连。平均水深44米，最深处140米，面积38万平方公里，海床为半封闭型浅海大陆架。

东海北起长江北岸至济州岛方向一线，南以广东省南澳到台湾省本岛南端一线，东至冲绳海槽（以冲绳海槽与日本领海分界），正东至台湾岛东岸外12海里一线，面积77万平方公里。

南海的海底是一个巨大的海盆，海盆的山岭露出海面就是我国的东沙、西沙、中沙、南沙群岛，这些海底山岭是中国大陆架的自然延伸。南海总面积350万平方公里。

我国同朝鲜、越南、老挝、缅甸、印度、不丹、尼泊尔、巴基斯坦、阿富汗、塔吉克斯坦、吉尔吉斯斯坦、哈萨克斯坦、蒙古、俄罗斯14国接壤，与朝鲜、韩国、日本、菲律宾、文莱、印度尼西亚、马来西亚、越南8国海上相邻。省级行政区划为4个直辖市，23个省，5个自治区，2个特别行政区，首都北京。

祖国版图上22个“世界之最”：

（1）世界最长的城墙——中国万里长城；

(2)世界最古老的东西贸易通道——丝绸之路;

(3)世界围地最大的城墙——明代南京石头城;

(4)世界最高的北回归线标志塔——广东从化北回归标志塔;

(5)世界水稻种植最北的地区——黑龙江呼玛县;

(6)世界最著名的涌潮——钱塘江潮;

(7)世界最大陨石雨和陨石——降落在吉林省;

(8)世界最早的水闸式运河——广西灵渠;

(9)世界最长的运河——京杭大运河;

(10)世界含沙量最大的河流——黄河;

(11)世界海拔最高的河流——雅鲁藏布江;

(12)世界最高的大咸水湖——西藏的纳木错湖;

(13)世界高峰最多的山脉——喜马拉雅山脉;

(14)世界最高的农业种植区——西藏;

(15)世界流动沙丘面积百分比最大的沙漠——塔克拉玛干沙漠;

(16)世界最低的盆地——吐鲁番盆地;

(17)世界陆面最大的高差——珠穆朗玛峰(8 848.13)与艾丁湖(-155 米);

(18)世界熔岩地貌最发达之地——广西、贵州和云南东部;

(19)世界最大的黄土地貌——中国黄土高原;

(20)世界最高最年轻的高原——青藏高原;

(21)世界空气最稀薄之地——珠穆朗玛峰;

(22)世界最高、最大的高原湖群分布区——藏北高原。

(选自中国爱国主义教育网,http://www.china-efe.org/article/article_show.php?article_id=8684)

## 学习素材2 名人名言

1. 天下兴亡,匹夫有责。——顾炎武

【简析】

国家和民族的兴衰存亡,每个老百姓都有义不容辞的责任。天下,这里是指国家、民族。匹夫是指平民百姓。这句话表达了人民群众对国家、对民族的责任感和使命感。

2. 人类最高的道德是什么?那就是爱国之心。——拿破仑

【简析】

爱国主义体现了人民群众对自己祖国的深厚感情,它是调节个人与祖国之间关系的道德要求、政治原则和法律规范。国家是小家的寄托,更是个人的寄托;是物质利益的寄托,更是精神家园的寄托。爱国主义是每个人都应当自觉履行的责任和义务。

## 学习素材3 典型事例

1. "中国导弹之父"钱学森的爱国心

1947 年,刚刚 36 岁的中国科学家钱学森,被美国麻省理工学院聘为终身教授。这是一个很高的荣誉,它预示着钱学森的优厚待遇和远大前程。

美国为什么如此器重钱学森呢？因为他是美国研究航空科学最高专家冯·卡门的优秀学生，是美国最早研究火箭组织——加州理工学院火箭研究小组的5成员之一。

在冯·卡门的指导下，火箭研究取得了重大进展，为反法西斯战争的胜利作出了贡献。在那些艰苦的日子里，钱学森显露出卓越的才能。一项在航空科学史上占有重要地位的航空科学公式，即著名的“卡门-钱公式”诞生了。这是由冯·卡门提出命题，钱学森做出结果，至今仍在航空技术研究中广泛使用的一个公式。

然而，当钱学森得知中华人民共和国成立的消息后，这个每时每刻都在想念祖国的科学家，顿时沉浸在极大的喜悦之中。钱学森在美国已经生活了10多年，又被誉为是“在美国处于领导地位的第一位火箭专家”，金钱、地位、声誉都有了。可他想：我是中国人，我的根在中国。我可以放弃在美国的一切，但不能放弃祖国。我应该早日回到祖国去，为建设新中国贡献自己的全部力量！他还对中国留学生说：“祖国已经解放了，国家急需建设人才，我们要赶快把学到的知识用到祖国的建设中去。”

钱学森准备返回中国的决定，引起美国有关方面的恐慌。他们认为，钱学森的专业技术如果带回去，中国的科学技术将高速度前进。美国海军的一位领导人曾对美国负责出境的官员说：“我宁可把钱学森枪毙了，也不让他离开美国！”“钱学森至少值5个师的兵力。”

钱学森的回国计划受到严重的阻挠。美国官方文件通知他，不准离开美国。本来，他的行李已经装上了驳船，准备由水路运回祖国。可美国海关硬说他准备带回国的书籍和笔记本中藏有重要机密，诬蔑钱学森是间谍。其实，这些书籍和笔记本，一部分是公开的教科书，其余都是钱学森自己的学术研究记录。

一波未平，一波又起。几天之后，钱学森突然被逮捕，关押在一个海岛的拘留所里，受到无休止的折磨。看守人员每天晚上隔10分钟进室内开一次电灯，使他根本无法入睡。钱学森的遭遇，引起加州理工学院中坚持正义的同事和学生的同情，在他们和其他正直人士的强烈抗议下，美国特务机关被迫释放了他。可对钱学森的迫害并没有停止，他们限制他的行动，监视和检查他的信件、电话等。尽管有种种限制，但钱学森没有屈服。他不断地提出严正要求：坚决离开美国，回中国去！

在争取回国的日子里，钱学森更加关心祖国的建设事业，经常从《华侨日报》等报刊上了解新中国的情况，和中国科学家、留学生讨论建设祖国的有关问题。为了能够迅速地回国，他租房子只签订短时间的合同。家里准备了3只轻便的小箱子，天天准备随时可以搭飞机回中国。

5年过去了。钱学森争取回国的斗争得到世界各国主持正义的人们的支持，更得到了中国政府的极大关怀。周恩来总理曾亲自了解他的情况，并指示参加中美两国大使级会谈的中国代表，在会谈中提出钱学森博士归国问题。

1955年8月，这场外交斗争终于取得了胜利，美国政府被迫同意钱学森返回中国。

到达北京的第二天清晨，钱学森就和妻子带着两个孩子来到天安门广场。他激动地说：“我相信我一定能回到祖国。现在，我终于回来了！”

冲破重重阻拦而回国的钱学森，一头扎在了军事科学的研究中。他倾其所学，又紧密关注国外的科学动态，不断推出科研新成果，为祖国的国防事业竭思尽智，做出了巨大的贡献，被誉为“导弹之父”，国务院授予他为“全国劳动模范”的光荣称号。

【简析】

在美国定居,且能聘为终身教授,这是多少人梦寐以求的幻想。可为了祖国的繁荣富强,钱学森放弃了这一切。在经济大潮如洪水猛兽般地冲击社会的今天,钱学森的爱国言行,无疑地凝聚着中华民族之魂,显示了祖国对志士仁人的撼动力。

2. 数学家华罗庚

1950 年,数学家华罗庚放弃在美国的终身教授职务,奔向祖国。归途中,他写了一封致美学生的公开信,信中说:“为了抉择真理,我们应当回去;为了国家民族,我们应当回去;为了人民服务,我们应当回去;就是为个人有出路,也应当早日回去,建立我们的工作基础,为我们伟大祖国的建设和发展而奋斗!”回国后,华罗庚进行应用数学的研究,到工厂、农村、部队、学校,足迹几乎遍布全国各省区,用数学解决了大量生产、科研中的实际问题,在国内外享有盛誉,被称为“人民的数学家”。1979 年,华罗庚应邀去英国讲学,题目是《为百万人的数学》。海报贴在街头,连饭馆老板都关心这次演讲。伦敦数学学会秘书长在写给他的信中说:“我只能期望我们的数学界能把您的榜样铭记在心,而去做些实际成绩出来。”在这次讲学途中,一位外国朋友问他:“华教授,您一定成了百万富翁了!”他以为应用数学是门赚钱的买卖。华罗庚笑着回答:“我的确很富有,我在这十多年里获得巨大的前所未有的精神财富。”在英国伯明翰大学,一位风度翩翩的女学者问他:“华教授,您不为自己回国感到后悔吗?”华罗庚含笑答道:“不,我回到自己的祖国一点也不后悔,我回国,是要用自己的力量,为祖国做些事情,并不是为了图舒服。活着不是为了别的,而是为了祖国!”

【简析】

强烈的爱国情感,使华罗庚树立远大的生活目标,产生不可战胜的精神力量。他的活着不是为了别的,而是为了祖国! 爱国主义是我们每个人宝贵的精神财富,是有志之士建功立业的思想基础。

3. 阳光下的罪恶——拉萨打砸抢烧事件真相

2008 年 3 月 10 日,原本是一个普通的日子,却被一伙别有用心的人赋予了特殊的含义:1959 年的同一天,达赖及其分裂集团发动武装叛乱,公然背叛祖国,并将这一天定为所谓的“西藏独立日”。此后,每年这个时间段,达赖分裂集团都会绞尽脑汁,在境内外频频滋事。

2008 年 3 月 10 日下午,拉萨市哲蚌寺约 300 名僧人突然分头下山,企图进入市区制造事端,被执勤人员劝阻后,有 30 余名僧人多次冲撞执勤人员。10 余名色拉寺外地学经人员在大昭寺广场公开呼喊反动口号,并打出一面“藏独”组织的“雪山狮子旗”。3 月 11 日至 13 日,个别寺庙部分僧人继续聚集,冲击拦阻线,冲撞、谩骂,并用石块攻击一线执勤的警察和干部。

3 月 14 日 11 时许,一些僧人在小昭寺攻击执勤民警,少数不法分子开始在八廓街聚集,打出“雪山狮子旗”,一边呼喊“西藏独立”等反动口号,一边打砸抢烧。潜伏在其他街道的不法分子趁势走上街头,参与暴行,事态迅速蔓延至八廓街周边地区。这些坏分子大肆纵火,辱骂、殴打、砍伤执勤人员,冲击新闻、金融、学校、公安机关等要害部门,抢劫并烧毁商店、学校、汽车、宾馆。

“他们见人就砍,进店就抢,遇车就烧!”大昭寺广场开店铺的强巴回忆起来依然心有余悸。那天14时30分左右，广场附近浓烟滚滚。当消防官兵前往灭火时，一群正在纵火的暴徒乘机点燃并烧毁了两辆消防车，还打伤4名消防战士。

从15时开始，歹徒在宇拓路、北京东路、朵森格路一带疯狂打砸抢烧。歹徒冲进这一带的7个银行营业网点，捣毁10台自动取款机，营业网点内一片狼藉。16时30分许，北京东路西藏自治区国土资源厅一带燃起熊熊大火，连片商场陷入火海，整整烧了一个小时，以纯服装专卖店的次仁卓嘎、杨冬梅、陈佳、韩星星、刘燕等5名营业员被困火中，被活活烧死。这5名姑娘最大的24岁，最小的才19岁。

更骇人听闻的是，暴徒还残忍地砍掉人的耳朵，惨无人道地杀害群众，连孩子也不放过，对藏族群众同样毫不手软，个别暴徒甚至效仿旧西藏农奴主的"点天灯"酷刑，把无辜群众浇上汽油活活烧死！种种暴行灭绝人性，令人发指！

有足够证据表明，这一事件是达赖集团有组织、有预谋、精心策划的。其险恶用心，就是企图在敏感时期挑起事端，蓄意把事情搞大甚至造成流血事件，借此向中国政府施压，干扰北京奥运会，破坏国内安定和谐的社会政治局面。

达赖自背叛祖国时起，图谋"西藏独立"、分裂祖国的顽固立场从未改变，梦想以"大藏区"、"高度自治"为幌子夺取整个青藏高原地方政权。由于达赖集团顽固坚持其反动立场，其分裂主义主张连连受挫，达赖恼羞成怒，撕下"和平"伪装，从幕后走向前台，把破坏活动的重心从境外转移到境内，在敏感时期破坏境内重点目标和部位，以达到"境内活动、境外炒作、内外施压"的目的。对"藏青会"等一些激进"藏独"组织的暴力活动，从暗中怂恿转为公开支持。

达赖集团一贯把宗教和寺庙作为分裂破坏活动的重要阵地，加紧利用宗教进行渗透破坏，在境内寺庙中培养和安插其代理人，作为分裂破坏活动的突破口。他们利用"杰钦修丹"护法神问题制造教派冲突，引起了西藏教派的一系列冲突。在境外频频举办各种"宗教"活动，采取"拉出去、打进来"的办法，煽动和引诱僧尼和信教群众出境，从中挑选人员培训后再派遣入境渗透破坏，试图与中国政府长期顽抗。

2007年以来，达赖集团还加强与"东突"恐怖组织的勾结，策划在西藏开展恐怖活动，企图将国际社会的注意力转向西藏，再借机在其他地方从事恐怖活动，达到搞乱西藏、扩大国际影响的目的。

北京申奥成功后，达赖集团气急败坏，在境外多种场合大肆举行抗议、示威活动，煽动国际社会抵制北京奥运会。在屡遭失败后，达赖集团竟敢冒天下之大不韪，公然以更多暴力活动破坏北京奥运会，各种干扰破坏活动五花八门。

"藏独"激进组织"藏青会"猖狂叫嚣，要"针对北京奥运会在境内外开展各种形式的极端运动"，还联合"自由西藏学生运动"、"藏妇会"等"藏独"组织，策划在2008年奥运圣火登顶珠峰前，对圣火实施拦截。

这起恶性事件，引起西藏各族群众和各界人士的强烈愤慨，纷纷谴责达赖集团的恶劣行径。许多群众说，"西藏的每一步发展，都离不开中央对西藏工作的高度重视和对西藏各族人民的深切关怀，都离不开全国人民无私援助的深情厚谊。西藏已经连续18年保持稳定和快速发展，现在人心思稳，我们热爱今天的安定幸福生活，期盼建设全面小康和现代化，不能再容忍达赖集团的干扰破坏！"

这起打砸抢烧事件的受害者绝大多数是普通老百姓。受害群众彻底认清了达赖的嘴脸。一位店铺被毁的藏族商户义愤填膺:“不能光听人说得天花乱坠,关键还要看在做些什么,谁在造福西藏人民,谁在祸害西藏人民,我们心里一清二楚!达赖不是口口声声说是为了藏族人民争取权益吗?这次为什么要与我们老百姓过不去?他哪里是在帮我们,他是在祸害我们,他是人面兽心的豺狼!如果佛祖在天有灵,也决不会饶过他!”

(摘选自新华网,http://cq.QQ.com,2008 年 3 月 18 日)

**【简析】**

拉萨“三·一四”暴力事件是达赖集团精心策划、有组织、有预谋的暴力活动,目的是破坏西藏的稳定,干扰北京奥运,为其鼓吹的“西藏独立”造势。西藏是中华人民共和国不可分割的一部分,任何破坏社会稳定、分裂祖国的行为都是注定要失败的。

**爱国主义:**爱国主义是千百年来形成的对祖国故土、对祖国山河和对人民深厚的感情,它是一个民族赖以生存和独立的一种凝聚力,是一个民族永恒而无价的精神财富。爱国主义的基本特点,就是无条件地热爱自己的祖国。

**时代精神:**是每一个时代特有的普遍精神实质,是一种超脱个人的共同的集体意识。

1.祖国的含义

祖国就是一定的民族及其生存和发展的自然环境和社会条件。祖国的内容丰富而广泛,概括起来包括三大部分。

第一,一定的民族。一定的民族包括民族的构成、民族的历史、民族的语言文字、民族的文化、民族的传统等等。祖国是一些人的祖国,构成祖国的首要内容是一定的民族。没有一定的民族,就无所谓谁的祖国。所以,一定的民族是祖国的最主要的内容。

第二,自然环境。自然环境包括国土疆域、河流湖泊、山川平原、矿藏资源、生态气候等等。自然环境是一定的民族存在和发展的前提条件。没有一定的自然环境,人们就无法生存和发展,也就没有祖国的存在。所以,自然环境是祖国的重要内容。

第三,社会条件。社会条件包括一定民族的社会制度、物质财富、精神财富。

总的来说,爱祖国就是爱自己出生的地方,爱那里的人情习俗,爱那里的山水土地、自然及人文环境等。

2.台湾问题的由来和实质

第二次世界大战结束之后,台湾不仅在法律上而且在事实上已经归还中国。台湾问题的出现,是国民党发动反人民内战的结果,其本质是中国的内政问题。台湾问题之所以长期存在且迄今尚未解决的一个重要因素,是美国等西方反华势力插手台湾问题,干涉中国内政,阻碍中国统一。台湾问题是中美关系中最重要、最敏感的核心问题。虽然台湾问题尚未最终解决,海峡两岸尚未统一,但世界上只有一个中国,台湾是中国的一部分,中国的领土和主权完整不容分割。

台湾问题的出现是国民党发动反人民内战的结果。

1945年抗日战争胜利后，中国人民迫切要求走和平民主、团结建国的道路，建设一个独立统一、繁荣富裕的新中国。中国共产党适时地向全国发表宣言提出："中国共产党认为在这个新的历史时期中，我全民族面前的最大任务是：巩固国内团结、保证国内和平，实现民主、改善民生，以便在和平民主团结的基础上，实现全国的统一，建设独立自主与富强的新中国。"为此，中国共产党在全国范围内致力于争取和平与民主，得到了全国人民的热情支持。国民党当局不得不与中国共产党举行重庆谈判、政治协商和停战谈判。特别是1946年1月在重庆举行的政治协商会议，在各中间党派和无党派人士的积极参与下，达成了有利于国内和平和人民民主的五项协议，为争取和平建国创造了有利条件。

但是，以蒋介石为首的国民党统治集团依仗美国的支持，置全国人民渴望和平与建设独立、民主、富强的新中国的强烈愿望于不顾，撕毁国共两党签订的《双十协定》、政协协议和一切停战协议，悍然发动了全国规模的反共反人民内战。亟待休养生息的中国，再次陷入全面内战之中。

面对国民党来势凶猛的军事进攻，中国共产党领导全国人民进行了解放战争。1948年末到1949年初，中国人民解放军进行规模空前的辽沈、平津、淮海三大战役，并取得决定性胜利。国民党的失败此时已成定局。处于危局中的蒋介石，开始更多地考虑在全国失败后的退路，其中之一是撤退到台湾，以台湾作为国民党的存身之地，进而建设成"反攻大陆、复兴党国"的基地。随着战局的发展，蒋介石确定把国民党的最后落脚点放在台湾。

1949年1月，蒋介石迫于国民党内部反蒋势力的压力宣布下野后，开始了对台湾的苦心经营。他制定了"建设台湾、闽粤，控制两广，开辟川滇"的战略计划，并设想建立一个"北连青岛、长山列岛，中段连接舟山群岛，南到台湾、海南岛"的海上锁链，使其成为封锁、包围以致反攻大陆的战略基地。为了实现上述计划与设想，蒋介石作了一系列精心准备。在组织人事上，蒋任命陈诚为台湾省政府主席，蒋经国任国民党台湾省党部主任委员。在军事部署上，将重兵集结在长江下游一带，并在金门、马祖一带设防，在定海加紧修建飞机场，以便国民党军队顺利撤退台湾。还在台北设立了东南军政长官公署，负责苏、浙、闽、粤、海南等地的军事与政治，其中尤以东南沿海岛屿的防务为重。在经济上，将在上海的中央银行大批黄金、银元和美钞运往台湾。还在台湾设立台湾区生产事业管理委员会，管理台湾经济。在外交上，策划"东亚反共同盟计划"，拉拢菲律宾、南朝鲜，拼凑反共联盟。

1949年4月20日，人民解放军发起渡江战役，4月23日，南京解放；5月17日，武汉解放；5月27日，上海解放。10月1日，中华人民共和国中央人民政府在北京宣布成立。12月7日，国民党宣布"政府"迁至台北。12月11日，国民党中央党部迁至台北。中国大陆上战事基本结束。以蒋介石为首的国民党势力从大陆全面溃退，撤到台湾，在美国反华势力的支持下，继续维持着一个所谓"代表全中国"的反共政治架构。自此，台湾再次陷入与祖国大陆的分离状态之中。

（选自国务院台湾事务办公室网站，"台湾概况与台湾问题"，http://www.gwytb.gov.cn/zlzx/twwt.htm#5）

3. 大学生肩负着实现中华民族伟大复兴的光荣使命

中华民族的伟大复兴需要一代又一代人的不懈努力，每一代青年都肩负着自身的历史使命。回顾20世纪中国的发展历程，一代又一代中国青年沿着“五四”运动开辟的振兴中华的道路，继承和发扬“五四”运动的光荣传统，把握时代的脉搏，站在时代的潮头，在中国共产党的领导下不屈不挠地奋斗，历尽艰辛地求索，终于使中华民族走上了伟大复兴之路，并且为其自强、自立奠定了必要的基础。在20世纪中叶，五四运动以来的中国青年运动的历史是中华民族伟大复兴交响乐中的一部激越雄浑、壮丽辉煌的青春乐章。这是中国青年可以自豪的光荣历史，也是鞭策21世纪中国青年再创佳绩的巨大精神动力。在改革开放和社会主义现代化建设的新时期，当代大学生的历史使命就是把我国建设成富强、民主、文明的社会主义现代化国家，实现中华民族的伟大复兴。邓小平同志曾明确指出：“社会主义事业的推进更是为青年的全面发展打开了无限广阔的天地。你们有一切机会学会为建设社会主义所需要的本领，你们有一切可能把自己的聪明才智和力量贡献给祖国。只要你们方向正确，你们的任何一点积极性都应当受到珍视，都应当得到党和国家的支持。”江泽民同志在庆祝中国共产党成立80周年大会上的讲话中指出：“全国各族青年，代表着我们祖国和民族的未来，代表着我们事业兴旺发达的希望。社会主义现代化的宏伟事业需要你们去建设，中华民族的伟大复兴将在你们手中实现。”

青年是整个社会力量中的一部分最积极、最有生气的力量，最少保守思想，最富于创新精神，是承前启后、继往开来的一代，实现中华民族伟大复兴的重任责无旁贷地落在当代青年的肩上，需要青年一代为此努力奋斗。当代大学生是一个朝气蓬勃、富有创新精神的社会群体。大学生们所具有的年龄、知识、求新等优势以及对自身弱点的认识和克服，使之能够成为顺应历史发展的、最有潜力和活力的、推动社会前进的新生力量。大学生在校学习期间，应当充分利用一切有利条件全面提高自身素质，朝着德、智、体、美等全面协调发展的，有理想、有道德、有文化、有纪律的社会主义建设者和接班人的方向努力。走出校门、步入社会以后，要在各自承担的角色和岗位上刻苦锻炼、顽强拼搏，成长为各行各业的骨干和中坚力量。

从现在起到21世纪中叶，是我国社会主义现代化建设的关键时期，也是当代大学生成长和发挥作用的黄金时期。我国社会主义现代化建设“三步走”战略目标的实现过程正好与当代大学生成长和发展的历程相吻合，这既是难得的机遇，更是荣誉和责任。“再经过半个世纪的努力，到建国100周年时，我国的社会主义现代化将会胜利地得到基本实现。到那时，无数志士仁人梦寐以求的振兴中华的理想将变成现实，中国人民将过上中等发达水平的富裕文明的生活，中华民族将对人类作出更大的贡献。”当今世界正在发生深刻的变化，以信息科学、信息技术为主要内容的世界新技术革命正在形成新的高潮，世界经济正在走向知识经济，经济、社会的发展越来越依赖于知识和科学技术的发展，特别是依赖于高科技的发展和新知识的创造，世界各国抢占知识经济制高点的竞争日益激烈。面对这一切，当代大学生要充分认识到自己在民族复兴事业中的重要地位和作用，要在前人已经取得伟大成绩的基础上，承担起这个事业赋予的重任，勇于竞争，大胆创新，充分发挥生力军的作用，努力成为历史的开拓者、完成复兴大业的实干家，为世界科学技术的发展和中华民族的伟大复兴做出应有的贡献。

当代大学生要担当起民族复兴的神圣使命。首先，必须树立强烈的历史使命感和责任感。热爱祖国，热爱人民，志存高远，胸怀宽广，在改革开放和现代化建设的广阔舞台上，充分发挥自己的聪明才智，展现自己的人生价值，努力创造无愧于时代和人民的业绩。

其次，必须努力把自己培养成时代所需要的创造性人才。综观世界科学技术发展史，许多科学家的重要发明创造，都是产生于风华正茂、思维最敏捷的青年时期。21 世纪是以知识经济为主要特征的世纪，知识经济需要的人才将是具有创新精神和创新能力的创造性人才。创新是国家发展、民族振兴和个人成长的不竭源泉。大学生应不断培养创造性思维和创新能力、善于学习知识和更新知识的欲望和能力，磨炼意志，增长才干。瞄准世界经济和科学技术发展的前沿，创造性地学习和掌握现代科学文化知识，大胆地进行探索和创新，促进科学技术成果向现实生产力的转化，努力成为当代先进生产力的代表。最后，必须树立远大理想，有为实现理想的坚定信念和脚踏实地、百折不挠的精神。我国要在社会主义初级阶段实现中华民族的伟大复兴，任务十分艰巨。大学生在前进的道路上不可避免地会遇到这样或那样的困难和挑战，需要有坚忍不拔、百折不挠的意志，有良好的精神状态。在革命战争时期，中国共产党人随时面临着各种各样的困难和挑战，面临着生与死的考验，年轻的共产党人就是靠着坚忍不拔、百折不挠的精神，不怕死、不怕苦，硬是走出一条光明之路。和平时期也是一样，世界各国，古今中外，没有一个伟大的政治家、科学家、企业家不曾经历过失败和挫折，也没有一项伟大的事业不是靠一代一代人的前仆后继、牺牲奉献取得成功的。总之，民族复兴大业召唤当代中国青年，寄希望于当代中国青年。广大大学生应自觉肩负起崇高的历史使命，坚持学习科学文化与加强思想修养的统一，坚持学习书本知识与投身社会实践的统一，坚持实现自身价值与服务祖国人民的统一，坚持树立远大理想与进行艰苦奋斗的统一。开拓进取，矢志不渝地向着现代化的光辉目标、向着中华民族的伟大复兴迈进。

青年时期是人生发展的关键时期。青年人对自己的未来充满了遐想和憧憬，选择什么样的发展方向和成长道路，对青年一生的发展和成长至关重要。青年大学生应当思考和领悟：在充满挑战和大有希望的新世纪，坚定信仰，执著追求，努力成为中国共产党的一员，在党的统一领导下，为建设中国特色社会主义，实现民族复兴的伟业而不懈奋斗，是人生的正确选择。

（摘选自三峡联合职业大学经贸科技学院网站，“大学生肩负着实现中华民族伟大复兴的历史重任”，http://www.cqsrjy.cn/0 main _ con.asp? d _ ID = 248）

**一、选择训练**

1. 单项选择

（1）中华民族精神的核心是（　　）。

A. 爱国主义　　B. 改革创新　　C. 为人民服务　　D. 集体主义

（2）时代精神的核心是（　　）。

A. 爱国兴邦　　B. 八荣八耻　　C. 改革创新　　D. 实事求是

（3）以下关于爱国主义说法错误的是（　　）。

A. 爱国主义具有历史性　　B. 爱国主义具有具体性

C. 爱国主义具有阶级性　　D. 爱国主义具有时代性

（4）以下关于爱国主义与爱社会主义具有一致性的说法正确的是（　　）。

A. 它主要是对中华人民共和国公民的基本要求
B. 它是对全体中华儿女的基本要求
C. 它主要是对生活在祖国大陆的中国公民的基本要求
D. 它是对生活在祖国大陆的一切人的基本要求
(5)以下关于爱国主义与拥护祖国统一具有一致性的说法正确的是(　　)。
A. 它是对全体中华儿女提出的基本要求
B. 它主要是对生活在大陆的中国公民的基本要求
C. 它是对一切生活在中国的人提出的基本要求
D. 它对海外侨胞不作要求
2. 多项选择
(1)爱国主义的基本要求是(　　)。
A. 爱祖国的大好河山　　B. 爱自己的骨肉同胞
C. 爱祖国的灿烂文化　　D. 爱自己的国家
(2)新时期爱国主义的内容是(　　)。
A. 维护国家的根本利益　　B. 建设有中国特色社会主义
C. 保卫祖国,抵抗侵略　　D. 为祖国统一,领土主权完整贡献力量
(3)以下关于中华民族精神的说法错误的是(　　)。
A. 它的基本内涵是团结统一,爱好和平,勤劳勇敢与自强不息
B. 它的核心是为人民服务
C. 它是时代精神的依托,时代精神则是它的时代性体现
D. 它的核心是爱国主义
(4)爱国主义是调节个人与祖国之间关系的(　　)。
A. 道德要求　　B. 政治原则　　C. 内心信念　　D. 法律规范
E. 传统美德

**二、分析训练**

1. 我荣幸地从中华民族一员的资格,而成为世界公民。我是中国人民的儿子。我深情地爱着我的祖国和人民。——邓小平

人类最高的道德是什么?那就是爱国心。——拿破仑

真正的爱国主义不应表现在漂亮的话上,而应该表现在为祖国谋福利、为人民谋福利的行动上。——杜勃罗留波夫

请根据以上材料,谈谈你是如何理解"以热爱祖国为荣,以危害祖国为耻"的?

2. 在我国新民主主义革命时期,爱国主义主要表现为致力于推翻帝国主义、封建主义和官僚资本主义的反动统治,把黑暗的旧中国改造成为光明的新中国。在现阶段,爱国主义主要表现在献身于建设和保卫社会主义现代化事业,献身于促进祖国统一大业。爱国主义随着国家的产生而产生,发展而发展。在未来的共产主义社会,国家消亡后,爱国主义就会失去存在的条件和意义。

上述材料说明了什么问题?对你有何启示?

3. "没有共产党,就没有新中国;没有社会主义,就没有新中国。"

"社会主义制度的建立,为祖国的繁荣发展提供了可靠的保障。社会主义在中国不

是一句空洞的口号,而是集中代表着、体现着、实现着国家、民族和人民的根本利益。”

“自从改革开放以来,我国社会主义建设所取得的伟大成就有目共睹。中国逐步走上了繁荣富强的康庄大道。”

“港澳、台湾、海外的爱国同胞,不能要求他们都拥护社会主义,但是至少也不能反对大陆实行的社会主义的新中国,否则怎么叫爱祖国呢?”

邓小平的以上观点说明了什么问题?请谈谈自己的看法。

**三、问答训练**

1. 如何区别爱国主义与狭隘民族主义?

2. 新时期的爱国主义有哪些主要内容?

3. 爱国主义的时代价值是什么?

**四、论述训练**

1. 透过神舟六号、七号的升空,论述新形势下大学生应当怎样爱国。

2. 从爱国主义产生的历史根源来看,正确了解和认识祖国的历史与文化对形成爱国主义思想有什么影响?

**五、践履训练(以下三项可任选一项,也可多项选择,由班委会或团委会酌情确定)**

1. 组织一次“我和我的祖国”歌唱比赛

活动要求:(1)唱爱国歌曲;(2)可以合唱,也可以独唱;(3)对优胜者进行奖励。

参考歌曲:《我和我的祖国》、《我的中国心》、《爱我中华》、《走进新时代》、《精忠报国》、《团结就是力量》、《没有共产党就没有新中国》、《七子之歌》、《红旗飘飘》、《在希望的田野上》、《春天的故事》、《故乡的云》、《松花江上》、《今天是你的生日,中国》、《唱支山歌给党听》、《保卫黄河》、《我们拥有一个名字——中国》、《党啊,亲爱的妈妈》、《我成为跨世纪的新一代》、《祖国,慈祥的母亲》、《绣红旗》、《山丹丹开花红艳艳》、《中华人民共和国国歌》、《我的祖国》、《父老乡亲》、《四渡赤水出奇兵》、《我们走在大路上》、《高天上的流云》、《五十六个民族同唱一支歌》、《中国,中国,鲜红的太阳永不落》、《我爱你,中国》、《三大纪律八项注意》、《把一切献给党》。

2. 观看一部爱国主义影视片

参考片名:《林则徐》、《万水千山》、《革命家庭》、《狼牙山五壮士》、《鸡毛信》、《平原游击队》、《铁道游击队》、《地道战》、《地雷战》、《红色娘子军》、《英雄儿女》、《甲午风云》、《上甘岭》、《南征北战》、《烈火中永生》、《洪湖赤卫队》、《渡江侦察记》、《白求恩大夫》、《野火春风斗古城》、《啊!摇篮》、《火烧圆明园》、《开天辟地》、《南昌起义》、《长征》、《西安事变》、《开国大典》、《毛泽东和他的儿子》、《雷锋》、《周恩来》、《孙中山》、《焦裕禄》、《蒋筑英》、《聂耳》、《大转折》、《大进军》、《毛泽东在1925》、《走近毛泽东》、《周恩来外交风云》、《共和国主席刘少奇》、《邓小平》、《我的法兰西岁月》、《邓小平——1928》、《惊涛骇浪》、《青年刘伯承》、《国歌》、《国旗》、《冼星海》、《鸦片战争》、《詹天佑》、《我的1919》、《横空出世》、《铁血大动脉》、《嘎达梅林》、《英雄郑成功》、《张思德》、《暖春》、《冲出亚马逊》、《首席执行官》、《法官妈妈》、《生死抉择》、《一个都不能少》、《真心》、《红河谷》、《孔繁森》、《紧急迫降》、《冲天飞豹》、《良心》、《世纪之梦》、《下辈子还做母子》、《离开雷锋的日子》、《我和乔丹的日子》、《危险智能》、《女生日记》、《背起爸爸上学》、《花季雨季》、《灿烂的季节》、《我也有爸爸》、《风雨上海滩》、《凤凰琴》、《世纪大典》、《国庆纪事》、《宇宙与人》、《中华文明——英雄时代》、《中华文明——青铜的光辉》、《中华文明——礼乐与争霸》、《中华文明——铁血帝国》。

3. 阅读一本爱国主义图书

参考书目如下。

(1)传记类：《中华三伟人的故事》、《中国有个毛泽东》、《大地的儿子——周恩来的故事》、《青年邓小平》、《共和国领袖的故事》、《赤子丛书》、《百将传奇》、《帅星升起的地方》、《共和国群英谱》、《两弹一星功勋科学家丛书》、《飞天英雄——杨利伟》、《科学人生——一位中国科学家的风采》。

(2)思想品德类:《"三个代表"重要思想青少年读本》、《精神之火——中华民族精神与当代青少年使命》、《民族大家庭》、《共和国图典》、《五星红旗》、《祖国永远在我心中》、《中华五千年美德丛书》、《中华人民共和国国旗、国徽、国歌图集》、《在鲜红的党旗下——著名知识人士的自述》、《为了理想——党史文物中的风云岁月》、《革命烈士诗抄》、《爱我中华丛书》、《中华美德图说》、《中华正气》、《莫忘国耻》、《心灵长城——中华爱国主义传统》、《青少年道德教育读本》、《做人与做事——我和爸爸妈妈共同的话题》、《五十六个民族五十六朵花》、《诚信故事》、《百年图强》、《爱国主义故事丛书》。

(3)知识类:《新世纪版十万个为什么》、《新版世界五千年》、《中华成语千句文》、《上下五千年》、《中国近代史丛书》、《可持续发展知多少》、《香港回归》、《1997 话香港》、《美丽的宝岛——台湾》、《台湾风云》、《百年澳门》、《祖先的遗产》。

(4)文学类:《可爱的中国》、《铁道游击队》、《红岩》、《红日》、《林海雪原》、《青春之歌》、《谁是最可爱的人》、《平凡的世界》、《钢铁是怎样炼成的》、《绞刑架下的报告》、《卓娅和舒拉的故事》、《雷锋的故事》、《男生贾里新传》、《三毛流浪记》、《我亲爱的祖国》、《轮椅上的梦》、《神圣抗战》、《青春万岁》、《爱的教育》、《假如给我三天光明》、《小兵张嘎》、《中国诗歌故事大全》、《21 世纪校园朗诵诗》。

(5)科普类:《20 世纪科学大师与科学大事》、《站在科学的阳光下——高士其经典科普丛书》、《走近博物馆丛书》、《家园的故事丛书》、《古代文明探索之旅丛书》、《科学是美丽的——科学艺术与人文思维》、《科学探索者丛书》。

## 项目 1.6 爱国主义观学习与践履(二)

### 学习素材

1. 郑和——人类航海史上的传奇

郑和是中国历史上伟大的航海家，世界文明交流的先行者。在 1405 ~ 1433 年的 28 年间，郑和率领船队七下西洋，打通并拓展了中国与亚非三十多个国家和地区的海上交通，为世界航海事业的发展和各国人民的交流做出了不可磨灭的贡献。

郑和七下西洋，最多时率船 200 多只，人员达两万七千多人，主要航线多达 40 多条，总计航程 16 万海里，是世界古代航海史上人数最多、行动范围最广的远洋航行活动。郑和 1405 年首下西洋，比哥伦布发现美洲新大陆早 87 年，比达·伽马经过好望角早 92 年，比麦哲伦环球航行早 114 年,他无疑在人类文明史和世界航海史上写下了辉煌的一页。

明洪武四年(1371 年),郑和出生在云南昆阳州(今昆明市晋宁县)宝山乡和代村一个世代信奉伊斯兰教的回族家庭里。其六世祖赛典赤·瞻思丁·乌马尔是元初杰出的政治家,死后被封为“咸阳王”。其子孙因长期与汉族共处,改从汉俗,定为马姓,郑和本姓马就来源于此。

明洪武十四年(1381 年),明太祖朱元璋发动了统一云南的战争,郑和的父亲在战乱中死去,十一岁的郑和被明军俘获,遭到阉割,随后被送到当时的北平燕王朱棣府上做了宦官,并深受器重。

明洪武三十一年(1398 年),朱元璋病死,其长孙朱允炆即位,称建文帝。登位后,建文帝为巩固政权,下令削藩。朱棣不甘,于是先发制人,起兵发难并夺得帝位。郑和在这场史称“靖难之役”的战争中功勋卓著,于明永乐二年(1404 年)被明成祖朱棣御笔赐姓“郑”,从此马和改名为郑和。明宣德六年(1431 年),明宣宗因郑和历经永乐、洪熙、宣德三朝,忠心辅佐三帝,敕封郑和为三保太监,此后三保太监成为郑和专有的代名词。

明永乐年间,经济繁荣富庶,在对外关系上,明成祖朱棣锐意进取,重点实行开放政策,自登基后第三个月起,就派遣使者四处活动。郑和从明永乐元年(1403 年)起,就进行过几次小规模的航海活动,访问暹罗、日本等比较近的国家,因此掌握了一定的航海和造船知识。在出访日本过程中,郑和还促成明朝与日本建立外交关系,敦促日本肃剿中国沿海倭寇,显示了其杰出的外交才能。

明永乐二年(1404 年),明成祖决定派遣大船队下西洋,郑和作为朱棣的心腹,学识渊博,熟知兵法,通晓阿拉伯语言文字,熟悉西洋各国各地区的情况,并了解航海,具有外交才能,因此成为下西洋统帅的不二人选。明宣德六年(1431 年),已是花甲之年的郑和奉命第七次下西洋,此次船队所到地方最多,范围最广,几乎走遍了南海、北印度洋沿岸地区以及阿拉伯半岛和非洲东岸诸国。明宣德八年(1433 年),当船队航行到古里附近时,郑和因操劳过度病逝。郑和这位海之骄子,奋斗在海上,成功在海上,最终也殉职于海上。

郑和七下西洋历经永乐、洪熙、宣德三朝,使明朝与海外各国广泛建交,发展了多种形式的海外贸易,促进了中外各国的文化交流和发展,是中国外交史上历史性的突破。

(选自中国网,http://www.china.com.cn/chinese/zhuanti/zhxxy/904451.htm)

2. 大禹治水的精神——中国人民宝贵的精神财富

大禹治水是发生在几千年前我国古代国家刚刚形成时影响极其深远的一件事。

据古文记载,大约在四五千年前,我国发生了一次特大的洪水灾害。当时正处于原始社会末期,生产力极端低下,生活非常困难。面对到处是茫茫一片的洪水,人们只得逃到山上去躲避。部落联盟首领尧,为了解除水患,召开了部落联盟会议,推举了鲧去完成这个任务。由于他用的是“堙”、“障”等堵塞围截的方法,治水 9 年,劳民伤财,不但没有治住,反而越来越大。尧死后,大家推举舜当了部落联盟的首领。舜巡视治水情况,看到鲧对洪水束手无策,耽误了大事,就将鲧治罪,处死在羽山。部落联盟又推举鲧的儿子禹。禹是个精明能干、大公无私的人。他接受治水任务时,刚刚和涂山氏的一个姑娘结婚,意志坚强的大禹,看到群众受到水害的情景,想到自己肩负的重大任务,便毅然决然地告别妻子,来到治水的工地。

大禹请来了过去治水的长者和曾同他父亲鲧一道治过水害的人,总结过去失败的原因,寻找根治洪水的办法。有人认为:"洪水泛滥是因为来势很猛,流不出去。"有人建议:"看样子,水是往低处流的。只要我们弄清楚地势的高低,顺着水流的方向,开挖河道,把水引出去,就好办了。"这些使大禹受到很大启发,他经过实地考察,制定了切实可行的方案:一方面加固和继续修筑堤坝,另一方面,改鲧过去"堵塞"为"疏导"根治水患。

为了便于治水,大禹还把整个地域划分为九个大州,即冀、兖、青、徐、扬、荆、豫、梁、雍等州。从此,一场规模浩大的治水工程便展开了。

大禹亲自率领20多万治水群众,浩浩荡荡地全面展开了疏导洪水的艰苦卓绝的劳动。大禹除了指挥外,还亲自参加劳动,为群众做出了榜样。他手握木锸(形状近似于今天的铁锹),栉风沐雨,废寝忘食,夜以继日,不辞劳苦。由于辛勤工作,他手上长满老茧,小腿上的汗毛被磨光了,由于长期泡在水中,脚趾甲也脱落了。在治理洪水中,大禹曾三次路过自己家门口,这时他的妻子刚刚生下儿子没几天,恰好从家里传来婴儿哇哇的哭声,他怕延误治水,没有进去;第二次路过家门,抱在妻子怀里的儿子已经会叫爸爸了,但工程正是紧张的时候,他还是没有进去;第三次过家门,儿子已长到10多岁了,使劲把他往家里拉,大禹深情地抚摸着儿子的头,告诉他,治水工作还是很忙,又匆忙离开,没进家门。大禹"三过家门而不入"的故事被传为美谈,至今仍为人们所传颂。

在大禹领导下,广大群众经过10多年的艰苦劳动,终于疏通了9条大河,使洪水沿着新开的河道,服服帖帖地流入大海。他们又回过头来,继续疏通各地的支流沟洫,排除原野上的积水深潭,让它流入支流。从而制服了灾害,完成了流芳千古的伟大业绩。在治水的同时,大禹和治水大军还大力帮助老百姓重建家园,修整土地,恢复生产,使大家过上了安居乐业的生活。对于大禹的功绩,广大人民歌颂他,感谢他,怀念他,当时人们把整个中国叫"禹域"(意为大禹治理过的地方)。

相传黄河上游的龙门山上的禹门口(今陕西韩城与西河津之间),为大禹所凿。龙门山口,宽80步,河水由此而下,奔腾咆啸,声如巨雷。集中在龙门水下的大鲤鱼为急流所迫,随之而下,向下不断跳跃,即民间流传的吉祥之兆——"鲤鱼跳龙门"。

(选自 http://www.jianxianginfo.com/oblog252/uploadfile/2007521102948426.doc)

3.神舟七号——载人航天精神

2008年9月25日晚,搭载着3名航天员的神舟七号载人飞船发射成功,执行中国第三次载人航天飞行任务。任务的主要内容是实施中国航天员首次空间出舱活动,突破和掌握出舱活动相关技术,同时开展卫星伴飞、卫星数据中继等空间科学和技术实验。

2008年9月28日,神舟七号飞船成功返回。

"神七"的成功发射是中国航天事业发展的一个新的里程碑。

伟大的事业孕育伟大的精神,伟大的精神推动伟大的事业。载人航天工程是当今世界高新技术发展水平的集中体现,是衡量一个国家综合国力的重要标志。在实施载人航天工程的进程中,中国航天人牢记党和人民的重托,满怀为国争光的雄心壮志,自强不息,顽强拼搏,团结协作,开拓创新,取得了一个又一个辉煌成果,也铸就了特别能吃苦、特别能战斗、特别能攻关、特别能奉献的载人航天精神。

载人航天精神,是艰苦奋斗的精神。历尽千难成伟业,人间万事出艰辛。我国载人航天工程是在世界航天大国已经发展几十年后起步的。为了缩小差距,迎头赶上,载人航天工程开始实施就明确提出,要坚持做到起步晚、起点高,投入少、效益高,项目少、水平高,从总体上体现中国特色和技术进步,走跨越式发展的道路。中国航天人始终以人民利益为最高利益,以苦为荣,以苦为乐,常年超负荷工作,默默承受着常人难以承受的困难和压力。载人航天工程的成功实践告诉我们,无论过去、现在还是将来,艰苦奋斗永远是我们战胜一切困难、夺取事业胜利的重要法宝。只有以艰苦奋斗精神作支撑,我们的民族才能自立自强,我们的国家才能发展进步,我们的各项事业才能永葆生机活力。

载人航天精神,是勇于攻坚的精神。载人航天工程是中国航天领域迄今规模最庞大、系统最复杂、技术难度最大、质量可靠性安全性要求最高和极具风险性的一项重点工程。这项空前复杂的工程在比较短的时间里不断取得历史性突破,一个极其重要的原因在于,中国航天人敢于攻坚、勇于创新。从试验室到各生产企业,从大漠深处的航天发射场到浩瀚三大洋上的远望号测量船,到处留下了航天人攻坚的足迹,洒下了航天人攀登的汗水。他们知难而进,顽强拼搏,在重重困难面前百折不挠,在道道难关面前决不退缩,以惊人的毅力和勇气战胜了各种难以想象的困难,用满腔热血谱写了共和国载人航天事业的壮丽史诗。

载人航天精神,是开拓创新的精神。我国的载人航天工程,从飞船设计、火箭改进、轨道控制、空间应用到测控通信、航天员训练、发射场和着陆场等方案论证设计,都瞄准世界先进技术,确保工程一起步就有强劲的后发优势,关键技术就能与世界先进水平并驾齐驱,局部还有所超越。面对一系列全新领域和尖端课题,科技人员始终不懈探索、敢于超越,攻克了一项又一项关键技术难题,获得了一大批具有自主知识产权的核心技术和生产性关键技术,展示了新时期中国航天人的卓越创新能力。这些重大突破,使我国在一些重要技术领域达到了世界先进水平。中国航天人的成功实践告诉我们,一定要勇于站在世界科技发展的最前列,敢于在一些重要领域和科技前沿创造自主知识产权,大力提高核心竞争力,努力在世界高新技术领域占有一席之地。

载人航天精神,是无私奉献的精神。我国载人航天事业的建设者,是一支具有光荣传统、建立了卓越功勋的团队。中国航天人勇敢地肩负起攀登航天科技高峰的神圣使命,为了祖国的航天事业,淡泊名利,默默奉献。他们献出了青春年华,献出了聪明才智,献出了热血汗水,有的甚至献出了宝贵生命。他们用顽强的意志和杰出的智慧,将“一切为了祖国,一切为了成功”写在了浩瀚无垠的太空中。老一代航天人甘当人梯,新一代航天人茁壮成长。在载人航天工程的几大系统中,35 岁以下的技术骨干已占 80%,一批既懂专业、又善管理的人才成为各系统、各专业的带头人。一大批能够站在世界科技前沿、勇于创新的高素质人才,为我国航天事业实现新的突破积蓄了强大的发展后劲。

(选摘自 http://baike.baidu.com/view/897043.htm)

4. 澳门回归——亚洲解放史划时代意义

从 1849 年中国丧失在澳门的实际主权,到 1999 年中国对澳门恢复行使主权,历史走过了整整 150 年。澳门的回归在世界范围内有着重大而深远的意义。

首先,澳门回归祖国在亚洲解放史上具有划时代的意义。从 1553 年葡萄牙人入居澳门,到葡萄牙人获得统治权,再到现在已近 500 年。如今中国恢复行使主权,洗雪了中华民族耻辱的一页,不仅意味着西方在中国的殖民主义的结束,而且最终结束了白人在亚洲统治的历史。为了使澳门早日回到祖国怀抱,中国历届政府曾做出过各种努力。但只有在今天,中国一发出收回的声音,葡萄牙政府即顺应了潮流,这足以说明现在中国的强大。

而且中国在解决澳门这个历史遗留的问题上，又表现出了体谅和现实态度，将在20世纪内收回澳门的具体时间，放到了20世纪最后一年的最后一个月，充分反映出一种宽宏的气度。

其次，澳门回归祖国奠定了中葡两国关系发展的新基础。中葡联合声明妥善地解决了历史遗留下来的澳门问题，具有重大的历史意义和现实意义，为葡萄牙与亚洲国家，特别是与中国的关系开辟了前景。中葡联合声明既重视中国对澳门的主权，也尊重葡方的利益，是相互理解和友谊的典范，是一个值得庆贺的历史性文献。中葡两国的友好合作是澳门顺利回归的保证，而澳门回归后，两国关系已进入一个新的发展阶段。澳门将成为中葡两国发展友好合作关系的纽带。

此外，澳门回归祖国证明了“一国两制”方针的正确性。“一国两制”是邓小平理论的重要组成部分，是马克思主义国家学说与中国国家统一的实际相结合的产物，是用辩证唯物主义和历史唯物主义的观点和方法，在客观地分析了台湾、香港和澳门的历史和现实之后得出的正确结论。香港问题、澳门问题的圆满解决，充分显示了按照“一个国家、两种制度”实现中国统一大业指导思想具有强大的生命力。所以，“一国两制”方针将能推进祖国的和平统一事业，实现祖国的完全统一和民族的全面振兴。

（选自 http://www.sdu.edu.cn/macau/welcoming/04.htm）

## 关键名词

**民族精神**：指一个民族在长期共同生活的时间基础上形成和发展的，为本民族大多数成员所认同和接受的思想品格、价值取向和道德规范的综合体现。民族精神集中地反映了一个民族的精神风貌，是构成一个民族赖以生存和发展的精神支柱。

**经济全球化**：指世界经济活动超越国界，通过对外贸易、资本流动、技术转移、提供服务、相互依存、相互联系而形成的全球范围的有机经济整体。经济全球化是当代世界经济的重要特征之一，也是世界经济发展的重要趋势。

**理论创新**：指人们在社会实践活动中，根据实践的发展和要求，对前人的理论观点通过扬弃和修正进行丰富和发展；对不断出现的新情况、新问题作新的理性分析和理论解答；对认识对象或实践对象的本质、规律和发展变化的趋势作新的揭示和预见；对人类历史经验和现实经验作新的理性升华。

**制度创新**：指在人们现有的生产和生活环境条件下，通过创设新的、更能有效激励人们行为的制度、规范体系，实现社会的持续发展和变革的创新。

**科技创新**：是原创性科学研究和技术创新的总称。原创性科学研究是提出新观点（包括新概念、新思想、新理论等）、新方法、新发现和新假设的科学研究活动，并涵盖开辟新的研究领域、以新的视角重新认识已知事物等。原创性的科学研究与技术创新结合在一起，使人类知识系统不断丰富和完善，认识能力不断提高，产品不断更新。

**文化创新**：指创建超越中国传统文化和资本主义文化的中国特色社会主义文化，主要包括内容创新和观念创新。

**国防**：是国家为抵御外来侵略和颠覆，捍卫国家主权、领土完整、维护国家安全、统一和发展，而进行的军事以及与军事有关的政治、经济、科技、文化、教育等方面的建设和斗争。

**国防观念**：指一个国家和民族对国防建设的目的、内容、途径和重要性等问题的认识，它主要包括国防忧患意识、国防目标意识、国防价值意识、国防责任意识、国防法制意识和国防献身意识等。

1.认识几种具体的爱国主义精神

1)“两弹一星”精神

20世纪50年代和60年代，我国面对严峻的国际形势。为了打破核大国的讹诈和垄断，也为了世界和平和国家安全，在条件十分艰苦的情况下，党中央高瞻远瞩，果断做出了研制“两弹一星”的战略决策。老一代科学家和广大研制人员发扬“热爱祖国、无私奉献，自力更生、艰苦奋斗，大力协同、勇于攀登”的精神，风餐露宿，顽强拼搏，团结协作，克服了各种难以想象的艰难险阻，突破了一个又一个技术难关，取得了中华民族为之自豪的伟大成就。1964年10月16日，原子弹爆炸成功；1966年10月27日，导弹核试验成功；1970年4月24日，人造卫星发射成功。“两弹一星”精神，成为20世纪中国人民自强不息艰苦奋斗的可贵的民族精神。

1999年9月，江泽民同志在表彰为研制“两弹一星”作出突出贡献的科技专家大会上，将“两弹一星”精神进一步概括为“热爱祖国、无私奉献，自力更生、艰苦奋斗，大力协同、勇于攀登”。江泽民在大会上讲话指出：伟大的事业，产生伟大的精神。他强调，“两弹一星”精神，是爱国主义、集体主义、社会主义精神和科学精神的活生生体现，是中国人民在20世纪为中华民族创造的新的宝贵精神财富。我们要继续发扬光大这一伟大精神，使之成为全国各族人民在现代化建设道路上奋勇开拓的巨大推动力量。

2)长征精神

江泽民同志《在纪念红军长征胜利六十周年大会上的讲话》指出：长征精神“就是把全国人民和中华民族的根本利益看得高于一切，坚定革命理想和信念，坚信正义事业必然胜利的精神；就是为了救国救民，不怕任何艰难险阻，不惜付出一切牺牲的精神；就是坚持独立自主、实事求是，一切从实际出发的精神；就是顾全大局、严守纪律、紧密团结的精神；就是紧紧依靠人民群众，同人民群众生死相依、患难与共、艰苦奋斗的精神”。概括起来，长征精神就是“不怕苦、不怕死”的崇高境界，是中华民族百折不挠、自强不息的民族精神的最高体现，是保证我们革命和建设事业从胜利走向胜利的强大精神力量，是中国共产党人政治本色的集中体现。长征精神的本质，就是让劳苦大众摆脱剥削和压迫，求生存，获解放。

3)延安精神

延安，举世闻名的中国革命圣地。从1935年到1948年，中共中央和毛泽东在这里领导、指挥了抗日战争和解放战争，奠定了中华人民共和国的基石，谱写了可歌可泣的历史篇章。延安，孕育了光照千秋的延安精神，在中国的革命和建设中发挥了巨大的精神动力作用。延安精神是我们党、也是中华民族的宝贵精神财富，它对中国历史发展进程产生着巨大和深远的影响延安精神,是自力更生、艰苦奋斗的创业精神。我们党是靠艰苦奋斗起家的,我们党和人民的事业是靠艰苦奋斗不断发展壮大的。回顾党的历史,从在上海成立到井冈山时期,从遵义会议到延安时期,从西柏坡到夺取全国政权,从新中国成立到改革开放新时期,我们的每一个成就、每一次胜利,都离不开艰苦奋斗。艰苦奋斗是工作作风,也是思想作风,是我们党的优良传统和政治本色,是凝聚党心民心、激励全党和全体人民为实现国家富强、民族振兴共同奋斗的强大精神力量。这是一条极其宝贵的历史经验。

延安精神,是全心全意为人民服务的精神。延安时期是我们党在中国局部地区建立人民政权并不断扩大执政区域的重要时期。我们党历来把为中国广大人民谋利益作为自己的根本宗旨,在延安时期又响亮地提出了“为人民服务”的口号并在全党认真实践。那时的陕甘宁边区政府,被誉为“民主的政治,廉洁的政府”。当年驻延安的美军观察组成员说:“这里不存在铺张粉饰和礼节俗套,没有乞丐,也没有令人绝望的贫困现象,人们的衣着和生活都很俭朴,人民之间的关系是坦诚、直率和友好的。这里也没有贴身保镖、宪兵和重庆官僚阶层的哗众取宠的夸夸其谈。”中国共产党就是以对人民的无限忠诚赢得了人民的拥护和支持。

延安精神,是理论联系实际、不断开拓创新的精神。延安时期是我们党科学总结正反两方面经验,成功地推进马克思主义中国化、在理论上实现第一次历史性飞跃的时期。毛泽东同志的许多重要著作,如《中国革命战争的战略问题》、《实践论》、《矛盾论》、《论持久战》、《新民主主义论》、《论联合政府》等,都是在延安时期完成的。毛泽东思想正是在延安时期逐步成熟并正式写到了党的旗帜上。可以说,没有开拓创新,既不会有延安精神,也不会有毛泽东思想。今天我们要在新形势下弘扬延安精神,仍然要坚持与时俱进、开拓创新。

延安精神,是实事求是的思想路线。用实事求是来概括我们党的思想路线,也是在延安时期。实践表明:只有解放思想,才能达到实事求是;只有实事求是,才是真正地解放思想。在新世纪新阶段,按照“十六大”的要求,切实做到老祖宗不能丢,又要说新话;经典著作要认真读,又要写出新篇章;革命传统要弘扬,也要创造新办法。切实做到发展要有新思路,改革要有新突破,开放要有新局面,各项工作要有新举措,这就叫做坚持解放思想,这也叫做坚持实事求是。

4)井冈山精神

井冈山精神产生于开创井冈山革命根据地的伟大实践。

胸怀理想、坚定信念,是井冈山精神的精髓。大革命失败后,井冈山的革命火种靠什么点燃了“工农武装割据”的燎原之火,照亮了中国革命的前程?靠的就是共产党人对中国革命光明前途的坚定信念和不懈追求。有了这种崇高的理想信念,就会产生战胜困难、战胜敌人的精神力量。在战场上,冲锋陷阵、英勇杀敌;在敌人的屠刀下,慷慨就义、视死如归;在艰难困苦的环境中,精神饱满、斗志旺盛。

实事求是、勇闯新路,是井冈山精神的核心内容。井冈山斗争是在革命处于低潮时期开始的。在历史关键时刻,我们党坚持实事求是、调查研究,把马克思主义与中国革命实际相结合,开辟了农村包围城市、武装夺取政权的革命道路,制定了党领导军队的一系列组织制度和纪律,引导中国革命不断从胜利走向胜利。

艰苦奋斗、敢于胜利,是井冈山精神的重要内容。建立革命根据地,离开艰苦奋斗精神是无法实现的。毛泽东、朱德等党和红军领导人身先士卒、以身作则,带领井冈山军民自己动手挑粮、种菜、编草鞋、挖草药、熬硝盐、办军械厂,克服各种困难艰险,打破重重包围封锁,巩固和扩大了井冈山革命根据地。

依靠群众、无私奉献,是井冈山精神在人生观价值观和道德情操上的具体体现。在井冈山艰苦创业的过程中,红军始终关心群众,相信和依靠群众,同群众打成一片。为了人民的利益和革命事业的需要,无数革命者抛头颅、洒热血,甘愿奉献自己的青春和生命。正是因为我党与人民群众血肉般的联系,才赢得了群众的拥护和支持,使得国民党反动派一进入根据地,就陷入人民战争的汪洋大海。

5)五四精神

五四精神的核心内容为"爱国、进步、民主、科学"。概括地讲,就是"彻底地、不妥协地反帝反封建的爱国精神"。

爱国主义是五四运动爆发的源泉。1919 年 1 月 18 日,第一次世界大战的战胜国在巴黎召开"和平会议"。北京政府和广州军政府联合组成中国代表团,以战胜国身份参加和会,提出取消列强在华的各项特权,取消日本帝国主义与袁世凯订立的"二十一条"不平等条约,归还大战期间日本从德国手中夺去的山东各项权利等要求。巴黎和会不但拒绝中国的要求,而且在对德和约上,明文规定把德国在山东的特权,全部转让给日本。北京政府竟准备在"和约"上签字,从而激起了中国人民的强烈反对,爆发了五四运动。

进步精神是五四运动的表现。五四运动抨击封建主义旧文化,提倡时代新文化,反对阻碍社会进步的一切腐朽没落的东西,树立了一座推动中国历史进步的丰碑。中国如果没有"五四"的进步精神,就不会广泛传播西方先进的马克思主义和社会主义思想,就不会诞生共产党。五四运动为中国共产党的建立从组织上和思想上作了准备,中华人民共和国的建立是中国共产党发扬"五四"进步精神的结果。

科学精神是五四运动的基础。五四运动后,反对迷信、崇尚科学的社会风气开始形成。

民主精神是五四运动的核心。五四运动高举反对落后封建专制和迂腐传统礼教的大旗,大力弘扬民主思想,产生了陈独秀、胡适、李大钊、蔡元培、鲁迅等思想家。以毛泽东同志为核心的中国共产党人发扬"五四"的民主精神,站在反帝反封建的最前列,经受了重重磨难,付出了巨大牺牲,终于推翻了压在中国人民头上的三座大山,完成了新民主主义革命的任务。

6)大庆精神

大庆精神产生于 20 世纪 60 年代石油会战,铁人王进喜一句"宁肯少活 20 年,拼命也要拿下大油田"的豪言壮语,感动、激励了几代人。当我们年轻的共和国经济建设急需石油的时候,以王进喜为代表的一批"大庆石油人"凭借着艰苦奋斗、无私奉献的精神开发建设了当时中国最大的油田,从此大庆油田为国家源源不断地输送着石油,结束了中国人依赖洋油的日子。

大庆精神,概括起来就是八个字,"爱国、创业、求实、奉献",即为国争光、为民族争气的爱国主义精神;独立自主、自力更生的艰苦创业精神;讲究科学、"三老四严"的求实精神;胸怀全局、为国分忧的奉献精神。

大庆精神集中体现了中华民族和中国工人阶级的优良传统和优秀品质,是中华民族精神宝库的重要组成部分。

7)抗震救灾精神

2008 年 6 月 30 日,胡锦涛同志在抗震救灾先进基层党组织和优秀共产党员代表座谈会上,将 5.12 四川汶川大地震中的抗震救灾精神概括为"万众一心,众志成城,不畏艰险,百折不挠,以人为本,尊重科学的伟大抗震救灾精神"。具体表现在以下几个方面。

(1)以人为本,生命至上。"世间一切事物中,人是第一个可宝贵的。"当灾难突然降临,党中央、国务院果断决策,紧急号令,主题只有一个:"第一位是救人","救人是重中之重","一线希望,百倍努力"!旋即,国之重器云集灾区,国之精锐拯救斯民。5 月 12 日至 6 月 13 日,各路救援大军累计解救和转移 1 403 671 人,各级政府投入抗震救灾资金 537.61 亿元,接收国内外各界捐赠款物 455.78 亿元,调运救灾帐篷 105.15 万顶,调运过渡安置房 24.51 万套。

(2)万众一心,众志成城。团结就是力量,这是中国人民战胜各种灾难的坚强信念。危难面前,各部门密切协调配合,各省份对口支援,社会各界自发动员,各项爱心捐助活动有序进行……全国人民包括港澳台同胞和海外侨胞一起,显示出空前的团结,再现了同舟共济、守望相助的动人场景。

(3)不畏艰险,百折不挠。长期形成的奋不顾身、一往无前、压倒一切敌人而不被敌人所屈服的革命英雄主义精神,在抗震救灾中再次得到了集中弘扬。当灾难发生时,党员干部舍小家为大家,组织群众自救互救;人民教师为了学生的安危,不惜献出自己的生命;白衣战士冒着余震的危险,救死扶伤;灾区群众强忍失去亲人和家园的悲痛,积极投身抗震救灾。人民解放军、武警官兵更是舍生忘死、冲锋在前,不怕疲劳、连续作战,成为抗震救灾的突击队和主力军。

(4)科学理性,开放透明。运用现代手段,统筹协调、临危不乱,显示出良好的法治和科学精神。在救灾中,启动了一级救灾应急机制,国家力量按预案投送,一切行动按《防震减灾法》和《汶川地震灾后恢复重建条例》等进行。抗震救灾充分运用了科技手段和现代化设备,为赢得救人时间、提高救灾效率发挥了重要作用。新中国历史上第一次国际救援人员参与救灾的行动在抗震前线展开,一批批国际人道主义救援物资、一批批国际爱心捐款源源不断送抵灾区。同时,党和政府开诚布公,信息公开透明,确立了国民之间互相信任、理解和尊重。

2. 经济全球化的表现

经济全球化是指随着社会生产力的不断发展,世界各国、各地区经济,包括生产、流通和消费等领域相互联系、相互依赖、相互渗透,以前那些由于民族、国家、地域等因素所造成的阻碍日益减少,世界经济越来越成为一个不可分割的有机整体。

经济全球化内容主要包括以下几个方面。

(1)生产全球化。举例而言,美国波音公司生产的波音客机,所需的 450 万个零部件,来自 6 个国家的 1 500 家大企业和 1.5 万家中小企业。波音公司所完成的不过是科技的设计、关键零部件的生产和产品的最终组装而已。据统计,目前全世界有 40% 的产品是由跨国公司生产的。

(2)贸易全球化。世界市场的形成使各国市场逐渐融为一体,并极大地促进了全球贸易的发展。国际贸易的范围不断扩展,世界市场容量越来越大,各国对世界市场的依赖程度也日益增大。

(3)金融全球化。各国金融命脉更加紧密地与国际市场联系在一起。迅速扩展的跨国银行,遍布全球的电脑网络,使全世界巨额资本和庞大的金融衍生品在全球范围内流动。

(4)投资全球化。国际投资中资本流动规模持续扩大。1995 年发达国家对外投资总额达到了 2.66 万亿美元,是 1945 年的 130 多倍。资本流向从单向发展为双向,过去只有发达国家输出资本,现在发展中国家也对外输出资本,包括向发达国家输出。

区域性经济合作日益加强。区域经济组织遍及全世界,如欧洲联盟、北美自由贸易区等。许多区域集团内部,都实现了商品、资本、人员和劳务的自由流通,使得区域内能够合理配置资源,优化资源组合,实现规模经济,提高经济效益。

3. 经济全球化不等于全球的政治和文化一体化

1)经济全球化与政治和文化一体化是本质截然不同的概念

经济全球化指跨国经济活动、跨国经济组织、跨国经济规则普遍化的客观发展趋势。这个客观发展趋势对于发展中国家而言,既是一个发展的机会,同时,又是一个经济、政治、文化等方面的挑战。只要能正确认识和把握经济全球化的趋势,采取正确的对策,发展中国家就能乘势而上,并能有效地抵制和化解经济、政治、文化的挑战。政治、文化一体化是指政治制度和文化价值观念的单一化、同一化和无差别化。其实质就是西方大国在经济全球化加快发展的条件下,利用其经济和军事优势,采用经济、政治、文化,甚至军事的手段,阻挠世界各国政治和文化的多样性选择和发展,推行全球政治制度和文化价值观念的全盘西化。显然,经济全球化与政治、文化一体化有着本质的不同。

2)推行政治和文化一体化是一种强权政治和霸权主义行为

国家无论大小、强弱,都有权选择和决定适合于自己的政治制度和文化,西方某些大国企图利用经济全球化的趋势,将本国的政治制度和文化价值观念强加给别国,特别是强加给发展中国家,是一种无视别国国家主权,肆意破坏正常国际秩序和践踏别国国家主权的强权政治和霸权主义行为。

3)推行政治和文化一体化违背人类文明的发展规律,必然不能得逞

人类文明是多样性的存在。自国家产生以来,世界各国的政治制度和文化价值观念就是多样的,并且是在多样性中发展的。这是人类文明存在和发展的规律,具在客观性,不能违背。妄图用一种政治制度和文化价值观去统一世界,不仅是对别国特别是发展中国家主权的侵害,也是根本行不通的。它只能损害别国的根本利益,阻碍世界文明的正常发展,最后必然以彻底失败而告终。

4)坚决反对全球政治、文化一体化的图谋

在经济全球化加速发展的形势下,一定要保持清醒的认识,经济全球化不等于全球政治和文化一体化。一个国家要充分利用经济全球化所提供的发展机遇,就必须坚决维护自己的主权和尊严,按照自己的国情来选择和发展自己的政治制度和文化。同时,应掌握反对政治和文化一体化的斗争策略,批判地继承本民族的传统文化,批判地吸收别国的先进文化,弘扬和发展本民族的优秀文化。

4. 经济全球化形势下为什么必须弘扬爱国主义精神

1）经济全球化条件下，国家仍然是本民族整体利益的最具权威的代表者

在经济全球化时代，民族国家的形式并没有过时。我们所处的时代仍是经济全球化趋势和民族国家并存的时代，只要国家存在，爱国主义就有其坚实的基础。只有继续高举爱国主义旗帜，才能使每个民族国家，乃至整个世界获得共同发展。其原因如下。

（1）在经济全球化条件下，国家仍然是民族存在的最高组织形式。国家的产生是民族和文明发展成熟的标志。国家不仅能够凝聚民族的意志、代表社会成员的利益、动员全民族力量、规划全社会的未来，而且是本民族整体利益的最高代表者。尽管经济全球化使国家的部分职能也处于变革之中，但是，国家作为民族存在的最高组织形式未变，国家是民族整体利益的最具权威的唯一代表者地位和功能未变。在今天的世界，哪个民族削弱了国家的地位和能力，哪个民族将面临毁灭性的生存危机。这已被当代世界历史所证明。

（2）在经济全球化条件下，民族国家仍然是国际社会的最强大的独立主体。经济全球化对民族国家的主体地位和功能提出挑战，全球主义与区域主义（区域性经济联盟）挑战国家的主权。民族国家的权力开始发生变化，一部分转移给世界性经贸组织，一部分转移给基层民主。但这并不意味着民族国家主体地位的削弱和消失。今天的国际社会架构仍然是以民族国家为基础，以民族国家为国际社会的互动主体。无论是区域性的经济联盟，还是跨国公司，都不具有民族国家的主体地位，民族国家依然是国际社会中最强大的最具权威的无可替代的主体。无论与一个国家内的何种组织和个人做何种交往和互动，都必须首先与这个国家打交道，并征得它的认可，否则一切都不可能。

（3）在经济全球化条件下，国家是促使经济全球化正常发展的最具实力的制约力量。今天，民族国家仍然是国际社会主体间最具权威的相互制约和抗衡力量。经济全球化是一种世界发展的客观趋势，但是经济全球化的进程和事件却不可避免地受大国的影响和控制。经济全球化在为各民族国家提供发展机会的同时，也为某些西方发达国家借机控制世界、控制他国，窃取别国的利益创造了机会和条件。目前，某些西方发达国家企图控制经济全球化进程，实现本国利益的趋势日益明显。在这种情况下，国家仍然是维护本民族权益，抗衡大国控制和掠夺的最具实力的权威力量。这种抗衡大国控制经济全球化进程的权威力量是任何其他组织所不具备或不完全具备的。

2）经济全球化条件下，国外敌对势力妄图西化和分化我国的战略并未改变

某些西方发达国家认为，冷战结束以后，中国的综合国力发展迅速，中华文明在世界上的地位和影响力上升，已经成为潜在的对手，所以，企图遏制中国，继续分化和西化中国。冷战结束后国际斗争事实也告诉我们，不论他们对中国采取何种斗争策略，遏制中国，西化和分化中国的战略始终未变。

在经济全球化的条件下，为了建设中国特色社会主义现代化，实现中华民族的伟大复兴，并为世界的和平、正义和发展作出贡献，我们必须弘扬爱国主义精神，努力使中国强大起来。

5. 在经济全球化条件下应当怎样弘扬爱国主义精神

1）在经济全球化条件下，加速提高中国的国力

经济全球化将给中国带来怎样的结果，是综合国力的不断提高，还是国力衰退？应该说，这两种可能性都存在。经济全球化对中国来说，既是挑战，又是机遇。我国是一个历

史悠久的大国,有成熟的心态和足够的经验应对世界的新情况。在经济全球化条件下,只有充分利用它所提供的机会,迎接挑战,发展国力,才能实现民族复兴的目的。面对经济全球化条件下的迅猛发展,《中共中央关于制定国民经济和社会发展第十一个五年规划的建议》中明确提出了要"实施互利共赢的开放战略",要求我国充分利用经济全球化机遇,进一步完善生产要素跨境流动和优化配置的体制和政策,继续积极有效地利用外资,加快引进技术的消化吸收和创新提高,促进国内产业优化升级,支持国内有条件的企业"走出去",培育我国的跨国公司和发展我们自己的世界名牌产品等,以期在经济全球化中实现加速提高国力的目的。只有充分利用经济全球化提供的机会和条件,才能加快中华崛起的步伐。

2)在经济全球化条件下,积极应对挑战和风险

经济全球化条件下,既要充分利用经济全球化提供的机会,又要充分认识经济全球化带来的挑战和危险,维护国家安全。在经济全球化时代,国与国之间,各种国际组织之间,各种国际组织与国家之间,必然产生激烈的竞争和博弈。发达国家之所以对经济全球化感兴趣,是因为经济全球化对发达国家的跨国公司来说是扩大的机会,对发达国家的来说可以获得更多的世界支配权和利益。在大国霸权主义影响下,某些发达国家企图借机影响和控制世界、控制他国,谋取别国的利益。正因如此,对于发展中国家来说,经济全球化存在着尖锐的挑战和风险。在这种情况下,必须具有防范意识,主动采取措施,避免可能出现的危机,防患于未然。如:发扬爱国主义精神,增强国家的凝聚力,提高国家对全球经济走势和波动的预测能力和掌控能力,做好必要的战略物资储备,增强国家的硬实力和软实力,增强对国际环境变化的承受能力等。只有这样,才能充分利用经济全球化带来的机会,避免可能产生的风险,使爱国主义和经济全球化并行不悖。

3)以宽广的眼界看待世界

正确处理热爱祖国与关爱世界、为祖国服务与尽国际义务、维护世界和平与促进共同发展的关系。同时,树立人有地域和信仰的差别,但报效祖国的路同样宽广;科学没有国界,但科学家有祖国等观念。

*6. 为什么说爱国主义是中华民族精神的核心*

中华民族精神内涵丰富,爱国主义是核心。团结统一的精神、爱好和平的精神、勤劳勇敢的精神、自强不息的精神都贯穿着爱国主义精神,并共同服务于爱国兴邦这一主题。在中华民族的辉煌历程中,爱国主义在观念上和实践中,都发挥出作为民族精神核心的作用。

1)爱国主义是中华民族精神的共同价值基础

这主要表现在,自觉维护国家民族整体利益是中华民族精神文化的共同价值基础。中华民族的精神文化十分发达,不同民族都有自己的优良文化传统,历史上还形成了多种不同的精神文化流派。这些丰富复杂的精神文化能够在历史进程中,逐渐交融整合为一个系统的,相互补充、相互支持的文化有机体,说明它们之间存在着某些共通的东西,这就是对于国家民族整体利益的认同。对国家民族整体利益的自觉认同和维护是贯穿中华精神文化的一根主线。儒家所提倡的天下为公精神、克己奉公精神、仁爱精神、人际贵和精神;道家所强调的豁达大度的人格风范、怡情养性的生活准则、先予后取的人生态度;法家所主张的严明刑罚、褒奖事功、笃行实干的人生态度;墨家主张的爱无差等的仁爱精神、利

他均平的人生理想、勤俭节约的人生追求以及中华民族的各种精神文化经过历史地整合、归纳和融合而形成的“从整体和谐统一出发，重大局、重整体的思维方式”等，都蕴含着正确地处理个人与国家、民族的关系，国家与国家关系的理念和态度，并且最终成为中华民族的共同价值基础。这种共同的价值基础直接表现为中华民族精神的两个方面：对内表现为“团结统一”；对外表现为“爱好和平”（如中国历史上的睦邻政策、和亲政策，自卫反击、适可而止的对外用兵传统方针等）。这说明，中国不同风格、不同特点的精神文化在关于国家民族的整体利益上，有共同的价值基础的思维方式。

2）爱国主义是中华民族精神的最高政治原则

这主要表现为，自觉地维护国家和民族的整体利益始终是中华民族精神的最高行为原则。中国自古以来就是一个幅员辽阔、内陆纵深、大河涛涛、率土万里的国家。在中华民族五千年历史长河中，在与无数天灾人祸的斗争中，很早就认识到国家和民族整体利益具有至高无上的价值，国家民族的整体利益是实现个人利益的保障，这是千百年来中华民族的集体共识。而且越是在不利的环境中生活，就越是需要一种团结统一的奋斗精神。这使得中华民族越是遭临大灾大难，越是能够激发出强大的民族凝聚力和向心力，越是能够空前地团结统一，一致对外，这是中华民族五千年绵延不绝的根本原因之一。国家民族整体利益的至上性已成为历史上各朝各代的最高政治原则，并体现在中华民族众多的有关“知”与“行”的原则和制度规范之中。中华民族的制度和行为规范最终都表现为和指向自觉维护国家民族的整体利益，践履团结统一这一最高政治原则和标准上。

3）爱国主义是中华民族精神的动力源泉

这主要表现为，对祖国的崇高的自尊心、荣辱感、义务感和责任感始终是中华民族精神的取之不尽用之不竭的力量源泉。自古以来，中华民族调动人的潜在能力的方式主要是道德义务感和责任感。尽职尽责是中国人精神动力的主要源泉。这表现为通过激发人们对家庭、亲友、社会、祖国的道德义务感、责任感，以调动人潜在的能力。在中国的所有义务和责任中，对国家的义务和责任是最高最大最神圣的，是一种可以为之生、为之死的义务和责任。所谓“天下兴亡，匹夫有责”，“先天下之忧而忧，后天下之乐而乐”，自古以来的边塞诗、英雄的壮举、烈士的悲歌无不是对祖国的崇高义务感和责任感的痛快淋漓的表达。崇高的爱国主义是中华民族勤劳勇敢、自强不息精神的主要动力源泉。这使中华民族成为一个人类历史上遇大难而不衰，遇强敌而不亡，失败了还能胜利，衰弱了还能强大，外部力量永远无法征服的伟大民族。爱国主义是中华民族精神不竭的动力源泉。

7. 弘扬和培育民族精神的原则

对当代有为青年来说，弘扬和培育民族精神，始终保持昂扬向上的精神状态，是自身健康成长、成就事业和理想的重要保障。

1）以宽阔的眼光看待弘扬和培育民族精神

民族精神是在漫长的历史进程中形成和发展的，在各个历史时期中有其具体的和特殊的表现。因此，要以宽阔的历史眼光看待民族精神，既要弘扬中国古代的民族精神，更要弘扬中国共产党领导人民，在革命、建设和改革的伟大实践中不断发扬光大的民族精神。

2）以实践的眼光看待弘扬和培育民族精神

弘扬和培育民族精神要以中国共产党带领人民群众创造的新的民族精神为重点，这就要求以社会主义现代化建设事业的伟大实践为参照系，确定弘扬和培育民族精神的基本立足点，包括对待中国古代传统文化和道德、外来文化和道德的正确态度，坚持古为今用、洋为中用、以我为主、为我所用的原则等。

3）以创新的眼光看待弘扬和培育民族精神

弘扬和培育民族精神要立足于创新。民族精神的创新必须反映中国特色社会主义现代化建设事业的根本要求，建立社会主义市场经济体制的现实需要，也必须着眼于世界文化发展的前沿，批判地吸取世界各民族文化的长处。

8. 在新的历史条件下，弘扬爱国主义精神必须弘扬时代精神

1）爱国主义是时代精神的历史基础，时代精神是爱国主义的当代发展

爱国主义为时代精神提供了基础和源泉，而时代精神则通过解决时代性课题推动历史前进，并发展爱国主义传统。文明史告诉我们，解决时代课题是民族生存和发展的关键。任何民族的生存和发展都表现为时代课题的产生和解决的过程。解决了时代课题，民族就进步和发展，解决不了时代课题，民族就停滞、倒退，甚至毁灭。解决时代课题要靠时代精神。所谓时代精神是一个国家顺应时代潮流的最新的精神气质、精神风貌和社会风尚的综合体现。它是一个民族对时代课题的精神回应，是解决时代课题的精神武器。它是一个民族面对时代课题的压力和挑战，在最新的创造性实践回应中所激发出来的，为社会成员普遍认同和接受。时代精神是解决时代课题的精神武器。没有时代精神就无法回应和解决时代课题，也就没有民族的生存和发展。因此，继承和弘扬爱国主义传统，必须大力弘扬时代精神。

2）爱国主义是时代精神的本质，时代精神是爱国主义这一本质在当代的表现

爱国主义是时代精神的本质，而时代精神是爱国主义的表现。爱国主义具体表现为不同历史条件下的时代精神。今天，爱国主义主要表现为以改革创新精神为核心的时代精神。以改革创新为核心的时代精神是当代中华民族爱国主义的时代要求和最新体现。所谓改革创新不是简单的改变现状，而是解放思想、破旧立新、兴利除弊、与时俱进地不间断地改造客观世界和改造主观世界、不间断地超越客观世界和超越主观世界的过程。以改革创新为核心的时代精神，能够发挥引领中华民族不断超越、走向未来的巨大作用。这是中华民族优秀爱国主义传统在当今时代的表现，它必将凝铸到中华民族爱国主义传统中去，进一步丰富和发展中华民族的伟大爱国主义传统。

总之，爱国主义与时代精神是辩证统一关系。爱国主义是时代精神的历史基础，时代精神是爱国主义的当代发展。爱国主义是时代精神的本质，时代精神是爱国主义的具体化，弘扬爱国主义只有通过弘扬时代精神才能实现。因此，弘扬爱国主义必须充分认识和弘扬以改革创新为核心的时代精神。

9. 怎样理解改革创新精神是时代精神的核心

1）改革创新是进一步解放和发展生产力的必然要求

改革创新是实干兴邦的行动，是根据我国社会主义现代化建设的需要，按照客观规律改造主观世界和客观世界的创造性活动。它是时代精神的本质，体现了时代精神的灵魂，体现了发展生产力的必然要求。人类的进步是以科学技术和生产力的进步为基础的。胡鞍钢最近在《新华文摘》2006 年第 8 期的一篇文章中提出“国家生命周期理论”，认为最终决定一个国家起伏盛衰和命运的是科学技术革命和生产力发展水平。他指出，中国在

1500 年至 1800 年间未实现从农耕文明向工业文明转变，才由世界强国跌入半殖民地弱国。即使在 1820 年中国 GDP 仍占世界经济总量的 33%，而到 1949 年中国 GDP 总量仅占世界经济总量的 4.5%，中国终于沦为世界最贫困的国家之一。而今天，中国又发展起来了，2003 年美中经济总量差距仅为 2.23 倍。今天欲进一步解放和发展生产力，必须进一步解决阻碍经济社会发展的体制性和机制性问题。而改革创新是深化改革、解决体制性和机制性问题的根本途径。

2）改革创新是建设创新型国家的根本保障

党中央向全党全社会发出了建设创新型国家的号召，就是推动经济增长方式从要素驱动型向创新驱动型根本转变，使得改革创新成为经济社会发展的内在动力和全社会的普遍行为，最终依靠制度创新、科技创新和人文社会科学创新，实现经济社会的持续协调发展。

半个多世纪以来，世界上许多国家都在不同的起点上努力寻求实现工业化和现代化的道路。有些国家主要依靠自身丰富的自然资源增加国民财富，有些国家主要依附于发达国家的资本谋求发展，还有一些国家把科技创新作为基本战略，大幅度提高自主创新能力，形成日益强大的竞争优势。我国特定的国情和需求，决定了不可能选择资源型和依附型的发展模式，只有走创新型国家的发展道路，全面提高民族的自主创新能力，才能在日趋激烈的国际竞争中立于不败之地。

3）弘扬改革创新精神是大学生成长成才的迫切需要

创新性是知识经济时代生产的本质特征，也是知识经济时代人才的典型特征。在知识经济时代，一个人一生有无建树，有多大建树，关键在于他有无创造性。知识经济时代教育的根本性职责之一便是培养学生的创新性素质和能力。培养大学生的创造性精神品质是目前我国高等教育改革的主要目标之一。当代大学生担负着振兴中华的历史责任，应自觉培养自己的创新性精神，以便为未来的创造实践打下坚实的基础。

*10. 弘扬改革创新精神的基本要求*

1）提倡理论创新

当今世界的变化日新月异，我国改革开放和现代化建设事业的伟大实践在不断推向前进，迫切要求我们以马克思主义的理论勇气，总结实践中新鲜经验，借鉴当代人类文明的有益成果，在理论上不断扩展新视野，提出新问题，做出新概括。

2）鼓励制度创新

国家和社会的发展需要制度的保障。我国已初步建立了社会主义市场经济体制，但是还不够完善，深化体制改革仍任重道远。

3）强化科技创新

科技创新能力是一个国家综合竞争力的核心。我国科学技术总体水平与主要发达国家和新兴工业化国家相比，还存在较大差距，所以必须大力鼓励科技创新，特别是重大科学技术原创性创新。更要加速提高科技人员的自主创新素质和原创性能力。

4）推进文化创新

推进文化创新既要立足于改革开放和现代化建设的实践，又要着眼于世界文化发展的前沿；既要重视发扬本民族文化的优秀传统，又要汲取世界各民族文化的长处；既要在内容上有新意，又要在形式上有突破。要通过文化创新不断增强中国特色社会主义文化的吸引力和感召力。

5)努力塑造创新型人格

大学生应弘扬以改革创新为核心的时代精神,要努力打好创新的思维功底和知识功底,培养创造性的心理、知识结构和思维方式,坚持求真务实的科学精神和团结协作精神,发扬艰苦奋斗、脚踏实地的作风,积极投身于社会实践,锻炼和培养创造性能力,努力塑造创新型人格,在继承前人的基础上超越前人。

11. 大学生应当理性爱国

一位哲人曾说过:爱和被爱都是要有能力的。中华儿女对我们祖国的挚爱,是因为我们的中华人民共和国值得我们去深深地爱她。

大学生是个特殊的群体,他们都深爱我们的祖国。他们有爱国的热情,有民族的自豪感,有爱国的自强心。他们有知识、有文化,在爱国方面,更应该有理智、理性,从而使爱国更有深度。

大学生的理智、理性爱国,表现是多方面的。

1)理解、相信和支持党和政府的战略部署

所谓战略,是一种高、远、全面、整体的谋划。比如,在国内经济和社会发展的宏观经济调控方面,在解决国内的诸多问题与矛盾方面,在解决中日、中美、中俄等重大的国际关系方面,党和政府的战略是符合我国的根本利益的。大学生不能以所谓的非理性的“爱国”言行打乱党和政府的战略部署,而是要有责任为党和政府的总体战略提出进一步完善的建议,更重要的是,还要率先学习和领会好这种战略意图,做落实这种战略的先进分子。还有责任向广大的人民群众宣传并解释党和政府的这种战略。既为党和政府分忧,也为群众释疑解惑。这样的爱国是党和人民特别需要的,是一种更高层次的爱国。

2)做稳定的促进派

我国的改革开放和发展正处在一个非常关键的攻坚时期,从人均 GDP 1000 美元向人均 GDP 3000 美元发展,既是一个发展的黄金机遇期,又是一个矛盾的凸现期、多发期,是一个体制、社会的转型、转轨、转变时期。如同运动场上处于弯道时的运动员,转得好,就上去了,就可能超过对手,但如果弯度和速度把握不好,失去平衡,就会落到后面去。这就要求全国人民与党和政府一起,像保护眼睛一样保护我们的稳定成果,维护稳定局面,特别是大学生,更要在维护稳定方面做促进派、排头兵。有道是“风平浪静、鱼虾不分;惊涛骇浪,方显英雄本色”,在改革发展、国际大事面前,正是考验我们大学生理智和理性爱国能力的时候,正是考验我们大学生维护稳定能力的时候,当代大学生应该经得起考验。

3)合理合法地表达大学生的爱国情感

大学生是一个有思想有情感的特殊群体,炽热的爱国热情特别可敬。党和人民希望大学生实现可持续爱国,实现合理合法地爱国,实现全过程爱国。既有爱国的远大目标,并把这种爱国的热情转化到维护稳定、搞好学习上来,还要在爱国的过程中,选择合理合法的方式表达爱国的心愿和热情。有爱国热情而不情绪失控,有爱国之心而合理合法表达,体现新时期素质高、水平高、层次高的新一代爱国大学生的风采风貌。

## 训练提升

**一、选择训练**

1. 单项选择训练

(1)爱国主义是调节个人与祖国之间关系的道德要求、政治原则和(　　)。

A. 内心信念　　B. 法律规范　　C. 自觉行为　　D. 传统美德

(2)在经济全球化形势下,(　　)仍然是民族存在的最高形式,是国际社会活动中的主体。

A. 国际组织　　B. 国家　　C. 跨国公司　　D. 经济联盟体

(3)爱国主义包含着情感、思想、行为三个方面,其中,(　　)是灵魂。

A. 情感　　B. 思想　　C. 行为　　D. 意志

(4)在新的历史时期,大学生应该继续坚持以振兴中华为己任,努力做到(　　)。

A. 迎接机遇与挑战　　B. 为人民服务

C. 立报国之志、增建国之才、践爱国之行　　D. 增强国防观念

(5)现阶段,爱国主义主要表现在(　　)。

A. 抵御外侮　　B. 继承中华传统美德

C. 献身于建设和保卫社会主义现代化事业,献身于促进祖国统一的大业

D. 学习西方先进文化

2. 多项选择题

(1)新时期爱国统一战线包括(　　)。

A. 各民主党派　　B. 全体社会主义劳动者

C. 社会主义事业的建设者　　D. 拥护社会主义的爱国者

E. 拥护祖国统一的爱国者

(2)民族精神是指一个民族在长期共同生活和社会实践中形成的,为本民族大多数成员所认同的(　　)的总和。

A. 意识形态　　B. 价值取向　　C. 思维方式　　D. 道德规范

E. 精神气质

(3)在新的历史时期,大学生应该继续坚持以振兴中华为己任,努力做到(　　)。

A. 迎接机遇与挑战　　B. 为人民服务　　C. 立报国之志　　D. 增建国之才

E. 践爱国之行

**二、分析训练**

1. 2001 年 8 月 13 日,小泉纯一郎以日本首相身份正式参拜供奉日军战犯亡灵的“靖国神社”,激起周边国家强烈谴责。

8 月 14 日,旅日华人冯锦华携带 9 瓶油漆,只身前往“靖国神社”,趁警察巡逻的间隙,他在大门前的石狮前座上喷涂了“该死!”字样,一瓶尚未喷完就被警方逮捕,拘留 21 天后获得保释。12 月 10 日,东京地方法院以“损坏器物罪”判处其有期徒刑 10 个月,缓刑 3 年。

“冯锦华事件”一时轰动海内外,“中国威胁论”、“中国崩溃论”再度沉渣泛起,甚嚣

尘上。有些海外媒体认为他是“极端民族主义分子”，是民族主义在中国蔓延的又一标志。也有些观察家据此认为：中国的年青一代正陷入浓重的民族主义情结之中。

在《南方周末》、新浪网举办的“2001 年度人物”评选网上投票中，冯锦华以 47.5% 的得票率高居榜首，众多网民称赞他是“民族英雄”、“中国的脊梁”。

请结合“冯锦华事件”谈谈当代大学生应如何爱国。

2.“在五千多年的发展中，中华民族形成了以爱国主义为核心的团结统一，爱好和平，勤劳勇敢和自强不息的伟大民族精神。”

“中华民族精神博大精深，源远流长，是中华民族生命机体中不可分割的重要组成部分。”“热爱祖国是贯穿中国历史发展的一条主线。”

“团结统一，爱好和平，勤劳勇敢，自强不息的精神，服务于爱国兴邦这一主题。”

“井冈山精神，长征精神，延安精神，西柏坡精神，雷锋精神，铁人精神，“两弹一星”精神，载人航天精神，等等，是伟大的中华民族精神的发扬光大，是中华民族长期形成的民族精神在现当代历史中震撼人心的新表现，为中华民族精神增添了富于时代精神的新内涵，值得每一个中华儿女倍加珍惜。”

请结合以上资料谈谈自己的感想。

3.“改革创新是中华民族进步的灵魂，是我国兴旺发达的不竭动力。”

“时代精神的内涵十分丰富，其中改革创新居于核心地位。”

“实现社会主义现代化，最根本的就是要通过改革创新。”

“只有通过全面的改革创新，走创新型国家的发展道路，全面提高民族的自主创新能力，才能在日趋激烈的国际竞争中立于不败之地。”

“贯彻落实科学发展观，构建社会主义和谐社会，必须不断推进改革创新。”

“以改革创新为核心的时代精神，是当代中国人民精神风貌的集中写照，是激发社会创造活力的强大力量。”

请谈谈你对上述资料的理解，及如何以实际行动加入到改革创新的行列之中。

**三、问答训练**

1. 在经济全球化条件下，怎样弘扬爱国主义？

2. 当代大学生如何进行创新？

**四、论述训练**

1. 试述在经济全球化条件下是否应当实现政治文化一体化。

2. 结合实际，论述爱国激情与爱国行动的关系。

**五、践履训练：社会考察**

根据自身的条件，利用寒假，考察某一区域改革开放以来取得的成就，并写出考察报告。

# 项目1.7 爱国主义教育基地参观(实践体验)

## 训练方式

教师带队,统一组织学生参观爱国主义教育基地。学生参观后提交一份参观爱国主义教育基地的心得体会。

## 学习素材

### 学习素材1 湘南起义

湘南是大革命时期农民运动蓬勃发展的地区。大革命失败后,湘南地区的共产党员和革命群众在白色恐怖下仍继续坚持斗争。1927年冬,中共湘南特委根据中共中央和中共湖南省委的指示,在湘南各县城镇和乡村中恢复和建立了工会、农会及起义队、赤卫队等组织,为湘南起义创造了条件。

1928年1月中旬,朱德、陈毅率领南昌起义军余部2000多人,从粤北转至湘南宜章县境。此前,中共湘南特委已制定《湘南暴动计划》。于是,湘南特委所属宜章县委即找朱德、陈毅等汇报了宜章的敌情。朱德了解到宜章县城敌人力量空虚,就提出了智取宜章的方案。由地方游击队领导人胡少海(共产党员,出身豪门,身份没有暴露)以国民革命军第16军140团团副的名义,率领一支先遣队进驻宜章,稳住宜章的上层统治者后,大部队随即跟进。为了不让反动头目逃脱,要胡少海以“宴请桑梓父老”为名,对准备捉拿的人都送去请柬,并在宴前设下埋伏,以便一网打尽。

1月11日下午,胡少海带领先遣队开进宜章县城。12日下午,朱德、陈毅率部开进宜章县城。宴会在县参议会的明伦堂里举行。酒过三巡,朱德落杯为号,起义军一拥而入,枪口对准县长、官员、士绅。与此同时,陈毅、王尔琢指挥起义军,以迅雷不及掩耳之势,解决了驻在东山养正书院的团防局和警察局,俘虏了400多人。紧接着,朱德下令打开监狱,放出被捕的革命者和无辜群众,打开仓库,把粮食分给贫苦的工农群众。许多青年踊跃参加起义军。智取宜章的胜利,揭开了湘南起义的序幕。

1月13日上午,中共宜章县委在西门广场召开群众大会,庆祝起义胜利。朱德宣布起义军改名为“工农革命军第一师”,朱德任师长,陈毅任党代表,王尔琢为参谋长。

年关暴动的枪声使反动派惊恐万状,国民党当局命令独立第三师师长许克祥“即日进剿,不得有误”。许受命后立即带着全师人马,从广东乐昌日夜兼程北上,妄图扑灭湘南起义的烈火。朱德即率领部队秘密撤出宜章县城,隐蔽在乡间,与当地农民配合,坪石一战,击溃了许克祥的兵力,创造了以少胜多的光辉战例。随后重占宜章,成立了宜章县苏维埃政府。

为了支援各地的起义,工农革命军第一师应湘南特委和各县县委的要求,在朱德、陈毅的率领下,由宜章北上占领郴县。随即分兵协助资兴、永兴、耒阳等县农军攻占县城,并在这些县建立苏维埃政府。在此期间，安仁、茶陵、桂东、汝城、临武、嘉禾、桂阳、常宁、衡阳县大部地区的农民，也纷纷举行起义，起义军占领湘南十多个县，广泛发动工农群众，建立革命政权，工农革命军很快发展到1万余人。

同年三、四月间，在国民党军队的重兵进攻下，朱德、陈毅率起义部队撤离湘南地区，向井冈山转移，与毛泽东率领的秋收起义部队会师后，创建了井冈山革命根据地。

## 学习素材2 参观东塔岭有感(郴州职业技术学院07级某班刘丹)

七十年前，在中国大革命挫败的历史关头，继南昌起义、秋收起义和广州起义后，朱德、陈毅率领南昌起义军挥师湘南与湘南特委共同发动了震惊全国的湘南起义。作为湘南起义发源地的郴州，具有光荣的革命传统，在新民主主义革命时期和社会主义建设时期，许多郴州的优秀儿女英勇牺牲，为纪念革命先烈，在东塔岭修建了无名烈士陵园。

我怀着激动的心情来到东塔岭，参观了烈士纪念塔、烈士陵园以及夏明震烈士墓，使我平静的心灵又激起了波澜，深深地被革命先烈的英雄气概所感化、所鼓舞、所震撼。宏伟庄严的纪念碑、气势磅礴的烈士陵园、烈士诗文碑林，把我带回了那段血雨腥风的岁月，使我接受了一次灵魂的洗礼。

1928年革命火种撒播湘南，尤其是湘南起义一声春雷，这里便成了一片红色热土，郴州优秀儿女流血于沙场，在残暴的敌人面前，不低头，不屈服，敌人的威胁利诱、严刑拷打丝毫不能动摇他们的革命意志，体现也共产党人坚强不屈的精神，其英雄本色尽显对党对革命的坚定信念和爱国情怀。为了夺取革命的胜利，为了让人民摆脱水深火热的生活，为了实现民族的独立和人们的解放，他们团结一心，同仇敌忾，前赴后继，甚至不惜牺牲自己年轻而又宝贵的生命，谱写了一曲曲壮丽的生命之歌。有了他们的牺牲才换来了我们现在的和平和发展，才有了中华民族的伟大复兴，才有了美好的今天。

望着革命历史纪念碑，心情时而沉郁凝重，时而慷慨激昂。凝望烈士陵园画上刻着的7 339位烈士名单，先烈们的大无畏精神和崇高的品格，深深地感动着我，他们的爱国热情教育着一代又一代，他们的英雄事迹带给我对现实和未来的深刻警醒。新中国的建立是无数革命先烈用鲜血和生命换来的，我们更应珍惜现在的和平和丰富的物质生活。对比那段血雨腥风的时代，想想这来之不易的生活，不需要我们去抛头颅、洒热血、战沙场，我们更加要为“中华之崛起而奋斗”，在学校要刻苦学习知识，走向社会要尽职尽责地做好每一件事，做一个对社会、对国家有用的人。

在历史的长河中，触摸了一颗又一颗闪亮的流星，灵魂也接受了一次又一次崇高理想的洗礼。同时，我们深切地明白：爱国主义是中华民族的优良传统，是中华民族生生不息、自立于世界民族之林的强大精神动力。在新的历史条件下，继承爱国主义优良传统，弘扬民族精神和时代精神，“以热爱祖国为荣，以危害祖国为耻”，做一个忠诚的爱国者，是当代大学生的基本要求。

但是，爱国不是一句空话，爱国是从点点滴滴的行动中体现出来的一种精神。先烈们用鲜血创造了这样一个美好的时代，作为大学生的我们，作为祖国的未来和希望，我们可以通过努力学习知识，发展科学事业，为祖国的建设作贡献，把个人目标、理想与国家紧密联系在一起，从身边的小事做起，坚持团结统一、勤劳勇敢、自强不息，大力发扬爱国情操，用我们的智慧去创造一个更美好的明天！让革命精神，世世代代永放光芒！

（请同学们搜集本地爱国主义教育基地的相关学习素材。）

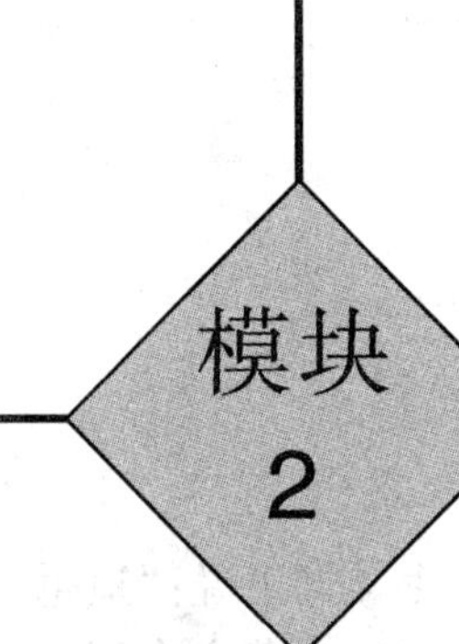


# 道德观学习与践履

## 素质目标

培养社会主义的道德观,提高学生的道德素质。

## 能力目标

能运用马克思主义道德观,约束和规范自己的行为,提高自身道德素质,践履社会主义核心价值体系。

## 知识目标

掌握中华民族优良传统道德的主要内容及社会主义道德建设的核心和原则,认识诚信道德建设的重要性。

掌握社会主义家庭美德、职业道德、社会公德的基本要求及其法律规范要求。

## 计划学时

14 学时。其中,课堂教学 8 学时,实践体验 6 学时。

# 项目2.1 社会主义道德观学习与践履

## 学习素材1 关于道德的解释

1. 道德的词源

道德一词,在汉语中可追溯到先秦思想家老子所著的《道德经》一书。老子说:“道生之,德畜之,物形之,势成之。是以万物莫不尊道而贵德。道之尊,德之贵,夫莫之命而常自然。”其中,“道”指自然运行与人世共通的真理;而“德”是指人世的德性、品行、王道。当时,道与德是两个概念,并无道德一词。“道德”二字连用始于荀子《劝学》篇:“故学至乎礼而止矣,夫是之谓道德之极。”在西方古代文化中,“道德”(morality)一词起源于拉丁语的“mores”,意为风俗和习惯。

2. 中国传统道德基本概念

**四维:礼、仪、廉、耻**

四维的说法,最早载于《管子》。《管子》牧民篇:“仓廪实,则知礼节。衣食足,则知荣辱。……国有四维,一维绝则倾,二维绝则危,三维绝则覆,四维绝则灭。倾可正也,危可安也,覆可起也,灭不可复错也,何谓四维?一曰礼,二曰义,三曰廉,四曰耻。礼不逾节,义不自进,廉不蔽恶,耻不从枉。故不逾节,则上位安。不自进,则民无巧诈。不蔽恶,则行自全。不从枉,则邪事不生。”

**五常:仁、义、礼、智、信**

汉章帝建初四年以后,“仁、义、礼、智、信”被确定为整体德目“五常”。五常不仅是五种基础性的“母德”、“基德”,而且形成并高度概括了中华传统道德的核心价值理念和基本精神。

仁和义是儒家文化中两大根本性的道德元素,可谓总体价值观中的核心价值观。离开了仁和义,则忠、孝、礼、乐等都失去了意义。孔子说:“人而不仁,如礼何?人而不仁,如乐何?”荀子说:“从道不从君,从义不从父,人之大行也。”《白虎通》:“君臣以义合,不可则去。”《周易》:“不事王侯,高尚其事。”仁和义与其他价值观要素相比具有超然性。例如,孔子在《论语·子路》中说:“言必信,行必果。”孟子则说:“大人者,言不必信,行不必果,唯义所在。”仁和义的重要性,以孔孟之言为证,孔子说:“志士仁人无求生以害仁,有杀身以成仁。”孟子说:“生,亦我所欲也,义,亦我所欲也;二者不可得兼,舍身而取义者也。”

孔子:“仁者,义之本也;义者,仁之节也。”“仁者,人也;道者,义也”。孟子:“仁,人心也;义,人路也。”子言:“仁有数,义有长短小大。”朱熹:“仁者,心之德,爱之理。义者,心之制,事之宜也。”《韩诗外传》:“爱由情出,谓之仁,节爱理宜,谓之义。”韩愈《原道》:“博爱之谓仁,行而宜之之谓义;……仁与义,为定名;道与德,为虚位。”

仁—— 孔子说:“仁者,爱人。”仁之广义,涵盖甚多,例如,“孝悌也者,其为仁之本与”;“能行五者,于天下为仁矣”,五者,“恭、宽、信、敏、惠”;“刚、毅、木、讷,近仁”;“仁者,其言也讱”;“博学而笃志,切问而近思;仁在其中矣。”……。然而,仁并非远不可及。“仁远乎哉?我欲仁,斯仁至矣。”仁也不是无理性、无原则或者软弱,“惟仁者,能好人,能恶人”,“仁者,必有勇”。

义——孔子说:“义者,宜也。”朱熹:“义者,天理之所宜。”义者,理义、道义、正义、公义。孔子说:“君子之所谓义者,贵贱皆有事于天下。”“君子义以为上。”“见利思义。”“不义而富且贵,于我如浮云。”

**四字:忠、孝、节、义**

忠、孝在中国社会是基础性的道德价值观。《孝经》中,孔子说:“夫孝者,天之经也,地之义也,人之本也。”“夫孝,德之本也。”“孝慈,则忠。”曾子:“夫子之道,忠恕而已。”忠、孝兴于夏,“夏道尚忠,复尚孝”。

忠——《说文解字》:“忠,敬也,尽心曰忠。”孔子说:“夏道尊命,事鬼敬神而远之,近人而忠焉……周人尊礼尚施,事鬼敬神而远之,近人而忠焉。”《礼记·表记》中载孔子言:“君天下,生无私,死不厚其子,子民如父母,有憯怛之爱,有忠利之教……耻费轻实,忠而不犯。”《左传·桓公六年》:“上思利民,忠也。”其中“忠”指“君主及官吏之忠于民”。孔子讲君臣关系的侧重点,说:“君使臣以礼,臣事君以忠。”此处“忠”指臣忠于君,而在后世帝王时代,这种含义几乎演变为“忠”的唯一含义。孙中山曾说:“古时所讲的‘忠’,是忠于皇帝……我们在民国之内,照道理上说,还是要尽忠,不忠于君,要忠于国,忠于民,要为四万万人去效忠。为四万万人效忠,比较为一人效忠要高尚得多。”《左传·昭西元年》:“临患不忘国,忠也。”忠,本指人与人忠,孔子言“近人而忠”、“忠利之教”,孟子言“教人以善谓之忠”,故忠“非专指臣民尽心事上,更非专指见危授命,第谓居职任事者,当尽心竭力求利于人而已”。

孝——《说文解字》:“孝,善事父母者。”孝是人可以从身边之最近处做起的人际关系德目,被称为“百德之首,百善之先。”《孝经》中,孔子说:“教民亲爱,莫大于孝。”“孝之为义,初不限于经营家族。”孙中山在《三民主义之民主主义》一文中指出:“《孝经》所言的孝字,几乎无所不包,无所不至。”孝最基本的内涵是子女对父母的孝。《礼记》:“孝有三:大尊尊亲,其次弗辱,其下能养。”孝最首要的含义是尊亲。孟子:“孝子之至,莫大乎尊亲。”孔子说:“今之孝者,是谓能养。至于犬马,皆能有养。不敬,何以别乎?”现在说孝,往往指子女赡养父母、晚辈赡养长辈,其实,尊敬先于赡养。至于祭祀祖先,祭享之礼,“其事似近于迷信,然尊祖敬宗实为报本追源之正务”。祖先崇拜、祭祀等,都是家庭宗族孝文化的延伸。

**三达德:智、仁、勇**

三达德出自《中庸》。《中庸》:“知(智)、仁、勇三者,是天下之达德,所以行之者一也。”

**纵欲、禁欲和天理欲求**

到了宋代,朱熹针对当时的人欲泛滥和奢华风气,提出“存天理,灭人欲”,又说:“饮食,天理也;山珍海味,人欲也。夫妻,天理也;三妻四妾,人欲也。”认为追求山珍海味、三妻四妾是违背天理的人欲,而通常饮食、一夫一妻则是天理。在先儒中也有类似思想。子曰:“饮食,男女,人之大欲存焉。”《孟子》载告子言:“食、色,性也。”《礼记·曲礼》:“傲不可长,欲不可纵,志不可满,乐不可极。”饮食、男女的欲求,天经地义,满足符合天理的欲求而又不纵欲。

**八德:忠孝、仁爱、信义、和平**

到了现代,孙中山提出中国固有的八种道德,他在《三民主义之民族主义》中说:“讲到中国固有的道德,中国人至今不能忘记的,首是忠孝,次是仁爱,再次是信义,再次是和平。这些旧道德,中国人至今还是常讲的。但是,现在受外来民族的压迫,侵入了新文化,那些新文化的势力此刻横行中国。一般醉心新文化的人,便排斥旧道德,以为有了新文化,便可以不要旧道德。不知道我们固有的东西,如果是好的,当然是要保存,不好的才可以放弃。”

八德和四维,合称“四维八德”。

3. 对中国传统道德的批判

世界上的大多数古代国家都是以宗教作为统治阶级的意识形态,唯有古代中国的儒家学说强调“以德治国”。儒家素倡德主刑辅,因为道德教化可以“防患未然”,比严刑峻法更有利于统治。不但可以麻痹人民斗志,而且有利于使统治阶级的思想成为整个社会的统治思想。

儒家又重义轻利,特别是宋明理学鼓吹“存天理,灭人欲”,把人民争取生存权利的斗争说成“人欲”,也就严重地压抑了人们的权利观念。统治者一方面为了自己的利益为所欲为,另一方面却要求人民“舍生取义”、“杀身成仁”、“大义灭亲”,就算牺牲生命或残杀亲人也要遵守符合统治者利益的仁义道德。被牺牲者得到的补偿仅仅是事后的精神慰藉而已。

中国古代社会的道德特点是把宗法观点和皇权至上合二为一,也就是让皇权统治和家长制统治互相呼应,强调子女必须要严守“孝道”,绝对服从家长的命令,而皇帝则被视为全国的君父,全国的人都必须绝对服从他。孝亲的目的就在于培养忠君的感情,以期移孝作忠。忠孝不能两全时要以忠君为上,必要时“大义灭亲”。

这些封建道德的主要内容可以概括为“忠、孝、节、义”四个字。

忠:臣子必须绝对服从君主,“君要臣死,臣不得不死”,即使是暴君也不得反抗。

孝:子女必须绝对服从家长,“天下无不是之父母”,家长殴打虐待子女被看做理所当然的权利。

节:中国封建社会中男人可以三妻四妾,女人却被要求守身如玉、从一而终。

义:指被统治者必须誓死服从道德规范,为了统治者的利益必须毫不犹豫地牺牲自己的生命。

(选自 hppt://baike.baidu.com/view/10153.htm)

4. 让美德占据灵魂

一位哲学家带着他的弟子坐在郊外的一片旷野里。哲学家问身边的弟子该如何除去周围长满的杂草。弟子们十分惊愕,没有想到一直探讨人生奥妙的哲学家,最后一课竟会问这么简单的问题。于是,他们给出了各种答案,有的说用铲子就够了,有的说用火烧,有的建议在草上撒上石灰,还有的说要斩草除根,只要把根挖出来就行了。哲学家听完后,站起身说:“课就上到这里,你们回去后,用各自的方法除去一片杂草,没除掉的,一年后,再来除草。”一年后,他们都来了,不过原来相聚的地方已不再是杂草丛生,而是变成了一片长满谷子的庄稼地。弟子们围着谷子地坐下,等着哲学家的到来,可是哲学家始终没有来。几十年后,哲学家去世,弟子们在整理他的言论时,私自在书的最后补了一章:要想除掉旷野里的杂草,方法只有一种,那就是在上面种庄稼。同样,要想让灵魂无纷扰,唯一的方法就是用美德去占据它。

## 学习素材2 名人名言

1. 民无德不立,政无德不威。

【简析】

德是做人的根本,更是为官从政的根本。就是说要做好一个人,就应该有良好的道德品质,而为政做官者更应该具有高尚的道德品质。有德,是修养,是文明,是基石;无德,是无信,是卑鄙,是自灭。在树立荣辱观、加强道德建设方面,我们倡导以德律己、以德修身、以德律权、以德立威、以德服众,在内心深处筑起一道牢固的思想道德防线。

2. 己所不欲,勿施于人。——孔子

【简析】

此语出于《论语·卫灵公》,是孔子经典妙句之一,亦是儒家文化精华之处。是指:自己不想要的东西,切勿强加给别人。孔子所强调的是,人应该宽恕待人,应提倡"恕"道,唯有如此才是仁的表现。

3. 己欲立而立人,己欲达而达人。能近取譬,可谓仁之方也已。——孔子

【简析】

这是《论语·雍也》中的一句话,它的意思是:你自己想有所树立,马上就想到也要让别人有所树立;你自己想实现理想马上就会想到也要帮助别人实现理想。能够从身边小事做起,推己及人,这就是实践仁义的方法。

"己欲立而立人,己欲达而达人"是孔子的一个重要思想,也是实行"仁"的重要原则。如果能够"推己及人"也就做到了"仁"。

## 学习素材3 典型事例

1. 诚实守信道德模范宋先钦

面对巨额债务,有人百般抵赖,有人逃之夭夭;面对决策失误,有人拒不承认,有人一推了之。可在湖南,却有这样一位"村官",主动为集体决策失误承担全部责任,并历时10余年,举家还债30余万。他,就是辰溪县后塘瑶族乡莲花村原党支部书记宋先钦。

时光追溯到23年前,38岁的宋先钦被推选为莲花村党支部书记。为了改变山村面貌,让村民致富,村里决定借债兴办一个瓷砖厂。恰在这时,乡里向莲花村引荐了一个外地老板。村委会和支委会经过多次讨论,又先后派人两次到外地老板的企业考察,最后决定上此项目。

很快,通过信用社贷款和村民集资,凑足了18.5万元,莲花村瓷砖厂在村民的欢声笑语中诞生了。然而,莲花村人的笑容还没有完全绽开就凝住了:从外地老板那里买来的机器三天两头出毛病,生产的地板砖粗糙变形,厂子运转不久被迫关闭,外地老板也不知去向。

在瓷砖厂的善后处理会上,乡党委建议将18.5万元债务,按责任大小分摊到村干部

和村民身上，作为决策的主要负责人宋先钦承担 2 万元。方案一宣布，会场一片哀叹声。这时宋先钦站了起来："我是村支书，办厂决策失误，我负全部责任。所有的欠款，包括村民的集资款，由我宋先钦一人偿还！"

从此，宋先钦和家人为了这一句铁骨铮铮的承诺，踏上了一条悲壮漫长的还债之路。

宋先钦变卖了自己所有的家产，开始打砖烧窑。为了省钱，他用一把蒲扇代替电动鼓风机，一天要连续扇上 10 多个小时，累得筋疲力尽、手脚发麻；为了攒钱，他只能用白菜萝卜充当年夜饭，甚至连满足小孙女吃个鸡腿的愿望，都含泪等了 6 年；为了赚钱，他常年起早贪黑，以至因劳累过度从砖窑上倒栽下来，摔断了 3 根肋骨。

为了尽快偿还债务，宋先钦一家承受了常人难以忍受的困苦。妻子以虚弱的身子，挑担步行到附近集镇摆地摊，饿了就用从家里带来的红薯充饥；大儿子理解和支持爸爸，说："爸！这钱你还不了，我还；我还不了，我儿子还！"从此便背起行囊远赴珠海打工；二儿子和三儿子为帮父亲还清债务，毅然退学回家，三儿子甚至因积劳成疾猝死家中。直到这时，宋先钦才发现，家里竟然找不到一件送儿子上路的好衣服。

10 余年艰辛的还债历程，宋先钦留下了一本本账簿、一摞摞收条，终于还清了连本带息 304600 元的债务。他说："替村里还债，我从没后悔过，我不愧对国家，不愧对组织，不愧对任何一个村民。"一个双手长满老茧的瑶家男儿，用自己坚强的脊梁，朴素而真实地诠释了诚信之魂，让群山仰止，叫天地动容。

2002 年，宋先钦被评为"湖南省十佳道德标兵"；2003 年，他成为中央电视台"感动中国"人物候选人；2004 年，总政话剧团以宋先钦为原型，编排话剧《黄土谣》在全国巡演；2005 年，他获得全国劳模光荣称号。

（选自 http://www.xxcb.com.cn/show.asp? id = 876460）

**【问题与思考】**

宋先钦一定要替村民还债吗？

**【简析】**

宋先钦不必要替村民还债，他只要还清自己的份额就可以了。他选择替村民还债，是因为他认为自己作为村支书，应当主动承担起办厂决策失误的全部责任。他的行为正如他所说："替村里还债，我从没后悔过，我不愧对国家，不愧对组织，不愧对任何一个村民。"他用自己坚强的脊梁，朴素而真实地诠释了诚信之魂。诚信是中华民族的传统美德。

2. 见义勇为道德模范高春娜

如果不是帮助她养伤的好朋友在网上披露，她的勇敢之举可能永远无人知晓；如果不是那件寄给湖南大学校长的邮包，她的英雄行为可能永远无法让所有人信服。

高春娜，一位出生于中原大地河南、在青海贫困山区教书、来到岳麓山下的湖南大学深造的西北姑娘，就这样走进了人们的视线，感动了无数网友。

2005 年 3 月 1 日，高春娜过完寒假准备返校。在人流如织的西宁火车站，她遇上了一起抢劫事件：一个高大强壮的男子抢走了一名妇女的挎包，朝一条胡同跑去。在这名妇女的呼救声中，高春娜义无反顾地冲了上去。一个柔弱的女子，与一个凶悍的抢劫者开展了一场惊心动魄的对峙。抢劫者在用语言威胁无效后，挥拳打向高春娜，继而又用尖刀刺过来。高春娜死死抓住挎包不放，直到歹徒恐惧于众人的呼喊声夺路而逃。高春娜被歹徒刺伤，幸运的是，隔着厚厚的羽绒服，刀子只伤到皮肤。令高春娜意想不到的是，在清洗伤口时，她发现自己的钱包不见了，不知什么时候被小偷偷走了。无奈之下，她只好到距学校不远的德令哈市好友肖绒家，一边向学校请病假，一边悄悄养伤。回到学校，高春娜只字未提在西宁火车站发生的事情。

不久，高春娜的事迹在网上传开，然而质疑之声不绝如缕。当某些堂堂须眉面对邪恶避之唯恐不及时，人们如何能相信一个弱女子的挺身而出？

直到那个包裹的出现，一切才真相大白。这是偷了高春娜钱包的小偷寄来的包裹。偷窃得手后，他目睹了高春娜勇斗歹徒的一幕。当晚，尚未泯灭的人性让小偷彻夜难眠，幡然醒悟。他给高春娜写了一封忏悔信，信中请求作为姐姐的高春娜原谅他，并说是姐姐让他“懂得应该怎么做人”，决心“再也不偷东西了”，回学校好好读书。这封信，连同偷来的钱物一起寄给了湖南大学。

熟悉高春娜的人知道，这一切不但是真的，而且绝非偶然。这个从小就随打工的父母来到青海的姑娘，外表柔弱内心刚强，生活艰苦心灵高尚。16岁就拿到大专文凭的她，只身到柴达木盆地东沿的乌兰县赛什克学校教书，用微薄的工资资助贫困学生，用善良的心灵温暖山区少年。她身在湘江畔，情系柴达木，获得中华见义勇为基金会5 000元奖励后，她拿出来给孩子们买书买衣服。她如同青海高原常见的格桑花，模样儿细碎，色彩平淡，乍一看并不起眼，但在灿烂阳光的照耀下，却显得那样明丽，那样摇曳多姿。

“山里的每棵树都是向阳的，山里人每颗心都是向善的。”高春娜，义举不留名，何惧误解深。在这样一颗勇敢而善良的心面前，顽石也会低头，阳光终将照亮每一个暗角。

**【问题与思考】**

高春娜行为告诉了我们什么？

**【简析】**

见义勇为是指为使国家利益、社会公共利益和他人的人身财产利益免受或少受不法侵害、自然灾害或意外事故造成的损失，挺身而出的一种积极救助的行为。高春娜看到合乎正义的事情就勇敢地去做，甚至遇到暴徒行凶，也不惜牺牲自己的生命。这种弘扬社会正气，倡导见义勇为，促进社会主义精神文明建设，加强社会治安综合治理为宗旨的见义勇为行为，是中华民族传统美德之一，正是我们当今社会所大力提倡的。

3. 全国道德模范评选标准

2007年9月，中央文明办、全国总工会、共青团中央、全国妇联联合评选表彰了首批全国道德模范，共53名。全国道德模范各奖项的评选标准如下。

全国助人为乐模范：长期主动给他人无私帮助，积极参加社会公益事业，赢得群众高度赞誉；

全国见义勇为模范：关键时刻临危不惧，挺身而出，勇于维护国家、集体利益和群众的生命财产安全，在社会上产生重大影响；

全国诚实守信模范：在经济活动和社会生活中，坚持诚信为本、操守为重，严格自律、履行承诺，享有很高的信誉；

全国敬业奉献模范：立足本职，爱岗敬业，艰苦奋斗，在提高服务质量、劳动效率等方面贡献突出，影响广泛；

全国孝老爱亲模范：孝敬父母，关爱子女，夫妻和睦，家庭和谐，事迹感人，群众颂扬。

4. 关于"道德银行"

人们印象中,"道德"意味着无私奉献、不求回报,而"银行"则总和金钱联系在一起。浙江一所高校却将这两个截然不同的概念联系在一起,创办了一家"道德银行",将道德行为折合成"货币"的形式储存起来,并可支取申请相关帮助或享受相应待遇。道德银行一成立,立即引发了诸多争议。

2003 年 11 月 5 日,位于杭州钱塘江畔的浙江工业大学之江学院举行了简单而隆重的启动仪式,宣布道德银行正式成立并运行。全院所有大一、大二年级的学生都被吸纳为储户,其他学生也可以自愿申请开户。深蓝色封面的"道德银行储蓄卡"样式与常见的银行储蓄卡相似,有户名、账号及存入、支出、结余等栏目,不过"币种"一栏却写着"道德币"三个字。

按照"道德银行"的评估细则,学生参加青年志愿者活动、社会公益活动和其他各类好人好事都可获得相应的"道德币"。比如义务献血一次,登记在"储蓄卡"上就是 2 万元"道德币"。

除了负责存款的存储部外,银行还设立了支取部。如果出现各种违纪行为,就必须处以 2 万元至 10 万元不等的扣款。此外,当"储户"自身有需求时,也可凭卡向"银行"支取,比如"储户"可根据其做好人好事所积攒下来的"道德币"向"银行"申请相应的帮助或享受相应待遇。

这些优先帮助和待遇包括:享受申请勤工助学岗位;参加学生会组织的各类学习培训优先考虑待遇;可申请获赠各类知识竞赛、学术讲座门票及获赠一季度的学科类报纸、杂志等。学期末,道德银行还将对"存款高额者"进行"十佳道德富翁"排名,并予以表彰和宣传。学生在道德银行中的储蓄等级还将被列为团内评优、学校评定奖学金的参考。

目前,学院已有 3 350 多名大学生成为道德银行的储户,其中 179 位储户已获得第一笔"道德币"。

【问题与思考】

谈谈你对"道德银行"看法。

【简析】

银行存取金钱,以营利为最大目的;道德所追求的最高境界是无私奉献。"道德银行"鼓励人们把所做的每一件好事都记载下来,用好人好事换取"道德币"。这种做法强烈地冲击着传统观念,同时对传统的道德评价体制也提出了很大的质疑。但是,同时也应该看到其进步意义,对奉献者的回报是社会对他们的一种尊重和认可,这体现了公民道德建设要与社会主义市场经济相适应,要正确理解和运用物质利益原则。更何况这只是一种激励而并非是支付真正意义上的对等报酬。"道德银行"通过志愿者志愿服务的方式,倡导一种"多予少取、多予不取、无私奉献"的道德理念,将道德行为由此转变为社会普遍关注的行为。总之,"道德银行"这种市场化运作形式,符合国际潮流,是与国际上的"义工制度"、"志愿者制度"相对应的一种制度。在它的实施过程中,一定要注意引导学生把注意力集中到道德银行的创新性和进步性上来,不要人为地夸大其功利的色彩。

应该看到,道德银行目前只是在高校校园特定的环境里实行。大学生思想活跃,善于将理论与现实结合起来。应该引发学生对道德问题作更深层次的认识和思考,在传统课堂德育教育的理论基础上,让高校的道德教育得到具体化、实践化的发展。这应该成为道德建设的突破点和平台，在此基础上，进一步寻求更好的适合全社会普遍范围开展的公民道德建设方式。

5."大头娃娃"事件调查：谁谋杀了这些婴儿

在安徽阜阳的农村，有一件怪事。从2003年开始，那里的100多名婴儿，陆续患上了一种怪病。本来健康出生的孩子，在喂养期间，开始变得四肢短小，身体瘦弱，尤其是婴儿的脑袋显得偏大。当地人称这些孩子为"大头娃娃"。阜阳已经有10名婴儿因为这种怪病而夭折，这给还相当贫困的农民家庭以无情的打击。令人意外的是，导致这些婴儿身患重病甚至夺取他们生命的竟然是他们每天都必须食用的奶粉。嘴唇青紫、头脸胖大、四肢细短，比例明显失调，成了畸形的"大头娃娃"。

据阜阳市人民医院郭玉淮大夫介绍，一年多来，仅他们医院就收治了60多个得"大头怪病"的娃娃，有时候一来就好几个，而且基本在6个月以下，来自农村。因为严重缺乏营养，这些婴儿多已停止生长，有的甚至越长越轻、越小，全身浮肿、低烧不退、时常呕吐。

令人震惊、愤慨的是，摧残、扼杀这些幼小生命的"元凶"，正是蛋白质等营养指标严重低于国家标准的劣质婴儿奶粉。

劣质奶粉不仅蛋白质含量奇低，有些产品的细菌、铁元素还超标。长期食用就导致婴儿营养不良甚至心脏、肝、肾等器官功能受损，免疫力下降，很容易产生并发症、综合症。如果发现、抢救不及时，就会因脏器功能衰竭而死亡。

**【问题与思考】**

(1)从"劣质婴儿奶粉"事件中我们看到了一个什么道德问题？

(2)发展社会主义市场经济要不要加强社会主义道德建设？

**【简析】**

(1)从"劣质婴儿奶粉"事件中我们看到了一个商人的职业道德问题。诚信是中华民族的传统美德之一，要求人们诚善于心、言行一致、真实无妄、诚实无欺。市场经济更加呼唤商人诚信守约的美德，任何背信、欺诈行为都应受到经济上的惩罚和道德上的谴责。

(2)在社会主义市场经济条件下一定要加强社会主义道德建设，否则受损害的是群众的利益，人民的利益。在社会主义市场经济条件下，社会主义道德建设的核心是为人民服务。

## 关键名词

**道德：**指对人们的行为进行善恶评价的心理意识、原则规范和行为活动的总和。它通过社会舆论、传统习俗和人们的内心信念来维系。

**道德规范：**指一定社会或阶级用以调整人们之间利益关系的行为准则，也是评价人们行为善恶的标准。公民基本道德规范是爱国守法、明礼诚信、团结友善、勤俭自强、敬业奉献。

**社会主义道德：**是在继承我国历史上形成的优良道德传统的前提下，从中国特色社会主义的实际出发，适应我国仍处于社会主义初级阶段的基本国情，在社会主义基本经济制度和市场经济体制现阶段的基础上形成的新型道德体系。

## 拓展知识

1. 社会主义荣辱观的科学内涵

胡锦涛总书记关于社会主义荣辱观“八个为荣、八个为耻”的概括，汲取了传统荣辱观的精华，突出了社会主义道德风尚的特色，是中华民族传统美德与民族精神和时代精神的密切结合和有机统一，也是社会主义伦理观、道德观和价值观的精确提炼和生动体现，是对马克思主义道德观的精辟概括和新时期社会主义道德的系统总结，也是以人为本的科学发展观的重要组成部分。从内容上看，这八个方面的基本要求，通过对社会主义道德规范和社会主义精神文明规范中若干重要方面的突出和强调，构成了旗帜鲜明、是非有界的荣耻之别，既涵盖了社会主义世界观、人生观和价值观的基本内容，又统辖了爱国主义、集体主义和社会主义的重要思想，同时也体现了社会主义道德规范、精神文明和社会风尚的本质要求，明确了当代中国最基本的价值取向和行为准则。

“以热爱祖国为荣、以危害祖国为耻”是对我国爱国主义传统和民族精神的本质概括。热爱祖国是对人的首要的、基本的道德要求。千百年来，中华民族始终把爱国主义奉为道德传统的至高原则，始终把爱国与否看作是对人进行道德评判和价值衡量的重要标准。在爱国主义传统的熏陶下，“爱国为荣、害国为耻”长期以来成为镌刻在中华民族成员思想深处的精神印记，也成为国人荣辱观的首要标准。爱国是一个动态的范畴，在不同的历史条件下会因时代和阶级关系的不同而有着不同的内容和表现，爱国问题上的荣辱观在不同时代和不同人群中也就有着不同的内涵和要求。在当代中国，社会主义条件下的爱国主义要求所有公民都必须热爱自己的祖国，为祖国的建设和发展、繁荣和富强而尽自己神圣的爱国义务。

“以服务人民为荣、以背离人民为耻”是社会主义道德核心——为人民服务思想的精辟概括。服务人民是中国传统社会民本思想的道德理想，也是中国革命传统的实践宗旨。在社会主义社会中，为人民服务是公民道德的基本要求和基本行为规范。是否和能否服务人民、是否一切从人民的根本利益出发是判别不同个人、团体和政党先进与落后的根本标准，也是一切社会势力在历史潮流中荣辱进退的分水岭。在当代中国，以服务人民为荣，就是要提倡为人民服务的精神，倡导尊重人民、理解人民、热爱人民、关心人民，为人民多做事、做好事、做实事，也就是要为最广大人民群众服务，把一切工作的立足点、出发点和着眼点都放在最广大人民群众的根本利益上。

“以崇尚科学为荣、以愚昧无知为耻”反映的是对待科学问题的荣辱观要求。科学是人类认识自然和改造自然、获得物质财富的重要手段，也是人们认识和改造社会、获得精神解放的重要武器。崇尚科学包括讲科学、学科学、尊重科学和捍卫科学，把科学作为推动社会发展进步和文明生活和精神的重要工具，也就是要在学习科学、掌握科学和运用科学中求得发展进步、追求精神解放、消除愚昧无知。

“以辛勤劳动为荣、以好逸恶劳为耻”揭示了社会主义劳动观的核心精神和根本要求。劳动是人类社会生存和发展的前提条件，也是社会人获得发展和进步的基本需要。热爱劳动是社会主义道德区别于一切剥削阶级道德的重要标志，是社会主义道德观的基本要求，也是符合马克思主义道德观要求的基本道德品质。中华民族是一个勤劳的民族，有着热爱劳动的传统美德和勤于劳动的优秀精神。在社会主义社会,劳动是创造财富的手段,也是获取和享有财富的前提。树立和坚持“以辛勤劳动为荣,以好逸恶劳为耻”的荣辱观,要求人们以主人翁的态度对待劳动,发挥劳动的积极性、主动性和创造性,努力为社会作贡献。

“以团结互助为荣、以损人利己为耻”是对集体主义思想的揭示,也是对人道主义人际关系的概括。崇尚集体主义、注重团结互助、贬斥损人利己是与社会主义基本特征相联系的根本道德原则,也是符合社会主义发展要求的社会主义新型道德规范的基本要求。在社会公共生活中,人们应该大力发扬人道主义精神,讲究邻里团结,注重和衷共济,相互之间应该多关爱和帮助,融洽而友好,团结而祥和。“以团结互助为荣”要求人们要懂得关心、帮助、尊重和爱护他人,以他人利益为先,以集体利益为重,消除自私自利、损人利己的观念和行为。

“以诚实守信为荣,以见利忘义为耻”是对职业道德主体内容和基本原则的概括和发挥。诚实是为人之本,守信是立事之先。在中华民族的道德体系中,诚实守信是一种优秀的道德品质和道德责任,是人们在日常生活和交往中待人接物的重要行为规范,也是人享誉于群体、立足于社会的基本道德准则。在当代中国,已经建立和正在逐步完善的社会主义市场经济是现代社会的信用经济。诚实守信是市场经济社会的道德支柱,是人们之间相互信任的道德凭借。在构建和完善社会主义市场经济的过程中,由于社会协调机制的不完善和利益驱动的片面影响,诚信失范、见利忘义的现象和行为明显增多。“以诚实守信为荣、以见利忘义为耻”就是要人们固守诚实守信的良好个人品德、职业道德和社会公德,鄙除金钱至上、见利忘义、重利轻德、趋利薄德的不良道德和社会风气。

“以遵纪守法为荣、以违法乱纪为耻”是对社会公民的法制观念和守法意识的强调和要求。法纪观念是社会主义思想道德建设的重要补充和有效保障,也是社会主义精神文明建设健康发展的基本要求。以遵纪守法为荣就是要倡导人们树立守法意识,加强法制观念,培育法律精神,养成尊重法律、遵守法律、维护法律的良好社会道德风尚。在社会主义市场经济条件下,公民良好的守法意识和健全的法制观念是保障社会秩序正常和社会环境稳定的不可或缺的精神因素,也是社会健康发展的基本保证。我国当前正处于社会全面转型和社会持续发展的关键时期,人们的思想方式、生活方式、交往方式、价值观念和道德水准处于不断变化和调整中,必须树立起良好的遵纪守法意识,建立起协调统一的道德秩序和法律秩序。树立和坚持以遵纪守法为荣、违法乱纪为耻的荣辱观,是通过加强道德自律来补充和保障法纪他律的重要手段,有利于培养公民的法制观念和守法意识,也有利于实现“依法治国、建设社会主义法治国家”的目标,从而保障国家和社会的健康、持续、稳定和协调发展。

“以艰苦奋斗为荣、以骄奢淫逸为耻”概括了中华民族的传统美德和民族精神的精髓,是艰苦奋斗精神的发扬和光大。艰苦奋斗的要旨在于奋斗,其价值也在奋斗中体现。艰苦奋斗的精神代表了人类在追求和创造文明中的坚忍不拔、敢于斗争的意志和品质,是促进社会进步的崇高道德风尚,是永远不会过时的。历史上,中华民族在缔造中华文明的过程中培育了自强不息、艰苦奋斗的优良传统。在新民主主义革命与社会主义革命和建设时期,中国人民又培育和发扬了自力更生、艰苦奋斗、勤俭节约、知难而上的现代革命和建设精神。在当前社会主义改革和开放取得的巨大成就面前,一部分人尤其是青少年身上艰苦奋斗的优良传统和吃苦耐劳精神渐显缺位,不思进取、畏惧艰辛甚至奢靡颓废之风日渐增长。树立和坚持以艰苦奋斗为荣,以骄奢淫逸为耻的荣辱观,有利于教育和引导人们戒除骄奢淫逸之风,秉承不畏艰辛的本色,传续奋进不辍之气。

胡锦涛总书记关于树立社会主义荣辱观的论述,把对历史传统的继承弘扬与对现实问题的战略思考结合起来,立足于我国社会主义现代化建设的实践,着眼于当前我国社会发展中的现实问题,系统而又深刻地概括和揭示了社会主义荣辱观的科学内涵和基本要求。从以上对于这八个方面内容的简要分析可以看出,这一概括具有丰富的思想性和鲜明的针对性,体现了重要的思想价值和时代价值,是马克思主义的社会主义道德观的新提炼和新概括,也是新时期社会主义道德观的新总结和新要求,对于加强社会主义思想道德建设,统一和巩固社会主义中国人民共同的思想道德基础,建设和谐、文明、进步、繁荣的国家,实现经济与社会的科学发展和人的全面发展具有重大的现实意义和深远的历史意义。

2. 为什么在发展社会主义市场经济中要加强社会主义道德建设

社会主义市场经济是社会主义条件下的市场经济。一方面,作为市场经济,它与资本主义条件下的市场经济在运行规则上有相同或相似之处。现代市场经济的共同属性和一般规律是我国社会主义市场经济必须遵循的。另一方面,社会主义市场经济是与社会主义基本经济制度结合在一起的,是与社会主义精神文明结合在一起的。它要体现社会主义基本制度的要求,充分发挥社会主义的优越性。市场经济可以与不同的经济制度和政治制度相结合,要把市场经济与社会主义制度有机结合起来,离不开社会主义先进文化和社会主义道德体系。加快社会主义道德文明建设,有助于保证市场经济沿着社会主义轨道有序而健康地发展。

实践证明,发展社会主义市场经济有利于解放和发展生产力,增强社会主义国家的综合国力,提高人民生活水平,也有利于增强人们自主意识、竞争意识、效率意识、民主法制意识和开拓进取意识,调动人们的积极性和创造性,推动社会的道德进步。但是,也要看到市场自身的弱点和消极方面。例如,在现实生活中,我国的市场经济存在着大量的道德失范、诚信缺失、市场失灵的无序状况。我国在20世纪80年代后期,理论界曾出现的所谓代价论、经济不容道德干预论等错误思潮,并没有因为时间的推移而销声匿迹,它们还在影响着人们的思想意识,侵蚀着人们的价值观念。“朝钱看”、“为人民币服务”等错误观点在一些青年大学生中仍然在持续蔓延等。这些因素都会干扰社会主义的道德建设,阻碍社会主义市场经济的健康发展。因此,为适应新的形式和要求,建立和完善与社会主义市场经济相适应、与社会主义法律规范相协调、与中华民族传统美德相承接的社会主义思想道德体系,确立全体社会成员共同遵循的价值导向和行为准则,提高全民族的道德素质和全社会的文明程度,已成为当前全面建设小康社会、构建社会主义和谐社会的一项紧迫任务,是大学生在成才过程中必须面对的重要课题。

3. 怎样在社会主义市场经济条件下进行社会主义道德建设

(1)正确把握社会主义道德建设的方针。掌握社会主义市场经济对道德建设提出的新要求,坚持公民承担社会责任与社会尊重个人合法权益相一致,先进性要求与广泛性要求相结合,着力培养与社会主义市场经济相适应的道德观念,为社会主义市场经济的发展提供良好的道德环境和有力的道义支撑。

(2)正确处理几种关系。正确处理竞争与协作、自主与监督、效率与公平、先富与共富、经济效益与社会效益之间的关系。

(3)树立正确的义利观。正确认识和运用物质利益原则,既要鼓励人们通过诚实劳动、合法经营去获得正当的个人利益,也要大张旗鼓地褒奖见利思义的言行,反对见利忘义、唯利是图,形成把国家和人民利益放在首位而又充分尊重公民个人合法利益的社会主义义利观。

(4)正确发挥社会主义道德对市场经济的价值导向作用。形成和完善与社会主义市场经济相适应的道德规范,发挥市场经济的积极效应,避免市场经济的消极效应,促进和保障社会主义市场经济的健康发展。

4.“为人民服务”的形成、发展和完善

全心全意为人民服务的人生观的形成和发展,经历了一个逐步深化的历史过程。

首先,马克思早在中学时代,就探讨过人生问题。他于1835年中学毕业时写的一篇题为《青年在选择职业时的考虑》的论文中提到:“选择了最能为人类福利而劳动的职业”,要“为大多数人带来幸福”。建立在关于人、人的本质和人的需要等系统的科学分析的基础上的马克思主义人生观,必然是为绝大多数人谋利益,为人民服务的。马克思最喜欢的一句格言就是“为人类服务”。1848年,马克思和恩格斯在《共产党宣言》中便明确写到:“过去的一切运动都是少数人的或者为少数人谋利益的运动。无产阶级的运动是绝大多数人的、为绝大多数人谋利益的独立的运动。”并强调“共产党人……没有任何与整个无产阶级的利益不同的利益”,“共产党人强调和坚持整个无产阶级的不分民族的共同利益”。1868年,恩格斯又在《卡·马克思〈资本论〉第一卷书评》中,还提到了无产阶级将利用资本主义的财富和生产力“为全社会服务”。

其次,1905年,列宁在《党的组织和党的文学》一文中,在谈到无产阶级文学为谁服务的问题时进一步指出:“它不是为饱食终日的贵妇人服务,不是为百无聊赖、胖得发愁的‘几万上等人’服务,而是为千千万万劳动人民,为这些国家的精华、国家的力量、国家的未来服务。”1920年,列宁在《从莫斯科—喀山铁路的星期六义务劳动》中提出:“我们要努力消灭‘人人为自己,上帝为大家’这个可诅咒的常规,克服那种认为劳动只是一种负担,凡是劳动都应当付给一定报酬的习惯。我们要努力把‘人人为我,我为人人’和‘各尽所能,各取所需’的原则灌输到群众的思想中去,变成他们的习惯,变成他们的生活常规。”列宁在新的历史条件和新的斗争实践中,强调要锻炼严整的革命人生观,将对马克思主义人生观具体化为每一个人的行动准则,从而深刻地揭示了社会主义社会人与人之间新型的互助友爱关系,同时对剥削阶级的“人人为自己,上帝为大家”的人生观给予了有力地批驳。这些都是列宁在丰富和发展马克思主义人生观方面所作出的重要贡献。

再次,在以毛泽东同志为首的第一代党中央领导下,将马克思主义人生观理论大大向前推进了一步。毛泽东同志在丰富和发展马克思主义人生观理论方面的最大贡献,是第一次在国际无产阶级政党建设史上明确提出了“全心全意地为人民服务”的思想。他指出:“全心全意地为人民服务,一刻也不脱离群众;一切从人民的利益出发,而不是从个人或小集团的利益出发;向人民负责和向党的领导机关负责的一致性,这些就是我们的出发点。”毛泽东同志的这个观点,是对马克思列宁主义关于“为绝大多数人谋利益”、“为人类服务”、“为千千万万劳动人民服务”和“为人人”服务思想的丰富和发展。1942年5月,毛泽东在延安文艺座谈会上发表讲话，他在引用了列宁提出的文艺要“为千千万万劳动人民服务”的论述后指出，我们的文艺是“为人民的”，“为了人民大众”的，只要对文艺的旧形式加以改造，加进新内容，“就变成革命的为人民服务的东西了”。1944 年 9 月，他在中央警备团追悼张思德的脍炙人口的讲演中，进一步阐述了“为人民服务”的思想，并使用了“完全”、“彻底”两个副词，这包含了“为人民服务”需要“全心全意”的意思。时隔不久，他在 1945 年 4 月党的七大上所作的政治报告中，正式提出了“全心全意为人民服务”，“中国共产党人”是“以中国最广大人民的最大利益为出发点的”，“共产党人的一切言论行动，必须以合乎最广大人民群众的最大利益，为最广大人民群众所拥护为最高标准”。此外，他还在一系列著作中，集中论述了全心全意为人民服务的思想，强调它是一个根本的问题、原则的问题、宗旨的问题，指出了它是每个革命者一切言论和行动的出发点和归宿。邓小平同志当时在会见国际青年代表团的提问时也指出：“中国共产党党员的含意和任务，如果用概括的语言来说，只有两句话：全心全意为人民服务，一切以人民利益作为每一个党员的最高准绳。他的目的是要实现社会主义、共产主义。”我们党自七大起，还把全心全意为人民服务作为对党员的最基本的要求而写进了党的章程。

（选自 http://www.gdsdxy.edu.cn/teaching/jichubu/falu/4/read.asp?/164.htm）

5. 怎样理解为人民服务是社会主义道德建设的核心

道德建设的核心，即道德建设的灵魂，它决定并体现着社会道德建设的根本性质和发展方向，规定并制约着道德领域中的种种道德现象。道德建设核心的问题，实质上是一个“为什么人服务”的问题。在改革开放和社会主义现代化建设的新时期，在发展和完善社会主义市场经济的条件下，在构建社会主义和谐社会的过程中，提出社会主义道德建设以为人民服务为核心，具有深刻的理论和实践依据。

为人民服务是社会主义经济基础和人际关系的客观要求。在社会主义初级阶段，我国实行的是公有制为主体、多种所有制经济共同发展的基本经济制度和按劳分配为主体、多种分配方式并存的分配制度。在我国社会主义经济制度的条件下，每个社会主义的劳动者和建设者都在为社会、为他人同时也是为自己而劳动和工作。各行各业的劳动者和建设者，只是社会分工的不同，没有高低贵贱之分。在以公有制为主体的经济基础上，在全体人民共同利益的基础上，在整个社会生产和生活的过程中，逐步形成了团结互助、平等友爱、共同进步的人际关系。在社会主义条件下，权利和义务不再分属于两个对立的阶级，而是统一于人民自己身上，每个人都是服务对象，每个人又都为他人服务，全体人民通过社会分工和相互服务来实现共同利益。

为人民服务是社会主义市场经济健康发展的要求。在社会主义市场经济条件下，市场主体必须通过向社会和他人提供有一定数量和质量的产品，建立满足社会和他人需求的良好信誉，即通过为社会和他人服务并为社会和他人所接受以实现自己的利益。换句话说，市场经济不仅不排斥为社会和他人服务，而且需要通过服务甚至是优质服务，才能实现市场主体自己的利益。这一点说明，为人民服务与市场经济并不是必然对立的。但是，不能把市场经济的利他性同为人民服务混为一谈。为人民服务是无产阶级的价值观，是社会主义道德建设的核心，如果把各种有着不同内涵的利他性道德要求简单地等同于为人民服务，不仅在理论上是错误的，而且会在实践中造成混乱。笼统地讲市场经济要求为人民服务是不正确的。我们说社会主义市场经济的本质要求为人民服务，不仅在于人们在一切经济活动中应正确处理个人与社会、竞争与协作、效率与公平、先富与共富、经济效益与社会效益等关系,形成健康有序的经济和社会生活规范,更在于强调在国家的宏观调控和社会主义精神文明的引导、制约下,每个市场主体要有为人民服务的思想,更自觉、更积极、更规范地在自主的基础上为人民、为社会服务,要求市场主体把自身的特殊利益同国家和人民的共同利益结合起来。

为人民服务作为社会主义道德建设的核心,是社会主义道德区别和优越于其他社会形态道德的显著标志。应当在给为人民服务的要求注入新的时代内涵的同时,在全社会大力弘扬为人民服务的精神,大力倡导和积极实践为人民服务的道德。

为人民服务体现着社会主义道德建设的先进性要求和广泛性要求的统一。为人民服务,伟大而平凡,高尚而普通,它并非高不可攀、远不可及,而是可以通过不同层次、不同形式表现出来。在社会主义初级阶段,对于不同利益群体和不同觉悟程度的人们,为人民服务的具体要求不可能是完全一样的,对于不同层次的人们应该有不同的要求。毫不利己、专门利人、无私奉献是为人民服务;顾全大局、先公后私、爱岗敬业、办事公道是为人民服务;同志间、师生间、同学间互相关心、互相爱护、互相帮助是为人民服务;热心公益、助人为乐、见义勇为、扶贫帮困、扶残助残是为人民服务;遵纪守法、诚实劳动并获取正当的个人利益,同样也是为人民服务。事实证明,在我们的社会里,不论从事何种职业、处于何种岗位,也不论能力大小、职务高低,每个人都能够通过不同形式实践为人民服务的道德要求。那种认为为人民服务只适于党员干部而不能推广到全体人民的看法是一种误解。坚持“以服务人民为荣、以背离人民为耻”,要尊重人、理解人、关心人,以人为本,发扬社会主义人道主义精神,为人民为社会多做好事,形成体现社会主义优越性、促进社会主义市场经济健康有序发展的良好道德风尚。

### 6. 怎样理解社会主义道德建设要以集体主义为原则

在社会主义道德体系中,集体主义原则是指导人们行为选择的主导性原则。这是社会主义经济、政治、文化建设的必然要求。生产资料公有制占主体地位的社会主义基本经济制度,为集体主义的实施创造了经济前提;以工人阶级为领导阶级、以共产党为执政党的人民当家做主的国体、政体,为集体主义的实施创造了政治前提;以马克思列宁主义、毛泽东思想、邓小平理论和“三个代表”重要思想为指导的社会主义先进文化,为集体主义的实施创造了文化前提。总之,在社会主义社会,人民当家做主,国家利益、集体利益和个人利益根本上的一致性,使得集体主义应当而且能够在全社会范围内贯彻实施。长期以来,集体主义已经成为调节国家、集体和个人三者利益关系的最重要的原则。发展社会主义市场经济,是与社会主义基本制度有机结合的,从这个意义上讲,集体主义不但与社会主义市场经济相契合,而且也正是发展和完善社会主义市场经济的客观要求。社会主义集体主义原则的根本思想,就是正确处理集体利益与个人利益的关系。

社会主义集体主义强调集体利益与个人利益的辩证统一。在社会主义社会中,国家利益、社会利益体现着个人根本的、长远的利益,是集体所有成员共同利益的统一。同时,每个人的正当利益,又都是集体利益不可分割的组成部分。集体利益的兴衰成败与个人利益的大小得失有着息息相关的联系。在现实生活中,集体利益与个人利益是相辅相成的。集体利益的发展,本身就包含着集体中每个人利益的增加。而集体中每个人利益的增加,同样有利于集体利益的扩大。

社会主义集体主义强调集体利益高于个人利益。在实际生活中,个人利益和集体利益难免会发生矛盾。这种矛盾,有的是可以缓和、化解的,有的则会发生或大或小的冲突。但是,社会主义集体主义强调,在个人利益与集体利益发生矛盾冲突,尤其是发生激烈冲突的时候,必须坚持集体利益高于个人利益的原则,即个人应当以大局为重,使个人利益服从集体利益,在必要时,为集体利益做出牺牲。集体主义要求个人为集体做出牺牲并不是任意的,只有在不牺牲个人利益就不能保全集体利益的情况下,才要求个人为集体利益做出牺牲。社会主义集体主义之所以强调个人利益要服从集体利益,归根到底,既是为了维护集体的共同利益,也是为了维护个人的根本利益。

社会主义集体主义强调重视和保障个人的正当利益。社会主义集体主义促进和保障个人正当利益的实现,使个人的才能、价值得到充分的发挥。这不但与集体主义不矛盾,而且正是集体主义思想的应有之义。只有在集体中,个人才能获得全面发展,只有在集体中,才可能有个人自由。那种把集体主义看作是对"个人的压制"、是对"个性的束缚"的思想,是与集体主义的本意相悖的。事实上,正是集体主义对于培养人们健全人格、鲜明个性和创新精神提供了道义保障。对于集体主义来说,只有个人的价值、尊严得到实现,个人的正当利益得到保证,集体才能有更强大的生命力和凝聚力。

在发展社会主义市场经济的条件下,在全面建设小康社会的进程中,依据我国经济生活和人们思想道德状况的实际,可将社会主义集体主义的具体道德要求分为三个层次:一是无私奉献、一心为公,这是集体主义的最高层次,是共产党员、先进分子应努力达到的道德目标;二是先公后私、先人后己,这是已经具有较高的社会主义道德觉悟的人们能够达到的道德目标;三是公私兼顾,这是对我国公民最基本的道德要求。当代大学生应正确认识和处理国家、集体、个人的利益关系,提倡个人利益服从集体利益、局部利益服从整体利益、当前利益服从长远利益,反对小团体主义、本位主义和极端个人主义,把个人的理想和奋斗融入广大人民的共同理想和奋斗之中。集体主义就存在于、体现于人们的学习、工作和生活之中,人人都可以践履集体主义原则,都能够沿着道德层次的阶梯循序渐进地向更高道德境界攀登。

7."慎独"的内涵

"慎独"是我国古代儒家创造出来的具有我国民族特色的自我修身方法。最先见于《礼记·中庸》:"道也者不可须臾离也,可离非道也。是故君子戒慎乎其所不睹,恐惧乎其所不闻。莫见乎隐,莫显乎微,故君子慎其独也。"这里强调的"道""不可须臾离"之意,是"慎独"得以成立的理论根据。即"慎独"指的是人们在个人独自居处的时候,也能自觉地严于律己,谨慎地对待自己的所思所行,防止有违道德的欲念和行为发生,从而使道义时时刻刻伴随主体之身。

## 训练提升

**一、选择训练**

1. 单项选择

(1)道德属于(　　)。

A. 生产关系　　B. 政治立场　　C. 社会思潮　　D. 上层建筑

(2)道德所调整的人与人之间的关系,实质上是(　　)。

A. 政治关系　　B. 经济关系　　C. 利益关系　　D. 社会关系

(3)社会主义道德的核心是(　　)。

A. 慎独　　B. 勤劳勇敢　　C. 艰苦朴素　　D. 为人民服务

(4)社会主义道德建设必须以集体主义为原则,这样做的目的是(　　)。

A. 反对一切形式的个人利益

B. 维护个人所属的小团体或单位的特殊利益

C. 在现实中追求个人利益与集体利益的最大和谐发展

D. 在任何情况下,只要个人利益与集体利益发生矛盾,就必然要个人做出牺牲

(5)社会主义道德与社会主义法律相辅相成,相互促进。对二者关系的表述错误的是(　　)。

A. 社会主义道德与社会主义法律具有共同的理论基础

B. 社会主义道德与社会主义法律都是社会主义经济基础的产物

C. 社会主义道德与社会主义法律都是由社会主义国家制定或认可的

D. 社会主义道德与社会主义法律都是工人阶级和广大人民群众意志和利益的体现

(6)在与人相处中,要尽量做到替别人着想,力求有利于他人,有利于社会,使自己的行为能够给他人和社会带来有益的结果,这是(　　)。

A. 小生产者的道德要求　　B. 为人民服务的道德要求

C. 合理利己主义的道德要求　　D. 社会各阶级普遍的道德要求

(7)一种道德行为多次重复出现,就会成为一种习惯。这种习惯即为(　　)。

A. 道德品质　　B. 道德思想　　C. 道德情感　　D. 道德意识

2. 多项选择

(1)只有在集体中,个人才能获得全面发展其才能的手段,也就是说,只有在集体中才可能有个人自由。这说明(　　)。

A. 没有集体利益,就不可能有个人利益

B. 集体主义坚决排斥个人利益和个性自由

C. 广大人民只有靠集体奋斗才能实现自身的正当利益

D. 只有集体的事业兴旺发达,才能保障个人的正当利益充分实现

E. 集体主义可以完全不顾个人的思想,要求个人无条件地服从集体

(2)对社会主义集体主义内容的理解中,正确的有(　　)。

A. 集体主义会束缚个人,限制个性

B. 重视个人的正当利益,是集体主义的应有之义

C. 集体主义为个人的个性发展,价值实现提供了广阔天地

D. 在个人利益与集体利益发生矛盾时,个人要顾全大局,以集体利益为重

E. 在任何情况下,只要个人利益与集体利益发生矛盾,就必然要个人做出牺牲

(3)道德是通过(　　)来维系的。

A. 社会舆论　　B. 社会规范　　C. 传统习俗　　D. 内心信念

(4)"一个人做点好事并不难,难的是一辈子做好事,不做坏事,一贯的有益于广大群众,一贯的有益于青年,一贯的有益于革命,艰苦奋斗几十年如一日才是最难最难的

呵!”这说明了(　　)。

A. 人才成长的道路　　B. 实现人生理想的途径

C. 个人修养是一个不断的长期的曲折的实践过程

D. 修养的境界是一个人修养所达到的实践水平或程度

(5)“吾日三省吾身:为人谋而不忠乎？与朋友交而不信乎？传不习乎？”这句话强调了进行自我修养要(　　)。

A. 认真读书,求得真知　　B. 躬行实践,知行统一

C. 常思己过,有则改之　　D. 学习榜样,积极进取

(6)一个人的品德并不是生来就有的,而是靠教育、实践或感化获得的,是长期遵守或违背道德所得到的结果。这说明(　　)。

A. 道德品质是人的一种自然本性

B. 道德品质是在道德行为的基础上形成的

C. 个人道德品质的形成和发展,根源于社会实践

D. 个人的道德品质是社会的道德原则规范在个人身上的体现和凝结

E. 道德品质是一个人在一两次道德行为中所表现出来的偶尔的心理特征

(7)现代社会,自我修养的正确途径有(　　)。

A. 认真读书,求实真知　　B. 躬行实践,知行统一

C. 随心所欲,尽情享受　　D. 为我所用,自我满足

E. 常思已过,有则改之

(8)关于“大学生与诚信”,说法不正确的是(　　)。

A. 诚信是大学生树立理想信念的基础　　B. 诚信是大学生全面发展的前提

C. 诚信是大学生进入社会的“通行证”　　D. 诚信是大学生身心健康发展的保障

**二、分析训练**

1. 我们党来自于人民,植根于人民,服务于人民。建设有中国特色社会主义全部工作的出发点和落脚点,就是全心全意为人民谋利益。——江泽民

关注民生,重视民生,保障民生,改善民生,是我们党全心全意为人民服务宗旨的要求,是人民政府的基本职责。—— 温家宝

请问,我党为什么历来如此重视为人民服务？甚至把它作为一切工作的出发点和宗旨？

2. 市场经济讲竞争,追求利益最大化,这就意味着为人民服务、集体主义已不适应社会发展需要,也不符合与时俱进的时代精神。请问这一观点是否正确,为什么？

3. 苟利国家生死以,岂因祸福避趋之。——林则徐

请分析林则徐这句话的含义。

4. 我国的一个留学生在德国留学时,每天都要乘地铁,慢慢地他发现德国的地铁没有检票口,他在一次乘车时没有买票,结果没有任何人找他麻烦,他暗自庆幸。于是在后来的日子里,又有几次没有买票。毕业后他以各科全A的成绩去德国各大公司求职均被拒绝,他只好降低自己的求职条件,可是仍不被聘用。在一次求职失败后,他愤怒地质问拒聘自己的人事主管自己成绩优异而不被录用的原因,在他一再的质问下,对方只好说出:“非常遗憾,由于您的社会信用上记录着您曾乘地铁没有买票,因此我们不能聘用您。”

请用所学的有关道德知识，谈谈你对此的看法。

**三、问答训练**

1. 对待中华民族优良道德传统，我们应该持怎样的态度？

2. 谈谈大学生进行自我修养的客观必要性。

3. 谈谈道德的品质及其特征。

4. 谈谈当代大学生思想道德修养的基本要求。

5. 青年大学生怎样才能做到“慎独”？

**四、论述训练**

1. 结合中国特色社会主义精神文明建设，谈谈大力弘扬中国革命传统道德的伟大意义。

2. 大学生应当如何实践社会主义荣辱观？

3. 构建与社会主义市场经济相适应的社会主义道德体系，应当有哪些新的内容？

**五、践履训练**

1. 拟写一份诚信书，内容不限，可以是对家庭或者学校或者社会，也可以是对亲戚、朋友、同学或者老师。

2. 建立一份自己的诚信档案，内容可以包括：个人诚信承诺书，个人背景资料，品行说明，学习情况，同学、学校的评价等。

## 项目2.2 社会公德观学习与践履

### 学习素材1 资料

1. 希望工程概述

希望工程是中国青基会发起倡导并组织实施的一项社会公益事业，其宗旨是资助贫困地区失学儿童重返校园，建设希望小学，改善农村办学条件。希望工程自1989年10月实施以来，至2004年15年间累计接受海内外捐款22亿多元，资助250多万名贫困学生上学读书，援建希望小学9 508所，在每100所农村小学中，就有2所是希望小学，培训希望小学和农村小学教师2 300余名。科技部中国科技促进发展研究中心评估表明：希望工程已经成为我国20世纪90年代社会参与最广泛、最富影响的民间社会公益事业。

希望工程在中国青基会及其授权的各级希望工程实施机构的努力推动下，得到了社会各界、海内外团体、企业和个人的积极支持和热情参与，取得了令人瞩目的实施成果和综合效益，赢得了党和政府以及全社会的高度评价，已成为我国最具社会影响和享有崇高声誉的民间公益事业。

希望工程的实施，改变了一大批失学儿童的命运，改善了贫困地区的办学条件，唤起了全社会的重教意识，促进了基础教育的发展，弘扬了扶贫济困、助人为乐的优良传统，推动了社会主义精神文明建设。

（选自 http://baike.baidu.com/view/1123628.htm）

2. 李连杰壹基金

中国红十字会“李连杰壹基金计划”是由中国红十字会“博爱大使”李连杰先生发起，在中国红十字总会架构下独立运作的慈善计划和专案。

2007 年 4 月 19 日，李连杰壹基金计划在北京正式启动。

壹基金提出“1 人 +1 元 + 每 1 个月 =1 个大家庭”的概念，即每人每月最少捐一元，集合每个人的力量让小捐款变成大善款，随时帮助大家庭中应该帮助的人。

壹基金本着“人道、博爱、奉献”的红十字精神，秉承“全球一家人”的理念，致力于传播公益文化，搭建公益平台，推动公益产业的发展。同时，向在各种灾难和突发事件中遭受创伤的人士提供尽可能的人道援助。立足于中国，壹基金正逐步成长为一个国际性的公益品牌。

壹基金关注的“环保、教育、扶贫、健康”四大公益领域，围绕“公信、专业、执行、持续”四个标准。

他们的宣传语是：地球只有一个，生命只有一回。生活在地球上我们都是一家人，帮助别人，就是帮助自己。欢迎加入壹基金！

**【简析】**

壹基金以这种滴水成河、积沙成塔的办法，募集善款，进而形成全民投身慈善的公众效应。最大的意义在于，它不仅可以通过这样的形式募集基金去发挥其扶危济困的功效，更重要的是以此对全民进行了长期持续的助人为乐的文明教育。

（选自 http://baike.baidu.com/view/944321.htm）

3. 大学生日常行为规范

高等院校是为国家培养人才的场所，是建设社会主义精神文明的阵地，应当成为全社会讲文明、讲礼貌的楷模。《大学生日常行为规范》不仅有助于促进良好风气的形成，而且有利于青年学生的优良品德的培养。

**校园内**

（1）学生平时要注意仪表整洁、举止有礼。师生见面，应主动打招呼行礼，如“老师好”、“您好”。同学之间，每日初次见面，也要以礼相待，相互问好。

（2）行走时，要注意姿势，遵守规则，同老师相遇，应让老师先行。遇到年老体弱的教师在做较重的体力劳动时，应主动帮忙。

（3）进办公室应先敲门或打招呼，经老师允许后方可入内。进办公室不要随便翻阅办公桌上的东西。如要翻看有关书刊，应先征得教师或办公室工作人员的同意。

（4）爱护公共财物，爱护学校的一草一木，不折花，不践踏草坪，自觉维护校园绿化、美化、香化、净化。

（5）过好健康的业余文化生活，不得介绍、购买、出借、传阅内容反动和淫秽的书刊、图片、音像制品等。遵守校园网络的有关规定，文明上网。

（6）保持校内环境的安静，不在宿舍区和教学、科研、办公区内进行影响师生工作、学习和休息的体育、文娱活动，午休、晚自习和上课时间不在教室或宿舍举办舞会。

（7）要珍惜学校的荣誉，不做有损学校荣誉的事。毕业离校时，要为母校留下珍贵的纪念。在校学生要爱护校友毕业前留下的纪念标志。

(8)在上课铃响之前，学生应先进教室，做好准备，静候老师前来上课。若迟到，应在教室外向老师行礼报告，得到任课老师允许后，方可进入教室。上课教师宣布上课，同学全部起立，行注目礼。上课要专心听讲，不做与课本无关的事，对老师讲授的内容有疑问，不要随便打断老师的讲课，可先将疑点记录下来，待老师讲授告一段落后，再举手提问，亦可在课后或辅导课时向老师请教。

(9)上课时应保持仪容整洁，衣着大方，夏天不得穿背心、三角裤头、拖鞋进入教室。

(10)对课堂教具、设备、墙壁、门窗等须倍加爱护，不要随便移动，不得污染或损害。在教室里，要爱护照明设备、节约用电。离开教室时，应随手关灯。

(11)教室内外要保持清洁，不得随地吐痰，乱扔纸屑、果皮等杂物。

(12)上、下课时，走动、移动桌椅动作要轻，避免发生嘈杂声，影响其他班级学习。

**图书馆**

(1)图书馆开放时，要有秩序地进馆，夏天不准穿背心、三角裤头、拖鞋等进阅览室，如果穿硬底钉有铁掌的皮鞋入室时，要尽量放轻脚步，以免影响他人。

(2)借阅图书时，不要乱翻乱扔，保持原有摆放顺序。

(3)不要替他人代占座位，也不要强占暂时离开的读者的座位。对于阅览室里的书刊，阅后应及时插入原处，不要一人同时占用几本杂志，以妨碍其他同学借阅。

(4)不在图书杂志上乱写乱画，更不得拆撕书刊。

**会场**

(1)准时参加会议，不迟到、不无故缺席。

(2)自觉维护会场秩序，服从会议统一指挥，遵守会场纪律，尊重讲话人、报告人的劳动，不做与会议无关的事情。

(3)爱护公共设施，保持会场清洁卫生，不吃果壳食物，不随地吐痰和吐口香糖，不乱扔废弃物。

(4)因故迟到或中途出场时，动作要轻，不弄响坐椅，以免影响他人。

(5)散会时，有秩序地离开会场，不要抢先、拥挤，避免造成混乱和意外事故。

**运动场**

(1)参观比赛要遵守有关运动规则。

(2)做文明观众，观看球赛或其他比赛时，要尊重裁判和工作人员，自觉遵守并维护运动场的秩序，要为双方的精彩表演鼓掌，不要鼓倒掌、喝倒彩。

**食堂**

(1)就餐者要遵守食堂就餐时间，要自觉排队，不得插队和拥挤。

(2)就餐时，不要将脚跷在凳子上，不准在桌凳上乱写乱画，要讲究卫生，保持食堂清洁。要爱惜粮食，吃剩的饭菜须倒入泔水缸，不得随便乱倒。不要将饭菜端回宿舍用餐。

(3)尊重老师，不在教工窗口排队，不到教工餐厅用餐。

(4)学生要尊重工人的劳动，平时见到工人要热情地招呼，要配合和帮助工人师傅搞好食堂工作。

**宿舍**

(1)自觉遵守宿舍管理各项规章制度，服从管理、主动配合有关人员的检查。遇到停水停电等突发事件时，要保持安静和冷静，通过学生干部或管理、值班人员及时解决问题，严禁起哄滋事，严防发生意外。

(2)宿舍内要加强团结，互相关心，互相爱护，互相帮助，相邻宿舍的同学要互相尊重、友好交往。

(3)遵守作息制度，按时起床，按时就寝，晚间迟归宿舍要主动进行登记。在自习或别人休息时，动作要轻，打电话时要节约时间、控制音量。不得在宿舍区喧哗、打闹，不得放大录音机、收音机的音量，严禁偷听敌台，严禁看“黄”。

(4)宿舍里要注意语言美，不讲脏话、粗野的话，严禁将易燃、易爆的物品带回宿舍，宿舍内严禁烧酒精炉、烧煤油炉、点蜡烛，严禁使用电炉、电烙铁等电热设备，严禁私接电源，不准自行留客住宿，不得抽烟、酗酒。

(5)增强自我防范意识，提高警惕，防火防盗。休息或外出时要关锁好门、窗，玻璃坏了要及时报修。发现可疑人员要立即询问、报告，确保宿舍治安安全。

(6)注意公共卫生和宿舍卫生，起身后要及时叠好被子，注意床上整洁，床下鞋子要放整齐。不要随地吐痰，随地小便，乱抛果皮纸屑，更不得将剩饭菜、瓜果皮壳倒在水池里、室内外、走廊里，垃圾一律倒入垃圾篓。宿舍卫生值日工作要正常。

**待人接物**

(1)遇见他人写信，或阅读信件，不要偷看或强行拆阅，不要随便打听来信的对象和内容，不要私拆他人信件。

(2)代传他人的书信要原封不动地转交，不要因集邮等原因而损毁他人的邮件。

(3)有客人敲门或打招呼问讯时，应回答“请进”或到门口相迎，客人进屋，主人应放下手中的工作，起身热情迎接。待客应让座、敬茶。

(4)男女生之间要文明交往、举止得体。与他人交谈时应避免不礼貌的口头语，应注意谈吐文明，措词雅洁，行为雅观。

(5)尊重外地人，遇有问路人，认真指引。尊重他人的人格、宗教信仰和民族习惯，维护国家荣誉和学校形象，遇见外宾，以礼相待，不卑不亢。

**其他**

(1)观看电影、演出，应准时入场，对号入座。如果迟到，询问排号要低声，穿过座位时应表示歉意。做文明观众，严禁起哄滋事。

(2)乘公共电、汽车主动购票，给老、幼、病、残、孕妇及师长让路、让座，不争抢座位。

(3)遵守交通规则，注意交通安全，不违章骑车，过马路走人行横道。

(4)遵守公共秩序，购票购物按顺序，对营业人员有礼貌。

(5)参观博物馆、纪念馆要遵守秩序，未经同意，不可触摸设备和展品。瞻仰烈士陵墓应保持肃穆。

(6)爱护公共设施、文明古迹。爱护庄稼、花草、树木。保护有益动物。

(7)节制浪费，穿戴整洁，朴素大方。

(8)见义勇为，对违反社会公德的行为，要进行劝阻。

4. 垃圾短信大幅增长，干扰用户正常的生活和工作

中国互联网协会2008年4月29日公布的《2007年中国手机用户垃圾短信调查结果》显示，手机用户人均每周收到的垃圾短信数量已达12.44条，与2006年同期结果相比增幅达50%，创下7年来的最大增幅。

调查显示,违法欺诈和商业广告类的垃圾短信所占比例最多,分别为49.70 %和45.48%,也就是说,在平均每10封垃圾短信中,有5封是违法欺诈类,4.5封是商业广告类。而在用户收到的5封违法欺诈类垃圾短信中,有2封是由SP(移动网信息服务业务)发送的。一些用户甚至还收到了由SP发送的引导或诱骗消费者的垃圾信息,如让用户回复短信、参与答题等。专业的短信群发公司、SP公司以及运营商被用户评为传播垃圾短信的3个主体。

随着手机应用的普及,短信已成为新的随身媒体和通讯方式。许多商家也在利用这一现象,将短信作为一种廉价快捷有效的营销途径,导致用户平均每周收到的垃圾短信数量迅猛增加。尽管如今人们对信息的需求量逐渐增多,但是那些自己没有事先要求和确认需要的信息,难免会给用户带来不同程度的反感。调查显示,用户对垃圾短信反感的主要原因依次是:被迫接收自己不需要的内容;短信的内容自己不喜欢;无法判别短信内容的真伪;担心接受这些信息会收费;发送时间不合适,给自己正常的生活和工作造成了影响;担心会被传染手机病毒。

**【简析】**

互联网的迅速发展,呼唤道德建设的步伐要紧跟形势的发展。

(选自《调查显示:垃圾短信创7年最大增幅 人均每周12条》,中国广播网,2008年5月5日,http://www.cnr.cn/2008tf/jdd/wldd/200805/t20080505_504779506.html)

5. 中国公民出国(境)旅游常见不文明行为

(1)随处抛丢垃圾、废弃物,随地吐痰、擤鼻涕、吐口香糖,上厕所不冲水,不讲卫生留脏迹。

(2)无视禁烟标志想吸就吸,污染公共空间,危害他人健康。

(3)乘坐公共交通工具时争抢拥挤,购物、参观时插队加塞,排队等候时跨越黄线。

(4)在车船、飞机、餐厅、宾馆、景点等公共场所,高声接打电话、呼朋唤友、猜拳行令、扎堆吵闹。

(5)在教堂、寺庙等宗教场所,嬉戏、玩笑,不尊重当地居民风俗。

(6)大庭广众之下脱去鞋袜、赤膊袒胸、把裤腿卷到膝盖以上、翘"二郎腿",酒足饭饱后毫不掩饰地剔牙,卧室以外穿睡衣或衣冠不整,有碍观瞻。

(7)说话脏字连篇,举止粗鲁专横,遇到纠纷或不顺心的事大发脾气,恶语相向,缺乏基本社交修养。

(8)在不打折扣的店铺讨价还价,强行拉外国人拍照、合影。

(9)涉足色情场所,参加赌博活动。

(10)不消费却长时间占据消费区域,吃自助餐时多拿浪费,离开宾馆饭店时带走非赠品,享受服务后不付小费,贪占小便宜。

(选自《国家旅游局公布出境游客陋习黑榜》,http://www.sina.com.cn ,2006年9月22日,中国新闻网)

6. 中国公民国内旅游常见不文明行为

(1)随处抛丢垃圾、废弃物,随地吐痰、擤鼻涕、吐口香糖,污染公共环境。

(2)在非吸烟区吸烟,打喷嚏不掩口鼻,危害他人健康。

(3)坐公交车、乘电梯、购物、买票、参观、就餐时,争抢拥挤,插队加塞,不谦让老幼病残孕。

(4)在公共交通工具、宾馆饭店、剧场影院等公共场所,高声接打电话、猜拳行令、喧哗吵闹。

(5)在景观文物、服务设施上乱刻乱划,踩踏禁行绿地,攀爬摘折花木。

(6)不听劝阻喂食、投打动物,危害动物安全。

(7)在他人面前打赤膊、袒胸敞怀,在房间外穿睡衣活动,穿着不合时宜。

(8)讲黄色段子,宣扬封建迷信,传播胡编乱造的政治笑话,热衷低级趣味。

(9)强拉外宾合影,违反规定拍照、录像。

(10)吃自助餐时多拿多占,离开宾馆饭店时取走非赠品,贪占小便宜。

(选自《国家旅游局公布出境游客陋习黑榜》,http://www.sina.com.cn ,2006 年 9 月 22 日,中国新闻网)

## 学习素材 2 名人名言

1. 仁者爱人,有礼者敬人。爱人者,人恒爱之;敬人者,人恒敬之。——孟子

【简析】

孟子说:仁爱的人爱别人,礼让的人尊敬别人。爱别人的人,别人也总是爱他;尊敬别人的人,别人也总是尊敬他。社会公德涵盖了人与人、人与社会、人与自然的关系,在人与人之间关系层面上,社会公德要求举止文明、尊重他人。在生活中如孟子所说仁爱、礼让、尊敬他人,你将得到同样的回报。

2. 大自然是善良的母亲,也是冷酷的屠夫。——雨果

【简析】

大自然既能带来春天般的温暖,也能带来冰雪天的寒冷。大自然是人类社会赖以生存的物质基础,人类通过改造自然创造了丰富的物质财富,同时也在不断的掠夺自然资源,严重破坏自然环境。人类正饱尝着无节制地向自然开战和索取而造成的恶果。今天,保护环境已成为社会公德的主要内容。

## 学习素材 3 典型事例

1. 2008 感动中国年度人物——唐山十三农民兄弟

宋志永、杨国明、杨东、王加祥、王得良、宋志先、王宝国、王宝中、曹秀军、尹福、宋久富、杨国平、王金龙,均为男性,河北唐山农民,年龄最大 62 岁,最小 19 岁。

2008 年初,特大雪灾袭击了华南地区,湖南郴州成了一座冰雪中的孤城。没有上级号召,也没有组织要求,河北唐山 13 个农民除夕那天租了辆中巴车出发,顶风冒雪来到郴州参与救灾。

这 13 个来自唐山市玉田县东八里铺村二组的农民,自己准备了工具,初二上午赶到郴州电力抢险指挥部,成了湖南电力安装工程公司一支编外“搬运队”,每天起早贪黑、踏雪履冰为抢修工地扛器材、搬材料、抬电杆。2 月 23 日,在工作了 16 天之后,这 13 位农民兄弟离郴返乡,许多郴州市民在得知这一消息后,自发赶来为他们送行。他们还被郴州市授予“荣誉市民”的称号。

5 月 12 日下午,在得知四川汶川发生特大地震后,宋志永和 12 位兄弟商量后,几经

辗转来到灾情最重的北川县城，成为最早进入北川的志愿者之一。他们用最原始的方法——铁锤砸、钢钎撬、徒手刨，不断寻找幸存者。只要哪里需要，他们就到哪里。他们与解放军、武警战士一起，抢救出25名幸存者，刨出近60名遇难者遗体。

【简析】

唐山十三农民兄弟的行为体现了助人为乐的精神。在社会公共生活中倡导助人为乐精神，是社会主义道德建设的需要，也是社会主义人道主义的基本要求。把帮助别人视为自己应做之事，当作是自己的快乐，这是每个社会成员应有的社会公德，是爱心的表现。感动中国组委会授予唐山十三农民兄弟的颁奖词说：不是归途，是千里奔波，雪中送炭；不是邻里，是素不相识，出手相援。他们用纯朴、善良和倔强的行动，告诉了我们“兄弟”的含义。

2.“网络暴力”——挑战社会道德和法律底线

2007年1月21日，26岁女歌手UNEE被发现在家中门框上上吊自杀身亡。她的演艺企划公司有关人士发言：“UNEE在过去的20个月里，因为被网络恶搞感到非常痛苦……作为具有性感形象招牌的艺人，被网民谴责过分暴露，还因整形争议似乎承受了很大的压力。”

不仅仅是名人因网络檄文而承受着巨大压力。近年来，“网络通缉令”、“网络悬赏令”、“网络追杀”等把网络暴力的战火引向普通人。

据了解，“网络通缉令”的前身是“猫扑”网首创一种搜索方式——“人肉搜索”，它不提倡用计算机数据库，而是充分发挥网民的参与度。这个网经常有人发帖提问，并用“猫扑”网上的虚拟货币“猫皮”奖励提供信息者。网友看到帖子后，就会去寻找线索，然后把找到的答案回帖邀功，这就形成了所谓的“人肉搜索引擎机制”。随后，这种搜索在网上流行，奖励也变为现金或实物。成千上万个人从不同途径对同一个人进行搜索挖掘，很快就能够收获关于一个人的一切信息，“赏金猎人”成为一个新兴职业。

【简析】

“网络舆论暴力”的现实存在，反映了目前我国网络道德与法治建设的相对滞后。对于监管部门来说，面对网络舆论，应该主动应对，提高管理的科学性，加强对提供“人肉搜索”的网站、“赏金猎人”、跟帖邀功者以及信息数据处理者的管理，要制定明确的制度、规则、技术手段并安排尽职尽责的管理人员，保证信息的“非暴力性”。特别是针对商业网站在“网络暴力”中的推波助澜作用，应该以网站为监管中心，提高网站的自律意识和责任意识，净化网络空间。

（选自《“网络暴力”升级 挑战社会道德和法律底线》，中国广播网，2008年5月5日，http://www.cnr.cn/2008tf/jdd/wldd/200805/t20080505_504779505.html）

## 关键名词

**社会公德：**指公民在社会交往和公共生活中应该遵循的行为规则，涵盖了人与人、人与社会、人与自然之间的关系。

**公共秩序：**指为维护社会公共生活所必需的秩序，主要包括社会管理秩序、生产秩序、工作秩序、交通秩序和公共场所秩序等。

**法律规范**：指由国家制定或认可的，反映国家意志的，具体规定权利义务及法律后果的行为准则。

**网络道德**：指以善恶为标准，通过社会舆论、内心信念和传统习惯评价人们的上网行为，调节网络时空中人与人之间以及个人与社会之间关系的行为规范。

## 拓展知识

1. 社会公德与国民公德（公民道德）的区别

道德，既是社会群体的行为标准，又是公民个体的心理素质。社会群体的道德，即公德；公民个体的道德，即私德。公德包括婚姻家庭道德、职业道德、公共场所道德等。私德即个人的品质或情操。

社会公德是指人们在公共生活和社会交往中应该遵循的道德规范。《公民道德建设实施纲要》给社会公德所下的定义为："社会公德是全体公民在社会交往和公共生活中应该遵循的行为规则，涵盖了人与人、人与社会、人与自然之间的关系。"社会公德在一定意义上讲具有一种场所道德的性质，即人们处于公共场合中应当遵守的道德。相对于社会其他道德规范而言，社会公德具有底线即最起码的道德要求的性质，用列宁的话讲："多少世纪以来人们就知道的、千百年来在一切行为守则上反复读到的、起码的公共生活规则。"因此，它的特点有基础性、广泛性、简明性和继承性四点。国民公德或公民道德是一个社会或国家对它的全体公民或国民提出的普遍应该遵守的行为规范，涵盖公德和私德的所有的方面。它所表明的是一个国家的任何一个公民或国民对社会和国家都要尽到的道德义务。所以国民公德或公民道德是一定社会或国家对其国民或公民所提出的主要的道德要求，这些道德要求往往以立法的形式加以固定和推行。

在我国，国民公德的概念最初出现在《中国人民政协会议共同纲要》中，其内容就是"五爱"：爱祖国、爱人民、爱劳动、爱科学、爱护公共财物。当时，"五爱"既是道德规范又具有法律规范的性质。1982 年对"五爱"经过修改完善，把"爱护公共财物"改为"爱社会主义"，并将其载入了《中华人民共和国宪法》之中。《中华人民共和国宪法》第 24 条第 2 款将其表述为："国家提倡爱祖国、爱人民、爱劳动、爱科学、爱社会主义的公德。"可见，这里讲的"爱公德"或"公民道德"不是指的"社会公德"，在我国指的是社会主义道德的最基本的规范。与此同时，新中国成立以来党也一直提倡为人民服务，提倡集体主义，它与"五爱"一起共同组成了社会主义的道德规范体系。所以，1996 年在党的十四届六中全会所作的《中共中央关于加强社会主义精神文明建设若干重要问题的决议》和 1997 年江泽民同志在党的十五大所作的《高举邓小平理论的伟大旗帜，把建设中国特色社会主义事业全面推向二十一世纪》的报告中，全面总结了新中国成立以来党领导全国人民进行思想道德建设的经验，明确将社会主义道德体系的内容概括为：一个核心——为人民服务；一个基本原则——集体主义；五个基本要求——爱祖国、爱人民、爱劳动、爱科学、爱社会主义；三个社会生活主要领域的道德要求——社会公德、职业道德和家庭美德；一个总的目标——在全社会形成一种团结互助、平等友爱、共同前进的人际关系。2001 年中央又印发了《公民道德建设实施纲要》，提出了二十字公民基本道德规范："爱国守法，明礼诚信，团结友善、勤俭自强、敬业奉献"。再次强调了公民道德建设要以"诚实守信"为重点，以青少年道德教育为着力点。2006年3月胡锦涛同志提出的以“八荣八耻”为主要内容的社会主义荣辱观再次强调了这个问题。总之,从国民公德的提出到社会主义道德体系的概括;从社会主义道德体系的概括到二十字公民基本道德规范的凝练;从公民基本道德规范的凝练到以“八荣八耻”为主要内容的社会主义荣辱观的提出,从这个历史发展的轨迹中不仅可以看出,党对社会主义道德体系的认识越来越全面深刻,对社会主义道德建设规律的把握越来越深入具体,同时也可以看出社会公德与国民公德或公民道德这几个概念的重大区别。

2. 大学生在网络生活中应当如何遵守社会公德

(1)正确使用网络工具。网络是一个内容庞杂、覆盖面广的信息共享平台,人们可以通过网络便利地浏览新闻、查询资料、下载数据。大学生应当学会利用网络这一先进工具获取最新信息,使之成为提高自己学习能力的重要工具。目前网络上存在不少虚假、低级庸俗甚至反动、淫秽和色情的内容,同学们要提高鉴别善恶美丑的能力,做到不涉足不良网站,不浏览不良内容。

(2)健康进行网络交往。网络已成为一种人际交往的媒介和工具。人们可以通过网络收发邮件、实时聊天、视频会议、网上留言、网上交友等。网络交往要做到诚实无欺,不应该通过网络进行色情、赌博活动,更不能侮辱、诽谤他人。同学们应通过网络开展健康有益的交往活动,在网络交往中树立自我保护意识,不要轻易相信、约会网友,避免受骗上当。

(3)自觉避免沉迷网络。适度上网对学习和生活是有益的,但长时间沉迷于网络对人的身心健康有极大损害。现实中存在着一些同学上网成瘾,沉迷于网络而不能自拔,进而导致耽误学业、甚至放弃学业的现象。值得同学们警惕的是,沉迷于网络尤其是游戏已成为近年来青少年刑事犯罪率升高的重要原因之一。大学生应当从自己的身心健康发展出发,学会理性对待网络。

(4)养成网络自律精神。网络的虚拟性以及行为主体的匿名隐蔽特点,大大削弱了社会舆论的监督作用,使得道德规范所具有的外在压力的效用明显降低。在这种情况下,个体的道德自律成了维护网络道德规范的基本保障。大学生应当在网络生活中培养自律精神,在缺少外在监督的网络空间里,自觉做到自律而“不逾矩”。

3. 怎样理解“我为人人,人人为我”

“我为人人”和“人人为我”是辩证统一的整体,二者不能分割。只有先做到我为人人,才能实现人人为我。这种价值取向是与社会主义核心价值体系相一致的正确价值取向。

推进和谐文化建设,构建社会主义和谐社会,是当前面临的重大战略任务。党的十六届六中全会《决定》指出,要“推动形成我为人人、人人为我的社会氛围”。和谐文化建设首先要求树立正确的价值取向。我为人人、人人为我,是处理个人与他人、个人与社会关系的正确价值取向。大力倡导我为人人、人人为我的价值取向,对于促进社会和谐具有极其重要的意义。

我为人人、人人为我,反映了人的社会属性。人的本质是人的社会性,任何人都不能脱离社会而生活,任何人的生存都依赖于其他人的存在。这就决定了人在处理自身与他人、与社会的关系时,不能只考虑自己的个人利益,而必须同时考虑他人和社会的利益。

我为人人、人人为我，一方面承认和保护个人的正当利益，另一方面又倡导个人利益服从国家和人民群众的整体利益，把个人利益与社会利益有机统一起来，在实现社会利益中实现个人利益，在必要时，还要能够为社会利益而牺牲个人利益。

在社会主义市场经济条件下，我国社会生活的方方面面都发生了深刻变化，人们的价值取向也日益呈现出多样化的趋势。当前，一些错误的价值取向正影响着一些人的思想和行为，成为不利于社会和谐的重要因素。比如，一些人抱有极端利己主义的价值取向，只想人人为我，以个人利益为中心，见利忘义、损人利己，为了实现自己的利益不择手段，甚至违法乱纪。像诚信缺失、贪污腐化、制假售假、坑蒙拐骗等等，都是极端利己主义价值取向的表现。再如，合理利己主义的价值取向，也是只顾人人为我，一切从个人利益出发，虽不触犯道德和法律底线，但对他人和社会则很冷漠，只要不涉及自身的利益，不管身边发生了什么事都听之任之，正所谓“拔一毛利天下而不为”。这两种价值取向都是不利于和谐文化形成的，都应当摒弃和克服。

构建社会主义和谐社会必须大力倡导我为人人、人人为我的价值取向。这种价值取向，对国家、对社会、对他人充满责任感，是调节人际关系、维护社会秩序、促进社会和谐的润滑剂。在我为人人、人人为我的价值取向占主导地位的社会，人人具有为他人、为社会作贡献的道德情操，与人为善，乐于助人，社会井然有序，不同利益主体的关系得到协调，每一个社会成员都能充分感受到社会的温暖和亲和力，这样个人对社会的认同感、责任感就会大大增强。反过来，个人对社会的认同感、责任感增强，又能进一步促进人们之间的关爱。如此良性循环，最终形成和谐的社会氛围。

社会主义和谐社会是充满活力的社会，我为人人、人人为我有助于激发个人活力。在计划经济时期，存在着片面强调“我为人人”而忽视“人人为我”的价值取向，强调个人无条件地服从集体利益或组织需要，在一定程度上忽视了维护个人正当的利益追求。这在当时物质条件比较匮乏的情况下是有其合理性的。但从长远来看，忽视个人正当的利益追求，会影响个人活力和创造力的发挥，最终影响经济社会的整体发展。在社会主义市场经济条件下，承认和保护个人正当的利益追求。我为人人、人人为我的价值取向，适应了社会主义市场经济发展的要求，有助于激发个人活力，进而激发整个社会的活力。

4.“人人为我，我为人人”与“我为人人，人人为我”的区别

“我为人人，人人为我”与“人人为我，我为人人”，不单是前后顺序不同，而且有着根本的区别，绝不能混为一谈。

“我为人人”是讲奉献，“人人为我”是讲索取。如何正确摆正奉献与索取的关系呢？这就是“我为人人，人人为我”与“人人为我，我为人人”的根本区别。显然，“我为人人，人人为我”是一种先公而后私的崇高精神，它以助人为快乐之本，“先天下之忧而忧，后天下之乐而乐”。而“人人为我，我为人人”则浸透着剥削阶级的思想意识，它的奉献是以索取为前提条件，否则“奉献免谈”，这是一种自私和唯利是图的思想。但由于它是打着“奉献”的旗号来“索取”的，即假公济私，故而具有很大的欺骗性和迷惑性，往往容易蒙蔽人们的眼睛，造成思想认识的混乱、错误乃至使人误入歧途。

## 训练提升

**一、选择训练**

1. 单项选择训练

(1)人们在社会生活中形成和应当遵守的最简单、最起码的公共生活准则是(　　)。

A. 社会公德　　B. 职业道德　　C. 家庭道德　　D. 生活道德

(2)调整和规范人类社会生活三大领域,相应分别形成了(　　)。

A. 生活道德、职业道德、家庭道德　　B. 生活道德、职业道德、社会公德

C. 社会公德、生活道德、职业道德　　D. 社会公德、职业道德、家庭道德

(3)(　　)是社会交往中必然的道德要求,是调整和规范人际关系的行为准则,与我们每个人的日常生活密切相关。

A. 助人为乐　　B. 爱护公物　　C. 文明礼貌　　D. 遵纪守法

(4)根据《维护互联网安全的决定》规定,凡是攻击计算机系统及通信网络,致使计算机系统及通信网络遭受损害者,依照刑法有关规定(　　)。

A. 追究行政责任　　B. 追究民事责任　　C. 追究刑事责任　　D. 追究道德责任

(5)集合游行,举行示威,其负责人必须在举行日期的(　　)日前向主管机关递交申请。

A. 5　　B. 10　　C. 15　　D. 20

(6)社会生活中人与人之间的直接交往关系是(　　)。

A. 人际交往　　B. 人际关系　　C. 上下级关系　　D. 亲属关系

2. 多项选择训练

(1)维护公共秩序的手段有(　　)。

A. 纪律　　B. 风俗　　C. 道德　　D. 法律

(2)《环境保护法》的基本原则主要有(　　)。

A. 经济建设与环境保护、协调发展的原则

B. 预防为主、防治结合、综合整治原则

C. 谁污染谁治理、谁开发谁保护的原则

D. 强调一切单位和个人都有保护环境义务的原则。

(3)社会公德的内容有(　　)。

A. 遵纪守法　　B. 保护环境　　C. 文明礼貌　　D. 爱护公物

E. 助人为乐

(4)社会公德是人类社会生活中最起码、最简单的行动准则。下列行为中,遵守了社会公德的有(　　)。

A. 语言文明,不恶语伤人

B. 在公共场所随地吐痰,乱扔果皮杂物

C. 自觉提高法律意识,用法纪来指导和约束自己的行为

D. 爱护道路旁的交通设备、电话亭、邮筒等,不损坏,不滥用

E. 对在公共生活中某些人不守秩序的行为积极干预,予以制止

(5)维护公共秩序的意义有(　　)。

A. 构建和谐社会的重要条件　　B. 经济社会健康发展的必要前提

C. 国家现代化和文明程度的重要标志　　D. 提高社会成员生活质量的基本保证

(6)不适用《集会游行示威法》的活动包括(　　)。

A. 文娱、体育活动　　B. 游行活动

C. 正常的宗教活动　　D. 传统的民间习俗活动

**二、分析训练**

1. 在我校学生中,绝大多数同学注重自身的道德修养,养成良好的行为习惯,对不道德的现象也能予以制止和抵制。当然也有一些不和谐音。下面是一位一年级同学在调查中对我校部分学生中存在的不道德状况的描述:"吃饭不排队,打水还插队,随地乱吐痰,纸屑满天飞,书包占座位,……"

请分析为什么在高校仍会出现这种不应该出现的现象,说明这种现象的危害,并提出提高学生道德水平的对策。

2. 某高校同宿舍两名学生都酷爱上网,但其中甲同学由于多次逃课上网,在期末考试时两门不及格,该生没有反悔,反而认为任课老师故意刁难他,就在网上匿名发布信息诋毁任课教师。相反,乙同学利用课余时间上网,建立了自己的博客,多篇文章被转载,还在全校主页设计大赛中取得一等奖。

结合以上事例分析大学生应如何对待网络。

**三、问答训练**

1. 怎样认识和实践公民基本道德规范的具体要求?

2. 结合实际,谈谈如何向道德模范学习。

3. 当代社会公共生活有哪些特点?大学生应当如何维护公共生活秩序?

4. 公共生活有序化对经济社会发展有何重要意义?

**四、论述训练**

1. 联系实际谈谈大学生应当如何增强自身的公德意识。

2. 大学生应该遵守的网络道德和法律法规有哪些?结合实际谈谈大学生应该如何正确使用网络,做合格守法的网络公民。

**五、践履训练:开展一次校园社会公德状况调查,并写一份1 000字左右的调查报告**

调查目的:了解目前大学生的社会公德状况,了解师生对本校社会公德状况的评价。

调查范围:本校。

调查内容:(供参考)

1. 当集体利益与个人利益发生矛盾时,你的做法是(　　)。

A. 如果需要,可以献出自己的一切

B. 总体上尽量保全集体利益,但也尽量保全个人利益

C. 不好处理　　D. 用牺牲集体利益来保全个人利益

2. 生活中你最值得珍视的是(　　)。

A. 友谊　　B. 爱情　　C. 身体　　D. 荣誉

3. 在与同学发生矛盾时,你会(　　)。

A. 主动道歉,同学之间应和睦相处　　B. 等待对方主动道歉,重归于好

C. 等毕业后再说　　D. 顺其自然

4. 你对学校组织的大型集体活动的态度是(　　)。

A. 积极参加　　B. 感兴趣就参加,反之就不参加

C. 只要有空就参加　　D. 不参加

5. 你认为人与人之间是否应互相关心?(　　)。

A. 应该互相关心　　B. 如果别人关心我,我就关心他

C. 不应该互相关心　　D. 无所谓

6. 当看到有人乱扔果皮纸屑时,您会(　　)。

A. 自己捡起来扔进垃圾箱　　B. 上前制止

C. 多一事不如少一事　　D. 要求他捡起来

7. 你对在宿舍内乱喊乱叫等行为或者在公众场合异性搂抱等不得体行为怎样看待?(　　)

A. 反对,学校应从严管理,从严处理,维护大学生形象

B. 反对,学校应加强教育引导,从轻处理

C. 赞成,这是个人自由　　D. 无所谓

8. 你对宿舍中长流水、长明灯的看法是(　　)。

A. 主动去关掉　　B. 视而不见,谁爱管谁管

C. 没什么大不了,我也做过　　D. 学校有关部门应加强管理

9. 你对大学生考试作弊行为有何看法?(　　)。

A. 可以理解,学校应从轻处罚　　B. 可以理解,但学校应从重处罚

C. 不公平,学校应从重处罚　　D. 没什么大不了,我也干过

10. 你如何看待经常旷课的学生?(　　)

A. 是缺乏组织性纪律性的表现　　B. 影响教师授课情绪,负面影响很大

C. 大学生应该自己决定　　D. 无所谓

11. 你外出遇到红灯时,会(　　)。

A. 经常闯红灯

B. 警察在时遵守交通法规,警察不在时不遵守

C. 一贯遵守交通法规　　D. 偶尔闯红灯

12. 你是否参加社会公益活动?(　　)

A . 经常参加　　B. 偶尔参加

C. 从不参加　　D. 学习那么忙,觉得参加非常没意义

13. 你认为在一些建筑上涂鸦好吗?(　　)

A. 好,它展现个人风采,并且可以自由宣泄感情

B. 不好, 它破坏了公物形象,造成不良影响

C. 随便,管住自己就行了　　D. 杜绝,它会给一些部门带来损失

14. 关于一些大学生沉迷网络世界,你的看法是(　　)。

A. 厌恶,网络毕竟是虚幻世界,无实用价值

B. 痛惜,天之骄子应努力学习,为国家社会作贡献

C. 教导,让大学生明白自己的价值

D. 开除，这即浪费国力和学校人力，又让父母负担变得更重

15. 你在公共场所是否随地吐痰？（　　）

A. 偶尔　　B. 经常

C. 没有　　D. 曾经有过但后来认识到错误

16. 你在公交车上看到老弱病残者是否会让座？（　　）

A. 偶尔　　B. 经常

C. 每次看到都让座　　D. 没有

17. 你是否在上课的桌椅上乱写乱画？（　　）

A. 偶尔　　B. 经常

C. 没有　　D. 曾经有过但后来认识到错误

18. 捡到他人的东西时你会（　　）。

A. 直接上交　　B. 放回原地　　C. 寻找失者　　D. 自己留下

19. 你认为我校师生违反社会公德的现象在（　　）。

A. 每个人身上都存在　　B. 大多数人身上存在

C. 少数人身上存在　　D. 极个别人身上存在

20. 你认为决定青少年社会公德意识的主要因素是（　　）。（可多选）

A. 社会环境　　B. 家庭陶冶　　C. 学校教育　　D. 成人表率

E. 舆论导向　　F. 影视作品

21. 你认为大学生肆无忌惮的说脏话，好吗？（　　）

A. 不好，既不文明也不好听　　B. 还行，风气带动的

C. 一般般，它在一定情况下可以作为语言武器

D. 较差，形象问题

22. 你对学校及社会举行的爱心募捐活动采取的态度是（　　）。

A. 是对的，发扬了助人为乐的传统美德　　B. 不对，我们花费的也是父母的血汗钱

C. 中立　　D. 绝对支持，捐款都是有缘由的

23. 你认为目前我校存在违反社会公德现象的原因是（　　）。（可多选）

A. 舆论监督不够　　B. 管理制度不完善

C. 管理措施执行不力　　D. 师生的社会公德意识较差

E. 利己主义思潮的影响　　F. 忽视思想教育的结果

G. 社会风气不好　　H. 道理上明白，行动跟不上

I. 社会公德的宣传不够　　J. 其他

24. 你认为改善目前校园社会公德问题的最有效办法是（　　）。（可多选）

A. 加强舆论监督　　B. 制定和宣传各类文明公约

C. 加强教育引导　　D. 实行严厉的罚款制度

# 项目2.3 恋爱婚姻观学习与践履

## 学习素材1 恋爱婚姻观

1. 20、30、40 岁的恋爱婚姻观

恋爱是件说不清道不明的事，有人用了几个小时，有人却用了一生。高效的恋爱促成了闪婚，漫长的爱情最终却劳燕分飞。关于恋爱与结婚，20、30、40 岁的待婚者给了不同的答案。

20 岁的爱情激情飞扬，可以为了爱不顾一切，也可以为了爱蔑视婚姻，所以对于 20 岁的人来说，无论恋爱几成熟，都可以结婚，只要彼此高兴就好。20 岁的眼睛里，天永远是蓝色的，风永远是温和的，雨永远是细腻的。20 岁的人以为鱼和鸟也可以相爱，却从来不去想它们该在哪里筑巢；20 岁的人以为冰与火可以相遇，却忽略了它们如何天长地久。20 岁的爱情就是四目相对时的怦然心动，遥遥相望时的心有灵犀。不在乎彼此的身份、地位，相信爱能够让幸福永恒，虽然大家仅仅相识了 78 天，可是心灵的相通让爱比金坚、比海深。所以，可以在认识第 79 天时去领取结婚证，因为 20 岁的恋人们相信，恋爱可以瞬间炽热，哪怕只有一成的温度，也足以温暖彼此的一生，可以克服未来生活里的一切艰难险阻。

30 岁的恋人们相对成熟得多，虽然因为各自的经历不同，对恋爱几成熟结婚最合适有着各自不同的观点和态度，但都是从自身条件和经验出发，经过认真考虑的结果。这是对婚姻、对自己最负责的态度，爱情毕竟不是面包，虽然常言道：有情饮水饱，可我们都是生活在凡间的俗人，就是坠入爱情海，也还要面对现实世界的风雨变幻。30 岁的感情不愠不火，没有了恋爱三成熟时的盲目和心跳，也没有了恋爱六成熟的不满和抱怨，这样的爱情和婚姻最适度，就像人的正常体温 36.5 摄氏度，不会发烧也不会发冷，最舒服。

人到 40，差不多都想开了，什么爱啊恨啊的，都觉得没有多大价值，重要的是找一个能够过日子的人，他踏实诚恳，愿意对我好，不背叛我，和我相互照顾，仅此而已，至于人长得帅不帅，有没有才干，懂不懂风情，都是次要的。30 多岁的时候还年轻，觉得爱情被婚姻的压力和生活的重担磨灭了，就想到要放弃，其实现在明白了，所有的白头到老百年好合都不过是熬出来的，生活中好多时候，忍一忍就都过去了，不愿意忍，放弃了，也好不到哪儿去。

恋爱是每个人都会遇到的问题，恋爱几成熟结婚最合适也是困扰很多人的难题，每个年龄段有不同的想法，但无论是谁，在不适当的时候结婚，都可能导致婚姻的不幸，而在适当的时候结婚，就可能顺顺当当地过上温馨和睦的生活。所以，好好揣摩你的恋爱，相互了解相互爱恋，根据自己的具体情况，确定恋爱几成熟的时候结婚很重要。恋爱需要一个过程，结婚不能匆忙，建议在恋爱六成熟到八成熟之间结婚，应该是比较合适的；恋爱不能太久，婚姻还会有七年之痒，恋爱更经不起长久的煎熬，十成熟的爱情就会馊，没有婚姻的冰箱来保鲜,注定只能放弃。

2. 大学生"恋爱婚姻"的如烟往事

2005年3月29日,教育部举行新闻发布会,公布了新的《普通高等学校学生管理规定》和《高等学校学生行为准则》。新规定取消了一些涉及学生婚恋的强制性规定,撤销了原规定中"在校学习期间擅自结婚而未办理退学手续的学生,作退学处理"的条文,至此,在校大学生不能结婚的禁令正式解禁。从禁止大学生在校谈恋爱到不提倡大学生谈恋爱,从严禁大学生结婚到不禁止大学生结婚,中国高校对大学生的管理也从一味自上而下的家长式管教走向法制化和人性化。吴老师、杜医生、郭先生、小申分别是不同年代的大学生,从他们身上或身边发生的"恋爱往事"中,我们能清晰地感受到高校学生管理发展的历史脉络。

20世纪60年代大学对恋爱坚决说"不"。

吴东(大学退休教师):我1963年考上了湖北一所知名大学。那时我们都极其单纯,对谈恋爱这条高压线几乎不敢触碰,一入校门,学校守则上就明文规定:上学期间不准谈恋爱。当时在学校谈恋爱可不光是个人的私事,因为一旦学生谈恋爱的苗头被发现,学校团组织立即会给你做思想工作,进行批评教育。我本人就犯过这方面的错误,一位关系不错的女同学曾给我写过一封表示好感的信,收到信后我的压力非常大,作为团干,如果自己都不遵守校规,还怎样帮助别人?思考再三,我主动向组织做了坦白,将这封信交了上去。现在的年轻人听到这种事,可能觉得不可思议,然而在当年,在那种特定的历史条件下,我们的头脑纯洁得就像一张纸,很难糅进一颗沙粒。多年后,同学们聚会,说起这事,我们感慨万千。

20世纪70年代末已婚人士照样上大学。

杜凌(医生):我是1977年考上的大学,由于这一年是恢复高考的第一年,当时对报考人的身份限制放得很宽,无论是高中应届毕业生,还是下乡10年的知青都可以报考。我们班同学之间的年龄差别跨度达到了15岁,这其中就包括我这种已经结过婚的,还有生过孩子的。我家就在上学的那座城市,由于可以经常回家,所以已婚身份对学业并没有太大影响,说实话,那时能进入大学学习就像一步登上了天,大伙都是拼了命地去汲取已经荒废多年的知识,学习以外的任何事情都可以放在第二位。那些家在外地的已婚同学,都是别妻离子克服了很多困难把书读完的。当时,虽说已婚人士可以报考大学,但是进入大学后必须要过集体生活,不能任由自己胡来,因为学校对大学生婚恋问题管得还是挺死的,绝不允许在校生谈恋爱,更别说结婚了。我记得,我们班年龄较大的同学都是等到四年级快毕业时,才敢私下公开自己的恋爱史。

20世纪90年代恋爱可以,婚姻没戏。

郭韩(公务员):我是1996届大学毕业生,我们上学那会儿,学校对待谈恋爱管得不是很严格了,反正我和女朋友的事就没有人管过。但是,在公众场合下还是应该注意的,比如"男女双方不能在食堂互相喂饭"。结婚的念头那时我没有过。因为上学不久,我们就被告知,邻近一所学校的一位学生因为入校后被查出是已婚,学校最终让其退学了。据说是那位同学进入大学后,又有了新朋友,结果被家中的爱人听到,一气之下告到了学校。还记得,我们听到这个事的时候,都是拿趣闻来看待的,谁都没往深里想,意识中,大家也认为大学生不应该在上学期间结婚。

2005 年我要结婚吗?

小申(大四学生):现在大学生谈恋爱是很正常的事情了。大一、大二的时候有些人还会不好意思,但到了大三,如果还没有男朋友或女朋友的话,有人就会着急了,一些男生的家长会有“催促之意”。我与在武汉上学的女朋友相恋快三年了,因为相隔两地,所以平时两人的电话费非常高。女朋友在学校是个很优秀的人,连续两年获得了奖学金,但自己只是个“名不见经传”的人。在与女朋友相恋以前,我的考试总有不及格的。相恋后,在女朋友的鼓励下,我在学习上用心多了,成绩也逐步好起来,再也没有考不及格的事儿。我即将毕业,工作也快找好了,女友还有一年才毕业,正计划考研。我们已经商量好,等她毕业后去同一个城市工作、读研。

现在已经不禁止大学生结婚了,我赞同,但现在还不会去结婚,因为结婚是件神圣的事儿,现在我们没有任何的物质条件和经济基础,毕业后还面临着找工作的事,有很多不稳定的因素。在我还不能保障给她幸福生活时,我不会马马虎虎地把她娶过来。

河南财经学院哲学与社会学系主任、国内著名伦理学教授乔法容说,从以往严禁大学生谈恋爱到今天不禁止大学生结婚,我们可以清晰地看到这中间经历了几次变动,应该说每一次变动都是根据当时社会的政治、经济、文化状况,特别是大学生自身的情况而制定的,具有时代的合理性。

刚恢复高考时,大学生的年龄结构差距很大,允许当时已婚大学生上学,符合社会需求。之后,学校严禁大学生谈恋爱、结婚,一心让在校生学知识,这又与我们当时的社会急需大批高级人才有关。1992 年以后,随着社会主义市场经济的发展,国家政治、经济、法律法规的不断变化,文化的交融引发了社会观念以及大学生自身观念的变化。社会民主意识、个人权利意识的增强,催生了大学生个人权益意识的萌发。

新《规定》出台以前,“大学生能否结婚”这个本应属于大学生权益的问题没有正式提出,而且社会对于大学生的看法是应以学业为主,因此虽然法律与校规相冲突了,但学生、家长、学校以及社会都是认同的。现在,大学生“社会人”的身份逐渐明晰,新《规定》给予了大学生应有的权益,这与整个社会民主法制建设相一致,体现了社会应有的包容姿态。这说明我们的立法不再固守“要么是,要么否”的一边倒模式,在政府不必插手的领域,给公民留出了充分的自由选择空间。

(选自《大学生“恋爱婚姻”如烟往事》,大河报,2005 年 4 月 11 日,http://news.sina.com.cn/e/2005-04-11/09335615400s.shtml)

3. 中西方爱情观的差异

在西方人眼中,爱情是人生的至乐。人生如果没有了爱情,那就失去了无限的趣味。所以西方人将宗教家的天堂,称之为“永远的蜜月”,即是此意。西方人认为人在热恋中时,所倾慕的对象就好比天使一样,是完美无缺的,是绝对纯粹的。所以一次真正的爱情,会使人的灵魂得以净化,道德得以升华。用中国人的话来说,一次真心的爱情,会使人大死大活一番,确使人有脱胎换骨之感。所以西方的文人学者艺术家,无不重视爱情,甚至于一生多次恋爱,以从中寻找灵感与激情。歌德每经过一次恋爱,就有一首好诗,即是此证。

中国人亦深知爱情的美妙,但更知爱情不能仅囿于生理的范围,所以将爱情与孝悌、礼义相配合。中国人以前依父母之命、媒妁之言来定婚姻。一旦定亲,虽然男女双方从未见面，或仅见过一面，但都知道对方是自己的终身伴侣，所以不免要经常猜测、揣摩、打听，这样，心有所属，终身有托，时间久了，仍会有相思之苦，仍会产生纯真的爱情。虽然没有西方人那样有形的恋爱对象，但无形的对象更易使人联想，使人美化对方，更易产生一种超尘脱俗的纯粹美感。“爱情使人高尚”，中国传统的爱情方式仍会使人对此有深刻的体验，且比西方人更刻骨铭心。

中国人的爱情观中，不仅男女双方要亲密无间，水乳交融，而且要爱中有敬。爱而敬，使爱的境界得以拓展。西方男女夫妇只是爱而恋。只有爱恋，没有敬意，容易使对方视我为他的私有财产，产生占有欲。更要命的是，视对方为我所喜爱的物品，平日里固然可以像喜爱收藏物一样予以欣赏、把玩，一旦时过境迁，不再喜爱对方，自然可以弃她（他）而去，像抛弃一件物品一样毫不可惜。此所以西方社会离婚率居高不下的原因之一，也就是只爱无敬的爱情观之弊端。

中国人的爱情观中主张夫妇间要既爱且敬，敬爱有加，以使夫妻关系天长地久。中国的成语形容夫妻关系“举案齐眉，相敬如宾”，没有说“相爱如宾”的，道理即是如此。《诗经》谓“宴尔新婚，如兄如弟”，因兄弟间要互敬互谅。中国古代夫妻常以兄弟相称，西方则无此。中国古代夫妻，又以君卿相呼，则敬的意味更浓。

中国人真诚地希望夫妻双方能恩爱一生，白头偕老，祝福所有人的爱情都能天长地久，“在天愿为比翼鸟，在地愿为连理枝”，“愿天下有情人皆成眷属”。

## 学习素材2 名人名言

1. 老吾老，以及人之老；幼吾幼，以及人之幼。——孟子

【简析】

在赡养孝敬自己的长辈时，不应忘记其他与自己没有亲缘关系的老人；在抚养教育自己的小辈时，不应忘记其他与自己没有血缘关系的小孩。孟子这里的意思是我们不但要提倡尊老爱幼的家庭美德，还应将这种家庭美德向博爱思想延伸。

2. 树欲静而风不止，子欲养而亲不在。—— 韩婴

【简析】

当我们想要尽自己的孝心的时候，当我们认为我们有了能力可以回报父母的时候，我们的父母，却往往已经不在了。每个人都会老，父母比我们先老，我们要用角色互换的心情去照料他，才会有耐心、才不会有怨言。所以报答父母不要等到明天，从现在就该做起。

3. 爱情的天平加上金钱的砝码，就会失去幸福的平衡。——陈玉蜀

【简析】

爱情是美好的，应是双方一种强烈、纯真、专一的感情。如果功利化爱情，把金钱当作爱情的化身，爱情以金钱为尺度，那么婚姻开始的时候，往往就是爱情悲剧的开始。

## 学习素材3 典型事例

1. 一位伤心父亲给大学儿子的信

据《现代快报》报道，2004年11月1日下午，南京大学逸夫馆楼左前方的公告栏上不知何时被贴了两张A4纸，那是一封署名为“伤心父亲给大学儿子的信”。这封信的内容引发了大学师生的热烈讨论。

亲爱的儿子：

尽管你伤透了我的心，但你终究是我的儿子。虽然自从你考上大学，成为我们家几代里出的唯一一个大学生之后，心里已分不清咱俩谁是谁的儿子了。从扛着行李陪你去大学报到，到挂蚊帐缝被子买饭菜票甚至教你挤牙膏，这一切，在你看来是天经地义的事，你甚至感觉你这个不争气的老爸给你这位争气的大学生儿子服务，是一件特沾光特荣耀的事。

的确，你考上大学，你爸妈确实为你骄傲。虽然现今的大学生也不一定能找到工作，但这毕竟是你爸妈几十年的梦想。我们那阵，上大学不是凭本事考的，要看手上的茧子和出身成分，有些人还要用贞操和人格去换。这也就是我们以你为荣的原因。然而，你的骄傲却是不可理喻的。在你读大学的第一学期，我们收到过你的3封信，加起来比一份电报长不了多少，言简意赅，主题鲜明，通篇字迹潦草，只一个“钱”字特别工整而且清晰。你说你学习很忙，没时间写信，但同院里你高中时代的女同学，却能收到你洋洋洒洒几十页的信，而且每周一封。每次从收发室门口过，我和你妈看着你熟悉的字，却不能认领。那种痛苦是咋样的，你知道吗?

后来，随着你读二年级，这种痛苦煎熬逐渐少了，据你那位高中同学说，是因为你谈恋爱了。其实，她不说我们也知道，从你一封接一封的催款信上我们能感受到，言辞之急迫、语调之恳切，让人感觉你今后毕业大可以去当个优秀的讨债人。

当时，正值你妈下岗，而你爸微薄的工资，显然不够你出入卡拉OK、酒吧、餐厅。在这样的状况下，你不仅没有半句安慰，居然破天荒来了一封长信，大谈别人的老爸老妈如何大方。你给我和你妈心上戳了重重一刀，还撒了一把盐。最令我伤心的是，今年暑假，你居然偷改入学收费通知，虚报学费。这之前，我在报纸上已看到这种事情。没想你也同时看到这则新闻，一时间相见恨晚，及时娴熟地运用这一招，来对付生你养你爱你疼你的父亲母亲。虽然，得知真相后我并没发作，但从开学到今天，两个月里，我一想到这事就痛苦，就失眠。这已经成为一种心病，病根就是你——我亲手抚养大却又倍感陌生的大学生儿子。不知在大学里，你除了增加文化知识和社交阅历之外，还能否长一丁点善良的心?

一位辛酸的父亲

（选自《中国青年报》，“伤心父亲给大学儿子的信”，2004年11月4日）

**【问题与思考】**

请分析由“伤心父亲给大学儿子的信”引出的道德思考。

**【简析】**

大学生被誉为时代的骄子，大学校园被誉为象牙塔。面对全新的学习环境、生活环境、社会环境，年轻、热情、活跃的同学们如何把握时机好好学习，在各个方面迅速成长，这是一个不容忽视的问题。这封信中的“儿子”毫不理会家庭的艰难困苦，盲目攀比，使得家庭雪上加霜。我们无法相信这样一个对父母、对家庭都没有责任感的人，能够对社会、对他人勇于承担责任。大学同学之间更应该比素质、比成绩、比能力，而不是比吃、比穿、比玩。这样，大学生才可能担负起时代和国家所赋予的使命，成为一名对家庭、对国家、对民族有用的人。

2. 应聘青年必须为母亲洗一次脚

日本一所名牌大学的一名毕业生去一家公司应聘，公司老板对其面试时问：“你替父母洗过澡、擦过身吗?”青年回答说:“没有”。老板又问:“你替母亲洗过脚吗?”青年又回答:“没有。”老板说:“你可以回去了。”青年不明白是怎么回事,再三恳求老板留下他。老板沉吟片刻,答应青年第二天再来一次,但当夜一定要为母亲洗一次脚。这位青年回家后,执意要为母亲洗一次脚,并把原因告诉了母亲。当他为母亲洗脚时发现,母亲的双脚像木头一样僵硬,不由得搂着母亲的双脚潸然泪下。在读书时,自己心安理得地花着母亲如期送来的学费和零花钱,现在才明白,那些钱是来得多么不容易啊! 第二天,青年如约去公司,很伤感地对老板说:“能不能进贵公司对我来说已经不重要了。现在我才知道作为母亲为自己的儿子付出的实在太多,您使我懂得了在学校无法学到的道理,谢谢您。我要照顾好母亲,再也不让她受苦了。”老板微笑着点了头,说:“好,明天你就可以来公司上班了。”

**【问题与思考】**

青年人是凭什么获得了这份工作? 仅仅是替母亲洗了一次脚吗?

**【简析】**

不是,是因为青年人在替母亲洗脚时发现,父母为我们付出那么多,我们不能浪费时间,要孝敬父母,好好学习,不能辜负父母对我们的期望! 做人是那么不容易,成才又是何等的艰难。没有母亲的付出,哪有今天的成就。一个极其简单的道理,“一个人只有理解了母亲,他才可能善待自己,善待工作,善待一切。”

3.“孝老爱亲模范”刘霆

刘霆,男,1986 年出生,浙江省湖州市双林镇人。2007 年 9 月,刘霆荣获“全国孝老爱亲模范”称号。他说:“感谢社会各界对我的关爱,其实这是每个大学生都应该做的。我觉得,和谐社会不能没有‘孝’,作为一名当代大学生,只有具备孝心美德,才是合格的公民。”

在刘霆 13 岁那一年,悲愁的乌云笼罩了他的家。母亲患了尿毒症,巨额的医疗费耗尽了家中全部积蓄。几年下来,母亲的病情越来越严重,家里欠的债越来越多。借遍亲朋好友以后,再也没钱看病了。父亲被迫卖掉了房子,还掉债务后就所剩无几了。已失去工作的父亲,一个人离家出走,外出打工无音讯。

相依为命的母子俩,无家可归。百般无奈,母亲住到外婆家,刘霆则在学校寄宿。弱小的刘霆,勇敢地承担起照顾母亲的责任。他从一本杂志上看到山东有家专治肾病的医院,就决定送母亲去山东看病。2005 年 7 月 5 日,高考一结束,刘霆就去买火车票。母亲说,买两张硬座票。刘霆却买了一张软卧给母亲,自己站着。从杭州到山东,刘霆这一路站了 15 个小时。

按照医院要求,刘霆母亲必须住院治疗。而家里没有任何收入,根本付不起昂贵的住院费用,只得回家治疗。在医生的帮助下,刘霆学会了使用电疗仪器和打针。他拿着针头在棉被、棉花或者软的地方反复练,“妈妈说我打的针不疼”。在极其艰苦的环境里,刘霆一边照顾母亲,一边刻苦学习。2005 年夏天,他以优异成绩考上了浙江林学院。收到通知书的当天,他却陷入了迷茫,自己的学费从哪里来? 自己去读大学了,母亲怎么办? 母亲患尿毒症多年,已经丧失了劳动能力和生活自理能力。

刘霆想了很多很多,他最终鼓足勇气,给浙江林学院领导打电话,要求带着母亲来上学。了解到真实情况后,学校领导都被感动了,破例同意了刘霆的要求。

刘霆的大学生活与众不同:每天早上6时起来,为母亲准备早饭,然后去早自修。7时到学校食堂吃免费早餐。课间休息赶回出租房照看母亲,有时还要熬制中药。中午一下课,赶到食堂打扫卫生,他把自己的饭菜划拨一半到另一个随身带来的盒子里,带回去加热后给母亲吃,接着还要给母亲打针。下午上完课,匆匆吃过饭,料理完家务洗完衣服后,又去晚自修。睡前,他还要给母亲做电疗、打针。当别的同学无忧无虑尽情享受美好青春时,刘霆瘦弱的肩上是沉重的担子。他每天上课、打工、给妈妈做饭,从学校食堂带一点菜过来和母亲分着吃,可以省点钱,但母亲不能吃太咸的东西,也不能吃味精,他经常煮点稀饭,烧个青菜。他还熟练地给母亲打针,蒸药包,量血压,测体温。刘霆还得给母亲以精神慰藉,陪着聊天,帮着宽心。母亲担心自己这样会影响儿子的学习,总觉得自己拖累了儿子,曾有些想不开。刘霆总是劝母亲:"我向您保证不影响学习,但是您有个三长两短,叫我怎么办啊?妈妈,您要坚强地活下去,我还要让您享受一个幸福美好的晚年。"浙江林学院的领导和师生们,临安市政府领导和社会各界人士,纷纷向刘霆伸出援助之手。上海中山医院给刘霆母亲免费做了换肾手术,杭州海杰德公司提供一套住房让刘霆母子免费居住。

刘霆随身带着一个本子,上面密密麻麻记着帮助过他的人,他说:"作为儿子,照顾母亲是天经地义的。现在一下子有那么多的好心人帮我,太感谢大家了。麻烦大家了!我要用心记住这些好心人,以便时时督促自己多做有益的事,以实际行动报答社会。"以怎样的形式向社会表达自己的感恩之情呢?刘霆与母亲商量之后,并征得所在学院有关老师的意见,他决定留下部分捐款作为母亲术后康复治疗的费用,将其余的5万元重新捐献出来,在学校设立一个孝心奖励基金,把社会的温暖传递给更多的同学。

刘霆说:"像我这样需要帮助的学生很多,我希望能够尽自己最大的努力,帮助和激励其他有需要的同学,回报社会对我和母亲的关爱。"

(选自央视网,全国孝老爱亲模范刘霆:带着病母上大学,http://news.cctv.com/special/C21323/20080509/105402.shtml)

【问题与思考】

刘霆的行为给我们什么启示?

【简析】

大爱无声。刘霆用人间的大爱,诠释着生活的真谛;用人间的至孝,显示着超越平凡的勇气,见证了中华文明五千年血脉相随的道义。

4. 懦弱还是勇敢

有一对情侣,男的非常懦弱,做什么事情之前都让女友先试。女友对此十分不满。一次,两人出海,返航时,飓风将小艇摧毁,幸亏女友抓住了一块木板才保住了两人的性命。女友问男友:"你怕吗?"男友从怀中掏出一把水果刀,说:"怕,但有鲨鱼来,我就用这个对付它。"女友只是摇头苦笑。不久,一艘货轮发现了他们,正当他们欣喜若狂时,一群鲨鱼出现了,女友大叫:"我们一起用力游,会没事的!"男友却突然用力将女友推进海里,扒着木板朝货轮游去,并喊道:"这次我先试!"女友惊呆了,望着男友的背影,感到非常绝望。鲨鱼正在靠近,可对女友不感兴趣而径直向男友游去,男友被鲨鱼凶猛地撕咬着,他发疯似地冲女友喊道:"我爱你!"女友获救了,甲板上的人都在默哀,船长坐到女友身边说:"小姐,他是我见过最勇敢的人。我们为他祈祷!""不,他是个胆小鬼。"女友冷冷地说。

“您怎么这样说呢？刚才我一直用望远镜观察你们，我清楚地看到他把你推开后用刀子割破了自己的手腕。鲨鱼对血腥味很敏感，如果他不这样做来争取时间，恐怕你永远不会出现在这艘船上……”

**【问题与思考】**

该事例给了我们什么启示？

**【简析】**

爱情不只是花前月下，甜言蜜语和卿卿我我。爱情的真谛在于是一种完全发自内心的愿为对方的快乐与幸福付出的心态和责任。

## 关键名词

**爱情：**是一对男女基于一定的社会基础和共同的生活理想，在各自内心形成的相互倾慕，并渴望对方成为自己终身伴侣的一种强烈、纯真、专一的感情。

**婚姻：**指由法律所确认的男女两性的结合以及由此而产生的夫妻关系。

**家庭：**指在婚姻关系、血缘关系或收养关系的基础上产生的、由亲属之间所构成的社会生活单位。

**婚姻家庭法：**指调整婚姻与家庭关系的法律规范的总称。

## 拓展知识

1. 当代大学生的恋爱观

近年来，随着社会的不断发展，人们的传统观念日趋淡漠，恋爱问题已经成为当代大学生较为突出的问题。

1）大学生的恋爱观

目前，中国在校大学生恋爱现象比较普遍，据调查，大学生谈过或正在谈恋爱的比例达到80%，在对谈恋爱进行评价的调查中，认为大学生谈恋爱是正常的身心需要的占46%，认为大学生谈恋爱是能找到志同道合的恋人的占16%，认为谈恋爱可以促进积累经验、体验人生的占16%，认为谈恋爱可以促进学习的占4%，总计达82%，而选择大学生谈恋爱耽误学业的只占18%，并随着年龄的增长呈递减的趋势，说明大学生对恋爱观是肯定的，出发点是多样的，这是大学生谈恋爱现象比较普遍的主要原因。而大学生对多角恋爱的评价：认为“只要合法，对方可以接受，不应受到干涉”占38%，认为“很正常，无可非议”的占9.5%，两者累计为47.5%。46.7%认为“脚踏两只船，不应该”，近一半学生对多角恋爱在观念上是认可的，表明大学生对恋爱的专一性的要求程度降低。在对道德观念的调查中：据浙江工业大学对全省10余所大专院校的大学生进行调查结果表明，有近1/3的大学生对西方的“性解放”、“性自由”持认同态度，有31.1%的学生不仅认为“性解放”、“性自由”是现代文明的标志，完全可以接受，而且认为“这是人类爱情发展的必然结果”。有21.95%的学生认为婚前性行为是“可以理解的”，55.9%学生认为婚前性行为“只要相爱，无须指责”，甚至有5%的学生认为“只要两个愿意，没有爱情也行”。另据首都师范大学健康教育中心对中国近30所大学一万多名在校大学生性行为性观念调查表明:有性行为的男生为15.7%、女生为5%,这说明现在许多大学生在性道德观念上较以前已经发生了很大的转变。

2)大学生恋爱现象普遍的成因分析

(1)身处异地的孤独感与自由感,导致许多大学生过早涉足爱情。很多大学生并非志趣相投,身心相悦而恋爱,而是为满足虚荣心或精神空虚而谈恋爱,现在大学生大多是独生子女,离乡背井在异地读书,不免感到孤独,但又相对以前受父母约束自由了许多。在大学生活中,人际交往、学习考试等都可能给大学生造成身心压力,使他们产生压抑感,而恋爱是建立一种比较亲密的关系,可以造成注意力转移,也可以摆脱孤独,因此容易想到以恋爱的方式消除孤独和寂寞,享受自由,弥补精神的空虚。如果与某个异性同学在一起时间久了,就自然地把这种原本的友情变成了爱情,谈恋爱在大学成为一种时尚,有的学生甚至认为如果在大三还找不到对象那是很没面子的,证明你不够漂亮或不够帅,一些大学生虚荣心很强,爱面子,处处都希望"高人一头",在恋爱问题上也是如此,男生希望找一个漂亮的女朋友,而女生则希望找一个潇洒的男朋友,作为炫耀的资本,有的学生看到某些同学成双成对,便觉得受不了,于是不管是否志趣相投,便轻率涉足爱情,而结果却是事与愿违。

(2)网络中的信息垃圾对大学生的道德观念形成巨大冲击。随着计算机和通信技术迅猛发展,互联网的触角正以"飞快"的速度延伸向社会各个角落。在我国,受网络文化影响最广、最深的莫过于大学生了。毫无疑问,网络文化主流是积极健康的、科学文明的,它为网友提供最新的信息,传播广泛的知识;但不能否认,网络上也有不少消极颓废、黄色下流的信息,形成网络垃圾。网络文化中的信息垃圾对学生思想和行为容易产生误导作用。以往大学生们大量接触的信息主要来源于广播、报纸、电视等传媒和教育者的灌输,其内容经过层层把关过滤,不正确不恰当的信息被删除。而网络使他们了解信息的渠道更多更广,阅读者只要找到网址,便可在第一时间看到任何媒体的全部内容。而那些错误、庸俗、虚假的未经过滤的信息对于那些辨别力还不高,人生观、价值观正在形成中的大学生影响是极其有害的。有人统计,互联网上有45万种色情图案资料,已被查阅数千万人次以上。有些大学生受其影响,追求所谓的"性自由"、"性解放",一些"恋人"不注意社会公德,常在公共场所勾肩搭背,卿卿我我,形成不文明的校园"风景线",据调查,高校涉及"性恋"的学生比例有进一步上升的趋势,极大地损害了学校的校风和大学生的形象。

(3)对爱情的错误理解和认识,导致大学生在恋爱中迷失了方向。大学生进入大学后,生理上已基本成熟,但心理上很难说达到成熟。对于什么是爱情,怎样处理自己的恋爱问题,认识是不够的。有的大学生对爱情极不负责,脚踏"两只船"陷入"三角恋",有的则"走马灯"式的换朋友,有的大学生则为了金钱而谈恋爱,爱慕金钱,信奉"金钱第一"、"择偶"以金钱多少为标准,有钱则谈,甚至有极少数大学生在社会上傍"大款",也有一些学生追求吃喝玩乐,喜欢穿戴打扮,信奉"享乐主义",而家庭无力支付或不敢向家庭伸手,于是用谈"恋爱"的方式,换取金钱,挥霍享乐。以上这些都是错误地理解爱情所造成的。

(选自苏大学生网,http://www.sudass.com/2008/1228/782.html)

2. 当代大学生应当树立怎样的恋爱观

1) 正确对待恋爱

正确处理好恋爱、学业、事业三者之间的关系。恋爱是人生的大事,但并不是人生的全部。大学生应该以学业为重,因为学习是大学生的主要目的。事业高于爱情,主张事业为主,不宜过早地恋爱。但也不要认为爱情是事业的绊脚石,若处理得好,爱情也能对事业起到催化作用。

2) 培养爱的能力

(1) 迎接爱的能力。如果一个人心中有了爱,就要敢于用正确的方式表达;如果面对别人的示爱,要能够取舍并及时做出接受或拒绝的选择。能够承受求爱拒绝或拒绝求爱的心理困扰。

(2) 拒绝爱的能力。对于自己不愿意接受或认为不值得接受的爱情,应有勇气拒绝。拒绝爱时应注意两点:如果不希望爱情到来,拒绝的语气要果断坚决,容不得半点优柔寡断,否则对对方造成的将是更大的伤害。掌握恰当的方式。要掌握说话的方式和度。虽然每个人都有拒绝爱的权力,但是也要做到对别人起码的尊重。

3) 正确处理恋爱挫折

(1) 正视现实,失恋之苦在于一个“恋”字。爱情是双向、相互的,以双方的爱情为基础,失去任何一方,爱情就会失去了平衡,恋爱即告终止。这时失恋的一方无论对另一方爱得有多深,都是不现实的了,作为有理智的大学生应该正视这一现实。

(2) 换位思考,要设身处地地为对方着想。这样做有助于你理解对方终止爱情的原因,有助于你接受失恋这一痛苦的现实并及早走出失恋的阴影。

(3) 感情宣泄。不要过分地隐藏或压抑失恋带来的痛苦,要用适当的方式宣泄。通常宣泄的方法有:①眼泪缓解法,在悲痛欲绝时大哭一场,可以使情绪平静,专家认为,眼泪能把有机体在应激反应过程中产生的某种毒素排出去;②运动缓解法,剧烈的体育运动有助于释放激动情绪带来的能量;③转移注意,心情不佳时,可以做些自己感兴趣的事;④文饰法,当得不到自己爱的人,失恋时,援引合理的理由和事实解释挫折,从而获得精神上的安慰;⑤倾诉,向可以信任的师长、同学、朋友、老师等诉说自己心中的烦恼,也可以写日记或写信,如果感觉心中的积郁实在太深,无法排解时,也可以找心理咨询师进行心理咨询。

(4) 情境转移。失恋后之所以难以摆脱恋情的困扰,就在于生活的方方面面都与昔日的恋人有着千丝万缕的联系,所以要想摆脱失恋的痛苦,就要换一个崭新的环境,暂时离开曾经熟悉的环境。把自己置身于一个欢乐的环境中去。如多交一些朋友,多参加一些集体性的娱乐活动,或者可以去逛逛街,出去旅游散散心等,这样有助于心情的开阔。另一方面是由于失恋后有一种空虚感,暂时难以适应,所以可以用工作或其他方法充实自己,以免有空余的时间胡思乱想。

(5) 升华。要尽快把失恋升华为一种奋发向上的动力,尽快投入到学习或者工作中去。切不可因为失恋而一蹶不振,认为生活、人生都失去了意义。要知道,恋爱是生活的重要组成部分,但不是生活的全部。要正确的看待爱情,摆正爱情的位置,处理好爱情与学习,爱情与人生,爱情与婚姻的关系。

4)端正恋爱动机

恋爱是为了寻找志同道合、白头偕老的终身伴侣,而不是为了安慰解闷,寻找刺激,更不是单纯为了性的满足。恋爱对象的选择是一个复杂的过程,不能忽视经济、政治、文化、个性等因素,但是共同的理想、共同的品德和情操是最根本的。恋爱动机的好坏,直接关系到恋爱的成功与否。大学生作为新时代的桥梁,其恋爱观应该是理想、道德、事业和性爱的有机结合。

(选自 http://zhidao.baidu.com/question/94724736.html)

3.大学生的现代婚姻观

据报道,浙江大学的两名研究生设计了一份问卷,在校园里进行抽样调查。本文记录的便是作为未来社会精英们的大学生对于爱情、婚姻以及性的看法。

(1)爱人标准:人品最重要。人品、经济收入、外表、文化水平、性格、健康、贞操和有共同语言这八个择偶标准中,调查结果表明,人品首当其冲排在第一位,其次是性格和有共同语言。贞操在择偶标准中排在最后一位,成为最不重要的择偶因素。从调查结果看,男、女生在择偶标准上的差异耐人寻味,男生更看中外表和贞操,而女生则比男生更重视人品和经济收入。有趣的是,理性的男生比感性的女生更强调有共同语言。大约90%的学生能接受与未来伴侣的年龄差距在5岁以内。

(2)性关系:令人惊讶的数字。网上有调查说,现在的大学生在情感上表现得大胆和开放。当爱上一个人时,都会主动出击,抓住自己的幸福。本次调查显示,68%的同学表示会主动追求自己所爱的人。在这一点上,男、女生的差异很大,男生中绝大部分都会采取主动,而女生中只有一半的人有主动追求男子的勇气。有60%左右的被调查者认为,同性恋应该被允许。

(3)婚姻:将爱情进行到底。对于婚姻,大部分人认为,婚姻是爱情的升华,美好的婚姻对人生是一种促进。他们认为爱情是婚姻的基础,没有爱情的婚姻是不道德的。同时婚姻也意味着更多的责任,物质基础在婚姻中也必不可少。

(4)婚外情:不愿充当第三者。在调查中,13%的被调查者表示完全理解婚外情这一社会现象,63%的被调查者表示可以理解。但是大部分学生都不愿意充当第三者的角色,他们表示如果在单身状况下爱上了有夫(妇)之妇(夫)会克制自己的情感,不当第三者。既然婚姻是将爱情进行到底,87%的学生认为已婚男女没有权利自由地拥有情人。

(选自 http://tieba.baidu.com/f? kz=142471782)

4.认识家庭暴力

家庭暴力,是指发生在家庭成员之间的,以殴打、捆绑、禁闭、残害或者其他手段对家庭成员从身体、精神、性等方面进行伤害和摧残的行为。家庭暴力直接作用于受害者身体,使受害者身体上或精神上感到痛苦,损害其身体健康和人格尊严。家庭暴力发生于有血缘、婚姻、收养关系生活在一起的家庭成员间,如丈夫对妻子、父母对子女、成年子女对父母等。但妇女受丈夫的暴力侵害是最普遍的,她们受到的身心伤害也最大,家庭暴力尤其指丈夫对妻子施暴。家庭暴力会造成死亡、重伤、轻伤、身体疼痛或精神痛苦。

1)家庭暴力问题现状

家庭暴力是一个全球性的问题。在世界各国,家庭中虐待妻子的现象都十分常见。据世界银行调查统计,20世纪全世界有25%~50%的妇女都曾受到过与其关系密切者的身体虐待。全国妇联的一项最新抽样调查表明，在被调查的公众中，有16%的女性承认被配偶打过，14.4%的男性承认打过自己的配偶。每年约40万个解体的家庭中，25%缘于家庭暴力。特别是在离异者中，暴力事件比例则高达47.1%。据资料统计，目前，全国2.7亿个家庭中，遭受过家庭暴力的妇女已高达30%。家庭暴力引起的后果是严重的而且是多方面的，因为发生在家庭中而得不到及时有效的制止和处理，很容易导致婚姻的破裂和家庭的离散，同时使加害人有恃无恐。并且，发生家庭暴力的家庭中的孩子通过耳濡目染、潜移默化，在他们成长后大大增加了使用暴力的可能性。

2）家庭暴力的危害

（1）严重影响、破坏了社会组成细胞——家庭。在一个家庭中，经常发生家庭暴力的，必然影响夫妻感情。当妻子无法承受其丈夫的暴力时，以选择离婚、离家出走、甚至以暴抗暴等途径摆脱遭受的暴力，致使家庭破裂、毁灭。

（2）影响子女的正常生活和成长。经常发生家庭暴力的家庭，对孩子的身心健康有着严重的影响。特别是直接对孩子施暴时，更容易使孩子的情绪产生恐惧、焦虑、厌世的心理，轻者影响孩子的情绪，他们自卑、孤独，影响学习和生活，严重者使孩子们离家出走，荒废学业，甚至走上犯罪的道路。

（3）家庭暴力侵害了妇女的人格尊严和身心健康，甚至威胁生命。在调查中，多数妇女都是在被施暴时惨遭残害。暴力行为严重地侵犯了妇女的人身权利。

（4）家庭暴力给社会带来了不稳定因素。不及时有效遏止家庭暴力，受害者本人又不知用法律保护自己，在忍气吞声、长期遭受暴力的扭曲心态下，采取了法律禁止的手段——故意杀人，酿成恶性事件。给社会带来恶劣的后果，极大的危害了社会安定的局面。

3）家庭暴力产生的主要原因

（1）由观念错位、贪恋婚外情导致家庭暴力。伴随着改革开放和市场经济体制的确立，人们的思想观念发生了深刻的变化。一些人在各种传统的、现代的、本土的、外来的思想、文化、观念、习俗的激烈碰撞中，思想迷失了方向，道德观念特别是婚姻道德观念发生了错位。一些男性视糟粕为时尚，以拥有“婚外情”作为向人炫耀的资本。有的在外与“二奶”长期非法同居，生儿育女，回家则对妻子“横挑鼻子竖挑眼”，使妻子“左右不是”，以种种借口逼迫妻子离婚，更有甚者，将所包“二奶”带回家中居住，把妻子赶出家门，妻子稍有反抗，则会招致家庭暴力。一次调查中，由婚外情引起的家庭暴力有60例，占30%。

（2）一些男性性格扭曲、品行不端直接引发家庭暴力。一些男性性格扭曲，常常无端怀疑妻子生活作风不检点，不许妻子和别的男性说话，不许妻子贴补家用外出打工赚钱，妻子若有反抗，就会遭到家庭暴力；一些男性沾染上不良习惯，整天贪于玩乐，游手好闲，在外赌博、酗酒、嫖娼无所不为，有的横行乡里，危害百姓，是人见人恨的恶霸。这些人无家庭责任感，有不顺心的事就回家向妻子、孩子要威风。如在外赌博输钱后，逼妻子出去借钱，借不来就会遭到暴力。妻子若欲提出离婚，男方就扬言要杀其全家，在他们的威逼恐吓下，妻子常常忍气吞声，不敢告发。此类情况占总数的22.5%。

（3）严重的大男子主义思想作祟引发家庭暴力。一些男性大男子主义思想根深蒂固，总是以居高临下的心态任意摆布和欺侮妻子，以威逼打骂妻子为能事，常常因一点点生活小事,对妻子大打出手,以此来满足自己“男子汉大丈夫”的自尊心。这种情况占23%。

(4)历史原因和社会原因。从历史发展来看,我国长期以来“男尊女卑”传统的夫权思想,在当前市场经济形势下有所抬头。从社会角度来看,一是我国妇女的地位存在事实上的不平等,二是社会上多数人认为“家庭暴力是家庭内部的事”、“清官难断家务事”。劳动社会化程度不高、生育风险还基本上由女性自身承担等诸多因素的影响,使女性处于下岗、失业率高,再就业难的境地。据统计,截至今年9月,湖南省城镇登记失业女性12.95万人,占总数的48.6%,而在岗上的女性,多数仍处于从事繁重简单劳动的行列之中,从调查情况看,97%家庭中,女性的收入低于男性,男女两性实际收入确实还存在一定差距,与男性相比,女性仍属于低收入群体。在农村,特别是边远贫困地区的妇女,大部分妇女还没有独立的经济来源和家庭经济支配权,这就造成了其在经济上过于依赖丈夫的事实,一些女性甚至被丈夫视为生活上累赘,常因向丈夫索要生活费遭到家庭暴力。

(5)有关部门对家庭暴力问题重视不够。有些单位的领导认为家庭暴力是一般家庭内部事务,不予过问,不予干预,有的法官对于受害妇女因不堪忍受家庭暴力请求离婚的诉讼,一味调解和好不判决离婚,从而使施暴者更加肆无忌惮地实施暴力行为。

(6)我国现行法律尚无配套的比较完善的预防制止家庭暴力的措施,缺乏执法监督制度。在立法上,保护家庭成员人身权利,制止家庭暴力的法律分散于各个法律之中,原则性强,可操作性差。

(7)在法律宣传和教育方面开展得不够广泛和深入,许多公民没有意识到家庭暴力是侵权行为,是违法行为,而社会舆论对此采取宽容态度而未能给予及时的、大张旗鼓的谴责,对施暴者没有威慑作用。

4)对家庭暴力理解的几大误区

(1)认为没有家庭暴力现象,即使存在,也是极少数。

(2)认为家庭暴力是私事,4 128个调查对象中,57.51%认为家庭暴力是家务事。

(3)认为家庭暴力就是伤害身体,而不包括精神暴力、经济暴力、性暴力。

(4)认为文化素质高的家庭没有家庭暴力。其实,4 128个调查对象中,施暴者中62.7%具有大专以上文化程度。

5)我国现行法律对家庭暴力问题的规定

党中央、国务院历来十分重视保护妇女儿童合法权益的工作。1995年国务院发布《中国妇女发展纲要(1995-2000)》,纲要确定中国妇女在未来五年内的具体发展目标之一是:“有效遏制对妇女的暴力侵害及拐骗、买卖妇女的犯罪行为和卖淫嫖娼违法活动。”纲要规定:“依法保护妇女在家庭中的平等地位,坚决制止家庭暴力。”

在国家基本法律的层面上,2001年4月28日由第九届全国人民代表大会通过的《婚姻法》修正案,第一次对家庭暴力问题做了规定。《婚姻法》从以下四个方面对家庭暴力的防治做了规定。

(1)总则中将“禁止家庭暴力”(第3条)上升为基本原则。这一原则是婚姻、家庭、母亲和儿童受国家保护宪法原则的体现,也为今后各地制定反家庭暴力的地方性法规、规定提供了法律依据。

(2)在裁判离婚的法定理由中,将配偶一方“实施家庭暴力或虐待、遗弃家庭成员”,

作为法院对夫妻感情确已破裂，调解无效的离婚案件，作出准予离婚的法定理由之一（第32条第2款第2项）。

（3）在救助措施与法律责任一章，规定了对家庭暴力受害人的救助措施与施暴者的民事法律责任（第43、44条与第46条）。例如，第46条规定，配偶一方因实施家庭暴力或者虐待、遗弃家庭成员，而导致离婚的，无过错方有权请求赔偿。

除《婚姻法》外，涉及家庭暴力问题的其他主要法律法规有：《中华人民共和国妇女权益保障法》（2005年修正），《中华人民共和国未成年人保护法》，《最高人民法院关于适用<中华人民共和国婚姻法>若干问题的解释（一）》，《中华人民共和国刑法》，《最高人民法院关于落实23项司法为民具体措施的指导意见》等。

（选自 http://baike.baidu.com/view/57387.htm）

## 训练提升

**一、选择训练**

1. 单项选择训练

（1）对友谊的错误理解是（　　）。

A. 友谊应要求双方以热情来投入　　B. 友谊应要求以谅解的态度来护理

C. 友谊应要求互相利用的等价交换

D. 友谊应要求平等、互尊、互助、互爱的心理默契

（2）下列个性特点中，妨碍友谊的获得和发展的是（　　）。

A. 宽以待人，心地坦然　　B. 性格开朗，待人热情

C. 狂妄自大，目中无人　　D. 与人为善，以心换心

（3）古希腊哲学家柏拉图早就认识到："为着品德而去眷恋一个情人，总是一件很美的事。"法国启蒙思想家卢梭也曾强调："我们之所以爱一个人，是由于我们认为那个人具有我们所尊重的品质。"由此看来，恋爱中起着主导作用的应当是（　　）。

A. 个人纵欲目的的实现　　B. 人的精神世界和道德面貌

C. 出于异性吸引的一时冲动　　D. 金钱、权势等爱情之外的非分之念

2. 多项选择

（1）家庭美德的内容有（　　）。

A. 尊老爱幼　　B. 男女平等　　C. 夫妻和睦　　D. 勤俭持家

E. 邻里团结

（2）下列行为符合家庭美德要求的有（　　）。

A. 某父亲长年沉溺于打麻将，从不管教子女

B. 某对夫妻整天吵架怄气，丈夫甚至对妻子拳脚相加

C. 某丈夫不辞劳苦，20多年精心侍候卧病在床的妻子

D. 某夫妇长年热情主动地照顾身边无子女的邻居大妈

E. 某儿媳每逢周末都去看望不在一起生活的公婆，帮他们做家务

（3）爱情是人类特有的现象，是人的高度文明的体现。爱情最本质的属性是（　　）。

A. 满足异性之间友谊的需要　　B. 满足人的精神需求的社会属性

C. 满足人的生理需求的自然属性　　　　D. 人们进行社会生活的本质需要

E. 满足人的家庭生活的需要

(4)友谊(　　)。

A. 具有崇高的道德力量　　　　B. 是人际互利关系

C. 源于感情　　　　D. 是相互间的给予

E. 是心灵的默契

(5)马克思说:“真正的爱情表现在恋人对他的偶像采取含蓄、谦恭甚至羞涩的态度,而决不是表现在随意流露热情和过早的亲昵。”这表明(　　)。

A. 在恋爱过程中不应有轻率和放荡的行为

B. 恋爱双方的交往应当文明端庄,持之以度

C. 真正的爱是远离疯狂和近于淫荡的东西的

D. 恋爱过程中要有高尚的情趣和健康的交往方式

E. 爱情内蕴着丰富的社会属性把人的一切自然属性排除在外

(6)爱情是男女双方基于一定的客观现实基础和共同的生活理想,在各自内心形成的最真挚的彼此倾慕和互相爱悦,并渴望对方成为自己终身伴侣的最强烈持久、纯洁专一的感情。下列选项中,真正属于爱情的有(　　)。

A. 单相思、一厢情愿　　　　B. 相濡以沫,终身对爱侣承担责任

C. “只求曾经拥有,不求天长地久”　　　　D. “三角恋爱”、“多角恋爱”、“婚外情”

E. 爱恋双方彼此尊重对方的情感和人格,平等履行道德义务

**二、分析训练**

1. 分析下列现象,谈谈你的观点。

大学生恋爱成了“练爱”

随着尊重人性、自由恋爱成为社会的共识,大学生自由恋爱已被社会、家长、学校接纳。“大一按兵不动,大二蠢蠢欲动,大三全面出动,大四个个反动”,这句调侃恋爱现象的俏皮话在大学生中广泛流传。临近毕业的校园悄然出现了一对对大四“拖友”。不少没有恋爱经历的大四学生基于填补大学生活空白、满足虚荣心等种种原因,在最后的大学时光里匆匆开始了恋爱生活。犹如“久旱逢甘霖”,大学生情侣立即闪现在校园的各个角落。然而,好景不长,“大学生未婚先孕”,“大学生堕胎频繁”,“大学生性泛滥”。大学生观点:谈恋爱完全出于个人生理需要,恋爱就是“练爱”。

2. 大学时代一个值得深深思考的问题:大学生,有资本谈恋爱吗?

**三、问答训练**

1. 大学生应当如何获得和发展友谊?

2. 当代大学生应树立怎样的恋爱观?

3. 怎样认识爱情与人生?

**四、论述训练**

试述道德和法律的特点以及它们对家庭关系的作用。

**五、践履训练:通过为父母做一件实事体会怎样做一个有爱心和孝心的人**

建议从下列两个大项和许多小项中,选择为父母做至少 1 ~2 件事,并写出一份感想。

1. 日常生活

(1)写封家书。

(2)经常与父母沟通。

(3)为父母做一些家务。

(4)利用寒暑假做一些农活。

(5)拿出自己边求学边打工挣的钱给父母买点礼物,或亲手为父母织一件毛衣(裤)。

(6)算一算,从小学到大学,你花了父母多少钱(包括学费和生活费),然后把这一数据告诉父母。

2. 重大节日

(1)记住父母的生日,并及时给他们祝福。

(2)在春节、妇女节、劳动节、端午节、母亲节、父亲节、中秋节、国庆节、元旦等节日中,选择:①打个电话或发条短信问候父母;②送束鲜花祝福父母;③买些礼物孝敬父母;④回家看望父母。

## 项目2.4 职业道德观学习与践履

### 学习素材1 大学生的就业形势

1. 2009 年大学生就业形势严峻

根据国家劳动保障部的最新统计,2008 年大学生的就业状况很不理想。2008 年全国普通高校毕业生人数达到495 万,比2007 年增加82 万,同比增幅达19.9%。由于解决国有企业下岗失业人员历史遗留问题的任务仍然很重,新成长劳动力已进入高峰期,特别是高校毕业生近年增量多、压力大,整个就业市场需求岗位的总体状况相对趋紧。

在中国毕业生网最近发布的2008 年和2008 年大学生就业形势分析和预测报告中,使用了"就业寒流"来形容大学生就业形势,而根据当年的大学生就业情况来说,我们只能用就业的冬天来描述2008 年大学生就业形势。

而2009 年高校毕业生将达到619 万,预计今后三年内还将以每年50 万的速度增长。(选自中国广播网,http://www.cnr.cn/shiting/jbzx/200901/t20090109_505205584.html)

2. 外国大学生就业状况

**法国大学生:爱去小企业**

重视社会实践的法国非常注重培养学生面向社会的能力。学生的学习过程实际上就是寻找和选择职业的过程。在大学期间,毕业生的实习课程非常多。大多数人的实习期一般为4 至6 个月,多的甚至有9 个月。通过实习,大学生们与各企业进行多层双向交流、双向认识,最后做出大家都比较满意的双向选择。

吸纳毕业生最多的是法国中小企业,许多人不为高薪所动,并不是哪儿钱多就往哪儿去，这部分人约占大学毕业生求职总人数的57%。根据对大学生职业选择的调查，金钱因素被排到了第十位之后。他们择业往往更注重个人爱好、社会效益以及职业发展前途。譬如，不少人想当一名教师，收入不一定高，但工作稳定，受人尊重。

**英国大学生：就业难度增大**

20世纪90年代，英国高等教育事业进行了改革，从精英教育向大众教育转变。这种扩招带来的一个直接后果，就是就业竞争加剧。仅仅一个本科学历已经不能使用人单位产生很大兴趣。

很多人发现自己学无所用，找不到与自己的学历和专业相称的工作。一位计算机通信专业的毕业生在电话中心做接线员，一名历史专业毕业生在做私人秘书。即使是这样的职位，也可能需要经过半年以上的争取。英国教育与技能部认为，随着时间的推移，毕业生积累一定工作经验或接受更多教育培训后，失业率将会下降。

**美国大学生：学校助其就业**

在美国，一个学校的学生就业率，关系到学校的声誉和今后的招生，也会影响学校的综合排名。因此，在学生找工作的过程中，学校不是旁观者。相反，每个学校都会想出各种办法帮助学生就业。

美国各大学一般都设有毕业生就业指导办公室，为学生和招聘单位牵线搭桥。一个成功的就业指导办往往与各大企业、公司或政府机构的人力资源部门保持着良好的关系，也善于向一些潜在的用人单位推荐本校学生。

**日本大学生：求职充满艰辛**

对面临毕业的日本大学生来说，每年的1月至4月底，是决定其一生发展有无好的起点的关键。在此期间，他们要忙于寻找就业单位，应对各种用人单位的招聘考试。

据有关调查资料显示，平均每名求职大学生要经过16家公司的笔试、面试等各种各样的考试，最后内定的公司平均每人有两家。落实到具体的人身上，则是几家欢乐几家愁，有的人自身条件好，可能会被多家公司抢着要，有的人条件差，跑断腿也无人问津。日本大学毕业生每年有1/4找不到工作，即使辛辛苦苦通过各种考试找到了工作，因感觉不理想在工作3年内辞职者就达30%。

（选自东北新闻网，http://www.nen.com.cn/76567812209901568/20040813/1470048.shtml。）

3. 国家鼓励高校毕业生创业

2008年10月29日，国务院办公厅转发了人力资源与社会保障部、发展改革委、教育部、工业和信息化部、财政部、国土资源部、住房与城乡建设部、商务部、人民银行、税务总局、工商总局等11个部委联合颁布的《关于促进以创业带动就业工作的指导意见》。

《意见》明确指出，当前及今后一个时期，我国就业形势依然严峻，各地区、各有关部门要制定鼓励创业的产业指导目录，鼓励创业者进入国家和地方优先和重点发展的科技型、资源综合利用型、劳动密集型、农副产品加工型、贸易促进型、社区服务型、建筑劳务型和信息服务型等产业或行业。鼓励和支持个体私营等非公有制经济和中小企业发展，扩大创业领域。

重点指导和促进高校毕业生、失业人员和返乡农民工创业。积极采取措施促进军队复员转业人员、留学回国人员等创业。力争用3到5年的时间，实现劳动者创业人数和通过创业带动就业人数的大幅增加，基本形成促进以创业带动就业的政策体系，使更多有创业意愿和创业能力的劳动者成功创业。

为方便创业，政府还将全面实行收费公示制度和企业交费登记卡制度，禁止任何部门、单位和个人干预创业企业的正常经营，严格制止乱收费、乱摊派、乱罚款、乱检查、乱培训行为。依法保护创业者的合法私有财产，对严重侵犯创业者或其所创办实体合法权益的违法行为，有关部门要依法查处。

毕业2年以内的普通高校毕业生从事个体经营的，要按有关规定，自其在工商部门首次注册登记之日起3年内，免收管理类、登记类和证照类等有关行政事业性费用。

（摘自中国劳动咨询网，http://www.51labour.com/lawcenter/lawshow－84412－2.html）

## 学习素材2 典型事例

1. 笑对人生——我是导游，先救游客

毛主席有一首脍炙人口的《卜算子·咏梅》词："风雨送春归，飞雪迎春到，已是悬崖百丈冰，犹有花枝俏……"意境深远，韵味隽永，令人神往。

在毛主席的家乡，出了一个名叫文花枝的导游。最近，众多媒体报道了她的感人事迹。2005年8月28日下午，她带团到陕西旅游，途经延安市洛川县境内时，她乘坐的旅行车与一辆超速改道的货车迎面相撞。在等待救援的过程中，身负重伤的22岁女导游文花枝，不断用她平静的声音鼓励已挤成一团的游客"坚持"；而在救援人员赶到后，文花枝又请求救援人员先救游客。最终，游客纷纷成功获救，而她却因为延误了最佳抢救时间，而不得不实施左腿高位截肢。她的事迹，感动着整个中国。

文花枝的高尚品质犹如傲立风雪、光彩照人的梅花。她在救援人员到达时，忍着剧痛发出了"我是导游，先救游客"的响亮之音，把生的希望留给了游客，把死的威胁留给了自己；苏醒之后的第一句话"客人怎么样，他们在哪里"更体现了她的可贵爱心；住院期间，每次她都嘱咐家人多熬些骨头汤、鱼汤，一式三份，给另外两名游客送去。她的无私、勇敢、善良、敬业，堪称楷模。

文花枝还有着梅花一样永不屈服的意志。枝儿虽遭折损，花儿依旧明艳。车祸发生后，她忍着剧痛，鼓励大家要坚持住，一遍一遍地喊"加油"；进手术室前，她挥舞着仅能活动的两手笑着冲大家说"拜拜"；住院期间，无论怎么疼痛，心里有多苦，她都没有落泪、喊疼，一直保持着微笑；出院后，她积极进行康复训练，憧憬着还要去上学，"装上假肢，还要当导游"。她的顽强不屈精神和乐观主义态度，让人想起了毛主席诗词中的名句："待到山花烂漫时，她在丛中笑。"

出了名、当了英雄的文花枝，始终保持着一颗平常心。记者问她："你后悔吗？"文花枝没有豪言壮语，只是淡然一笑："我只是做了自己应该做的。"事发后，她自强不息，拒绝接受各种捐赠。南方一家公司想捐款资助文花枝的弟弟读大学，让她告知账号，却被她谢绝："我们家的账已经还清，况且从来也没觉得家里穷，为什么要接受呢？"

文花枝，一个像梅花一样的姑娘，就是这样昂首绽放着，散发着淡淡清香，张扬着高昂精神，以自己的言行和鲜血，告诉我们什么是责任，什么是敬业，什么是爱心，什么是职业道德。湖南省委一位副书记说，文花枝是真正的时代英雄，她是我们这个时代真正的"超女”。

【问题与思考】

文花枝英雄壮举说明了什么？

【简析】

“我是导游，先救游客”，文花枝把生的希望留给了游客，把死的威胁留给了自己，体现她的无私、勇敢、善良、敬业、高尚的职业道德，是我们这个时代真正的“超女”。

2. 地震了，老师先跑了

2008年5月22日，范美忠在天涯论坛写下了《那一刻地动山摇——“5·12”汶川地震亲历记》一文，文中细致地描述了自己在地震时所做的一切以及过后的心路历程。

据描述，范美忠当时正在四川都江堰光亚学校上语文课，课桌晃动了一下，但范根据对地震的一些经验，认为是轻微地震，因此叫学生不要慌。但话还没完，教学楼猛烈地震动起来。“我瞬间反应过来——大地震！然后猛然向楼梯冲过去。”后来，范美忠发现自己是第一个到达足球场的人，等了好一会才见学生陆续来到操场，随后他与学生有以下一段对话。

范：“你们怎么不出来？”

学生：“我们一开始没反应过来，只看你一溜烟就跑得没影了，等反应过来我们都吓得躲到桌子下面去了！等剧烈地震平息的时候我们才出来！老师，你怎么不把我们带出来才走啊？”

范：“我从来不是一个勇于献身的人，只关心自己的生命，你们不知道吗？上次半夜火灾的时候我也逃得很快！”

接着，范美忠对一位对他感到有些失望的学生说道：“我是一个追求自由和公正的人，却不是先人后己勇于牺牲自我的人！在这种生死抉择的瞬间，只有为了我的女儿我才可能考虑牺牲自我，其他的人，哪怕是我的母亲，在这种情况下我也不会管的。因为成年人我抱不动，刻不容缓之际逃出一个是一个，如果过于危险，我跟你们一起死亡没有意义；如果没有危险，我不管你们，你们也没有危险，何况你们是十七八岁的人了！”

范美忠写道：“这或许是我的自我开脱，但我没有丝毫的道德负疚感，我还告诉学生，‘我也绝不会是勇斗持刀歹徒的人’。”这些话如一石激起千层浪，在论坛上炸开了锅。

范美忠：牺牲是选择不是美德。

【问题与思考】

谈谈你对范美忠行为的看法。

【简析】

这是一个师德问题。为人师者在学识上应该达到一定的素养，在道德行为上应该是学生学习的榜样。我们都知道，学生在学校里学习，不仅应该学习科学文化知识，更应该学做人。教育也就是将学生培养成有爱心、有能力、敢于承担责任、积极向上，与外界和谐相处的人。我们培养学生的要求是如此，那么教师更应该在此方面起到带头示范作用。但是从范美忠的行为来看，他不仅不具备以上素质，反而在后续的言行中不知廉耻，甚至说出父母都可以抛弃的话。由此试问，如果这样的人再来当教师的话，还会有哪个家长敢送自己的孩子去给他教呢？

求生是每一种动物的本性，人也是动物，所以人也有这样的本性。但是人也有在大难前团结互助、勇于奉献的人性,正是这种人性才将人与一般的动物区分开来。

3."农民律师"周倍良

有这么一个人,毕业于国家重点大学——清华大学,却在毕业时放弃大城市的高薪律师职位,怀着一颗服务"三农"的赤诚之心,投身京郊新农村建设。

有这么一个人,深入农村才两年,就为当地农民挽回了近50万元的经济损失。

他的事迹曾被中央电视台、《人民日报》、《光明日报》等媒体报道。2007年4月,参加团中央"青春的选择"——大学生农村创业全国巡回报告团,并且受到了王兆国同志的亲切接见,成为北京大学生"村官"的先进典型。

他就是被誉为农民律师、普法村官的周倍良。

现任北京市门头沟区永定镇坝房子村党支部书记助理兼团支部书记的周倍良。2006年7月毕业后,他放弃在城市里的高薪律师工作,毅然投身新农村建设,来到京郊农村担任大学生"村官"。在来到坝房子村不久,周倍良迎来了一个挑战。当时村里正与一个私营企业就一块承包土地闹着矛盾。这件事从2004年一直拖到2006年迟迟得不到解决。眼看着村里土地不能收益,村干部和村民们都急得不得了,但都束手无策。看到这,他鼓起勇气建议村里通过司法途径解决土地纠纷,和承包方打官司一决高下,并毛遂自荐担任案件诉讼代理人。他克服第一次真刀真枪地代理诉讼案件的知识挑战和错综复杂的案情困难,以高度的责任心和使命感,通过艰辛地调查取证和通宵达旦地查找法律法规,运用法律武器将破坏耕地、损害村集体利益的承包人告上法庭。经过一年多的漫长诉讼和大大小小十多次开庭,经过与对方律师的斗智斗勇、承受对方当事人的威胁恐吓,他代理的案件最终获得了胜诉。43.5亩的耕地回到了村集体手中,村集体的利益得到了维护。现在村里将这块土地出租,每亩地从以前的300元涨到了1万元,村集体收益增加了,农民也从中受益不少。通过这件诉讼,他赢得了村民的信任,也让村民看到了法律解决问题的合理和优势,从而坚定了村干部依法行政、依法解决矛盾纠纷的决心。之后村民有了矛盾纠纷,都会特意来找他咨询,热情地称呼他为"周律师",而不会像以前那样动不动用暴力和蛮干的方式解决问题。现在,这样一种文明、和谐的纠纷处理方式在村子里蔚然成风。

农村的现实让他看到农民对法律的渴求,也看到了个人力量的渺小。为了服务更多的农民群众,他将母校的力量引入农村,让母校参与到维护农民权益的行动中来。2008年4月,在母校的帮助下,一个名为清华大学法学院学生志愿者的法律援助站落户坝房子村,开始了以专门机构、长期性地服务农民的法律援助活动。

法律援助站成立以来,他们将农民群众利益放在首位,运用法律知识,热心为每一名前来咨询的农民提供服务,共接待各类咨询200多起。不光是门头沟区的村民找他们代理打官司,连石景山、昌平、大兴区的村民也慕名前来找他们代理打官司。到现在,他们总共代理了多起诉讼,有效地维护了农民权益。展望未来,周倍良有信心将这种法律援助推广到全北京市,让更多的农民享受到法律援助的实惠。由于在普法工作中的突出表现,2009年他获得了全国"五五"普法中期先进个人的荣誉称号。

"我是农民的儿子!"——周倍良在接受采访时屡次强调。在农村的近三年时间,周倍良始终以一名农民定位自己,随着生产发展的需要,任劳任怨参与村里的各项建设,担任起各种不同角色。农忙时,他会跟着书记到田间地头与村民一起劳作,挖坑、浇水、搬运蔬菜;汛期来临时,他则跟着村委一起出现在防汛现场,帮助疏通下水管道……在这里,他走到祖国生产建设的第一线,体会了普通劳动者的苦与乐,也与农民们走到了一起。

在村民眼中,周倍良俨然成为他们中的一员,有什么好东西,都会想着给他送点,有什么心里话,也会找他倾诉。在2007年镇优秀共产党员评选中,全村党员将唯一的名额给了他。在农村的历练中,这位清华学生赢得了村民的充分信任和尊重。周倍良也非常享受这种生活,"我很高兴能为农民做点事情,这里就是我的家,投身新农村建设,我无怨无悔。"周倍良说,人的一生其实只能做好几件小事,我很有幸选择了正确的人生道路,在新农村建设的伟大实践中奉献我的一点才华。

三年前,大学生到基层就业创业还是一项新鲜事物,面临着诸多怀疑和观望。今天,大学生到农村广阔天地中建功立业已成为一股势不可挡的时代洪流,成为青年知识分子锻炼成长的价值方向。我们相信,随着越来越多的青春力量汇集到新农村的广阔天地上,那里将会散发出更加绚丽的青春光芒和希望。

(选自《时事报告》大学生版,2008-2009第4期)

**【问题与思考】**

如何理解周倍良的就业选择?

**【简析】**

大学生到农村广阔天地中建功立业已成为一股势不可挡的时代洪流,成为青年知识分子锻炼成长的价值方向。这不仅是实现与祖国共奋进、与时代齐进步、与农村共发展的价值观的重要途径,也是时代的呼唤、农民群众的期盼,是党和国家事业发展的需要。

4.南京财经大学大四学生张晓斌——斯派尔冰淇淋美食连锁店

大成名店B030斯派尔冰淇淋美食连锁店老板张晓斌是南京财大财政与税务专业的大四学生,他风趣地说:"现在工作不好找,与其找个不满意的工作,还不如给自己打工。"张晓斌的搭档是同学张冬冬。在开店前,他们对大成名店周围的客流量进行了详细的统计和分析,并对开店的成本进行过精密的预算。同时,他们经历了预料不到的艰辛。"开店前,我们自己去买原料、买设备。为了节约成本,脚上都跑出了血泡。有时忙了一整天都顾不上吃顿饭。"张晓斌说。

谈及开店感受,张晓斌很乐观:"有人觉得,我们上了4年大学出来就开个小店,太不值得。其实,利用我们所学,比如我们对税务、财务知识很熟悉,对办理营业执照、税务登记的政策非常了解,加上国家对大学生自主创业的相关优惠政策,我们相信一定会取得成功的!"

**【问题与思考】**

张晓斌的创业选择给我们什么启示?

**【简析】**

从连锁加盟入手,选择简单易行的行业,如餐饮、网吧等不需要复杂技术以及特殊职业资格的行业,是目前大学生创业较热的项目。首先,大学生愿意尝试自主创业,解决就业问题,是值得赞赏的,在大学阶段有这样的尝试,通过这种手段去接触社会、了解市场,懂得客户需求和资源配置等,是很好的学习途径,为自身的能力和知识作些积累,也为以后的择业、人生规划打下基础。我们希望大学生能用自己的智慧和能力,即使从小商业入手,学会积累资金、社会资源和实践经验,以求在就业、创业中取得更大成就,实现人生价值。

5. 大学生竞聘搓澡工

北京某集团洗浴中心的招聘现场吸引了众多大学生，此次招聘收到的简历中有两千名大学生应聘搓澡工职位。

招聘搓澡工、捏脚工、服务员……而且要求应聘者必须是大专以上学历。据该企业负责人介绍，此次招聘的不管是管理岗位还是基层工作，都要从搓澡、捏脚等基层服务岗位做起。他表示，包括网上、邮寄等途径，他们已经收到5 000 多人的应聘材料，其中四成左右即2 000 名大学生应聘搓澡工职位。应聘的大学生不乏北京科技大学、国际关系学院、北京航空航天大学的大学生。

【问题与思考】

(1)造成大学生就业压力的原因是什么？想一想你有就业压力吗？

(2)面对就业形势，大学生应树立什么样的择业观和创业观？并为今后的就业做些什么准备工作？

【简析】

(1)其一，就业人数供过于求。其二，我国就业机制有待于完善。

(2)面对艰难的就业形势，大学生首先考虑的是生存，然后才是发展。大学生应当树立崇高理想，重视人生价值的实现；服从社会需要，追求长远利益；打下坚实基础，做好创业准备；不贪恋大城市，积极投身基层，投身祖国需要的地方。

## 关键名词

**职业**：指人们参与社会分工，利用专门的知识和技能，为社会创造物质财富和精神财富，获取合理报酬作为物质生活来源，并满足精神需求的工作。

**职业道德**：指从事一定职业的人在生活中应当遵循的具有职业特征的道德要求和行为准则。

**就业**：指人们从事一定的社会劳动并取得劳动报酬的经济活动。

**择业**：指人们根据自己的意愿和社会的需要，主动选择自己所从事工作的过程。

**创业**：指人们通过发挥自己的主动性和创造性，开辟新的工作岗位、拓展职业活动范围、创造新的业绩的实践过程。

## 拓展知识

1. 近年西方发达国家大学生就业状况及特点

近年来，由于经济政策调整和经济发展形势的好转，西方发达国家的大学生就业率有所提高，但是由于高等教育大众化和普及化的发展，大学生就业市场的竞争依然激烈，因此，大学生就业也出现了新的状况及特点。

1)就业率有所提高，就业竞争依然激烈

近年西方国家大学生的总体失业率回落，但问题明显。近两年来，美国布什政府的减税政策促进了经济发展，2005 年美国大学生就业状况明显好转，社会对毕业生的需求持续逐步增加。据美国劳工部统计，2006 年 1 月，全美失业率为 4.7%，而预期比例为

4.9%，是2001年7月份以来的最低水平。2005年1月以来，美国经济每月产生大约17.4万个工作机会。2006年2月，建筑行业产生了4.6万个工作机会，在各行业中排名第一。其次是教育行业和医疗健康行业，分别增加了30.9万和2.6万个就业机会。制造业新增7 000个，石油行业新增6 000个。调查显示，由于能源价格不断攀升，煤炭开采业就业前景在25年以来首次最为看好。根据美国国家教育数据统计中心（IES）提供的最新数据，2004年，20岁至25岁的大学本科生就业率为78.6%，25岁以上本科生就业率为75.8%。

2）学生在学期间作好充分就业准备，提高适应社会的能力（略）

3）学生追求职业的稳定性，突破传统的就业观念和思维定式

由于近年来欧美等国经济一直摇摆不定，失业率居高不下，大学生找工作越来越难。于是，大学生择业出现了一个新现象——追求职业稳定性的"新实用主义"。大学生择业的新特点是不拘泥于第一份工作，而是将眼光放长远，往往选择去知名度高的大公司以积累经验。在英国，对大多数应届毕业生而言，待遇优厚而稳定的工作是其梦想。受目前就业环境和社会风气影响，毕业生在第一个岗位上工作得不会太长。他们往往把第一份工作当作跳板和暂时的过渡，而期待着寻找更为稳定的工作。英国高等教育统计局（HESA）对大学生毕业初期6个月的调查数据显示，29%的雇主和20%的毕业生认为，毕业生的第一份工作会持续1年至2年；30%的毕业生不知道他们的第一份工作会持续多久，只有9%的毕业生和5%的雇主认为会在5年以上。最近，由美国大学和雇主协会所做的调查显示，工作稳定性已经成为学生选择雇主的第二重要原因，而两年前只排名第八。

近年就业竞争的压力也促使毕业生在职业的选择上逐渐突破了传统的思维习惯和做法，大学生就业呈现出新的情况。其一，工作与专业不对口。调查显示，很多人发现自己学无所用。比如，计算机通信专业的应届毕业生在电话中心做接线员；历史专业毕业生在做私人秘书。即使这样的职位，也可能需要半年以上才能争取得到。一些毕业生在寻求超市上货员、餐馆侍者和秘书之类的职位，而这些工作在以往是没有学位的人才做的。其二，到国外留学和就业。在美国，一些高技术产业向国外转移，许多学生感到在国内就业难度加大，需要到国外就业或留学。据美国国际教育研究所（IIE）2005年年度报告《打开国门》公布的数据，2003学年至2004学年，美国大学生到国外学习的人数约1913万人，比上学年增加了8.1%。

英国大学毕业生劳动力市场将就业类别大致分为五类：①传统大学生职业，指适合大学毕业生或学位获得者的成熟职业，如律师、科研人员、建筑师、医师等，该类职位从业人员要求必须是某个领域的专家；②现代大学生职业，指随着高等教育发展出现的新兴职业，如软件设计师、社会工作者等，这类工种也要求从业人员是某个领域的专家，并且要有较强的交际和协调能力；③新型大学生职业，指随着就业市场的扩大而出现的反映科技、组织结构等最新变化的职业，从业人员入职的基本条件是要大学毕业，如营销经理、环境卫生官员、新闻官员、管理会计师、物理理疗师及各类工程师，这类职位要求从业人员有"复合技能"，包括强烈的责任感、有效的交际能力以及获得并使用专业信息的能力；④接近大学生职业，如护士、批发商、电工师、图文设计师等，这类职业一般不严格要求从业人员具有大学资格，但要求他们管理和专业技能兼有，能力与"全能"者不相上下；⑤非大学生层次职业，不属于以上四类的职业都纳入此类，从业人员不必具有大学毕业资格，但调

查发现,此类从业人员相当一部分是大学生,并且学位的确起了很大作用。英国高等教育统计局对1999届毕业生毕业四年后的调查结果发现,近一半的英国大学生初次就业从事的是"非大学生层次工作",4年后15%仍从事此类工作。此外,男生和技术学位类专业如医学、工程学、数学、计算机和教育学等专业的毕业生初次就业就有可能获得适合或接近大学生层次的工作,而女生和人文专业毕业生初次就业更有可能从非大学生层次工作开始。但调查显示,毕业后两年,所有获得专业学位的毕业生从事非大学生层次工作的比例大幅下降,因此非大学生层次工作就成为毕业生入行的"门槛"。

4)社会弱势群体出身背景影响大学生就业

有着弱势背景的毕业生职业期望相对较低,缺乏信心,不能充分发挥社交网络来获得与学位相称的工作。在英国,苏格兰西部地区的大学生毕业一年后能获得适合大学生层次工作职位的比例只有40%。2003年男生失业率为22%,女生失业率还高出4个百分点。毕业后从事全职工作的男生年均收入为2.64万英镑,而女生仅为2.25万英镑。在薪水最高的职位中,男生比例远远高于女生,而且男生更容易获得适合大学生工作的职位。普通院校尤其是三流院校或工艺学校毕业生感觉仅仅因为自己不是出自名校而受到了区别对待。身患残疾的大学毕业生就业就更困难了。

美国国家教育数据统计中心最新调查显示,2004年,20岁至25岁大学本科男生就业率为80%,女生就业率为77.7%。25岁以上本科男生就业率为80.6%,女生就业率为70.9%。美国女大学生协会最新调查显示,尽管女性受教育程度高于以往,而且可以进入较高的层次,但大部分女生就业仍局限在一些传统行业。据美联社报道,接受大学教育的很多美国女性从事教师和护理工作。

另外,近年来在发达国家的国际大学生人数快速增加。英国高等教育就业服务中心(HECSU)针对国际学生的调查显示,在2003学年至2004学年,英国高等学校和机构有国际学生30万名,占英国高校学生的13%。国际学生的持续增长赋予英国职业咨询服务新的责任和职能,英国63%的职业咨询人员1/4的时间是在为国际学生服务的。

但国际学生特别是非欧美族裔的学生在就业中往往处于不利地位。其一是信息不够充分和准确,国际学生对在英国就业过于乐观,期望值过高。各国国内的一些招生机构在招生时或入学前,可能向学生夸大了在英国兼职和实习就业等工作机会,误导了学生。比如,参与调查的国际学生35%表示毕业后想留在英国工作,其中1/2想工作两年或更长时间,然而这对很多国际学生来说难以实现。其二,国际学生因为语言和缺乏工作经验而处于劣势,而且在找工作时还会遇到种族等因素的困扰。调查显示,这种文化冲击现象在来自亚洲和美洲的特定学生人群中反映强烈,但来自欧洲、非洲和中东国家的国际学生面临的这种冲突要少得多。

另外,国际学生在学期间从事专业对口工作的可能性很小。国际学生很可能为在英国所能找到的兼职工作种类灰心失望,因为这些工作与专业关系不大,收入也很低。这种现实令很多国际学生认为,英国的专业设置与就业市场联系并不紧密。当然,根据法律,国际学生可以在专业对口、能获得宝贵经验的实习单位全职实习一年,但实习机会常常来自学术研究机构,或者是三明治式(三年学习一年实习工作)教育模式,所以这样的实习机会在英国很少。

5)学校、政府和民间通力协作,促进学生就业(略)

(摘自中国论文下载中心,http://www.studa.net/gaodeng/090216/11460634-3.html)

2.校园招聘中最受欢迎的简历

校园招聘的企业一般都要求应聘者先发电子简历,他们往往先通过简历对应聘者进行初步的筛选。那么如何才能写一份好简历,让自己从千百份简历中脱颖而出呢?

1)内容必须真实

IBM中国区人力资源总监白文杰强调,不管是你的知识水平、业务能力,还是你的工作经历,不管是简历的哪个环节,哪怕是一个细小的部分,在书写这些东西时,都要遵循真实的原则,并要执行好"真实"这个原则。在招聘过程中,如果一旦被用人单位发现你的简历有造假的现象,应聘者的人品道德也就会完全丧失,这也注定这个应聘者无法找到优秀的雇主。

2)目标一定明确

IBM负责校园招聘的苏毅表示,尤其是在申请大公司的职位时,一定要在简历最醒目处,明确表述清楚自己希望工作的"目标城市"、"目标部门"以及"目标岗位"。特别是要重视自己理想的职位是什么,然后从专业、技能、经验、兴趣等方面简单分析你的目标职位的由来。绝对忌讳那些眉毛胡子一把抓的申请者,而这种对自己职位没有明确目标的申请者,也是最容易被淘汰的对象。

3)简单但要厚实

简单的意思是,千万不要把简历写上五六页,一般人力资源部门负责第一轮简历筛选的人,根本没有那么多的精力看。据西门子公司负责校园招聘的孙小红介绍,一般在第一轮筛选简历时,平均来讲,看一份简历最多只有30~40秒的时间,所以张数太多的简历很容易招人烦。建议简历张数最好控制在一两张内,最多不要超过三张。

一份"一目了然"的简历,一定是把应聘者的最大特点放在简历最突出的位置,千万不能让筛选简历的人从简历中总结、提炼你的特点。

厚实是指简历内容要丰富,传递的信息量必须大。要把自己的教育背景、工作经验、能力优势都一一表达清楚。

4)采用倒叙方法

很多人在写简历时,喜欢从过去讲到现在。建议最好采用倒叙方式来写,直接从最接近的时间入手,让简历筛选者更容易获得重要的信息。必要时,一些重要信息可以重点处理,但千万不要处理得太花哨,便于阅读是最主要的原则。

5)莫写所有经验

你所参加的实践、项目以及自己写的论文等最好不要全部写出来,只要求描述与自己现在应聘职位相关的经验和经历就可以了。用这些经验证明你有能力做好自己的目标工作,能胜任自己的目标岗位。

6)不同公司简历不同

公司不相同,文化自然有差异。应聘者千万要记住:应聘不同的企业,一定要用不同的简历。这并不是主张应聘者简单地变更一下原来的简历就可以,而是建议应聘者必须结合应聘企业的特点,重新写自己的简历。

7）不必附加证书

对于在第一轮递简历时就附加很多证书的现象，孙小红提醒说，千万不要这样做，也无须这样做。最好的做法是：在用人单位通知你参加笔试、面试时，才提交你那些与申请职位相关联的证书，而且必须是如实提供相关证书。

（选自中国教育在线校园招聘网，http://career.eol.cn/jian_li_zhi_zuo_4345/index.shtml）

3. 个人求职简历主要内容（参考）

**个人基本情况**

姓　名：　　性　别：　　出生日期：　　工作年限：

居住地：　　户口地：

通讯地址：　　邮编：

电子邮件：　　家庭电话：　移动电话：　个人主页：

自我评价：本人是一个工作认真负责、积极主动、善于团队工作的人，思维严谨，具有较高的技术水平和丰富的管理经验。适合从事XX领域XX岗位工作。

**求职意向**

工作性质：　　希望行业：　　目标地点：

期望工资：　　目标职能：

**工作经验**

工作单位：　　所属行业：　　任职岗位：

工作任务：　　工作业绩：

**教育经历**

**培训经历**

**证书**

**语言能力**

**专业技能**

**兴趣爱好**

4. 写求职简历的十二条致胜原则

在招聘者的挑选过程中，履历表是你唯一能够全权控制的部分，至于写出来的履历表如何，则与你所做的准备工夫成正比。你会发现若要写出"致胜"简历需要意见和指导，不妨让我们先来看看几项基本原则。

（1）内容资料要简单扼要。

（2）避免咬文嚼字以及令人难以理解的措词。

（3）用第三人称的立场写作（仿佛描述另一个人），如此你便可以强调自己的成就，又不会显得自吹自擂。这是最标准的引荐方式，也能增加内容的权威性。

（4）不要只列出过去的职责，要强调你如何做出成果，例如拉到新的生意、控制预算、节省开支、引进新理念，要显示出你的与众不同。用精准的事实和数据把成就量列清楚。譬如说，"行销量提高了25%"远比"大大提高行销量"好得多。

（5）采用文字处理软件创造专业形象，并设计一份文件格式，可以适用于特定的申请之用。

(6)采用质优白纸,色纸影印的效果很差(履历表经常会被影印成许多副本,在公司里流传)。基于同样理由,也不要把履历表钉成一份。

(7)采用效果良好的打印机,如果你给的是影印本,效果要很好。这点绝对不要随便将就,必要的话,可以找家印刷公司。

(8)需要强调的部分采用粗体字,但是不要用太多花哨的字体或斜体字,因为会分散对方对于重点信息的注意力。

(9)版面设计必须吸引人而且容易阅读,包括一般内文以及特别框示起来的文字。

(10)采用强而有力的字眼显示你如何取得成果。

(11)最多以两页为限,并且一定要把重点写在第一页。

(12)要积极争取,但不要撒谎。万一你获准面试或者接受测试,很容易露出马脚。

雇主对于履历表上的不实宣言大多具有慧眼,所以无法当面自圆其说的,绝对不要出现在履历表上。有些组织甚至会采访你前任雇主所委托的人力公司,这种公司专门负责过滤诈欺者和华而不实的吹嘘者。

5. 2009年应届毕业生中文求职信范例

您好!感谢您在百忙之中审阅我的求职信。

我是某大学2008年国际贸易专业应届毕业生,面临择业,我满怀憧憬和期待,愿坦诚地向贵单位自荐,并将我的材料函呈上,敬请审阅。

我毕业于一所年轻的学校,十六年的寒窗苦读造就了自强不息的我。大学四年生活短暂而充实,一千来个日日夜夜,我荡起智慧之舟,迎朝阳,送落霞,遨游于知识的海洋。我明白:现代社会,机遇与挑战并存;我懂得:只有不懈的努力才会有好的收获。正是凭着这种信念,我以乐观向上的进取精神,勤奋刻苦的学习态度,踏实肯干的工作作风,团队合作的处世原则,开拓进取,超越自我,力争成为一名有创新精神,积极开放的复合型人才。

大学生活是我人生中最重要的一个阶段,是我探索人生,实践真知,超然智慧,走向更加成熟的过程。在这期间我不但学习了课本上的知识,如计算机、法律基础、马克思政治经济学等公共课程和精读、泛读、口语、听力、写作、翻译、日语、心理学等专业课程,以及数学、经济管理基础、逻辑思维与方法、西方哲学智慧和自然辩证法等选修课程,还真正懂得了人生的意义,人生的价值。在以后的工作中,我能够从事英语翻译、行政管理、经济管理、英语教育、现代办公、文秘以及进出口贸易等相关工作。几年来,我立志做一个学好此专业的优秀大学生,我不仅有扎实的理论基础,而且有一定的实际操作能力以及吃苦耐劳和团队合作精神。出生于农村家庭使我具备了勤奋、吃苦、务实、向上的精神和作风。农村生活铸就了我淳朴、诚实、善良的性格,培养了我不怕困难挫折、不服输的奋斗精神。

大学期间,我不断完善自己的知识结构,提高自己的综合素质。"天道酬勤",今日的我已系统的学习并掌握了本专业所开设的所有课程,并且熟悉国际形势的发展需要。正因如此,在大学期间多次参加社会实践活动,并且能够理论联系实际。在校内外积极进行的实践中,检验自己所学知识的同时,使自己具备了较强的分析问题和解决问题的能力,同时学生会的工作更增强了我的较高组织和领导及管理能力,特别是在模特公司时,舞台上的风姿更加增强了我的胆略和自信。自信和执著是我的原则,沉着和乐观是我处事的态度,爱好广泛使我更加充实。面临择业,我对社会和自己都充满信心,渴望得到社会的认可,能有机会发挥自己的聪明才智,对社会有所贡献。

“十年磨一剑,今日把示君。”我没有名牌大学的文凭来保荐,也没有丰富的政治背景来装潢,但我拥有一个健康自然的我,自信而不狂妄,稳重而富有创新,成熟而充满朝气。我愿凭着这个自然的我以最诚挚的心和其他大学生一起接受您的挑选。“英雄有几称夫子?忠义怕公号帝君”,现实社会中,人才如恒河沙数,即宇宙之神也难以一一捡拾,我是否能够脱颖而出,唯有实践验见真知。回首过去,是我勇于探索勤于求学的知识蕴积之路;展望未来,将是我乐于奉献的事业开拓之途。

“良禽择木而栖,贤臣择主而事。”尊敬的领导,雄鹰展翅急需一方天空,良马驰骋尚待一方路径。对于贵单位所开创的业绩和远大的开拓前景,我仰慕已久。深信我会用自己勤勉的汗水与同仁一道为贵公司的锦绣前程奋斗不息,奉献我的年轻的热忱和才智!我真诚希望成为其中一员。

我相信:是金子总会发光!过去的成绩已成为历史,未来的辉煌需要坚持不懈地努力去创造和实现。在这斑斓多彩、日新月异的年代,只有高素质、高质量、高能力的综合性人才才能够在激烈的竞争中立于不败之地。相信您的信任和我的实力的结合将会为我们带来共同的成功。蒙阁下抽暇一顾此函,不胜感激!谨祝工作顺利!

敬礼!

求职人:张某某

×年×月×日

(选自中国教育在线校园招聘网,http://career.eol.cn/jian_li_zhi_zuo_4345/index.shtml)

6. 写好求职信的几大要点

不用赘言,大家都知道,写求职信的最后目的在获得职位,不过,现在的公司老板是很少看信不看人雇用求职的人。一封求职信无论如何文辞并茂,令人心动,公司人事主管非见到这个人是不会给予工作机会的。因此,求职信的目的在于获得面谈的机会。

1)写求职信的要点

公司的老板大多认为,注重小节的人对重大的事务也会谨慎行事。一个人做人做事是否谨慎可以从一封求职信中看出端倪。你别看轻了短短的一封信,一封求职信可以显露出一个人的嗜好、鉴别力、教育程度以及人格特性。下列几个要点便是泄露一个人“机密”的地方。因此,写信人必须格外留意。

(1)纸张的选用。最好使用品质优良、白色的信纸。信封要配合信纸的质料和颜色。

(2)书写。求职者常应该亲手写信,字体要写得清洁可辨,龙飞凤舞的字迹无疑是自寻绝路。如果可能的话,使用打字机把信打出来。这样看起来比较具有商业气息。

(3)格式。信文要适当地排列在信纸中,格式要一致,如采用齐头式(或斜线式)便应全部一致,不可中途改变。

(4)语法、标点和拼写。正确无误的语法、标点和拼写使读信人感到舒畅,错误的语法或拼写则十分明显,一望即知,予人坏印象。尤其要注意的是,绝不可把收信人的姓名或公司名号拼错或写错。

(5)信封。信封上面的地址要完整,称谓要合时宜,信纸的折叠要适当,大小适合信封。

(6)附件。求职信函通常不需附加推荐信,除非招聘广告有此要求。遇到这种情形,只须附上复印件即可。求职函内附加邮票或回址信封强迫对方答复的作法不足效仿,除非对方有此要求。

2)信函的内容

求职信函内容应包括那些?通常根据所欲谋求的工作性质而定。一般,可以包括下列几项。

(1)写这封信的目的或动机。通常求职信都是针对报纸上招聘广告而写的,若此,信中便须提到何月何日的报纸。有时“工作机会”是从朋友或介绍所(如青辅会就业辅导中心)听来的,有时是写信人不知某机构、公司有工作机会毛遂自荐而写的信,不论是哪一种,求职信上一定要说明写信的缘起和目的。

(2)个人资料。写信人应述明自己的年龄或出生年月、教育背景,尤其是和应征的职位有关的训练或教育科目、工作经验或特殊的技能;如无实际经验,略述在学类似经验亦可。

(3)备询人员或推荐人。正常的顺序是先获得这些人同意后再把他们的姓名、地址列入信中,推荐人二至三名即可。

(4)结尾。求职信的结尾在希望并请求未来的雇主允以面谈的机会,因此,信中要表明可以面谈的时间。使用的句子要有特性,避免软弱、老生常谈的滥调。

3)机智和良好的判断

写求职信要有机智和良好的判断,下列几点可供参考。

(1)陈述事实,避免表示意见。与训练和经验有关的事实可以陈述出来,但应避免表示意见说这些训练和经验对所应征的工作将有怎样的关系或好处。

(2)不要批评他人。如果你要离开现职,可以说出原因但不要用批评的方式,雇主想要了解的是你,而非你的工作机会。

(3)不要过分渲染自我。你当然认为有能力、够资格才申请某一职位,但不要过分夸大自己的能力或表现过分信心,尤其不要说与事实不符的能力或特性。

(4)留意底薪。有的雇主要你提到希望的待遇。你要作良好的判断,写出你觉得可行的最低薪。开始就业的人应知道,与其寻得一份高薪的工作倒不如找待遇尚可而有升迁机会的工作。

(选自中国教育在线校园招聘网,http://career.eol.cn/qiu_zi_xin_4348/20081217/t20081217_347899.shtml)

7.招聘官解读毕业生面试的四个忌讳

1)忌临阵怯场

面试前一天,与朋友彩排一下,准备好经常提及的问题的答案,让朋友提提意见。

面试前一小时,浏览一下自己的简历,特别是所获奖励等项。

面试前半小时,深呼吸,提醒自己以前再大的坎儿也闯过来了,今后找工作会经历更多的面试。

面试前五分钟,试着背一下唐诗三百首,或林肯的葛底斯堡演讲,放松一下情绪,以便投入紧张的战斗。

2)忌与众相同

“能介绍一下自己吗”是面试时常问的问题,切记不要把自己的简历复述一遍。你甚至可以讲一个自己的故事，让对方了解你的性格特征。面试时，要注意自己的语音、语速。要想让考官满意，你可以模仿他们的语速。

3）忌“心直口快”

如果每次考官刚说完问题，你就迫不及待地去回答，会显得不够稳重。当然了，如果每个问题都要想了又想，又显得过分谨慎，畏首畏尾。正确的做法是：大多数问题一经提出，你可以立即回答，边回答边考虑如何收尾。其他比较棘手或意想不到的问题，你可以采取下列对策：把对方提出的问题用陈述的语气自己讲一遍。如对方问“你有时会不会感到与他人合作很困难啊？”你可以这样回答：“在学校的各种社会活动和小组课题中，我从没有听到别人说跟我合作很困难。如果有的话，我想那是因为有时我对自己感兴趣的活动太投入了。”要想确认一下对方的问题，比较合适的方法是问“您是指……吗”，把刚才的问题用你的理解方式再回放一下。

4）忌无视规则

面试是程式化很强的活动，有自己的游戏规则。如：衣着得体；第一印象至关重要；肢体语言要恰到好处；不要老是盯着考官；面试后写感谢信或询问录取情况以表示你很重视这份工作。无视规则的人，往往都会输掉比赛。

（选自中国教育在线校园招聘网，http://www.eol.cn/mianshi_jq_5321/20090114/t20090114_355137.shtml）

8. 大学生创业成功须具备的七个要素

满怀激情创业，结果事与愿违，心理受挫——在为数不多的大学生创业者中，这已经是普遍现象。我也看过一些大学生创业的成功案例，但在本已少之又少的大学生创业者中，创业成功者被比喻成凤毛麟角一点也不为过。

在2009年的“两会”上，据调查数据显示，目前我国大学生创业的平均比例是0.3%，全国大学生创业成功率最高的浙江也只有4%，而在西方发达国家，大学生自主创业者比例约为20%。受今年金融危机持续影响，高校毕业生的人数将超过600万，与当下失业人员及往届未就业毕业生的数字叠加起来，使应届毕业生就业形势显得相当严峻。

不排除多数大学生受传统就业观念影响，觉得到企业、单位上班才叫就业。众所周知，求职之路漫漫，与其跟成千上万的求职者正面PK，不如另辟蹊径自主创业。但面对以上的数据，无异于往大学生创业的一腔热情上泼了一盆冷水，难道大学生的创业梦只能存在于想象中吗？大学生有创业优势，比如学识、理论基础等硬件条件。但缺乏经验、眼高手低、盲目创业的“短板”，也注定了大学生创业之路将会困难重重，很多心理承受能力差的创业者大多在第一轮就被“淘汰出局”，或许这也是造成大学生创业成功率低的又一因素。

当然，想要改善现状，光靠政府支持的外力条件是远远不够的，关键是要增强大学生自身的创业能力，才能从根本上避免盲目创业现象的产生，同时提高大学生创业成功率。

从七个方面入手，把创业梦变成现实——

1）必不可少的创业计划书

创业不是仅凭热情与梦想就能支撑起来的，因此在创业前期制定一份完整的、可执行的创业计划书应该是每位创业者必做的功课。通过调查和参考资料，要规划出项目的短期及长期经营模式，以及预估出能否赚钱、赚多少钱、何时赚钱、如何赚钱以及所需条件等。当然,以上分析必须建立在现实、有效的市场调查基础上,不能凭空想象,主观判断。根据计划书的分析,再制订出创业目标并将目标分解成各阶段的分目标,同时订出详细的工作步骤。

2)周密的资金运作计划

周密的资金运作计划是保证"有粮吃"的重要步骤。在项目刚启动时,一定要做好3个月以上或到预测盈利期之前的资金准备。但启动项目后遇到不可避免的变化,则需适时调整资金运作计划。如果能懂得一些必要的财务知识,计划好收入和支出,始终使资金处于流动中而不出现"断链现象",那么项目的初期就能为未来发展打好基础。

3)不断强化创业能力和知识

俗话说"不打无准备之战",创业者要想成功,必须扎扎实实做好充分准备和知识的不断积累。除了合理的资金分配,创业者还必须懂得营销之道,对如何进货,如何打开产品的销路,消费者对产品的需求,都要进行充分的调查研究。这些知识获取渠道可以是其他成功者的经验,也可以是书本理论知识。同时还要学会和各类人士打交道,如工商、税务、质检、银行等,这些部门都与企业的生存发展息息相关,要善于同他们交朋友,建立和谐的人脉关系。

4)为自己营造一个好的氛围

由于缺少社会经验和商业经验,大学生创业总是显得"心有余,而力不足"。不如给自己营造一个小的商业氛围,比如加入行业协会,就可以借此了解行业信息,学会借助各种资源结识行业伙伴,建立广泛合作,提升自己的行业能力。千方百计给自己营造一个好的商业氛围,这对创业者的起步十分重要。

5)学会从"走"到"跑"

在创业的初期,受资金的限制,或许很多事都需要创业者本人亲自去做,不要认为这是"跌份"或因此叫苦不迭,因为不管任何一个企业,从"走"到"跑"都是要经历一个过程的,只有明确目标不断行动,才能最终实现目标。同时在做事的过程中,要分清主次轻重,抓住关键重要的事情先做。每天解决一件关键的事情,比做十件次要的事情会更有效。当企业立了足,并有了资金后,就应该建立一个团队。创业者应从自己亲力亲为,转变为发挥团队中每一个人的作用,把合适的工作交给合适的人去做。一旦形成了一个高效稳定的团队,企业就会跨上一个台阶,进入一个相对稳定的发展阶段。

6)盈利是做企业最终的目标

做企业的最终目的就是盈利,无论你的点子有多少,不能为企业赢利就不具备商业价值。因此无论是制定可行性报告、工作计划还是活动方案,都应该明确如何去盈利。企业的盈利来源于找准你的用户,了解你最终使用客户是谁,他们有什么需求和想法,并尽量使之得到满足。

7)在失败中学会成长

从创业成功案例中不难发现,创业者往往都有"见了南墙挖洞也要过去"的信心。从小就知道"失败是成功之母"这个真理的大学生创业者,又有多少人真正体会到其中的力量呢?如果创业失败了,你又应该怎样面对失败?充分的准备和不断地学习,就能够在很大程度上减少这种概率所起的作用。与此同时调整方案,换个方式和方法继续前进,永远不要停止前进的脚步。经历过一个"死而复生"的过程,就能在未来的发展中脚步更加坚定。永远要记住一点:信心是企业迈向成功的阶梯。

(选自中国教育在线招聘网,http://www.eol.cn/chuangye_4594/20090325/t20090325_368070_1.shtml)

9. 自主创业十大策略

(1) 将创业资金数额减到最低。别举债,别投下家庭储蓄,对成功机会只有20% ~30%的新事业,不值得你这样冒险。你计划的事业要由现有的构想和你个人才华及专长做起,而且只需要少许现金。

(2) 学习销售自己。身为小企业经营者,人们买的是你,不是你的产品。只要你知道如何销售自己,初期投资并不需要准备大笔资金。开业30天内,你就可以找到客户,现金60天内就会进账,帮助推动业务成长。

(3) 对客户要大方。新事业不宜对顾客收费过高,有时要提供免费服务给顾客,让他们知道你能做什么。就算后来没有签约,他们也会介绍其他客户给你。有时,你得用小鱼钓大鱼。

(4) 从第一天开始,一切电脑化。打字机及人工作业方式,在目前市场上已无竞争力,书信往返、会计、市场、文书、销售都不例外。从第一天开始营业就要使用电脑。

(5) 长时间工作。把会计、书信等行政工作留到夜晚。这些事绝对不能占用朝九晚五的时段。黄金时段只能用来建立人际关系、作简报、打电话或与客户面对面交谈。和客户谈了一天,回家后才从事不能产生收入的工作。

(6) 爱你的顾客。永远有礼貌地和顾客说话,不论他们有时多么令你生气。记住,顾客不仅是国王和王后,还是独裁者。没有人比小企业经营者更清楚这一点,要尽力使顾客满意。

(7) 开始不成功也要继续努力。绝对不要放弃,成功经常就在失败的另一侧。失败代表你已经在正确的道路上,只要失败次数增加,努力的时间够长,途中做出聪明的选择,你终会成功的。

(8) 独自经营。开始创业时,避免邀其他人合伙。合伙就像婚姻,你愿意接受这样的束缚吗?更何况,统计显示婚姻的合伙关系,两对中就有一对以离婚收场。一般来说,如果你想创业,最好自己来。当然,这得由你自己决定。

(9) 安排休闲时间。尽管待办事项堆积如山,也要强迫自己星期六或星期日休息一天。你损失的那一天,会因为下周生产力增加而加倍补回,而且家人和顾客也希望你这样做,因为休假使人愉快。抽出时间运动,和家人出游,或看场电影,让你暂时忘记业务,工作反而更有效率。

(10) 开始时最好能在家中直接提供产品或服务。我曾在卧房一角,以一桌、一椅、一台小电脑,开创顾问公司。5年内,公司收入超过50万,有自己的办公室和12位员工。一切从小规模开始,逐渐扩大。

(选自大学生创业就业网,http://www.bb5.com.cn/news/14324.html)

10. 如何申请个人企业和独资企业

1) 申请个人企业

个体工商户开业登记,到经营所在地工商所申请,须本人身体健康,具备相应的经营能力与条件,本人除提出书面申请外,还应提供相关证明(件)。

(1)身份证明:申请人应提供本人身份证。

(2)职业状况证明:待业证明或下岗证明(原件);离、退休证(原件);辞退职、停薪留职人员证明件(原件);农村村民凭村民委员会证明(原件);法律法规允许的其他人员的证明。

(3)经营场地证明:租房协议书(协议期限必须一年以上)、产权证明;利用公共空地、路边弄口等公用部位作经营场地的应提供市政、城管、土地管理等有关职能部门的批准件或许可证。

(4)从事国家专项规定的行业或经营范围,应提交有关部门的审批件。

2)申请独资企业

设立个人独资企业,到经营所在地工商分局申请,需提交以下材料。

(1)投资人签署的个人独资企业设立登记申请书。

(2)企业名称预先核准通知书。

(3)申请人身份证原件和复印件。

(4)职业状况承诺书。

(5)企业住所证明:租房协议书(协议期限必须一年以上)、产权证明。

(6)从事国家专项规定的行业或经营范围,应提交有关部门的审批件。

(选自大学生创业就业网,http://www.bb5.com.cn/news/14291.html)

11.大学生如何提升就业能力

高校毕业生是当今社会重要的人力资源,在人才市场上已经成为一支重要的生力军。随着高校大规模的连年扩招,在校大学生人数急剧增加,毕业生人数也越来越多。据统计,2000~2006年我国高校毕业生人数分别为107万、115万、145万、212万、280万、338万和413万。在毕业生数量日益增多的同时,大学生就业难问题也越来越受到人们关注。而如何提升大学生自身的就业能力则是破解大学生就业难的关键所在。

1)职业生涯规划是提升就业能力的基础

对很多毕业生而言,与其说是“就业困难”,不如说是“就业迷茫”,不知道自己应该从事什么样的工作。很多学生在初入大学时持有“大一大二先轻松一下,大三大四再努力也不迟”的心态,对自己的未来发展缺乏科学的规划,这往往成为他们面对就业压力时感到手足无措的一个重要原因。一次对205位北京市人文经济类综合性重点大学大学生的调查显示,62.2%的对自己未来的发展和职业生涯没有规划,32.8%的不明确,只有4.9%的有明确的设计。

大学作为大学生职业生涯规划的第一站,起着至关重要的作用。首先,要树立正确的职业理想。大学生一旦确定自己理想的职业,就会依据职业目标规划自己的学习和实践,并为获得理想的职业积极准备相关事宜。其次,正确进行自我分析和职业分析。自我分析即通过科学认知的方法和手段,对自己的兴趣、气质、性格和能力等进行全面分析,认识自己的优势与特长、劣势与不足。职业分析是指在进行职业生涯规划时,充分考虑职业的区域性、行业性和岗位性等特性,比如职业所在的行业现状和发展前景,职业岗位对求职者的自身素质和能力的要求等。第三,构建合理的知识结构。要根据职业和社会发展的具体要求,将已有知识科学地重组,建构合理的知识结构,最大限度地发挥知识的整体效能。第四,培养职业需要的实践能力。除了构建合理的知识结构外,还需具备从事本行业岗位的基本能力和专业能力。大学生只有将合理的知识结构和适应社会需要的各种能力统一起来,才能立于不败之地。

从具体实施来看,职业生涯规划应从大一做起,并根据自己的长期目标,在不同阶段采取不同的行动计划。比如,一年级为试探期,这一时期要初步了解职业,特别是自己未来希望从事的职业或与自己所学专业对口的职业,但由于学习任务繁重,不宜过多参加实践活动;二年级为定向期,要通过参加各种社会活动,锻炼自己的实际工作能力,最好能在课余时间寻求与自己未来职业或本专业有关的工作进行社会实践,以检验自己的知识和技能,并根据个人兴趣与能力修订和调整职业生涯规划设计;三年级为冲刺期,在加强专业学习、寻求工作和准备考研的同时,把目标锁定在与实现自己的目标有关的各种信息上;四年级为分化期,大部分学生对自己的出路都应该有了明确的目标,这时可对前三年的准备做一个总结:检验已确立的职业目标是否明确,准备是否充分,对存在的问题进行必要的修补。

2)社会适应能力是提升就业能力的关键

学校和社会是有差距的,其运行规则和社会的运行规则有很大不同。这种环境的隔离,往往使得"象牙塔"里的大学生对社会的看法趋于简单化、片面化和理想化。一些企业对应届毕业生表示出冷淡,其中一个重要原因就是刚毕业的大学生缺乏工作经历与生活经验,角色转换慢,适应过程长。他们在挑选和录用大学毕业生时,同等条件下,往往优先考虑那些曾经参加过社会实践,具有一定组织管理能力的毕业生。这就需要大学生在就业前就注重培养自身适应社会、融入社会的能力。

借助社会实践平台,可以提高大学生的组织管理能力、心理承受能力、人际交往能力和应变能力等。此外,还可以使他们了解到就业环境、政策和形势等,有利于他们找到与自己的知识水平、性格特征和能力素质等相匹配的职业。

适者生存,生存是为了发展。对社会和环境的适应应该是积极主动的,而不是消极的等待和却步。大学生只有具备较强的社会适应能力,走入社会后才能缩短自己的适应期,充分发挥自己的聪明才智。因此,在不影响专业知识学习的基础上,大胆走向社会,参与包括兼职在内的社会活动是大学生提升自身就业能力和尽快适应社会的有效途径。

3)良好的心理素质是提升就业能力的根本

近年来,在我们大学生身边经常发生一些令人难以置信的事情:马加爵一怒之下砍死自己的室友,起因竟是打牌这样的小事,几句争执、一场误解便上演了一出震惊全国的恶性杀人案件;大学生自杀、虐待动物事件也时有发生。这不得不引起我们的警惕:大学生的心理健康需要关注!在现实生活中,面对升学的压力和父母的期望,无数学子承受着巨大的心理压力,却没有得到社会的重视,因此才有了"马加爵","涌现"出为数众多的高分低能者。大学生不仅承担着建设祖国的重任,更是社会的中流砥柱,他们的素质体现着一个社会综合素质的高低。而当代大学生在求学期间,只注重专业知识、忽视心理素质的情况,使一些人在面对困惑或逆境时,总是表现出一脸的茫然,影响到自己的择业选择。尤其在求职过程中,有些学生一旦遭遇失败,便一蹶不振,这也是大学生就业难的原因之一。因此,大学生在求学过程中应注意提高心理素质,尤其是在日常生活中注意锻炼自己坚忍不拔的性格;在求职中,充分了解就业信息,沉着、冷静应对所遇到的困难,用积极的心态扫除成功路上的障碍,直到胜利的彼岸。

4)正确的择业心态是提升就业能力的保证

"大学生就业现状及发展2006年度调查报告"中在对"解决当前大学生就业难的方法"的认识上,毕业生和企业的选择截然不同。毕业生更关注于从知识层面提高自己,认为"提高技能"和"提高职业素质"是最主要的;在企业界看来,首要的却是"学生调整就业心态","学生提高职业素质"和"提高学生技能"反倒退居其次。因此,为了提高大学生就业率,应当培养良好的择业心态,树立与市场经济相适应的现代就业观。

第一,要积极、主动寻求就业,而不能被动的"等、靠、要"。很多毕业生把希望寄托在社会关系资源上,出现了求职"全家总动员"的现象;一些毕业生则期求依靠学校解决就业问题。事实上,在市场经济条件下,我国已经实现用工制度的双向选择,大学生主动"推销"自己是一个非常重要的实现就业的途径,因为能否胜任工作还是要靠自己的能力说话。

第二,要破除传统就业观念,实现多元化就业。大学生在择业时往往承受着来自社会和家庭中传统观念和传统心理的压力,仍然把留在大城市、端上"铁饭碗"作为首要选择,也有不少大学生倾向于选择外企、合资企业等薪酬较高的职业,但很少有人选择西部和基层,这就使就业成了过"独木桥"。其实,很多岗位还是非常需要大学生的。比如,近年来,一批新型适应非正规就业方式的职业正在不断涌现,自由演艺人员、软件开发人员、翻译人员、美工设计者和自由撰稿人等自由职业岗位在社会上走红,对于缓解大学生就业压力起到了积极的作用。可见,只要大学生能转变观念、面对现实,就不难找到能够发挥自己特长的工作。

第三,避免盲目追求,正确认识自我。我国的高等教育正处于从"精英教育"向"大众教育"转变的过渡期,一些当代大学生缺乏应有的危机意识,"眼高手低",盲目追求就业中的高层次、高薪酬,在择业类型和择业区域上出现"扎堆"现象,造成了供求脱节,这也是造成大学生就业难的原因之一。据调查,我国2006年对大学生的需求量大幅度下降,2006年全国共有413万名高校毕业生涌向就业市场,较去年增加22%。这一增一减更成为大学生就业难的重要原因。在这种情况下,大学毕业生只有改变以前的"精英就业"观念,树立"人职匹配"的"大众化"就业观,才有可能实现就业。

(选自大学生职业生涯规划网,http://www.takecareer.com/jyxs/zhuanjiazhizhao/200710/421.html)

12.当代大学生诚信的缺失和重建

诚信是中华民族的传统美德,是全人类所认同的道德规范。诚信,对于提升整个社会的道德水平,促进经济的发展、社会的稳定等方面具有重大的意义。当代大学生是国家的未来建设者和接班人,他们的诚信状况将直接关系到我国社会主义现代化建设的顺利进行。从总体来看,当代大学生的诚信状况是好的,是积极向上的,然而近些年来,大学生诚信缺失的现象越来越突出,对此我们必须引起高度重视。

1)诚信缺失的主要表现及其危害

第一,弄虚作假严重。一是考试作弊屡禁不止。大学生考试作弊已经是普遍的不争的事实,而且作弊者队伍越来越庞大,手段也越来越先进,不少地方还出现了以赚钱、营利为目的,有组织、有中介的"职业枪手"队伍。二是学术抄袭司空见惯。抄袭作业、论文移花接木、假想实验数据等等对于不少大学生是家常便饭,"天下文章一大抄,在于会抄不会抄”、“文章 = 剪刀 + 浆糊”的观点,在大学生中的认同率极高。三是简历注水花样百出。为了在双向选择的就业竞争中找到好的归宿,不少大学生在个人履历表上大做手脚。于是招聘会上人人都是优秀班干部、三好学生,人人都有一叠荣誉证书,人人都有一流的外语和计算机水平。四是投机取巧追逐名利。在评奖评优上,在入党、竞选干部、保送研究生等问题上,一些大学生不是靠实力去争取,而是想方设法请客送礼,投机取巧拉关系。弄虚作假的直接后果是:一方面严重挫伤努力学习同学的积极性,另一方面是学生水平下降。水平的下降直接影响到就业。在北京、上海、广东的人才市场,大多数用人单位不愿意要应届毕业生,认为他们有文凭没水平。

第二,信用意识缺乏。一是骗贷逃贷。据调查,国有商业银行国家助学贷款坏账比例高达 10%,远远高于普通人 1% 的比例。由于坏账率过高,今年 4 月全国已有 100 多所高校被银行列入暂停发放助学贷款的“黑名单”。更有甚者,少数大学生隐瞒家庭真实情况,出具虚假贫困证明骗取助学贷款。这些骗贷逃贷的行为,致使后来的贫困大学生上大学之路越发艰难。二是拖欠学费。恶意欠费现象在许多高校普遍存在,所欠金额每年都在递增。三是随意违约。大学生中任意变更、撕毁就业合同的行为时有发生,不少大学生签约的目的只是为了解决户口问题,有的是这山望着那山高,一旦目的达到便不辞而别,让招聘单位措手不及,防不胜防。据报载,目前大学生就业遭遇诚信危机,违约罚金已高达 3 万元。随意违约的行为,致使一些学校声誉造成不良影响,一些用人单位明确表示,从此不到该校招人。

第三,人际关系淡漠。据报载,北京某大学在对 420 名学生的调查中发现,在“对他人的态度上”,有近一半的受访者缺乏对他人的足够信任感和安全感。在对“与陌生人打交道时要小心”回答中,表示完全赞同的高达 45.8%,而完全反对这一说法的只有 0.5%,完全同意“在这个竞争的年代里,如果不保持警惕,别人就可能占你便宜”的占 32.7%,部分同意的占 38.6%,完全不同意的只占 2.6%。由于缺乏真诚与信任,于是沉迷于网络虚拟世界,而不愿意在生活中与人交往者有之;背地造谣中伤,偷看他人日记,甚至盗窃财物者有之;为争夺恋人,抢夺升学、留学机会而不择手段者有之;逢场作戏,未婚同居,多角恋爱者有之,于是因恋爱不成而轻生自杀或是凶残报复的事件在高校时有发生。人际关系的淡漠,容易导致学生孤僻、冷漠、紧张、不合群、缺乏责任感,引发心理疾病,不利于学生健康人格的形成和发展,使学校的不稳定因素加大。

2)诚信缺失的原因分析

大学生诚信的缺失,实际上是社会、家庭、学校诚信缺失的一个缩影。导致大学生诚信缺失的因素有很多,主要有以下几个原因。

(1)外部环境欠缺。一方面是来自传统文化中的一些负面影响。诚信是中华民族的传统美德,是中华民族最可贵的精神遗产。在漫长的中华文明发展史上,虽然形成了诸如“言必行,行必果”、“人无信不立”、“宽则得众,信则民任”、“抱诚守真”、“童叟无欺、公平交易、互礼互让”等有关诚信的经典之句,但是封建社会中的一些歪曲观念,如“山中有直树,世上无真人”、“逢人只说三分话,未可全抛一片心”等等也流传至今,在一定程度上淡化了大学生们的诚信观念。另一方面是来自现实社会中的一些负面影响。如政治领域中的贪污受贿、买官卖官、数字政绩等,经济领域的制假售假、坑蒙拐骗、偷税漏税等,文化领域的泡沫学术、假文凭、假博士、假职称、假广告、商标侵权、虚假文风等,人与人之间的虚假人情、互不信任等等，总之，从国家信用到金融机构信用，从企业信用到个人信用，几乎都沦落到被质疑的境地。大学不是“世外桃源”，社会诚信的缺失必然影响到大学生诚信的缺失。

(2)学校教育滞后。一是重视不够。普遍存在重智轻德的现象，德育工作依然是说起来重要，做起来次要，忙起来不要。许多中小学校把政治、历史、地理等人文课程放在了副科的位置。在大学阶段，德育工作的地位有所上升，但也有不少大学忽视德育教育，仍以分数论成败。二是方法简单，内容单一。不少学校以政治教育取代道德教育，片面强调政治上的忠诚，而忽视基本诚信品质的培养，片面强调理论灌输，而忽视实践教育和大学生主观能动性的发挥。三是学风不正。当前，商业潮流也已涌入了大学，大学在大学生心目中已不再是“学术的圣地，精神的家园”，不少学生都是抱着混文凭的目的来的，再加上社会的诱惑太大，学术研究氛围过于混乱，连部分教师也不知道学术方向在哪里，不少学生甚至教师都难以自控，很难静心进行学习研究。四是管理不到位。大学阶段任课教师不管事，班主任名存实亡，不少大学生一进校便完全放松：逃课、上网、睡懒觉、谈恋爱、打工赚钱……，学习不用功，就业压力又大，于是弄虚作假在所难免了。而学校对违纪学生的处理上，也存在一些关系和后门，有的高校为了提高就业率，对学生的造假行为也是睁只眼闭只眼。此外，高校连年扩招，人数大增，生源素质有所下降，也给高校日常管理和思想政治工作带来了极大的挑战。

(3)家庭教育乏力。家庭是孩子的第一所学校，父母是孩子的第一任教师。家庭对孩子的影响是潜移默化的，也是根深蒂固的。家庭教育的根本是品德教育，诚信教育是品德教育中的一项基础内容。当前的大学生绝大多数是20世纪80年代出生的独生子女，然而他们的家庭诚信教育状况不容乐观。很多家长只关心孩子的学习成绩和日常生活起居，忽视或根本不进行道德品质方面的引导；少数家长全然不管孩子，任凭孩子自由发展；有的家长对孩子的不诚信行为不但没有及时制止，还起了教唆的作用；还有的家长当着孩子的面做一些有违诚信的事情。作为独生子女，由于父母长辈的过分溺爱，很容易产生以自我为中心，考虑更多的是别人应该为我做什么，很少考虑我应该做什么，更别谈什么社会责任与社会价值了。同时，从小缺乏儿童伙伴，离群寡居，容易形成不合群、自私、胆怯、不关心同伴等不良心理。这些都是影响学生诚信品质形成的不利因素。

(4)自律意识较差。一方面当代大学生涉世不深，很多学生都是到了大学才开始独立生活，独立处世，社会生活经历比较简单，基本上是学校—家庭两点一线的生活，道德心理还不成熟，缺乏理性思辨和分析选择的能力，缺乏对个人与社会、现实与未来、社会的光明面与黑暗面之间关系的全面理解和认识，缺乏对诚信缺失危害性的认识。特别是网络时代每天大量的垃圾信息，生活中的一些诚信者失利，失信者得利的反面事例，很容易使学生无所适从，甚至将一些社会消极现象当作社会本质，形成错误的诚信观。另一方面，虽然多数大学生对诚实、正直、守信、履约等诚信道德的基本范畴讲起来头头是道，口若悬河，但是在实际生活中，当关系到自己个人利益或安危时，便放松了对自己的要求，使知与行相背离，这主要是意志力的问题。

(5)约束机制缺乏。我国现行的诚信教育约定俗成多，约束机制少。在传统社会，诚信是在封闭的生产关系、人员很少流动的社会条件下形成起来的，诚信基本上是作为道德规范，作为一种约定俗成，而非法律规范。人们往往将诚信建立在道德良心的基础上，主要靠传统、习惯、舆论去遵守,因此缺乏严肃性、连续性、系统性等。在这种历史背景下,诚信问题很难成为普遍突出的社会问题。随着市场经济的建立,随着改革开放步伐的加快,人与人之间的关系开始广泛、频繁、紧密、复杂,在这种关系和环境中,约定俗成对人的行为的约束作用是十分有限的,也是远远不够的。当传统的诚信维系手段渐渐失去了效应,而新的维系手段——与市场经济相匹配的各项规章制度及法制体系,尚未建立或健全时,诚信缺失现象便在各个领域不断出现。正是由于缺乏可操作性的信用约束机制,人们的失信行为得不到惩罚,诚信者的利益得不到有效保障,这在很大程度上导致、纵容了失信行为的一再发生。

3)诚信重建的对策

切实加强大学生诚信的重建不仅是高校也是全社会一项刻不容缓的重要任务。实践表明,诚信的重建不是单纯靠哪一家、哪个部门就能完成的,它是一个系统工程,需要社会、学校和家庭的共同努力和通力合作。

(1)营造氛围是诚信重建的前提。教育是在社会大环境下进行的,没有与教育的目标相一致的环境,任何教育都是苍白无力的,因此,营造一个政府讲诚信、公众讲诚信、人人讲诚信的社会大环境非常重要。一是要提高认识。思想是行动的先导,首先要充分认识到诚信的重要意义。要充分认识诚信是大学生健康成才的基础保证,是社会主义市场经济发展的内在要求,是社会主义道德建设的重要内容,从而把诚信重建摆上议事日程,切实抓好。二是要加大宣传力度,发挥舆论导向的作用,全方位多角度开展诚信理念的宣传。要大力弘扬中华民族的传统美德,宣传和贯彻《公民道德建设实施纲要》,使诚信理念深入人心。三是规范政府行为,全力打造诚信政府,充分发挥政府在诚信重建中的主导作用。党政领导干部要转变作风,依法行政,在抓好自身诚信的基础上,带动各行各业开展诚信活动,使诚信理念在社会各领域渗透,推动整体诚信意识的提高。

(2)加强教育是诚信重建的重点。家庭教育和学校教育是相辅相成的,两者缺一不可。从家庭教育来看:首先父母要努力提高自身素质,做好诚信的表率。其次要把智育放在首要的位置来抓,从小抓好孩子的品质教育。从学校教育来看,首先,要高度重视诚信教育在学校教育中的应有地位。要改变重智轻德的现象,把诚信教育纳入学校德育教育体系,贯彻落实到学校教育的各个环节,从入学教育到毕业教育,从德育课到基础课、专业课,从日常行为管理到各项校园活动,都要把诚信的内容加进去,让诚信的意识渗透到方方面面,渗透到每个角落。其次,要加强管理。要加强教师队伍的管理。在学校办学理念上要坚持诚信原则,排除权(钱)学交易对教学工作的干扰。在师德建设上,要坚决杜绝学术抄袭、剽窃等不诚信的行为。对学生的管理上,每个教师要各司其职,不论是班主任还是普通教师,不论是行政人员还是一般干部,都应该义不容辞。在对每个违纪学生的处理上,要根据校纪校规从严掌握。第三,改进教育方式方法。一是由他律型向自律型转变。要着眼于培养大学生的主体精神,引导他们自觉加强学习与思考,将诚信教育的要求内化为自觉行动。二是由传统型向现代型转变。要大胆吸收现代科技成果和最新的管理方法,注意发挥现代传媒尤其是计算机网络的作用,利用现代信息技术和网络技术,拓宽教育的领域,使教育工作覆盖和渗透到大学生活的各个方面。三是由灌输型向互动式转变。要克服片面硬性灌输的方法,由服从与被服从的关系,转变为平等、民主的关系,使教育过程成为自主的接受、自主的发展、平等的对话、进而和谐地解决问题,同时,实现教育相长、品德共进的过程。四是由单一型向多样化转变。教育工作方法有多种,如说理教育法、榜样示范法、实践锻炼法、情感陶冶法、自我教育法、品德评价法、心理暗示法等,要充分发挥高校德育方法体系的整体作用,不能孤立地采取某一种方法,发挥各种方法的互补作用,同时,要整合所有的教育资源,利用各种载体,开展形式多样的教育实践活动。五是由封闭型向开放式转变。一方面诚信教育不能仅限于课本和课堂,要走出校门,让大学生深入社会,深入生活,深入群众,在参与和体验中受到教育。另一方面,教育工作者自身也要开放,要大胆学习和借鉴西方一些发达国家诚信教育的好经验、好作法,使诚信教育更富实效。

(3)完善机制是诚信重建的保证。制度问题是一个"更带有根本性、全局性、稳定性和长期性"的问题。因此,诚信重建不仅要抓好教育,培育诚信理念,更重要的是要建立健全相关的制度,对失信行为进行规范、引导、监督、约束和制裁。诚信机制建设主要包括制定信用体系及制度的基础法律、信用中介机构的管理法规、对欺诈行为的惩处办法等等。从社会来看,不少地方已经开始了对信用评估体系和失信惩罚机制的探索,如上海市政府已于2000年在全国首创个人联合诚信体系,2002年上半年,又建立了企业联合诚信体系;2003年11月,中国人民银行拟定了诚信管理条例草案等等,这表明诚信立法是大势所趋。作为人才济济、思想活跃的高校而言,有条件也有必要建立诚信教育机制。目前有很多大学如上海大学已建立国内首份大学生信用档案,天津师大推出学生诚信评价体系等等。综合起来主要内容有以下几个:一是学生诚信档案,诚信档案如实记录学生在校期间学习、工作、生活的方方面面,包括学生的基本情况、品行说明、学习成绩、信用记录、奖惩等情况,实行电子化管理,在学生毕业时,信用档案跟随学生人事档案一并交给用人单位,从而将学生的信用纪录延伸到社会;二是诚信评估机制,对大学生的诚信状况进行定量记载和定性评价,根据评估情况,适时开展各种教育活动,使诚信教育措施的实施在时间和空间上更具有针对性,更趋于合理;三是诚信奖惩机制,将诚信的状况与评奖评优、入党等相结合,对失信行为采取限制评优、贷款等。

(选自 http://hi.baidu.com/kaohuazhu/blog/item/9e0c80130c47e7d0f6039e25.html)

## 训练提升

### 一、选择训练

1. 单项选择训练

(1)办事公道是指职业人员在进行职业活动时要做到(　　)。

A. 原则至上,不徇私情,举贤任能,不避亲疏

B. 奉献社会,襟怀坦荡,待人热情,勤俭持家

C. 支持真理,公私分明,公平公正,光明磊落

D. 牺牲自我,助人为乐,邻里和睦,正大光明

(2)党的十六大报告指出,认真贯彻公民道德建设实施纲要,弘扬爱国主义精神,以为人民服务为核心,以集体主义为原则,以(　　)为重点。

A. 无私奉献　　B. 爱岗敬业　　C. 诚实守信　　D. 遵纪守法

(3)强化职业责任是(　　)职业道德规范的具体要求。

A. 团结协作　　B. 诚实守信　　C. 勤劳节俭　　D. 爱岗敬业

(4)国家干部遵纪守法,照章办事,不论远近亲疏都一视同仁;教师平等地对待每个学生,没有智力差和家庭贫富贵贱之分;售货员公平地对待每位顾客,服务热情,不以貌取人,欺叟骗童。这是(　　)。

A. 助人为乐的社会公德的要求　　B. 办事公道的职业道德的要求

C. 尊老爱幼的家庭美德的要求　　D. 完善自我的人际吸引的要求

(5)勤奋努力,不辞辛苦地劳动或工作,不断地创造财富,合理地使用能源和资源,珍惜劳动成果,爱惜时间,不懒惰,不奢侈浪费。这是良好道德品质的基本范畴中(　　)。

A. 正直无私的要求　B. 忠诚守信的要求　C. 仁爱互助的要求　D. 勤劳节俭的要求

2. 多项选择训练

(1)职业道德的内容有(　　)。

A. 办事公道　　B. 奉献社会　　C. 服务群众　　D. 爱岗敬业

E. 诚实守信

(2)职业道德是人们在一定职业活动中所应遵循的、具有自身职业特征的道德原则和规范。加强职业道德建设是(　　)。

A. 提高劳动者素质的重要途径

B. 社会主义道德建设的重要任务

C. 社会主义精神文明建设的重要内容

D. 提高工作效率和质量,促进社会生产力发展的必要条件

E. 纠正行业不正之风,形成良好社会道德风尚的重要手段

(3)爱岗敬业是职业道德的核心和基础。下列表现属于爱岗敬业的有(　　)。

A. 在本职工作中勤奋努力,不偷懒,不怠工

B. 喜欢自己的工作,能心情愉快、乐观向上地从事自己的本职工作

C. 为了求得未来自己理想的职业,利用现有的职业劳动时间全力为求新职做准备

D. 不情愿地成为现有职业的劳动者,在没有调换工作之前,仍坚守工作岗位,履行职业责任

E. 把自己看成现职工作单位的一分子,把自己从事的工作视为生命存在的表现方式,尽心尽力地去工作

(4)无论你从事的工作有多么特殊,它总是离不开一定的(　　)的约束。

A. 岗位责任　　B. 家庭美德　　C. 规章制度　　D. 职业道德

E. 思想品德

(5)创新对企事业和个人发展的作用表现在(　　)。

A. 是企事业持续、健康发展的巨大动力

B. 是企事业竞争取胜的重要手段

C. 是个人事业获得成功的关键因素

D. 是个人提高自身职业道德水平的重要条件

(6)坚持办事公道,必须做到(　　)。

A. 坚持真理　　B. 自我牺牲　　C. 舍己为人　　D. 光明磊落

(7)在企业生产经营活动中,员工之间团结互助的要求包括(　　)。

A. 讲究合作,避免竞争　　B. 平等交流,平等对话

C. 既合作,又竞争,竞争与合作相统一　　D. 互相学习,共同提高

**二、分析训练**

1. 奇闻——茶水当尿检测出尿道炎。中国新闻网记者和浙江电视台记者用同一杯绿茶水作尿液样本分别到浙江 10 家医院化验,检测结果是:2 家民营医院和 2 家省级医院在茶水中没有检出白细胞,另外 6 家医院不同程度检测出了白细胞和红细胞,5 家医院给记者开了消炎药,总计药费 1 300 多元。

有人说医生无耻,有人说记者缺德,你怎么看?

2. 两位是同学又是朋友的人在同一所大学毕业后,同时前往一个开放的南方城市应聘,又同样被聘用到一家规模不小的公司工作。

遗憾的是,上班后,两人所从事的工作与自己所学的专业却相去甚远。两人都是学电脑的,一位被分配去干童装推销,另一位却被分配去搞仓库管理。干了半年后,干推销的那一位找来干仓库管理的那一位说,与其这样学非所用地干下去,还不如辞职自己给自己打工,咱们一起辞职开个电脑销售公司如何?

干仓管的那一位觉得自己的工作还稳定,工种也还可以,就说我还是干下去吧。两人分手后,从此无音讯。三年后的某一天突然在同一座城市的街头相逢,此时原来干推销的那个由于进入电脑销售市场发挥了自己的学科专长,如鱼得水,已经是一家颇具规模的电脑销售公司的经理。而干仓管的那位在原来的位置上呆了三年,后来却因为一件小小的过错被炒了鱿鱼,由于他在“仓库管理员”的位置上养尊处优了许久,所学的专业知识基本上忘得差不多了,如今正奔波在各个人才市场之间,过着今天上班、明天被炒鱿鱼的日子,一天到晚惶惶不可终日。

就案例分析就业、择业和创业。

**三、问答训练**

1. 面对当今的就业形势,你打算如何进行职业生涯设计?

2. 如何理解社会主义职业道德的基本要求?

3. 如何理解劳动者的法定权利和义务?

**四、论述训练**

试述大学生应当树立怎样的择业观和创业观。

**五、践履训练**

1. 拟写一份创业计划。

2. 以班级为单位,由团委会组织主题讨论会:“到基层去,到农村去、到边疆去、到祖国最需要的地方去”。

要求:每位学生都有发言稿,时间不超过 5 分钟。首先以小组为单位讨论,然后小组推荐代表到全班发言,展开大讨论。

## 项目 2.5 社会公德践履(实践体验)

主题:开展一次公益活动和做一次义工。

方式:从下列活动中任选 1 ~ 3 项实施,并提交一份有关参与活动的证明材料。

(1)参加“三下乡”活动。
(2)参加“青年自愿者”活动。
(3)为灾区人民捐钱捐物。
(4)义务帮助贫困学生。
(5)义务献血。
(6)其他。

# 法制观学习与践履

## 素质目标

培养社会主义法制观,提高学生的法律意识。

## 能力目标

初步树立社会主义法制观念,养成遵纪守法的习惯,增强维护法律尊严的责任感。

## 知识目标

领会社会主义法律精神,掌握基本的法律知识。

## 计划学时

16 学时。其中,课堂教学 12 学时,实践体验 4 学时。

# 项目 3.1 社会主义法律精神学习与践履

## 学习素材 1 《说文解字》关于“法”的解释

在我国,《说文解字》解释“法”字的起源时是这样说的:“灋(fǎ),刑也。平之如水,从水;廌(zhì),所以触不直者,去之,从去。”可见,“法”字包含三个意义。

1)正直

正直一直是我国自法产生以来的重要的法的价值观念之一。从法字的最初结构中就不难找到这一观念的原始依据。“廌”是传说中远古时代的一种独角神兽,它生性正直,有着明辨是非、判断曲直的神性,在人们相互间发生纠纷时,就由其裁决。廌用其独角“触不直者”,被触者即为“败诉”。古人把这种生性正直、专触不直者的神明裁判者——“廌”纳入法的范畴,显然赋予了法的正直而无偏颇的价值内涵。直字的造字初义是举目正视,《说文解字》解释说,“直,正见也。”

正直的价值观念在中国历史上是相当深厚的。从法的产生一直绵延发展到现代,正直始终是中国立法、执法、司法官员及其活动的价值指引,始终是中国民众用以判断法、法律官员、司法和执法状况的价值准则。

2)公平

公平一直是中国关于法的制定和运用的最经常的价值观念和价值评价标准。在中国传统的价值观中,“公平”一词是存在最广泛、使用最频繁的价值准则。从“法”字的造型可以看出,法字虽经千古演变,但其表明平之如水的水旁始终是法字不可或缺的重要组成部分。

3)惩恶

实施刑罚、惩恶扬善是我国古代法的重要价值。古人对法的解释为:“法,刑也”。“法”中包含“去”,去即是“弃”、“逐”的意思。对谁采用“弃”或“逐”呢?是对“不直者”。这说明了法的惩恶价值。我国最早的成文法《法经》内涵的盗、贼、囚、捕、杂、具六篇,都是关于刑事犯罪方面的规定。在中国各朝,用以调整民事关系的法律手段,都是刑罚而非民事制裁措施。对每一种违法行为,包括民事违法行为,都规定了国家的暴力和刑杀。违反户籍、财产、契约、婚姻法规的行为也被法规定了具体的刑罚处制措施。从一定意义上讲,在中国古代,法与刑法实际是一回事。

## 学习素材 2 名人名言

1. 法律的生命从来不是逻辑,而是经验。——霍姆斯

【简析】

法律并不是少数精英的理论游戏,它的生命源自普通大众的生活经验。只有与日常理性水乳交融,法律知识才有活力和生命。

2. 人生而自由，却无往不在枷锁中。——卢梭

【简析】

人生而享有天赋的自由，但是由于屈从社会法则，他便获得了唯一能使他真正成为人的文明的自由。我们在生活和工作中，必须遵守社会规则。世界因规则而有序，因无序而大乱。舍我和顾全，是每个人必须坚守的。

3. 一切有权力的人都容易滥用权力，这是万古不易的一条铁律。有权力的人们使用权力一直遇到有界限的地方才休止。——孟德斯鸠

【简析】

法治的关键在于治权，治权重在治吏。我国大量的各级党政官员都掌握着一定的权力，这些权力本源于人民的授权，决定了权力的行使必须服务于人民的宗旨，但由于权力的本身具有扩张性、异化性、功利性等特征，一旦失去了制衡，其“三性”就会充分地表现出来。因此，国家对各种权力都应尽早规定一个“界限”，且具有强制力，使任何人都不敢、不能、不会被超越。这个“界限”非法律(法规)莫属，且必须坚持依法办事。

4. 为了自由，我们作了法的奴隶。——西塞罗

【简析】

法律都是对自由的限制，他们在一定程度上和一定情况下对自由进行限制是为了在总的结果中为人们带来更多的自由。

5. 法乃一切善良和公正之术！——塞尔苏斯

【简析】

这是自然法学派对“法律是什么”的回答：法是正义、理性，符合人的普遍本性，是主要的善，所以能得到普遍的遵循。他们认为，法律与道德、伦理并没有严格的界限，道德上的善是法律的本质，是法律所追求的终极目标，不符合普遍道德的法律不具备法律的资格，也没有法律所应有的效力。

## 学习素材3 案例分析

**案例1**：2006年4月，湖北省汉川市政府办公厅下发了一份题为《关于倡导公务接待使用“小糊涂仙(神)”系列酒的通知》的文件，称湖北云峰酒业公司是最早来汉川落户的引进企业，所产酒去年跻身中国白酒品牌20强，该企业去年纳税逾1 300万元，而该酒在汉川的市场份额却很低。为此，该市倡导在公务招待中使用此酒。文件还附有任务分解表，包括各局、各乡镇在内的105个单位，今年应完成“喝酒任务”200万元，对于完成年度用酒计划的单位，将按10%奖励，对未完成计划的单位将通报批评。

【问题】

湖北省汉川市政府办公厅的行为是否合法？为什么？

【简析】

不合法。《行政许可法》第13条规定，市场竞争机制能够有效调节的，政府可以不设行政许可；政府设定的行政许可，不得限制其他地区的个人或者企业到本地区从事生产经营和提供服务，不得限制其他地区的商品进入本地区市场。

本案还说明加快建设社会主义法治政府的重要性。法治不同于法制，“法制”是法律制度的简称，属于制度的范畴，是一种实际存在的东西；“法治”是法律统治的简称，是一

种治国原则和方法，是相对于“人治”而言的，是对法制这种实际存在东西的完善和改造。法制的产生和发展与所有国家直接相联系，在任何国家都存在法制；而法治的产生和发展却不与所有国家直接相联系，只在民主制国家才存在法治。法制的基本要求是各项工作都法律化、制度化，并做到有法可依、有法必依、执法必严、违法必究；法治的基本要求是严格依法办事，法律在各种社会调整措施中具有至上性、权威性和强制性，不是当权者的任性。实行法制的主要标志，是一个国家从立法、执法、司法、守法到法律监督等方面，都有比较完备的法律和制度；而实行法治的主要标志，是一个国家的任何机关、团体和个人，包括国家最高领导人在内，都严格遵守法律和依法办事。对于一个国家来说，执法者如果缺乏依法执政的理念，再完善的“法律制度”也会成为一纸空文。

**案例2**：寒假过去又开学了，初一(3)班郭老师在学生报到注册的时候，又强调了发型问题。三天过去了，班里的男生苏某还是留着长长的中分。一天中午放学后，郭老师把他叫到办公室。教师问：“老师给全班同学提的发型要求你知道吗？这也是全校统一的要求，你知道吗？”“知道。”学生低声回答。“知道？知道为什么还不动？”声调里老师带着几分气。“我家里不让理，我也没办法。”学生理直气壮。就这样，师生对话的火药味越来越浓。最后，老师拉开抽屉顺手拿出一把剪子，嘴里说着那我替你理吧，话到手到，苏某中间的一绺头发已剪下来了。苏某回到家，其父怒冲冲跑到学校兴师问罪：“正月剃头死舅舅，又不是文化大革命，凭什么给我孩子剃个阴阳头……。”为了化解矛盾，年级主任便把他们带到校长室。听完大家的陈述，校长认为，化解矛盾的最好办法是学法，使他们各知其错。校长打开《教师法》翻至第35条：“侮辱、殴打教师的，根据不同情况，分别给予行政处分或者行政处罚；造成损害的，责令赔偿损失；情节严重，构成犯罪的，依法追究刑事责任。”家长赶紧表示自己错了，愿意赔礼道歉，说着站起来给郭老师深深鞠了一躬。接着校长转过身来对郭老师打开《未成年人保护法》找到第15条：“学校、幼儿园的教职员应当尊重未成年人的人格尊严，不得对未成年学生和儿童实施体罚、变相体罚或者其他侮辱人格尊严的行为。”郭老师已为自己一时间鲁莽感到内疚，借着校长的话，诚恳地向学生和家长表示了歉意。

**【问题】**

本案说明什么问题？

**【简析】**

老师强行给学生剪发和家长到学校来“兴师问罪”的事见于很多学校，当发生这类事情的时候，应该依照现有的法律来处理，虽然不是所有行为都有相应的具体法律条文，但我们可以比照一些类似条文或者法律精神来解决。知法、懂法，具备法律意识是对每个公民的要求，大家遇事都冷静思考，注意以法律来规范自己的行为，对保证学校正常的教学程序非常重要，同时这也是保障自身权利的重要前提。

**案例3**：2000年6月16日傍晚，潘伟毅和刘卫东一同前往申华大酒店，参加朋友的生日宴会。两人都喝了不少酒，不敢开车，于是商量好当晚不回家。晚上十点左右，两人在酒店开了个房间睡下了。到了晚上十一点半左右，刘卫东先醒了过来，看到潘伟毅随手放在桌子上的包，就想跟他开个玩笑，于是把包拿出了房间，藏在同楼层的服务台里。为了达到逼真的效果，他还特意把房间门打开，造成是窃贼进入的样子。

做完了这一切之后，刘卫东又悄悄溜回床上睡下了。半夜十二点左右，潘伟毅醒了过来，一看包不见了，连忙把刘卫东叫醒询问。刘卫东原本打算吓唬潘伟毅一晚上，等第二天退房时再告诉他真相。然而他没有想到，正是因为房间的门开着，潘伟毅才断定是窃贼闯入，于是立即报了警。刘卫东情急之下，想等公安人员暂时查不出头绪，撤走以后再跟好朋友说清楚。于是他趁人不备，把藏在6楼服务台的包又迅速转移到了7楼服务台。事后刘卫东说："我当时想这件事我要当面跟潘伟毅说，我也没想到他这么快叫110过来。等110一来，我人已经像傻子一样了，好像被他打了一拳，蒙掉了，说不出话来了。"

刘卫东进了看守所，可他实在想不通，这次自己开的这个玩笑，与潘伟毅以前跟他开的玩笑从形式上看差不了多少，而这次的玩笑甚至连点新创意都谈不上，怎么到了自己这儿，就算是犯罪了呢？看到刘卫东为此进了看守所，潘伟毅心里也很不是滋味。他几次三番来到检察院，为朋友辩解。

【问题】

刘卫东的行为是否触犯法律？

【简析】

人民检察院认为，刘卫东说他是以开玩笑为目的，我们定他以非法占有为目的，是因为一个人的主观犯罪故意与否，主要是通过他的客观行为来认定的。一个人的思想是不可能看得出来的，只能通过他的客观行为表现出来。事发当天公安人员到达现场后，曾询问过刘卫东，但是他却说自己什么也不知道。检察院认为，刘卫东把藏在6楼服务台的包又转移到了7楼服务台，进一步对包实行了控制，也就是盗窃犯罪中所规定的，采用秘密手段控制了这个包，而被害人则完全对包失去了控制。公安人员已经掌握了刘卫东拿包的直接证据和重要证据，在这种情况下，他承认是自己拿的包。虽然可能刚开始的时候，他有开玩笑的动机，但是随着事态的发展，他在主观上发生了转变，就是刑法理论中所讲的，主观故意已经发生了转变，已经是一种盗窃的犯罪故意了。最终，刘卫东因盗窃罪被判处有期徒刑4年。

**案例4**：2003年12月5日《青岛日报》载，最高人民法院日前公布的一组数字耐人寻味：自1990年行政诉讼法正式施行13年以来，全国法院共受理了80多万件行政诉讼案件，几乎涉及所有行政管理领域。尤其是近6年来，"民告官"出现逐年激增的现象。一个被称作行政审判突破性发展的标志数字是，全国法院行政案件收案数从1992年的27125件增加到2001年的100 921件，原告的撤诉率从37.84%下降到32.38%，原告的败诉率从35.93%下降到28.61%，被告的败诉率则从21.98%上升到25.67%。

【问题与思考】

年收案从不足3万到超过10万大关，逐年激增的行政诉讼说明了什么？"民告官"中"民"的撤诉率和败诉率逐年下降，相应的，"官"的败诉率则上升了近4个百分点，"下降"和"上升"的变化意味着什么？

【简析】

(1)从上访、找党政领导到诉讼，公民的法律维权意识增强了。社会文明程度的提高，公民法律维权意识的增强，是近年来我国行政诉讼数量不断增多的主要原因。安徽省阜阳市中级人民法院的一份调研报告分析，"民告官"中一个制约行政诉讼发展的重要因素，就是作为原告的"民"普遍存在着"三不"，即不知告、不会告和不敢告。不知道法律赋予自己依法提起行政诉讼的权利，不管行政机关具体行政行为正确与否，要么履行，要么软顶硬抗；不会拿起法律武器保护自己的合法权益，在行政机关作为与不作为之间，一片茫然；同时，“民”的最大的一块心病是怕行政机关事后报复，怕法院司法不公，官官相护。

(2)从“怕出庭”到主动出庭，各级政府依法行政的观念提高了。2002 年 7 月，沈阳市政府出台《关于建立行政机关法定代表人行政诉讼出庭应诉制度的通知》，要求各级行政机关都建立法定代表人出庭制度，积极配合人民法院行政审判工作。类似的规定在许多地方成为政府的共识。例如，安徽省太和县公安局曾因治安拘留争议被诉上法庭，公安局长主动出庭，并要求全局中层以上干部参加旁听。经审理，公安机关程序违法，当庭宣判撤销公安机关的治安拘留决定，太和县公安局服判。从行政诉讼开始时的怕当被告，怕出庭和怕败诉，到如今的理性面对诉讼，并注重通过行政诉讼吸取经验教训，采取有效措施，弥补工作不足，完善规章制度，说明各级政府机关提升了执法水平，增强了依法行政意识。

## 关键名词

**法律**：指由国家制定或认可并以国家强制力保证实施的、反映由特定社会物质生活条件所决定的统治阶级意志的行为规范的总和。

**法律体系**：指对一国全部现行法律规范按照一定的标准和原则划分为不同的法律部门，并由这些法律部门所构成的具有内在联系的统一整体。

**法律运行**：指一国法律从创制、实施到实现的过程。主要包括立法、守法、执法和司法等环节。

**法律制定**：指有立法权的国家机关依照法定职权和程序制定规范性法律文件的活动，是法律运行的起始性和关键性环节。

**法律遵守**：指国家机关、社会组织和公民个人依照法律规定行使权力和权利以及履行职责和义务的活动。

**法律执行**：指国家机关及其公职人员，在国家和公共事务管理中依照法定职权和程序，贯彻和实施法律的活动。

**法律适用**：指国家司法机关及其公职人员依照法定职权和程序适用法律处理案件的专门活动。

**法制**：指国家法律和制度的简称，是一种社会制度。

**法治**：指治理国家的理论、原则、理念和方法，是一种社会意识。

**依法治国**：指依照宪法和法律来治理国家，即广大人民群众在党的领导下，依照宪法和法律规定，通过各种途径和形式管理国家事务，管理经济文化事业，管理社会事务，保证国家各项工作都依法进行，逐步实现社会主义民主的制度化、法律化，使这种制度和法律不因领导人的改变而改变，不因领导人看法和注意力的改变而改变。

## 拓展知识

1. 法律的主要作用就是制裁违法犯罪吗？不违法犯罪就用不着学法了吗？

有些大学生对学法的意义认识不足，与其对法的作用缺少全面的认识有直接关系。

他们对法律在制裁违法犯罪方面的作用有比较深刻的认识，在描述法律时，使用最多的词汇是：判刑、监狱、拘留、逮捕、罚款、枪毙、通缉、审讯、破案、追逃、严打等，似乎法律的主要作用就是制裁违法犯罪，而对法律在保障公民、法人和其他社会组织合法权益等方面的作用却知之甚少。因此，他们对学习法律的必要性的认识不全面，认为自己只要不违法犯罪就不用学习法律了。其实，制裁违法犯罪，仅仅是法律作用的一个方面，法律还有多方面、多层次的作用。

作为一种特殊的社会规范，法律的作用总的来说可以分为规范作用和社会作用。

所谓法律的规范作用，是指法律对人的行为所产生的影响及其方式和过程。法律对人的行为可以通过两种途径发生影响。一是对人们行为的直接控制，法律通过它的不同的规范表现形式，如授权性规范、禁止性规范、命令性规范等，调整一定的社会关系，指引人们的行为。二是通过人们心理的影响，间接地约束人们的行为，这种间接控制行为的方式可称为法律的心理控制作用。法律的心理控制作用不是直接规定行为的可行与否，而是通过教化以及其他手段作用于人脑。心理控制的最终目的，是通过法律意识的指导，使人们的行为符合法律的要求。

所谓法律的社会作用，是指法律对经济的、政治的、文化的等各种社会关系的影响及其方式和过程，它体现了法律对于社会整体影响效果。法律发挥其社会作用的途径也可归纳为两种方式。一是维护统治阶级在政治、经济和思想等领域的统治。在社会主义国家，法律的这种作用主要表现是：保障和促进社会主义政治文明建设，确认人民主权和维护人民当家做主的权利，保障和促进社会主义市场经济健康有序地发展，保障和促进社会主义精神文明建设。二是执行社会公共事务方面的作用。大量的法律规范是用以调整每一社会所共同面临的社会性事务的，如维护人民基本生活条件的法律，内容包括自然资源和环境保护、交通通信、医疗卫生等方面。法律在这方面的作用为统治阶级的经济、政治等社会关系奠定了基础，实际上是在间接地维护统治阶级的经济、政治统治。显然，上述两方面的作用往往是互相交织在一起的，它们作为一个整体服务于法律的最终目标，体现出法律的本质。

我国不仅在宪法中明确规定了公民的民事权利、劳动权利、诉讼权利等，其他法律的立法目的、宗旨和任务都包含着“保护公民、法人或者其他组织的合法权益”等内容。《中华人民共和国民法通则》的目的和任务是为了保障公民、法人的合法的民事权益；《中华人民共和国合同法》的目的和任务是为了保护合同当事人的合法权益；《中华人民共和国国家赔偿法》的目的和任务是为了保障公民、法人或者其他组织享有依法取得国家赔偿的权利；《中华人民共和国民事诉讼法》的目的和任务是为了保护当事人行使民事诉讼权利，保护当事人合法的权益。即使是惩罚功能最突出的《中华人民共和国刑法》的任务，也是用刑罚与一切犯罪行为作斗争，以保卫国家安全、保卫人民民主专政的社会主义制度，保护国有财产和劳动群众集体所有的财产，保护公民私人所有的财产，保护公民的人身权利、民主权利和其他权利，维护社会秩序、经济秩序，保障社会主义建设事业的顺利进行。再如消费者权益保护法、未成年人保护法、妇女权益保护法、老年人权益保护法等法律的出发点和归宿则更是为了保护这些群体的权益。此外，还可以从一些与学生关系特别密切的法律、法规、规章，如高等教育法、居民身份证法、著作权法、专利法、商标法等法律，计算机软件保护条例等法规，以及高等学校学生管理规定、校园秩序管理规定等规章中，发现许多涉及大学生权益的内容。

上述可见，制裁违法犯罪仅仅是法律作用的一个方面。在现代社会，法律在规定权利、维护权利、执行社会公共事务等方面的作用已越来越重要。无论从法理上讲，还是从立法、执法等法律实践中看，保障公民的合法权益，都是法律作用的重心。法律约束人们的行为，制裁违法犯罪，最终的目的仍然是为了维护正常的社会秩序，从而有利于公民、法人和其他社会组织合法权益的实现。因此，学习法律，不仅仅是(或者主要不是)为了预防和减少违法犯罪，更重要的是为了明确自己的权利，依法维护和行使自己的权利。

2. 不知法也能守法吗？怎样才算知法？

有的大学生在知法与守法的关系上存在模糊认识。他们在表述知法、守法与护法的关系时，有的选择“守法未必知法”，还以许多老百姓不学法不知法不懂法但能守法作为例证；有的则选择“知法未必守法”，并以许多领导干部知法懂法但不能守法甚至违法犯罪的事实作为“证据”；还有的认为“维护法律尊严是警察、法官、检察官和其他法律专业人士的事”。他们由此得出的结论是：“不懂法也可以不违法犯罪，何必学法?”为了分析这个“结论”的正确与否，不妨结合具体案例加以分析。

卢某系北京某大学计算机应用专业的学生。2000 年 6 月，卢某从网上下载了“黑客”软件，破译并盗取了北京创原世纪公司的上网账号及密码。卢某不仅自己使用该公司的上网账号及密码，而且还向同学、好友广泛传播此上网账号及密码，还得意地告诉他们：“这账号是黑下来的，不要钱就可以上”。2000 年 10 月至 11 月期间，卢某甚至在网上发布信息，以每 100 元使用 3 个月的形式，将创原世纪公司的上网账号及密码在网上销售，从中获利 4 000 多元。由于知道了上网账号及密码的人经常在网上向自己的网友传播，致使使用过该账号的人竟达 1 000 多名。该公司在信息费用猛增 10 万元的情况下，终于发现账号被盗用。据统计，截至案发时，卢某的上述行为，共给该公司造成直接经济损失 16 万多元。当卢某因涉嫌盗窃罪被刑事追究时，他竟以没有偷东西为由替自己辩解，还说要知道是犯罪，也不会向同学、好友广泛传播此上网账号及密码，以致造成那么大的损失。显然，对法律的无知无疑是卢某走上犯罪道路的一个重要原因。

北京某重点大学工科学生孙某，聪明好学，尤其喜欢“钻研”侦探小说。为了检验与警察较量的结果，他开始盗窃学生宿舍的财物(他家庭经济条件很好)。每次作案，他都要“把握”两条“原则”：一是控制盗窃财物的价值量，不达到法律规定的“数额较大”的标准，以避免构成盗窃罪。他认为只要不达标，即使被抓住了，只能算是小偷小摸，大不了关几天。二是不在现场留下指纹和足迹。他认为警察找不到指纹和足迹就破不了案，因此每次作案他都不忘戴上手套，并在退出房间时用拖把抹去足迹……。当他多次作案后被以盗窃罪追究责任时才“如梦初醒”！孙某自以为知法懂法，而实际上是一个危险的法盲。他只知道“盗窃罪是秘密窃取公私财物数额较大的行为”，却不知道如何计算盗窃数额。当被警察告知“虽然每次盗窃的财物数额都未达标，但几次加起来早就超标”时，他竟因为自己对法律的无知而号啕大哭。他看了几部侦探小说便“颇有心得”，竟狂妄的叫嚷“即使与警察较量也未必会输”，说明他的法律心理已被扭曲。可见，“知法”绝不是对法律的一知半解，它要求对法律精神、法治原则等有一个正确的认识，同时要求有一个健康的法律心理。

诚然，有些老百姓对法律条文知道得很少，一般也能守法。但是，决不能认为他们对法律全然无知。他们通过各种途径和方式接受全民法制教育,在长期的社会实践中,逐渐形成了诸如“欠债还钱”、“杀人偿命”、“若要人不知,除非己莫为”等朴实的法制观,以及爱国守法、明礼诚信等道德观,因而一般不会违法。相反,有的领导干部和法律专业人士,虽然具备比较丰富的法律知识,但是没有树立正确的人生观、价值观和法制观,没有健康的法律心理,仍然可能走上违法犯罪道路。因此“守法未必知法”或“知法未必守法”都不是必然的普遍的现象,更不能成为“不必学法”的论据和理由。

## 课后提升

**一、选择训练**

1. 单项选择训练

(1)下列选项中,属于社会主义法律制定的准备阶段的是(　　)。

A. 审议法律草案　　B. 形成立法动议

C. 提出和审议法律议案　　D. 清理规范性法律文件

(2)关于法治的说法,正确的是(　　)。

A. 法治以尊重和保障人权为核心

B. 法律比法治更强调实质意义上的法律至上、权利保障的内涵

C. 古希腊的柏拉图认为法治应当优于一人之治

D. 实行法治表明公民的一切权利都由法律加以保障

(3)法律在社会生活中不是“万能的”,下列哪些社会关系不应该由法律去调整?(　　)

A. 财产人身关系　　B. 婚姻家庭关系　　C. 同志友谊关系　　D. 社会公共秩序关系

(4)法律主要体现的是(　　)的意志。

A. 公民　　B. 统治阶级　　C. 政党　　D. 整个社会

(5)《立法法》属于(　　)法律部门。

A. 宪法　　B. 行政法　　C. 民商法　　D. 经济法

(6)国务院根据宪法和法律制定(　　)。

A. 法律　　B. 规章　　C. 地方性法规　　D. 行政法规

(7)河北省人民政府制定的《河北省行政执法争议协调办法》属于(　　)。

A. 法律　　B. 行政法规　　C. 地方规章　　D. 自治条例

(8)法与其他社会规范的区别在于(　　)。

A. 是调整人们行为的规范　　B. 有约束力

C. 由国家强制力保证执行　　D. 规定制裁措施

2. 多项选择训练

(1)下列关于法治与法制的表述不适当的是(　　)。

A. 法治要求法律全面地、全方位地介入社会生活,这意味着法律取代了其他社会调整手段

B. 法治与法制的根本区别在于社会对法律的重视程度不同

C. 实现了法制,就不会出现牺牲个体实现正义的情况

D. 法治的核心是权利保障与权力制约

(2)下列有关执法与守法区别的说法不正确的是(　　)。

A. 执法的主体不仅包括国家机关,也包括所有的法人;守法的主体不仅包括国家机关,也包括所有的法人和自然人

B. 行政机关的执法具有主动性,公民的守法具有被动性

C. 执法是执法主体将法律实施于其他机关、团体或个人的活动,守法是一切机关、团体或个人实施法律的活动

D. 执法须遵循程序性要求,守法无须遵循程序性要求

(3)我国是统一的多民族国家。下列关于我国国家结构形式的表述正确的是(　　)。

A. 我国是单一制的国家

B. 我国的国家结构形式是由我国的历史传统和民族状况决定的

C. 民族区域自治以少数民族聚居区为基础,实行民族自治

D. 民族自治地方设立自治机关,行使自治权

(4)社会主义依法治国的指导思想是(　　)。

A. 马列主义　　B. 毛泽东思想

C. 邓小平理论　　D."三个代表"重要思想

(5)社会主义依法治国的目标是(　　)。

A. 建设物质文明、政治文明与精神文明相结合

B. 建设物质文明与精神文明相结合

C. 把依法治国同以德治国紧密结合起来,使社会主义民主更加完善,社会主义法制更加完备

D. 依法治国的基本方略得到全面落实,为把我国建设成为富强、民主、文明的社会主义现代化国家服务

(6)社会主义依法治国的意义(　　)。

A. 依法治国反映了社会主义初级阶段发展市场经济的客观需要,有利于实现国家的宏观调控与微观管理

B. 依法治国是社会文明进步的标志,有利于保护生产力的发展,适时调整和更新社会关系,保护人类文明成果

C. 依法治国把发扬人民民主和严格依法办事结合起来,有利于促进安定团结,是国家长治久安的重要保障

D. 依法治国从制度上和法律上保证中国共产党的基本路线和基本方针的贯彻落实,使党能够始终发挥总揽全局、协调各方的领导核心作用

(7)下列有关法律含义的说法正确的是(　　)。

A. 法律是由国家创制的　　B. 法律是由国家保证实施的行为规范

C. 法律是统治阶级意志的体现　　D. 法律由社会物质生活条件决定

(8)下列行为属于法律适用的是(　　)。

A. 张三认为其未达到16岁而拒绝与个体老板签订就业合同

B. 海关工作人员认为某人有走私嫌疑而查办某人

C. 法院审判员在法庭上对当事人进行调解

D. 检察机关接到群众对某人接受贿赂的举报后进行侦查

**二、问答训练**

1. 如何理解我国社会主义法律的本质?

2. 建设社会主义法治国家的主要任务是什么?

**三、案例训练**

2003 年 3 月 17 日,就职于广州一服装公司的大学生孙志刚未携带身份证逛街,被广州市黄村街派出所以没有暂住证为由予以收容。3 月 18 日,孙志刚被送往广州收容遣送中转站,在中转站被乔燕琴、乔志军殴打成重伤,于 3 月 20 日死亡。该案发生后不久的同年 6 月 20 日,国务院公布《城市生活无着的流浪乞讨人员救助管理办法》。该《办法》自 2003 年 8 月 1 日起施行,《城市流浪乞讨人员收容遣送办法》同时废止。

问:本案说明什么问题?

## 项目 3.2 社会主义法制观念学习与践履

### 学习素材 1 “法律面前人人平等”的由来

在西方国家的历史上,很早就产生了关于平等的观念。例如,亚里士多德曾提出,法律应具有平等的品质;在西欧封建社会,基督教认为一切人都具有原罪上的平等,人人都是上帝的选民。

在我国古代,也曾出现过一些关于法律平等的观念和理论,例如,“法”字本身就包含有“平之如水”的含义;先秦法家的代表人物韩非子提出“法不阿贵”,“绳不绕曲”,“刑过不避大臣,赏善不遗匹夫”,等等。但更多的却是处处可见的不平等现象。“刑不上大夫”就是其中最突出的一点,而作为封建社会最高统治者的君主更是凌驾于法律之上。

“法律面前人人平等”这一原则,是由清末民初的进步思想家从西方传入中国的。这一原则在中国第一次被规定在宪法中,是 1912 年 3 月 11 日公布的《临时约法》。中国共产党领导下的革命根据地政权也一直肯定这一原则。1931 年 11 月通过的《中华苏维埃共和国宪法大纲》第一次将这一原则规定下来:“在苏维埃政权领域内,工人、农民、红色战士及一切劳苦民众和他们的家属……在苏维埃法律面前一律平等。”

1954 年,法律平等原则被庄严地写进新中国的第一部宪法:“中华人民共和国公民在法律上一律平等。”但上世纪 50 年代后期,人们给这一原则戴了两顶帽子:一是认为这是资本主义的法制原则,我们不能用;二是认为这一原则没有阶级性,是主张“革命与反革命讲平等”。这一原则在一个相当长的时间里成了批判的对象,因而 1975 年宪法和 1978 年宪法均取消了这一原则。直到 1982 年,法律平等原则才重新写入宪法。实践证明,不能说凡是资产阶级提出来的或使用过的概念或口号,就是“资产阶级的旧法观点”,而不能使用。

在我国，坚持社会主义法律平等原则，具有多方面的重要意义。首先，它充分显示出社会主义政治制度的优越性，有利于提高广大群众的政治思想觉悟，树立国家主人翁责任感；其次，它鲜明地反对法外特权，防止特权思想和特权作风对我们干部队伍的侵蚀；第三，它鲜明地反对法外歧视，有利于坚持“以事实为依据，以法律为准绳”的司法原则，防止冤假错案的发生；第四，它要求人人都严格依法办事，既充分享有他们应当享有的法定权利，又切实履行他们应当履行的法定义务，有利于维护法律的应有权威，健全社会主义法制。

## 学习素材2 名人名言

1. 法律不能使人人平等，但是在法律面前人人是平等的。——波洛克

【简析】

波洛克这句貌似绕口令般的名言是对“法律平等”这一概念的准确阐释。

法律具有平等的一面。特权思想与法治社会是格格不入的，现代社会的法律无一例外地反对任何人凌驾于法律之上，人们所享有的法律权利也是基本相当。当一个富人和一个穷人产生纠纷，他们中的任何一方都有权去法院提起诉讼，都有权聘请律师为自己辩护，也都有可能获得胜诉。但是也应该看到，法律上的平等是相对的平等，不是绝对的平等；是形式上的平等，不能保证实质上的平等；是一种机会上的平等，不能保证结果的平等。例如法律平等保护每一个人的私有财产，但是每一个人的财产多寡是十分悬殊的。尽管法律上的平等还存在很多弊端，但是这种法律上的平等依然值得珍视和捍卫。因为法律所造成的不平等归根结底来源于现实生活的不平等，而不是法律自身的过错。

我们要正确认识法律上的平等，承认那些合理的不平等，例如一个法律知识丰富的人与一个法盲相比，肯定在社会生活中占据着优势，减少那些不合理的不平等。

（选摘自《法痴》，法律的平等与不平等，http://blog.sina.com.cn/mylegal，2008.10.12）

2. 认真对待权利。——德沃金

【简析】

德沃金要求谁认真对待权利？要求政府，即体现政治意志的法律、制度、政策以及直到总统的各级掌握权力的官员。谁是权利的享有者呢？是政府统治下的所有人，是每一个国家的公民，是社会的每一个成员。为什么要求政府认真对待每一个人的权利，简单地说是因为道德，但这主要不是对个人提出的道德要求，而是对政府提出的道德要求，政府应当合乎道德，亦即平等地对待所有人。在此，权利的提出主要不是为了限制个人行为的，而是为了约束政府行为的。德沃金以一个法学家的观点认为，权利构成了法律的道德基础。在德沃金看来，这种对政府行为的道德要求的要义是平等，亦即政府必须平等地关怀和尊重所有人。所谓“平等关怀”，就是把人们作为会受挫折、会有失败和痛苦的人们来同等地关心他们、帮助他们；所谓“平等尊重”，就是把人们作为能理智地、自主地制定和履行他们的生活计划的人们来同等地尊重和关照他们的意志和意愿。前者较侧重于社会经济利益的公正分配，而后者较侧重于政治和思想言论自由等基本权利的保障。或者说，前者主要是指经济权利，指对于起码的生活水平和发展条件的权利，而后者则主要是指政治权利。

3. 在民主的国家里,法律就是国王;在专制的国家里,国王就是法律。——马克思

【简析】

在民主的国家里法律有高于一切的权威,而在专制的国家里只有国王一人的权威。民主的国家里掌握立法权的是广大人民,他们为自己的利益而立法;而专制的国家里法律具有极强的随意性,君主的个人意志就可以任意左右法律的适用与否以及量刑轻重。

## 学习素材3 案例

**案例1**:2008年3月10日下午,西藏自治区拉萨市哲蚌寺约300余名僧人无视国家法律及寺庙有关管理制度,企图冲入拉萨市区制造事端。被执勤人员劝阻后,多次进行冲撞、漫骂、殴打执勤人员,气焰十分嚣张。当日,10余名色拉寺外地学经人员在大昭寺广场打出"雪山狮子旗",呼喊"西藏独立"等口号。3月11日至13日,个别寺庙部分僧人继续聚集,呼喊反动口号,把维护秩序的工作人员的克制视为软弱,投掷石块,泼洒石灰、开水,致使几十名执勤警察和干部受伤,多人重伤。哲蚌寺3名僧人还用刀具自伤肢体并互相拍照,企图掩盖真相,混淆视听。3月14日,滋事活动进一步升级。一些暴徒开始在拉萨八廓街聚集,暴徒们呼喊分裂口号,大肆进行打砸抢烧活动,并暴力冲击公安派出所、政府机关,抢劫银行、商铺、加油站、市场等。据初步统计,暴徒在拉萨市造成包括3所中小学在内的22处建筑物被烧,数十辆警车和民用车辆被焚毁,致使10名无辜群众被杀死、烧死,公安民警、武警战士重伤12人,其中2人生命垂危,国家和人民群众财产遭受很大损失。

在事件处置过程中,执勤人员面对滋事暴徒保持了极大的克制,始终忍辱负重,耐心劝解、疏导,坚持文明执法。拉萨少数暴徒的野蛮行径,激起了西藏社会各界的强烈愤慨和严厉谴责。西藏自治区人民政府依法采取坚决措施,严厉打击违法犯罪分子,平息了事态。

【简析】

中国是一个法治国家,依法治国是党领导人民治理国家的基本方略。公民表达任何诉求应通过合法手段,中国法律对游行示威活动有明确规定,如果僧人们确实通过法律程序采取行动,那就是合法表达,是对政治的有序参与。如果没有,就是非法活动。一方面,我国实行宗教信仰自由的政策,另一方面,宗教也必须在宪法和法律的范围内活动。为了维护和平,我们要充分尊重藏传佛教仪轨和历史定制。中国是一个统一的多民族国家,56个民族的人民都要为国家的统一和完整稳定作贡献,任何搞独立分裂,包括藏族人民在内的全国人民都不会答应。西藏自治区人民政府依法采取坚决措施平息事态的做法说明,西藏的稳定绝不容破坏,人民的利益绝不容侵犯,法律的尊严绝不容践踏。

**案例2**:陈小姐进入某家公司工作,月薪不菲。一次,陈小姐在小姐妹小张的恳求下,代为其打了考勤卡。结果她接到了公司方的《犯规处理通知单》:"违规者陈小姐,犯规事实为代小张刷卡。根据《员工手册》之规定,作除名处理。"公司的工会组织也认同了这种处理。不服气的陈小姐申请了仲裁。在未获撤销公司除名决定的情况下,陈小姐诉至法院,要求撤销公司除名的决定。公司方辩称,陈小姐代他人考勤,违反了《员工手册》的规定,因此对陈小姐的除名,并无不当。

法院认为,根据劳动法的有关规定,劳动者有严重违反劳动纪律或者用人单位规章制度的，用人单位可以解除劳动合同。由他人代为考勤之情形，尚不构成严重违反劳动纪律之情节。故公司方以此为由，对其做出除名决定，无依据。法院做出撤销公司对陈小姐除名决定的判决。

**【简析】**

严格工作纪律本身没错，公司管理也是自家的事，但是国家法律的效力大于公司制度。既然劳动法明确规定了用人单位对员工违反劳动纪律或单位规章制度的处理，那么任何用人单位就必须遵守劳动法的规定，做到有法必依。法院对陈小姐所在公司的错误做法予以撤销是正确的。

**案例 3**：华中地区某县农民薛某正在田里使用从亲戚家借来的牛犁田时，被公安派出所的民警带走，后来薛某的这个亲戚也被收容并接受审讯。原来，当天有人报案，称自家的耕牛被盗，并认定薛某所用的牛是自家的。县公安局在进一步审查中发现，薛某亲戚"盗牛"的证据不足，数日后放了薛某及其亲戚。薛某及其亲戚认为，抓借人不能一放了之。四天后，他俩到县城法院起诉，诉称县公安局的行为侵害了他们的人身权利，使他们在精神、物质上均蒙受到损失，要求恢复其名誉，赔偿其损失。在县法院审理过程中，县公安局主动纠错，向两位农民赔款 2 500 元，公安局长亲自到他们家道歉。此后，两个农民撤销了诉讼。

**【简析】**

我国《宪法》第 37 条明确规定，中华人民共和国公民的人身自由不得受侵犯。本案中的公安派出所在证据不充分的情况下，错抓并关押农民薛某及其亲戚，其行为侵犯了两位农民的人身自由权。根据国家赔偿法的规定，理应承担相应的法律责任。本案说明我国法律能够保证公民的合法权益。

## 关键名词

**自由**：指公民在法律规定的范围内，其自己的意志活动有不受限制的权利，如言论自由、集会结社自由等。

**平等**：指法律条件对国家的每一个公民是相同的，没有区分的。

**正义**：指公平地对待每一个人并使每一个人都得到公平的对待。

**权利**：是法律关系主体依法享有的某种权能或利益，它表现为权利享有者可以自己做出一定的行为，也可以要求他人做出或不做出一定的行为。

**义务**：是法律关系主体依法承担的某种必须履行的责任，它表现为必须做出或不做出一定的行为。

**法律思维方式**：指按照法律的规定、原理和精神，思考、分析、解决法律问题的习惯取向。

**法律权威**：指法律在国家和社会管理过程中具有的不可违抗性。

## 拓展知识

1. 如何理解和区分社会主义法制观念、法治观念和法治理念

1)社会主义法制观念

法制观念可以有两种理解:一是泛指对法律制度的看法和态度。对一定的法律制度,不同的人会有不同的看法和态度。二是专指人们重视、遵守和自觉地执行法律的思想意识。社会主义法制观念以广大公民的高度自觉性为基础,要求人们对现行法律持尊重、信赖并积极认同的态度,是人民群众对社会主义法律在理性认识基础上产生的一种切身体验,是对法的一种心悦诚服的感知和认同。2004 年 12 月全国普法办主任张福森在谈到当今全国法制宣传日的主题"弘扬宪法精神、增强法制观念"时说,增强公民的法制观念是法制宣传教育工作的重点和目标。公民法制观念的内涵很丰富,包括了依法参与管理国家和社会事务的观念,依法规范生产和生活即依法办事的观念,依法监督国家权力行使的观念,依法维护自己的合法权益的观念,依法履行法定义务的观念等。公民法制观念的水平,直接影响着依法治国基本方略的实施,制约着社会主义法治国家建设的历史进程。因此,必须通过扎实有效的法制宣传教育,实现全体公民法制观念的形成和提高。

"社会主义法制观念"的使用范围是最广的,也是频率最高的,不仅从 20 世纪 80 年代开始,频繁出现于报刊、广播电视等媒体,而且在党和国家的重要文献,如中共中央、全国人大、国务院的重要报告、决议,以及全国的法制宣传教育和学校教育的规范性文件,都使用这个概念。值得注意的是,近年来的关于学校思想政治教育和全民法制教育的文件,仍然使用"法制教育"和"社会主义法制观念"这两个概念。2004 年《中共中央国务院关于进一步加强和改进大学生思想政治教育的意见》将"加强民主法制教育,增强遵纪守法的观念",作为大学生素质教育的一项内容。2005 年《〈中共中央宣传部教育部关于进一步加强和改进高等学校思想政治理论课的意见〉实施方案》明确规定"思想道德修养和法律基础"课程的任务是主要进行社会主义道德教育和法制教育,帮助学生增强社会主义法制观念,提高思想道德素质,解决成长成才过程中遇到的实际问题。2006 年,中共中央、国务院转批的《中央宣传部、司法部关于在公民中开展法制宣传教育的第五个五年计划》和全国代表大会常务委员会《关于加强全民法制教育的决定》将进一步提高社会主义法制观念和法律素质,作为在公民中开展法制宣传教育的目标之一。这些说明"社会主义法制观念"这个概念并没有过时,它仍将在全民法制宣传教育和学校教育领域广泛使用,其含义也将更加丰富。

2)社会主义法治观念

比较普遍地使用"社会主义法治观念",与党和国家领导人在重要场合的讲话或重要文献中开始使用"社会主义法治国家"这个概念有关。

1996 年初,江泽民同志审定的中共中央举办的第一期法制讲座的主题为"关于依法治国,建设社会主义法制国家的理论与实践问题"。这里使用的是"社会主义法制国家"这个概念。同年 3 月 17 日八届人大四次会议审议批准的《国民经济和社会发展"九五"计划和二○一○年远景目标纲要》,将"依法治国,建设社会主义法制国家"作为战略目标加以规定。这里使用的也是"社会主义法制国家"这个概念。1997 年 3 月八届人大五次

会议审议通过的政府工作报告还是提“依法治国，建设社会主义法制国家”。但1997年9月，十五大报告就改为“依法治国，建设社会主义法治国家”。1999年3月，九届人大二次会议通过的宪法修正案正式将“依法治国，建设社会主义法治国家”载入宪法。随着重要文献“建设社会主义法制国家”改为“建设社会主义法治国家”，有关文件和社会各界开始将“法制”、“社会主义法制观念”和“法治”、“社会主义法治观念”并用，有时用“法制”，有时用“法治”。

“法治”和“法制”虽然一字之差，但内涵上有重大区别。“法治”是一种治理社会的理论、原则、理念和方法，是一种社会意识；而“法制”则是“法律制度”的简称，是一种社会制度。只要有法律和制度存在就有法制存在，但不一定就是实行法治。“法治”比“法制”的内涵更丰富，要求更高。法治观念就是对法治理性精神和文化意识的抽象，是法治的基本倾向和人们对法治的态度、信念，以及法治价值、法律制度、法官等的认识（法治知识）、评价（正义与非正义、合理性与非合理性）、反应（信任或厌恶、认同或抵制）及期望（要求、愿望）等。法治观念的核心是法治的实质价值观念和法律权威观念。

3）社会主义法治理念

虽然学术界早已使用“社会主义法治理念”这一概念，但其影响的深度和广度还很有限。自中央政法委决定2006年对全体政法干警开展社会主义法治理念教育以来，社会主义法治理念的提法开始频繁见诸媒体，尽管这一教育活动是在政法干警中展开的，但对学术界、教育界的影响很大。

理念是指信念、思想和观念。法治理念是人们对法律的功能、作用和法律的实施所持有的内心信念和观念，是指导一国法律制度设计和司法、执法、守法实践的思想基础和主导价值追求。有什么样的法治理想、信念和观念，就会表现为什么样的立法、执法及守法行为。社会主义法治理念是指关于社会主义法治的理想、信念和观念，是社会主义法治的内在要求、精神实质和基本原则的概括和反映。社会主义法治理念应当与社会主义的本质特征相适应，符合国民经济和社会发展的实际情况，并随着时代的变化和实践的发展而不断更新和深化，其中也包括对世界现代法治文明成果的吸收和融合，借鉴符合法治国家建设规律和人类社会发展规律的先进的、科学的法治思想和理念，但决不能盲目移植和照搬西方国家法治理念和民主政治模式。

2006年4月11日至13日，中央政法委在北京举办社会主义法治理念研讨班，中共中央政治局常委、中央政法委书记罗干出席并讲话。罗干指出，社会主义法治理念的提出，是以胡锦涛同志为总书记的党中央从社会主义现代化建设事业全局出发，坚持马克思主义法学理论为指导，在认真总结中国法治建设实践经验，借鉴世界法治文明成果的基础上，做出的一项重大决策，标志着中国共产党对建设中国特色社会主义法治国家的规律、中国共产党执政规律有了更加深刻的认识和把握。

社会主义法治理念可以概括为依法治国、执法为民、公平正义、服务大局、党的领导五个方面的内容。其中，依法治国是社会主义法治的核心内容，执法为民是社会主义法治的本质要求，公平正义是社会主义法治的价值追求，服务大局是社会主义法治的重要使命，党的领导是社会主义法治的根本保证。这五个方面相辅相成，体现了党的领导、人民当家做主和依法治国的有机统一。我们要全面理解社会主义法治理念的本质要求和深刻内涵，并自觉坚持用社会主义法治理念指导实践。

2. 社会主义民主与社会主义法制的关系

1)法制与民主的关系

社会主义法制与社会主义民主有着非常密切的关系,两者相互依存,不可分离。

第一,民主是社会主义法制的基础

(1)社会主义民主是社会主义法制的前提。社会主义民主就其内容而言,主要是指工人阶级和其他人民掌握国家政权,当家做主,行使管理国家的权力。社会主义法制则是取得胜利、掌握政权的人民的意志体现。只有实现社会主义民主,由工人阶级和全体人民掌握政权,才谈得上制定出体现自己意志的法制。

(2)社会主义民主是社会主义法制的一个原则。法制的民主原则是指在立法、执法、守法、法律监督等法制的种种环节上,都实行民主。在立法上民主地反映人民的意志,在执法、守法上人人平等,在法律监督方面体现民主精神。

(3)社会主义民主是社会主义法制的力量源泉。充分发扬民主,能使人民充分表达自己的意志和要求,从而便于立法者集中这些意志和要求,制定出能体现人民意志和利益的法律。充分发扬民主,依靠人民的支持、帮助和监督,有利于防止在执法、司法活动中可能出现的主观主义、官僚主义、滥用职权等情况,较好地发挥社会主义法制保护人民的作用。充分发扬民主,有利于广大人民监督国家机关守法,有利于群众互相监督共同守法。

(4)社会主义民主在促进社会主义法制发展方面也有重大作用。随着社会向前发展,社会主义民主不断完善、健全和发展,民主的范围不断扩大,内容不断丰富。这样,社会主义法制也必然随之发生相应的发展、健全和完善。社会主义法制的完备程度,是同社会主义民主发展的阶段相适应的。

第二,法制是社会主义民主的保障

(1)社会主义法制确认社会主义民主。社会主义民主要得以存在、实现和发展,需要社会主义法制加以确认和肯定,使它合法化、法律化、制度化,从而具有权威性和稳定性,获得法制的力量。

(2)社会主义法制规定社会主义民主的范围。我国法律规定:人民在管理国家、管理社会生活的各个方面,都享有广泛的民主权利。这些规定可使人民明确社会主义民主的范围有多大,在行使民主权利时有明确的方向,同时也使国家机关和公职人员在维护和保障人民民主权利的工作中有章可循。

(3)社会主义法制规定如何实现社会主义民主。一方面法制规定实现民主的程序和方法,为人民行使各项民主权利提供有效措施。另一方面规定对行使民主权利的制约,规定与民主权利相对应的义务,保障人民能正确地行使民主权利。

(4)社会主义法制是保卫社会主义民主的武器。社会主义社会仍然存在危害社会主义民主的违法犯罪行为。为保卫社会主义民主,需要运用法律来制裁这些行为,根据违法犯罪分子破坏和损害民主的不同情节和后果,给予不同形式的制裁,使民主得到切实保障。

2)法制的民主化和民主的法制化

在我国,建设社会主义民主政治,不仅要充分注意将社会主义法制与社会主义民主两者紧密结合起来,使它们相辅相成,相互作用;还要使两者相互渗透、相互融合,使它们在一定意义上成为同一事物的两个侧面。坚持社会主义法制的民主化和社会主义民主的法制化，正是促成这种渗透、融合的有效途径。

(1)法制的民主化。法制的民主化是指在法制的各个环节上都坚持民主原则。首先，实行立法的民主化。我国法律充分反映人民的共同意志和利益，确认和保障社会主义民主，特别是确认和保障人民当家做主，管理国家和管理经济、文化事业和社会事务的权利，规定各种民主权利得以实现的方式和保障。其次，实行执法和司法的民主化。执法和司法的过程是维护人民利益、保护人民民主权利的过程。再次，实行守法民主化。一切国家机关、社会组织和个人都要遵守宪法和法律，在法律面前一律平等，不允许有超越法律之上的特权。第四，实行法律监督的民主化。动员和通过各方面，特别是动员和通过人民群众，来监督立法、执法、司法和守法。

(2)民主的法制化。民主的法制化是指掌握政权的阶级，运用所掌握的国家政权，将自己的民主，通过法律制度的形式，加以总结、确认和固定，使之法律化、制度化，从而获得国家强制力的保障。在我国，人民是国家的主人，也是法律的主人，法律是人民意志的体现。这就决定了我国法制必然要把人民已夺得的民主用法律和制度的形式确定下来，把人民民主作为国家制度的内容、作为法律制度的基础和原则确定下来，使民主定型化、条文化、规范化，形成系统的法律制度，具备国家意志的属性，使民主的实现得到有力的保障。

3. 怎样维护法律的权威？法院的错误判决也要执行吗？

1)树立法律信仰

一个人只有从内心深处真正认同、信任和信仰法律，才会自觉维护法律的权威。大学生应当通过认真学习法律知识，深入把握我国社会主义法律的精神，从而树立起对我国社会主义法律的信仰。

2)积极宣传法律知识

大学生在自己学习和掌握法律知识的同时，还要向其他人宣传法律知识。特别是要宣传社会主义民主与法治观念，帮助人们彻底根除“权大于法”，“要人治不要法治”等封建残余思想，宣传我国社会主义法律的优越性，使人们了解、熟悉和认同我国社会主义法律，从而推动全社会形成尊重和维护社会主义法律权威的良好风尚。

3)敢于同违法犯罪行为作斗争

大学生不仅要有守法意识，自觉遵守国家法律，而且要有护法精神，敢于同违法犯罪行为作斗争。违法犯罪行为既是对社会秩序的破坏，也是对法律权威的蔑视。要维护法律权威，就要敢于和善于同违法犯罪行为作斗争。同违法犯罪行为作斗争的方式是多种多样的，既包括事前采取有效措施预防违法犯罪行为的发生，也包括事中和事后制止、检举、揭发违法犯罪行为。

在思考怎样维护法律权威时，有一个难以回避的问题，即如何认识司法权威？如何对待法院的错误裁判？在目前我国司法实践中，由于客观的原因，如个别司法没有真正依法独立行使职权，某些法官的素质不高，有些判决执行难等，社会公众通过司法谋求正义的愿望有时还难以真正实现。这在一定程度上削弱了公众对法律权威的信赖。但是，真正对法律权威构成挑战的是司法腐败。司法人员尤其是部分基层司法工作者法律素质较低，公然利用手中权力为自己谋私利、徇私枉法的现象时有发生。那些不公正的判决不但无法唤起公众的法律权威观念，而且导致公众对法律制度的否定评价。我国的法治建设是在较浓重的人治社会传统背景下起步的，这就更需要确立法律权威观念。只有树立法律在国家和社会生活中的至上权威，才能真正实现依法治国。

当前，法制建设中有一个突出问题是有些人蔑视司法权威，干扰司法程序、藐视法庭、拒不执行法院的判决和裁定等。面对众多拒不执行法院的判决和裁定的情况，法院并没有什么特别有效的办法，尽管刑法对此规定了刑事制裁，法院也在极个别情况下采取了这种手段，但难以从根本上解决问题。有人认为，法院的裁判错误，就可以不执行，就可以不尊重。这正是落后法律观念影响的结果。首先，从理性的角度说，法院的裁判不应该存在“对”与“错”的问题，而只存在是否“合法”与是否“合理”的问题，否则就会陷入对裁判者需要进行再判决的无限循环的怪圈。其次，从现实的角度说，诉讼本身就是利益之间的冲突，当一方当事人胜诉时，另一方大多认为法院裁判错误，而常规思路和语言表述就是“对”与“错”的问题。这种习惯性的思维定式的确不利于司法权威的确立和维护。当然，司法权作为国家的一项重要的权力，必须受到有效的监督，包括对行使这一权力的人员的监督和批评。但这种批评应该是善意的，富有建设性的，因为，维护法律的权威最基本的体现是对司法裁判的尊重和执行。

一、选择训练

1. 单项选择题

(1)社会主义法制的中心环节是(　　)。

A. 有法可依　　B. 执法必严　　C. 违法必究　　D. 有法必依

(2)所谓公民在法律面前一律平等，是指(　　)。

A. 立法上平等　　B. 守法上平等　　C. 司法上平等　　D. 法律的实施上平等

(3)社会主义民主法制建设的根本保证是(　　)。

A. 中国共产党的领导　　B. 多党合作

C. 民族团结　　D. 依法治国

(4)社会主义法制的前提和基础是(　　)。

A. 社会主义民主　　B. 社会主义文明　　C. 社会主义政策　　D. 社会主义法律精神

2. 多项选择题

(1)不是我国社会主义法制的基本要求的是(　　)。

A. 有法可依　　B. 法律面前人人平等

C. 有法必依　　C. 执法必严

E. 人民当家做主

(2)法律义务是指法律关系主体(　　)。

A. 必须做出一定的行为　　B. 可以做出一定的行为

C. 可以要求他人做出一定的行为　　D. 放弃做出一定的行为

E. 禁止做出一定的行为

(3)下列选项中，(　　)不属社会主义法制的中心环节。

A. 加强立法　　B. 严格执法　　C. 有法必依　　D. 党的领导

E. 执法必严

(4)我国社会主义法律本质表现为(　　)。

A. 是工人阶级领导下的广大人民意志的体现

B. 是中国特色社会主义事业顺利发展的法律保障

C. 是社会历史发展规律和自然规律的反映,具有鲜明的科学性和先进性

D. 只维护共产党的利益

E. 与资本主义立法的原则是完全不同的

(5)一般说来,可以把法律权利与法律义务概括为:(　　)。

A. 权利第一,义务第二　　B. 权利义务无本位

C. 结构上的相关关系　　D. 总量上的等值关系

E. 功能上的互补关系

(6)法律面前人人平等适用于(　　)。

A. 不同民族、种族的我国公民　　B. 不同性别、职业的我国公民

C. 不同教育程度、宗教信仰的我国公民　　D. 不同财产状况、社会地位的我国公民

E. 在我国居住满三年后旅游在外的中国公民

(7)关于依法执政的正确说法是(　　)。

A. 依法执政是新的历史条件下马克思主义政党执政的一种基本方式

B. 它不需要党的领导　　C. 党的领导是依法治国的根本保证

D. 依法执政就是坚持依法治国、建设社会主义法治国家

E. 国家机关可以不依法行使职权

**二、问答训练**

1. 怎样理解党的领导是社会主义民主法制建设的根本保证?

2. 简述法律权利与法律义务的关系。

**三、案例训练**

1. 2008 年 4 月 11 日,天津市第二中级法院对中共中央政治局原委员、上海市委原书记陈良宇职务犯罪案宣告一审判决,认定陈良宇犯受贿罪,判处其有期徒刑 14 年,没收个人财产人民币 30 万元;犯滥用职权罪,判处其有期徒刑 7 年,两罪并罚,决定执行有期徒刑 18 年,没收个人财产人民币 30 万元。

试问本案体现了我国那种社会主义法制观念?

2. 2005 年 9 月,被告人黄某找到钱某(另案处理),提议搞点茶叶卖给外地船民赚点钱花。商定后,2 人以每公斤 5 元买了 5 公斤茶叶,却以每公斤 200 元的价格向停在船闸处的外地船民兜售,外地船民若不买,黄某、钱某便出言威吓,甚至出拳将不愿买茶叶的船民叶某打伤。

该县公安局以强迫交易罪将该案移送审查起诉后,检察机关认为,强迫交易罪指的是从事正常交易的人以暴力等手段,迫使他人交出与合理价钱相差不大的财物的而构成。而黄某不是从事正常交易的人,其目的是向他人索要钱财,因此黄某在主观上有非法占有的故意,客观上以交易为幌子,采取暴力、恐吓等手段,迫使他人交出与合理价格相差悬殊的财物,符合抢劫罪的犯罪构成,应构成抢劫罪。主诉检察官经调查取证,以抢劫罪将本案被告人起诉至该县法院。法院采纳了检察机关的意见,并以抢劫罪判处黄某有期徒刑

3年6个月。

该县检察院正确适用法律,改变了案件的定性,使犯罪嫌疑人得到了应有的刑罚。试问本案中公检法机关的做法体现了我国哪些重要的法治观念?

3. 段女士与前夫生有四个子女。1963年,前夫病逝后,段女士与李先生结婚,李先生搬到段女士家居住。当时,段女士的大儿子、大女儿都已成年,只有两个小女儿还都不满10岁。李先生与段女士婚后又生一女小荣。二人共同生活9年后,段女士病故。李先生带着小荣回老家居住,并与段女士的四个子女断绝来往。直至2003年,李先生起诉至法院,要求四个继子女与小荣共同尽对自己的赡养义务。庭审中,大儿子、大女儿都认为,在母亲与继父结婚时,他们已年满18周岁,从没被继父抚养过,没有赡养继父的义务。所以,她们不应赡养继父。合议庭对此没有异议。

请运用我国的权利和义务观念分析本案。

# 项目3.3 国家安全观学习与践履

## 学习素材1 资料

1. 中国的领土——台湾是祖国不可分割的一部分

台湾自古以来就是中国的领土,台湾与大陆的交往源远流长。早在三国时期,吴国孙权曾于公元230年春,派遣卫温、诸葛直率领数万名将士到达台湾。1335年,元朝正式在澎湖设"巡检司",管辖澎湖和台湾民政,隶属于福建省泉州同安县(今厦门)。从此,中国开始在台湾设立专门的政府机构。1624年,台湾沦为荷兰殖民地。1662年,郑成功收复台湾,使台湾回到了祖国母亲的怀抱。1885年,台湾成为清政府第20个行省。甲午中日战争后,清政府被迫割让台湾和澎湖列岛。1945年抗日战争胜利,台湾重新回归中国版图。

1971年10月25日,联合国第26届大会以压倒多数通过了第2758号决议。这一决议明确承认"中华人民共和国是安全理事会五个常任理事国之一",并决定恢复中华人民共和国在联合国的一切权利和立即把台湾的代表"从它在联合国组织及其所属一切机构中所非法占据的席位上驱逐出去"。中国在联合国的代表权问题在政治上、法律上和程序上得到了解决。中华人民共和国在联合国的代表权不仅是合法的,也是唯一的。这充分表明,世界上只有一个中国,台湾作为中国的一个省,是中国领土不可分割的一部分,已经得到国际社会的公认。

(选自 http://ks.cn.yahoo.com/question/1406090501284.html)

2. 恐怖主义的危害

恐怖主义属于政治范畴,它本质上是一种政治手段,是在非理性的社会冲突、民族冲突、宗教冲突、国家冲突中,矛盾双方为了解决矛盾而采取的一种非理性手段。因此,它总是为了并服从于一定的政治目的。2001年发生在美国的“9·11”惨案，作为恐怖主义发展到极致的恶性事件，给跨入新世纪的人们以警示和告诫：当前恐怖主义已是世界的一大公害，它对国际社会的和平、安全与秩序构成了巨大威胁。在当年11月12日安理会举行的部长级会议上，通过了一项全球打击恐怖主义宣言。15个成员国的外长在宣言中一致表示：恐怖主义行为是21世纪对国际和平与安全的最大威胁之一，安理会将毫不含糊地谴责一切恐怖主义行为，无论其动机如何，形式和表现怎样，发生在何处，由何者所为，均是犯罪行为。

当代恐怖主义呈现以下一些特征。

(1)强烈的国际化倾向。恐怖主义活动范围，已从西欧、中东、拉美三大热点地区向全球各地区和国家蔓延，已有100多个国家不同程度地受其危害。在1968～1997年期间，国际恐怖活动的三大热点地区依次是西欧、中东、拉美，这些地区发生的恐怖主义事件占全球总数的四分之三以上。从20世纪80年代开始，亚洲国家的恐怖活动大幅度增加并有继续发展的趋势，2001年，亚洲恐怖活动占全球总数的19.54%。

(2)打击目标不断扩大。已由外交、军事、政府扩展到商业、一般平民和公共设施。

(3)恐怖手段更加多样。由传统的绑架、劫持人质与暗杀等方式发展到使用爆炸、袭击、劫持以及生化武器和网络恐怖主义等。

(4)恐怖主义与民族分裂主义和宗教极端主义交织。恐怖主义总是与民族分裂主义和宗教极端主义交织在一起。具体活动是反社会、反人类，以绑架、暗杀、爆炸等极其残忍的手段制造大规模的恐怖。同时，还与毒品买卖、武器走私、贩卖人口等跨国的有组织犯罪相联系，成为一些国家和地区长期动乱的主要原因。

中国也受到恐怖主义的严重危害，如“东突”恐怖势力在国内外多次制造恐怖事件，企图以武装暴力手段实现“新疆独立”的政治目的。2008年，达赖参与策划、组织西藏“3·14”暴力事件，想通过恐怖暴力活动把人民群众置于恐怖之中，企图利用国际反华力量抵制北京奥运会，以迫使我国政府妥协，从而取得西藏的独立。

（摘选自许伊娜，马燕冰：《恐怖主义的危害》，http://rwxy.tsinghua.edu.cn/xi-suo/gjx/ky/yxt/zz/dy/10.htm）

3. 三鹿奶粉事件敲响中国食品安全的警钟

2008年9月8日，位于甘肃省兰州市的中国人民解放军第一医院泌尿科又接收了一名八个月大，来自该省岷县的患有“双肾多发性结石”和“输尿管结石”病症的婴儿，这是该院三个多月来接受的第14名患有同样疾病的病例。这些家长们反映孩子们出生后一直都在吃名为“三鹿”牌的奶粉。据卫生部统计，从2008年9月12日至17日8时，各地报告临床诊断患儿一共有6 244例。其中临床诊断病历中，有158人发生过急性肾功能衰竭，占总病例数的2.5%。

检测发现，2008年8月6日前出厂的部分批次三鹿婴幼儿奶粉受到三聚氰胺的污染。初步查明，导致多名儿童患泌尿系统结石病的主要原因是患儿服用的奶粉中含有三聚氰胺。在原料奶里加入三聚氰胺是牛奶收购机构为了虚增牛奶的数量，在牛奶里加水，同时为了保障牛奶中含有合格的蛋白质量，加入了三聚氰胺，虚增了牛奶中蛋白质的检测量。

三鹿事件发生后，国家质检总局立即对全国共175家婴幼儿奶粉生产企业组织了专项检查。除了专项检查之前已经停止生产婴幼儿奶粉的66家企业,对其余的109家产品生产企业的491批次婴幼儿奶粉进行了检验,其中22家企业69批次检出含量不同的三聚氰胺,占这些企业的20.18%,占总批次的14.05%。在检出三聚氰胺的产品中,石家庄三鹿牌婴幼儿奶粉三聚氰胺含量很高,最高的达2 563毫克/公斤。其他品牌的婴幼儿奶粉三聚氰胺含量在0.09~619毫克/公斤之间。

临床专家分析,婴幼儿在摄入含有高浓度三聚氰胺污染的奶粉后,可引起泌尿系统疾患。目前患泌尿系统结石的婴幼儿,主要是食用了三聚氰胺含量特别大的三鹿牌婴幼儿奶粉而引起的。对甘肃省进行的流行病学调查结果表明,大多数患儿是摄入了三聚氰胺浓度高达2 563毫克/公斤的三鹿牌婴幼儿奶粉3~6个月后发病的。

## 学习素材3 案例

**案例1:**2000年9月30日,大连市人民法院公开审理一危害国家安全罪案。案犯张惠原是一名国家机关干部,由于嫌工资收入太低,便在20世纪90年代"下海"做生意。几年下来血本无归,自感发财无望期间,收听到台湾电台的"自由之声"节目后被策反,几经周折便以打工的名义去台湾,主动投靠台湾情报机构,并接受了收听广播获取指令、情报搜集、密写等特工训练。同时还接受了台湾部署的搜集我方军事、政治情况任务,指定广播代号为"8909"。1999年8月30日在搜集北戴河会议内部资料时,被国家安全局抓获。

【简析】

张惠的行为构成间谍罪。根据我国刑法的规定,间谍罪是指参加间谍组织或者接受间谍组织及其代理人的任务,或者为敌人指示轰击目标的行为。

**案例2:**被告人杜导斌,男,现年40岁,湖北省武汉市人。2002年5月至2003年10月间,杜导斌先后在互联网上发表了其撰写的《论颠覆政府是合法的》等26篇文章,采取诽谤的方式公然煽动颠覆国家政权。在庭审中,杜导斌如实供述了自己的犯罪事实,表示认罪伏法。法庭充分保障了杜导斌的诉讼权利,杜导斌及其委托的辩护人作了充分辩护。

湖北省孝感市中级人民法院经过公开开庭审理,于2004年6月11日对杜导斌煽动颠覆国家政权案进行公开宣判,以煽动颠覆国家政权罪,判处其有期徒刑三年,缓刑四年,剥夺政治权利两年。

【简析】

煽动颠覆国家政权罪,是指以造谣、诽谤或者其他方式煽动颠覆国家政权、推翻社会主义制度的行为。

## 关键名词

**国家安全:**指一个国家不受内部和外部的威胁、破坏而保持稳定有序的状态。

**国家安全观:**认为一个国家的安全既包括政治安全和国防安全,还包括经济安全、科技安全、文化安全、生态安全和社会公共安全等。

**民族团结:**指各民族之间和民族内部的团结,即各族人民基于共同的利益,平等相待,友好相处,互相尊重,互相学习,互相帮助,为建设社会主义现代化国家而共同努力奋斗。

**国防观念**：指一个国家和民族对国防建设的目的、内容、途径和重要性等问题的认识，主要包括国防忧患意识、国防目标意识、国防价值意识、国防责任意识、国防法制意识和国防献身意识等。

## 拓展知识

1.“台独”的表现

1)“台独”在台湾领导人身上的表现

(1)在李登辉主政时期(1988~2000年)，标榜实行西方民主制度，推行“中华民国台湾化”的“两个中国”政策。李登辉继承蒋经国执掌国民党党政大权以后，于1990年5月宣布开始“宪政改革”，在1990年至1997年间进行了四次“修宪”，包括终止“动员戡乱时期”，废除“临时条款”，“总统”由台湾地区人民直接选举产生，冻结台湾“省长”、省议会选举，虚化“台湾省政府”功能等。因此，自从具有日本皇民化思想的李登辉掌控国民党以后，台湾的政治格局、国民党内部的权力结构以及台湾当局的大陆政策和对外政策都发生了根本性的变化。

(2)在陈水扁主政时期(2000~2008年)，企图运用“脱中、拒统、谋独”的策略，推行“一边一国”的“台独”主张。陈水扁上任不久便宣称：“中华民国是一个主权独立的国家，国家的主权属于2 300万人，只有台湾人民有权决定台湾的前途。”显然，他的这一表述，既违背了现行“中华民国宪法”，也违背了迄今尚未废除的“国统纲领”。至陈水扁于2004年再次当选“总统”后，他更肆无忌惮地推动所谓“非中国化”、“正名”、“制宪”活动，承诺要在其任期内催生一部合时合身合用的宪法取代原来的宪法。后来，他还提出所谓“中华民国四阶段论”，这明显是“一边一国论”的历史化包装，重点是以“中华民国”的“台湾化”，达到将台湾在主权层面与中国大陆彻底分离的目的。

2)台独在历史问题上的表现

(1)美化日本对台湾的殖民统治史。

(2)鼓吹“同心圆史观”。所谓“同心圆史观”，是将台湾放在历史教学的核心，而以中国史为辅助。

(3)台湾几十年来的高中历史课程以“中华民国史”课程自居。其实，随着中华人民共和国的成立，中华民国的历史就已正式终结。

(选自 http://www.kscbzx.com/taiwan/images/index12.htm)

2.我国对台湾问题的态度

胡锦涛同志在党的十七大报告中明确指出了我国对台湾问题的态度。

(1)解决台湾问题、实现祖国完全统一，是全体中华儿女的共同心愿。我们将遵循“和平统一、一国两制”的方针和现阶段发展两岸关系、推进祖国和平统一进程的八项主张，坚持一个中国的原则决不动摇，争取和平统一的努力决不放弃，贯彻寄希望于台湾人民的方针决不改变，反对“台独”的分裂活动决不妥协，牢牢把握两岸关系和平发展的主题，真诚为两岸同胞谋福祉、为台海地区谋和平，维护国家主权和领土完整，维护中华民族根本利益。

(2)坚持一个中国的原则，是两岸关系和平发展的政治基础。尽管两岸尚未统一，但大陆和台湾同属一个中国的事实从未改变。中国是两岸同胞的共同家园,两岸同胞理应携手维护好、建设好我们共同的家园。台湾任何政党,只要承认两岸同属一个中国,我们都愿意与他们交流对话、协商谈判,什么问题都可以谈。我们郑重呼吁,在一个中国原则的基础上,协商正式结束两岸敌对状态,达成和平协议,构建两岸关系和平发展框架,开创两岸关系和平发展新局面。

(3)十三亿大陆同胞和两千三百万台湾同胞是血脉相连的命运共同体。凡是对台湾同胞有利的事情,凡是对维护台海和平有利的事情,凡是对促进祖国和平统一有利的事情,我们都会尽最大努力做好。我们理解、信赖、关心台湾同胞,将继续实施和充实惠及广大台湾同胞的政策措施,依法保护台湾同胞的正当权益,支持海峡两岸和其他台商投资相对集中地区经济发展。两岸同胞要加强交往,加强经济文化交流,继续拓展领域、提高层次,推动直接"三通",使彼此感情更融洽、合作更深化,为实现中华民族伟大复兴而共同努力。

(4)反对和遏制"台独"的分裂活动。当前,"台独"分裂势力加紧进行分裂活动,严重危害两岸关系和平发展。两岸同胞要共同反对和遏制"台独"分裂活动。中国主权和领土完整不容分割。任何涉及中国主权和领土完整的问题,必须由包括台湾同胞在内的全中国人民共同决定。我们愿以最大诚意、尽最大努力实现两岸和平统一,绝不允许任何人以任何名义任何方式把台湾从祖国分割出去。

两岸统一是中华民族走向伟大复兴的历史必然。海内外中华儿女紧密团结、共同奋斗,祖国完全统一就一定能够实现。

**一、选择训练**

1. 单项选择题

(1)(　　)是国家安全的核心和基础。

A. 经济安全和政治安全　　B. 政治安全和国防安全

C. 科技安全和社会公共安全　　D. 社会公共安全和国防安全

(2)下列行为(　　)不属于履行维护国家安全的义务。

A. 依照法律服兵役和参加民兵组织　　B. 保守国家秘密

C. 对于危害国家安全的敌对分子与行为予以英勇反抗

D. 及时报告有关危害国家安全的行为

(3)(　　)是国家安全的基础。

A. 经济安全　　B. 科技安全　　C. 文化安全　　D. 社会公共安全

(4)《节约能源法》属于(　　)。

A. 国防安全法律　　B. 经济安全法律

C. 网络信息安全法律　　D. 社会公共安全法律

2. 多项选择题

(1)国家安全法律、法规规定的危害国家安全的犯罪行为包括(　　)。

A. 窃取、刺探、收买、非法提供国家秘密的

B. 利用宗教进行危害国家安全活动的

C. 向有危害国家安全行为的境内组织、个人提供经费、场所和物资的

D. 参加间谍组织或者接受间谍组织及其代表人的任务

E. 利用封建迷信活动危害国家安全

(2)下列哪些属于新的国家安全观?(　　)

A. 政治安全　B. 国防安全　C. 文化安全　D. 生态安全

E. 经济安全

(3)社会公共安全包括(　　)。

A. 社会治安　B. 公共财产安全　C. 公共卫生安全　D. 食品安全

E. 信息安全

(4)下列哪些行为属于危害国家安全罪?(　　)

A. 背叛国家　B. 颠覆国家政权　C. 间谍罪　D. 妨碍国家机关工作

E. 资敌罪

(5)下列哪些法律规定了保守国家秘密的义务?(　　)

A.《兵役法》　B.《反分裂国家法》　C.《国家安全法》　D.《国防法》

E.《治安管理处罚法》

(6)由于科技发展和经济全球化发展趋势带来的影响,以下哪些安全问题变得突出?(　　)

A. 生态安全　B. 网络安全　C. 信息安全　D. 经济安全

E. 国防安全

**二、问答训练**

大学生应当怎样履行维护国家安全的义务?

**三、案例训练**

1. 刘某1998年初购买一部电脑,于1999年在某县电信局注册登记上网。自1999年6月至2000年8月间,刘某某署名“lgwf”,通过电子信箱“emlwoto@ tong. hua. corn. cn”,在江苏省南京市民富网络服务有限公司网站、贵州省铜仁信息港“焚净茶庄 bbs”、宁夏公众网 bbs 公告栏、江西“九江信息港”bbs 论坛、厦门“商务中国”网站、深圳市“深圳之窗”网站、新疆“塔城信息港”bbs 论坛上,发表文章11篇,煽动颠覆国家政权,推翻社会主义制度。

问:刘某利用互联网煽动颠覆国家政权的行为是否构成危害国家安全的犯罪?

2. 韩彦清,男,30岁,回族,新疆维吾尔自治区乌鲁木齐市人,无职业,住乌鲁木齐市水磨沟区北山清真寺院内,1995年11月27日被逮捕。

1992年6月,被告人韩彦清在北京学习期间,结识了某国驻华大使馆(以下简称某大使馆)文化参赞龙某,后又结识了该大使馆新任文化参赞萨某。在此期间,韩彦清又认识了新疆维吾尔自治区党校的退休教师杜绍源。1995年6月,韩彦清和杜绍源以及杜的女友新疆建工医院职工古雅一起前往北京。经韩彦清联系,杜绍源、古雅随韩彦清前往××大使馆,会见该大使馆文化参赞萨某。萨某提出要韩彦清、杜绍源、古雅三人为该使馆搜集新疆伊斯兰教派活动的有关情况,韩、杜、古三人未表示拒绝,与萨某签订了协议书,并接受由萨某提供的摄像机一部、活动经费10 000元以及三人的月薪3 000元,随后返回乌

鲁木齐。尔后,韩彦清及杜绍源、古雅先后前往吐鲁番、喀什、莎车等地拍摄、采制了伊斯兰教派有关活动情况的资料。返回乌鲁木齐后,韩彦清被抓获归案,其拍摄、采制的全部资料也被追缴。经新疆维吾尔自治区国家保密工作局、宗教事务局鉴定,韩彦清所搜集的资料其密级为"机密"级。韩彦清归案后能如实坦白交代全部犯罪事实,有悔改表现。

乌鲁木齐市中级人民法院经过不公开开庭审理后认为,被告人韩彦清无视国法,接受××国驻华大使馆为其提供的经费和搜集资料的工具,为该大使馆刺探我国家秘密,其行为已构成为境外的机构刺探国家秘密罪,应依法惩处。

试问韩彦清的行为是否危害国家安全?为什么?

## 项目3.4 我国宪法基本制度学习与遵守

### 学习素材1 名人名言

宪法,就是一张写着人民权利的纸。——列宁

【简析】

列宁关于"宪法就是一张写着人民权利的纸"的名言,实际上包含了两个意义:"第一,宪法的根本任务在于确定和保障人民的基本权利;第二,宪法所赋予人民的基本权利,仅仅是写在'纸'上的权利,更为重要的是采取有效的措施,使这种纸上的权利变成现实的权利。"

(傅子堂:《法律意识形态的演进:从马克思到邓小平》,重庆出版社2000年版,第272页)

### 学习素材2 小资料

1.我国宪法的法律效力

我国宪法总则明确规定:"本宪法以法律的形式确认了中国各族人民奋斗的成果,规定了国家的根本制度和根本任务,是国家的根本法,具有最高的法律效力。全国各族人民、一切国家机关和武装力量、各政党和各社会团体、各企业事业组织,都必须以宪法为根本的活动准则,并且负有维护宪法尊严、保证宪法实施的职责。"在我国,宪法的法律效力最高,主要表现在以下几个方面。

1)宪法是其他法律的立法依据

宪法第5条第1款规定:"中华人民共和国实行依法治国,建设社会主义法治国家。"依法治国的核心是依宪治国,而依宪治国的内在要求是宪法至上。这就意味着宪法在国家和社会生活中具有至高无上的法律地位。宪法所确立的原则是其他法律的立法基础和立法依据。宪法与其他法律的关系是母法与子法的关系。

2)宪法与法律相比具有最高的法律效力

国家维护社会主义法制的统一和尊严。宪法第5条第3款规定:"一切法律、行政法规和地方性法规都不得同宪法相抵触。”宪法在法律体系中具有最高的权威。一切法律、行政法规和地方性法规的内容和精神如果违背了宪法的规定和原则，都会因为违宪而无效。

3）宪法是一切组织和个人的根本活动准则

宪法第5条第4款规定：“一切国家机关和武装力量、各政党和各社会团体、各企业事业组织都必须遵守宪法和法律。一切违反宪法和法律的行为，必须予以追究。”

2. 全国人民代表大会简介

《中华人民共和国宪法》规定，中华人民共和国的一切权力属于人民。人民行使国家权力的机关是全国人民代表大会和地方各级人民代表大会。人民代表大会制度是中华人民共和国的根本政治制度。国家机构实行民主集中制的原则。全国人民代表大会和地方各级人民代表大会都由民主选举产生，对人民负责，受人民监督。国家行政机关、审判机关、检察机关都由人民代表大会产生，对它负责，受它监督。中央和地方的国家机构职权的划分，遵循在中央的统一领导下，充分发挥地方的主动性、积极性的原则。中华人民共和国是统一的多民族国家。各少数民族聚居的地方实行区域自治，各民族自治地方都是中华人民共和国不可分割的部分。

中华人民共和国全国人民代表大会是最高国家权力机关，实行一院制。它由各省、自治区、直辖市和人民解放军选出的代表组成。全国人民代表大会每届任期5年，每年举行一次会议，由全国人民代表大会常务委员会召集。如果全国人民代表大会常务委员会认为必要，或者有五分之一以上的全国人民代表大会代表提议，可以临时召开全国人民代表大会会议。

全国人民代表大会行使下列职权。

（1）修改宪法；监督宪法的实施；制定和修改刑事、民事、国家机构的和其他的基本法律；改变或者撤销全国人民代表大会常务委员会不适当的决定。

（2）审查和批准国民经济和社会发展计划和计划执行情况的报告；审查和批准国家的预算和预算执行情况的报告。

（3）选举全国人民代表大会常务委员会委员长、副委员长、秘书长和委员；选举中华人民共和国主席、副主席；根据中华人民共和国主席的提名，决定国务院总理的人选；根据国务院总理的提名，决定国务院副总理、国务委员、各部部长、各委员会主任、审计长、秘书长的人选；选举中央军事委员会主席；根据中央军事委员会主席的提名，决定中央军事委员会其他组成人员的人选；选举最高人民法院院长；选举最高人民检察院检察长。有权罢免上述人员。

（4）批准省、自治区和直辖市的建置，决定特别行政区的设立及其制度；决定战争与和平的问题。

（5）应当由最高国家权力机关行使的其他职权。

全国人民代表大会会议于每年第一季度举行。全国人民代表大会举行会议时，选举主席团主持会议。全国人民代表大会代表按照选举单位组成代表团。全国人民代表大会主席团，全国人民代表大会常务委员会，全国人民代表大会各专门委员会，国务院，中央军事委员会，最高人民法院，最高人民检察院，可以向全国人民代表大会提出属于全国人民代表大会职权范围内的议案，由主席团决定列入会议议程。一个代表团或者30名以上的代表联名，可以向全国人民代表大会提出属于全国人民代表大会职权范围内的议案，由主席团决定是否列入会议议程，或者先交有关的专门委员会审议，提出是否列入会议议程的意见，再决定是否列入会议议程。

全国人民代表大会会议审议议案的一般程序为：提案人向会议提出关于议案的说明；各代表团全体会议、代表小组会议对议案进行审议；主席团可以将议案交有关专门委员会进行审议、提出报告，由主席团审议决定提请大会全体会议表决。会议表决议案采取投票方式、举手方式或者其他方式，由主席团决定。经表决，议案由全体代表的过半数通过。表决结果由会议主持人当场宣布。宪法的修改需由全国人民代表大会常务委员会或者五分之一以上的全国人民代表大会代表提议，采取投票方式表决，由全体代表的三分之二以上的多数通过。

各代表团审议议案和有关报告的时候，有关机关应当派负责人员到会，听取意见，回答代表提出的询问。全国人民代表大会会议期间，一个代表团或者30名以上的代表联名，可以书面提出对国务院及国务院各部、各委员会和最高人民法院、最高人民检察院的质询案。全国人民代表大会主席团、三个以上的代表团或者十分之一以上的代表联名，可以提议组织关于特定问题的调查委员会，由主席团提请大会全体会议决定。

（选自 http://lianghui. baiyin. cn/newshow. asp? id =21729&classname）

## 学习素材3 案例

**案例1**：汉族青年谢某与一回族青年马某相恋。不久两人到婚姻登记机关领取了结婚证。正当他们准备举行婚礼的时候，马某和马某的父兄向谢某提出一个要求，要谢某必须信仰伊斯兰教。谢某不答应，马某的弟弟就要纠集一些族内的人"好好教育"一下谢某，一时搞得剑拔弩张，难以收场。

**【简析】**

《中华人民共和国宪法》第36条规定："中华人民共和国公民有宗教信仰自由。""任何国家机关、社会团体和个人不得强制公民信仰宗教或者不信仰宗教，不得歧视信仰宗教的公民和不信仰宗教的公民。"《婚姻法》第2条和第9条也分别规定："实行婚姻自由、一夫一妻、男女平等的婚姻制度"，"夫妻在家庭中的地位平等"。依照我国婚姻自由的原则，法律并不限制不同民族男女之间的婚姻。但是，由于民族风俗习惯和宗教信仰的不同，作为非少数民族一方，应尊重少数民族一方的风俗习惯和宗教信仰；同样，作为少数民族一方，也应尊重非少数民族一方的习惯和自由，不能因双方结婚就强迫对方信仰某种宗教。双方应从有利于民族团结、家庭和睦出发，互谅互让、求同存异，创造和谐的婚姻家庭关系。可见，马某及其父兄强迫谢某信仰伊斯兰教的作法是错误的，是违反宪法精神的。

**案例2**：2006年11月24日开始，深圳市福田区公安分局进行为期60天的大扫黄。11月29日，该局挂出"福田公安分局打击整治涉黄违法犯罪公开处理大会"的横幅，将连日大扫黄中逮捕的167人押到色情场所集中的地区游街示众。这些人全部戴上口罩，面部几乎全部遮住，仅留一双眼睛。警方在众人围观下分别读出他们的姓名及籍贯，宣判每人行政拘留15天。此事一经报道，社会反响强烈。12月1日，上海普若律师事务所律师姚建国给全国人大写了一封公开信，称"这样的活动本身是违法的"，而且"有必要对这种公开示众的做法以立法的形式予以明令禁止"。

【简析】

我国现行宪法第 38 条规定："中华人民共和国公民的人格尊严不受侵犯。禁止用任何方法对公民进行侮辱、诽谤和诬告陷害。"人格尊严是公民权利的基础，是宪法价值的集中体现，是宪法权利的核心内容。从 20 世纪 80 年代开始，公安部就强调对于犯罪嫌疑人不能游街示众，不能挂牌子。本案中被大扫黄行动逮捕的 167 人涉黄违法固然可恶，但是作为公民，他们同样享有宪法和法律赋予的人格尊严不受侵犯的权利，深圳市福田区公安分局的行为侵犯了他们的人格尊严权，违反了我国宪法的规定。

**案例 3**：农村姑娘小张与同村青年小李，两人自小青梅竹马，两小无猜。长大后，他们在朝夕相处中逐渐萌发了爱慕之情。但是小张的父亲嫌小李家人口多，经济条件不好，坚决不同意这门亲事，并托人另外给小张找了人家。为了反抗包办婚姻，追求幸福生活，小张在一天晚上偷偷从家中跑出，找到了小李，两人乘夜深人静，悄悄离开了村子出走了。第二天，小张的父亲四处寻找，不见女儿的踪影，便恼羞成怒，带领自己的儿子、侄子等一伙人闯入李家，逼迫李家交人，致使小李八十多岁的奶奶又惊又吓，竟一病不起，一个多月后就去世了。人民法院经审理认为，张某带人私闯民宅，其行为已构成非法侵入他人住宅罪，依法判处其有期徒刑二年。

【简析】

《中华人民共和国宪法》第 39 条规定："中华人民共和国公民的住宅不受侵犯。禁止非法搜查或者非法侵入住宅。"住宅是公民居住、生活和休息的场所，非法侵入住宅，必然要影响公民的人身安全和生活安宁。为保障公民的人身权利，维护社会秩序，对非法侵入他人住宅的行为，必须采取法律制裁手段。我国刑法 245 条规定："非法搜查他人身体、住宅，或者非法侵入他人住宅的，处三年以下有期徒刑或者拘役。"张某没有正当理由而非法闯入李家，并造成了不应有的危害，理应承担相应的法律责任。

## 关键名词

**宪法**：是指规定国家根本制度和根本任务以及公民的基本权利义务，集中表现各种政治力量对比关系的国家根本大法。

**人民民主专政制度**：是指具有中国特色的无产阶级专政制度，即在人民内部实行民主和对敌人实行专政的国家制度。我国是工人阶级领导的、以工农联盟为基础的人民民主专政的社会主义国家，这是我们国家的根本性质。

**人民代表大会制度**：是指根据民主集中制的原则，通过普选，组成全国人民代表大会和地方各级人民代表大会，以人民代表大会为基础，建立全部国家机构，实现人民当家作主的一种基本政治制度。人民代表大会制度是我国的政权组织形式，是我国的根本政治制度。

**民族区域自治制度**：指在我国境内，在国家的统一领导下，以少数民族聚居区为基础，建立民族自治地方，设置自治机关，行使自治权利，实现各族人民当家做主、管理本民族内部事务的一种政治制度。民族区域自治是有中国特色社会主义政治制度的重要组成部分。

**多党合作制度**：指中国共产党是中国的唯一执政党，8 个民主党派在接受中国共产党领导的前提下，具有参政党的地位，与中共合作参与执政的基本政治制度。

**政治协商制度：**指在中国共产党的领导下，各民主党派、各人民团体、各少数民族和社会各界的代表对国家的大政方针以及政治、经济、文化和社会生活中的重要问题，在决策之前举行协商和就决策执行过程中的重要问题进行协商的基本政治制度。

**基层群众自治制度：**指城乡基层群众在中国共产党的领导下，依法直接行使民主权利，管理基层公共事务和公益事业，实行自我管理、自我服务、自我教育、自我监督的政治制度。

**基本权利：**指我国公民按照宪法规定享受到的由国家强制力保障的权益。

**基本义务：**指我国公民按照宪法规定在享有权利的同时所必须承担的责任。

**国家机构：**指一定社会的统治阶级为实现其统治职能而建立起来的进行国家管理和执行统治职能的国家机关的总和。它包括立法机关、行政机关、审判机关、检察机关和军事机关等。

## 拓展知识

1. 人民代表大会制度的丰富内涵

在现实生活中，有的把人民代表大会制度仅仅理解为各级人大及其常委会自身的各种制度，这种认识和理解没有充分反映人民代表大会制度的丰富内涵，降低了它在国家生活中的地位和作用。只有全面认识这一制度的丰富内涵，才能进一步理解这一制度的优越性。

我国是工人阶级领导的，以工农联盟为基础的人民民主专政的社会主义国家。这种国家性质决定，人民，只有人民，才是国家和社会的主人。为此，我国宪法庄严地规定，中华人民共和国的一切权力属于人民。十三亿人民行使国家权力，总要有相应的途径和可以操作的形式。人民代表大会制度就是根据宪法规定的民主集中制原则，通过民主选举，产生全国人民代表大会和地方各级人民代表大会，再以人民代表大会为基础，组成整个国家机构，实现人民当家做主，行使国家权力的政权组织形式。人民代表大会制度作为国家的根本政治制度，是指我们整个政权组织形式，不仅包括人民代表大会自身的组织和职权，还包括权力机关与人民的关系，权力机关与行政机关、审判机关和检察机关的关系，以及中央和地方的关系。由于这种政权组织形式是以人民代表大会为中心，这种制度便以人民代表大会制度命名。人民代表大会制度的内涵主要包括以下几个方面。

一是人民代表大会和人民的关系。全国人民代表大会和地方各级人民代表大会都是由民主选举产生，对人民负责，受人民监督。选举的实质，就是广大人民把本来属于自己的管理国家的权力，委托给自己选出的代表，由这些代表组成国家权力机关，代表人民行使国家权力。在全体人民不可能直接行使国家权力的条件下，只有这种民主选举的人民代表大会，才能使人民行使国家权力的原则得以实现。因此，选举是民主的基础，也是人民代表大会制度的基础。人民选举产生人民代表大会要按照人民的愿望和利益行使权力，对人民负责，受人民监督。选民和选举单位有权依照法定程序，罢免和撤换选出的代表。这一内涵表明了人民代表大会和人民的关系。

二是人民代表大会和政府、法院、检察院的关系。国家行政机关、审判机关、检察机关都由人民代表大会选举产生，对它负责，受它监督。作为权力机关的人民代表大会，掌握并行使着国家权力。为了防止权力过分集中，人民代表大会通过选举（或任命）和立法，把一部分权力授予其他国家机关行使，包括选举政府行使行政权，选举法院行使审判权，选举检察院行使检察权。“一府两院”要对人大负责，受人大监督，不能违反人大的立法和决定进行工作。由此可见，这已不是巴黎公社式的“议行合一”，而是人民代表大会制度下的“议行分开”。

三是人民代表大会内部集体和个人关系。人民代表大会及其常委会实行合议制，集体行使职权，集体决定问题。宪法和组织法对各级人大的职权作了规定。全国范围内的重大问题由全国人大集体讨论界定。地方上的重大问题由地方人大集体讨论决定。人民代表大会的任何一位组成人员，在决定问题上都只有一票，个人或少数人不能决定重大问题。人民代表大会内部的各种会议规则和议事程序，都是这一原则的体现。

四是中央和地方的关系。中央和地方国家机构职权的划分，遵循在中央的统一领导下，充分发挥地方的主动性、积极性的原则。也就是说，在保证国家统一的前提下，实行中央和地方适当的分权，发挥两个积极性。由于各个国家机构性质不同，处理相互关系的具体原则和方式也有差别。由于各级人大都对选举它的选民或选举单位负责，所以全国人大与地方人大不是领导关系，而是法律监督关系和工作指导关系。国务院即中央人民政府，作为最高行政机关，对地方各级人民政府是领导关系。最高人民法院对地方各级人民法院是审判监督关系。最高人民检察院对地方各级人民检察院是领导关系。此外，少数民族自治地方的自治机关除享有宪法规定的一般地方各级机关的权力外，还享有自治权，包括根据当地民族特点，通过制定自治条例，适当变通执行法律、行政法规的权利。

2. 中国选择人民代表大会制度的历史必然性

脱离具体国情，抽象地讨论和比较各种政治制度的优劣，是没有意义的。人民代表大会制度作为我国人民所选择的一种国家根本制度，是一种历史的选择，有着它的客观必然性。政权作为上层建筑，归根到底，是由经济基础决定并为经济基础服务的。历史上，资产阶级从封建王朝手中取得政权以后，创立了一个适应资产阶级统治和资本主义私有制经济发展要求的政治体制。这个体制的主要特征是：资本主义的议会民主制，议会、政府、法院三权分立的权力制衡机制，以及多党竞争的政党制度。应当说，三权分立的政治体制对维护资本主义的总体稳定和经济发展，起了有效作用。二百多年来的历史证明，三权分立的政治体制，确实不失为资产阶级专政的合理外壳。

近代中国的历史条件完全不同于西方。资产阶级民主主义，资产阶级专政的国体和政体在中国没有存在的条件，鸦片战争以后，中华民族的危机空前深重，封建专制到了穷途末路。先进的中国人曾向西方寻求真理，企图按照西方资本主义国家的模式来改变中国的国家制度和社会制度。先是维新派力主推行“君主立宪制”，接着是孙中山领导辛亥革命建立的资产阶级共和制。但辛亥革命没有改变旧中国的社会性质和人民的历史命运，最终在各种反动势力的冲击下归于失败。自那以后，旧中国的政治制度，无论采取何种形式，都没有改变代表其帝国主义、封建主义、官僚资本主义利益的本质，中国人民仍然处于被压迫、被奴役、被剥削的悲惨地位。历史证明，在中国，照搬西方政治体制的模式是一条走不通的路。中国人民从长期的探索和奋斗中深刻认识到，要实现民族独立、人民解放和国家富强、人民幸福，就必须彻底推翻剥削阶级统治广大人民群众的政治制度，建立全新的人民民主政治制度，真正由人民当家做主。领导中国人民实现这一伟大变革的重任，历史地落在了中国共产党人身上。

中国共产党从成立之日起就以实现人民当家做主为己任。以毛泽东为主要代表的中国共产党人，创造性地把马克思主义理论学说同中国具体实际结合起来，在带领人民为推翻三座大山而浴血奋战的同时，对建立新型人民民主政权及其组织形式进行了长期探索和实践。从第一次国内革命战争时期的罢工工人代表大会和农民协会到第二次国内革命战争时期的工农兵代表苏维埃，从抗日战争时期的参议会到解放战争后期和建国初期各地普遍召开的各界人民代表会议，都是我们党为实现人民民主而进行的探索和创造。我们党深刻总结中国近代政治发展的历史和建立新型人民民主政权的实践，得出一个重要结论，这就是：新民主义革命胜利后建立的政权，只能是工人阶级领导的、以工农联盟为基础的人民民主专政；同这一国体相适应的政权组织形式，只能是民主集中制的人民代表大会制度。毛泽东 1940 年在《新民主主义论》中提出了“中国现在可以实行人民代表大会制度”的政权组织形式的构想。1949 年 9 月全国政协第一届全体会议通过的《中国人民政治协商会议共同纲领》明确规定，新中国的政权制度是人民代表大会制度。1954 年，我国第一部宪法正式确立了这一制度。这个历史过程证明，我国的人民代表大会制度是中国共产党领导人民群众，在长期革命实践中不断探索而逐步建立起来的，是革命根据地政权的延续和提升，是历史的必然选择。

3. 为什么说西方的三权分立制度不适合中国国情

三权分立，是西方资本主义国家的基本政治制度，主要内容是立法权、行政权和司法权相互独立、互相制衡。

三权分立是同资本主义经济和政治特征相适应的基本政治制度，它并不是像西方政治家和思想家所宣传的那样是一种抽象的、超越社会制度的甚至是唯一的民主模式。大家知道，资产阶级革命胜利后，以生产资料私有制为基础的经济生活导致利益多元化，也就导致资产阶级内部存在着大量的政治派别和利益集团。在确立和发展资本主义制度的过程中，资产阶级正是通过分权制约的方式来协调内部不同利益的冲突，防止某个集团或阶层的专制。可见，三权分立只能是资产阶级内部利益的一种瓜分和调整。它所制衡的是资产阶级内部不同利益集团的利益关系，而不是不占有生产资料的受剥削的广大无产者同有产者的根本对立的利益关系。作为一种政治制度，三权分立的严重弊病在于，它使相当一部分权力在相互牵制中抵消，常常是议而不决、决而不行，以致造成大量的人力、物力、财力和时间的浪费。

西方三权分立制度不适合我国国情。其一，我国不存在三权分立制度的经济基础。我国以公有制为主体的所有制关系决定了劳动者之间的根本利益是一致的，他们之间不存在资本主义社会私有者之间那种深刻的利益对抗关系，因而在国家政治形式和党派制度上，没有必要人为地把他们划分为各种不同利益的政治对手。我国宪法明确规定：“中华人民共和国是工人阶级领导的、以工农联盟为基础的人民民主专政的社会主义国家。”与这一国体相适应，我们的政体采取人民代表大会制度。

其二，我国不存在实行三权分立的历史前提。我国的人民代表大会制度、共产党领导的多党合作和政治协商制度等具有中国特色社会主义民主政治制度，是我们党领导人民进行长期革命斗争的产物，是人民群众的历史选择。如果放弃了这些行之有效的政治制度，实行三权分立和多党制，必然动摇我国社会主义民主政治制度的根基，动摇人民当家做主的政治地位。

其三，我国实行的建立在民主集中制原则基础上的人民代表大会制度，一方面体现了广泛的人民民主，另一方面，又保证了人民意志的统一和国家权力的统一，保证了决策的效率。人民代表大会是国家的最高权力机关。这种制度使占社会绝大多数的工人、农民、知识分子和其他劳动群众真正成为国家和社会的主人。人民代表大会制度与三权分立不同，国家最高权力是一元的、统一的。人民代表大会是代表人民行使权力，为人民服务的政权组织形式，本质上是体现“议行合一”原则的政治制度。

历史和现实都表明，人民代表大会制度，是符合中国国情具有中国特色的能够保证人民群众当家做主，有效管理国家和社会的根本政治制度。我们只能通过加强执政党自身的建设、加强和完善人民代表大会制度，来强化对权力的监督和制约。当然，在推进政治体制改革中，应该借鉴人类政治文明发展的有益成果，重视对西方分权制约思想的研究，但一切都必须适合中国国情。

（选自 http://theory.people.com.cn/GB/49150/49152/4161852.html）

4. 中国为什么不能搞西方的两党制或多党制

中国的国情决定了中国只能实行中国共产党领导的多党合作和政治协商制度。

（1）这是由中国的社会主义性质所决定的。西方国家的两党制也好，多党制也好，执政的总是资产阶级政党，无论哪个政党上台都不会改变资产阶级的大政方针，都不会改变资本主义性质。在社会主义的中国，只有中国共产党是以社会主义和共产主义为其奋斗目标的，如果搞多党制，容许资产阶级性质政党执政，就会改变社会主义性质。事实上，两个性质根本不同的政党，也不可能轮流执政。只要中国坚持走社会主义道路，就必然坚持共产党的领导。正如邓小平所指出的：“中国由共产党领导，中国的社会主义现代化事业由共产党领导，这个原则是不能动摇的；动摇了中国就要倒退到分裂和混乱，就不可能实现现代化。”

（2）这是由中国的阶级结构和阶级关系决定的。现阶段，我国有两个基本的阶级——工人阶级（包括知识分子）和农民阶级，他们之间的根本利益是一致的，并结成了一个根本利益和共同利益一致的共同体，这个共同体的总代表就是中国共产党。我国虽然还有不同的阶层、不同的社会团体和职业群体，但这种差别是根本利益一致前提下的差别，是全局和局部的矛盾，不是政治原则、政治方向、政治目标的分歧。这种差别产生的矛盾不需要以轮流执政的方式来调节和缓和，可以通过民主、协商的方法加以解决。如果采取政党斗争的方式，只会加剧矛盾的激化。

（3）中国搞两党制或多党制，就会造成国家和人民的分裂，陷入动乱，造成社会发展的停滞和倒退。在中国，如果没有一个坚强的领导核心，就会出现多个政治重心或权力中心，必然会出现国家和人民间的分裂，造成政局动荡和不安。民国初年，我国也曾政党群起，但它们谁也不代表人民的利益，不过是军阀利用的工具，根本没有什么民主政治可言。中国现在如果仍搞那一套，肯定会天下大乱，四分五裂，不仅危及社会主义事业，也会使中国的现代化成为泡影。因此，中国共产党领导的多党合作和政治协商制，它根本不同于西方资本主义国家的两党制或多党制，也有别于一些社会主义国家的一党制。它是马克思列宁主义同中国革命与建设相结合的一个创造，是符合中国国情的社会主义政党制度。

（选自 http://zhidao.baidu.com/question/695946.html）

## 训练提升

### 一、选择训练

1. 单项选择题

(1)我国第一部社会主义类型的宪法通过的时间是(　　)。

A. 1949 年　　B. 1954 年　　C. 1978 年　　D. 1982 年

(2)根据我国宪法规定，中华人民共和国的公民是指(　　)。

A. 出生在我国的人　　B. 年满 18 周岁的人

C. 具有我国国籍的人　　D. 享有政治权利的人

(3)根据我国宪法的规定，下列选项中，既是我国公民基本权利，又是我国公民基本义务的是(　　)。

A. 休息权　　B. 受教育权　　C. 监督权　　D. 选举权和被选举权

(4)每年 3 月，我国都要召开全国人民代表大会，商讨、决策国家重大事务。会议期间，大会要审议国务院、最高人民法院和最高人民检察院的工作报告，审议通过国家的一些重要法律、发展纲要等。这表明：(　　)。

①人民代表大会制度是我国的根本政治制度

②全国人民代表大会是最高国家权力机关

③全国人民代表大会有对重大事项的决定权、监督权

④只有全国人民代表大会才是人民行使当家做主权力的机关

A. ①②③　　B. ①②④　　C. ①③④　　D. ①②③④

(5)我国的根本政治制度是(　　)。

A. 社会主义制度　　B. 人民代表大会制度

C. 人民民主专政制度　　D. 民主集中制

(6)现行宪法规定，中华人民共和国的一切权力属于(　　)。

A. 公民　　B. 人民

C. 全国人民代表大会　　D. 中央人民政府

(7)下列中央国家机关中，实行集体负责制的机关是(　　)。

A. 全国人大常委会　B. 国家主席　　C. 国务院　　D. 中央军事委员会

(8)我国的民族自治地方指(　　)。

A. 自治区、自治县　　B. 自治区、自治州、自治县

C. 自治区、自治州、民族乡　　D. 自治州、自治县

(9)宪法规定享有休息权的是(　　)。

A. 全体公民　　B. 退休人员　　C. 劳动者　　D. 人民

(10)我国县、市、市辖区的人民代表大会每届任期(　　)。

A. 2 年　　B. 3 年　　C. 4 年　　D. 5 年

2. 多项选择题

(1)国务院常务会议的组成人员包括(　　)。

A. 总理、副总理　　B. 国务委员
C. 各部部长、各委员会主任　　D. 审计长
E. 秘书长
(2)根据现行宪法,我国人民法院依照法律规定独立行使审判权,不受(　　)。
A. 权力机关的干涉　　B. 行政机关的干涉
C. 法律监督机关的干涉　　D. 社会团体的干涉
E. 个人的干涉
(3)根据现行宪法规定,国家保护公民的合法财产,主要是指(　　)。
A. 合法的收入、储蓄　　B. 合法的土地、房屋
C. 合法的房屋和其他财产　　D. 依法继承的私有财产
E. 合法的生产资料和生活资料
(4)下列人员中,连续任职不得超过两届的是(　　)。
A. 国家主席　　B. 国务院总理
C. 全国人大委员长　　D. 最高人民法院院长
E. 最高人民检察院检察长
(5)中华人民共和国公民有以下的自由权利(　　)。
A. 言论　　B. 出版　　C. 游行　　D. 罢工
E. 劳动
(6)根据宪法,人民行使国家权力的机关有(　　)。
A. 全国人大　　B. 国务院
C. 中国人民政治协商会议　　D. 中央军事委员会
E. 地方各级人大
(7)我国公民的基本义务有:(　　)。
A. 维护国家统一和全国各民族团结　　B. 遵守宪法和法律
C. 维护祖国安全、荣誉和利益　　D. 保卫祖国,依法服兵役和参加民兵组织
E. 依法纳税

**二、问答训练**

1. 简述我国人民代表大会制度的优越性。
2. 阐明宗教信仰自由的含义。

**三、案例训练**

齐玉苓与陈晓琪均系滕州八中1990届应届初中毕业生,陈晓琪在1990年中专预选考试时成绩不合格,失去了升学考试资格。齐玉苓则通过了预选考试,在统考中成绩为441分,超过了委培录取的分数线。后来济宁商校发出了录取"齐玉苓"为该校1990级财会专业委培生的通知书,陈晓琪在其父陈克政的操纵下,从滕州八中领取了该通知后,即以"齐玉苓"的名义入济宁商校就读。陈晓琪从济宁商校毕业后,以"齐玉苓"的姓名在中国银行滕州支行工作。齐玉苓经过复读,后就读于邹城劳动技校,1996年8月被分配到山东鲁南铁合金总厂工作,自1998年7月,有相当一段时间下岗待业。1999年齐玉苓得知陈晓琪冒用其姓名上学并就业这一情况。

请问,陈晓琪及有关学校和单位侵犯了齐玉苓的哪一项宪法权利?为什么?

# 项目3.5 我国主要实体法律制度学习与遵守

## 学习素材

**案例1**:2005年3月9日下午,原告李某等四人在某大酒店一房间内利用自动麻将桌进行赌博,被被告某县公安局当场抓获。3月14日,被告对原告李某等四人分别裁决拘留5日并处3 000元罚款。后原告不服,于5月8日向市公安局申请复议,因被告违反法定程序,先执行罚款后做出裁决,该行政处罚决定被市公安局撤销,并责令被告在法定期限内重新做出具体行政行为。6月1日,被告在退还了原告3 000元罚款后,向原告履行了处罚前的告知义务,并于当日做出公安行政处罚决定,对原告裁决拘留五日并处罚款3 000元,该处罚已执行完毕。原告李某仍不服,又向市公安局申请复议,市公安局做出维持某县公安局公安行政处罚决定的行政复议决定,原告遂诉至法院。

**【问题与思考】**

(1)本案涉及哪些当事人?

(2)本案中的具体行政行为有哪些?

(3)本案中李某等四人两次申请行政复议是否符合法律规定?

**【简析】**

(1)本案的行政复议当事人是申请人李某等四人,被申请人是某县公安局;行政诉讼当事人有原告李某等四人、被告某县公安局。

(2)具体行政行为是指行政主体在国家行政管理活动中行使职权,针对特定的行政相对人,就特定的事项,做出有关该行政相对人权利义务的单方行为。本案中的具体行政行为有:①3月9日,某县公安局当场抓获在某大酒店赌博的李某等四人,这是行政强制行为;②3月14日,某县公安局对李某等四人分别裁决拘留五日并处3 000元罚款,这是行政处罚行为;③6月1日,某县公安局对李某等人裁决拘留五日并处罚款3 000元,这是行政处罚。

(3)本案中李某等四人两次申请行政复议符合法律规定。6月1日,县公安局做出的行政处罚是新的具体行政行为,李某不服,有权向市公安局申请复议。

**案例2**:2002年4月28日,郑州消费者葛锐特意到郑州金博大购物中心有限公司(以下简称金博大商场),花30元购买了一盒《魔戒现身》VCD光盘。

金博大商场被郑州市质量技术监督局授予"购物放心商场"荣誉称号。葛锐认为,在此购物虽然价格比其他商场略高,但质量应有充分保证。2002年5月18日,河南省音像电子出版物审查鉴定委员认定这盘《魔戒现身》光盘为非法音像制品,并请河南省消费者协会按照国家有关法律法规予以查禁、严肃处理。葛锐一纸诉状将商场送上了被告席并获胜。

2002年9月1日、4日、10日、11日,葛锐又先后分四次在该商场购买了标示为吉林省某制药股份有限公司生产的"男士胶囊",青海省某藏药厂生产的"藏汴宝"、"刻除根"、"藏雄鹰胶囊",后发现也有问题,郑州市药品监督管理局稽查大队做出《举报回复》,

认定葛锐购买的上述药品均系假药,其中"藏雄鹰胶囊"的生产厂家青海省某藏药厂根本就不存在。

得知这个结论后,2002 年 11 月 17 日,葛锐向郑州市质监局递交了书面申请书,称金博大商场作为河南省有名的商家竟公然出售假货,郑州市质监局给商场颁发的"购物放心商场"称号对广大消费者已经构成了误导。葛锐要求郑州市质监局责令金博大商场退还申请人的购货款并承担法律责任,同时要求该局收回或取消颁发给金博大商场的"购物放心商场"荣誉称号。

2003 年 1 月 10 日,郑州市质监局对葛锐的申请做出了书面回复:作为综合性大商场,经营品种成千上万,难免会出现几起有质量问题的商品。目前我们没有充分而有效的证据证明其故意欺诈消费者,所以无充分理由取消其相关称号。

**【问题与思考】**

(1)郑州市质量技术监督局对金博大商场授予"购物放心商场"荣誉称号的行为是具体行政行为吗?为什么?

(2)葛锐可否对郑州市质监局提起行政诉讼?为什么?

**【简析】**

(1)郑州市质量技术监督局对金博大商场授予"购物放心商场"荣誉称号的行为是具体行政行为中的行政确认行为,是对金博大商场现有销售状态和销售事实予以法律上的承认和确定。

(2)葛锐可以对郑州市质监局提起行政诉讼。我国行政诉讼法第 11 条规定,人民法院受理公民、法人和其他组织对下列具体行政行为不服提起的诉讼:对拘留、罚款、吊销许可证和执照、责令停产停业、没收财物等行政处罚不服的;对限制人身自由或者对财产的查封、扣押、冻结等行政强制措施不服的;认为行政机关侵犯法律规定的经营自主权的;认为符合法定条件申请行政机关颁发许可证和执照,行政机关拒绝颁发或者不予答复的;申请行政机关履行保护人身权、财产权的法定职责,行政机关拒绝履行或者不予答复的;认为行政机关没有依法发给抚恤金的;认为行政机关违法要求履行义务的;认为行政机关侵犯其他人身权、财产权的。除前款规定外,人民法院受理法律、法规规定可以提起诉讼的其他行政案件。

**案例 3**:台胞王先生在北京某免税外汇商场购买了日本 GG—125 型摩托车一辆,因当时无货,故委托赵某在商场到货后提货。赵不慎于 1992 年 9 月 27 日将该提货单遗失,即于第二天到该免税外汇商场挂失。按照商场挂失的要求,赵某交纳了挂失费 200 元和海关查单费 10 元,该处工作人员拿出一份印制好的《北京某免税外汇商场货券报失办法(代协议书)》要赵某签字。赵某一看协议书第 6 条规定:"货券报失期间,万一货物被他人冒领,提货处向报失人提供冒领者的情况,由报失人自行向冒领者追回货物。提货处不承担任何责任。"赵某认为这条规定不合理,不同意签字,该同志说:"你不签字就不能挂失,那我们就什么也不管了。"在这种被迫无奈情况下,赵某只好签字,交了挂失费办完一切正式手续后,赵某经常到提货处询问是否有人来冒领,商场让他听通知,如果没有通知,让赵某半年后来提货。同年 11 月 8 日赵某托人到商场查问,电脑显示:10 月 27 日摩托车已被人提走。第二天赵某到商场交涉,商场推之不管。

【问题与思考】

商场办理了正式挂失手续,对挂失的商品被冒领是否应当承担赔偿责任?

【简析】

我国《民法通则》第4条规定:"民事活动应遵循自愿、公平、等价有偿、诚实信用的原则。"每一民事主体在参加民事活动中,享有民事权利和民事义务,应当对等、公平合理。商场享有收取挂失费用的权利而不尽任何义务显然是不合理的。《民法通则》还规定,显失公平的行为是可以撤销的民事行为。所以,该商场制定的挂失办法中关于货物被人冒领,商场不承担任何责任的规定是不合理的,因而是无效的。另外,挂失是指遗失票据和证件时,到原发的机关去登记,声明作废。赵某已向原购物商场登记,声明作废,而仍被冒领者凭已挂失作废的提货单提走货物,是商场失职,对此,商场就应承担相应的民事责任。

**案例4**:2004年8月19日下午,10岁的小明与11岁的小磊,在南汇区一家东方网点门口处玩游戏。玩耍中,小明用其玩具枪打击小磊的玩具汽车,小磊不开心,就地随手捡起一书本大小的铝合金板扔向小明,不慎击中小明右眼,当即右眼流出透明液体及血,送医院救治。经司法鉴定,小明右眼盲评定伤残八级。期间,小磊的父母支付了小明2万元的治疗费用,但对其余经济损失及后续治疗费用双方协商未果。小明于今年7月诉至法院要求小磊父母承担80%的经济赔偿责任。

【问题与思考】

本案应当如何处理?

【简析】

小明在与小磊玩耍中其人身受到伤害,小磊存有主要过错,应承担主要民事赔偿责任,但小明在此过程中也存有一定的过错,自己也应负相应的民事责任。小磊11岁,属于限制民事行为能力人,父母是他的法定监护人,故小磊应负的民事责任应由其父母承担。根据相应证据,法院确认小明的正当经济损失为15万余元,小磊的父母应承担70%的民事赔偿责任。

**案例5**:小南是中学学生,15岁。一天,在放学回家的路上,小南看到商场正在进行有奖销售,每消费20元可领取奖券一张,最高奖金额为5 000元,便买了一瓶价值为20元的洗发水,领到一张奖券。几天后,抽奖结果公布,小南所持奖券中了最高奖,小南非常高兴,将中奖的消息告诉了母亲萧某,母女二人马上去商场兑了奖,萧某把这5 000元钱放到家里的柜子中。

第二天,母女发生争执,小南一气之下,便偷偷拿出柜子中的5 000元钱到商场中购物消气,其见到商场中正在促销钻戒,便花了4 800元买了一只钻戒。几天后,萧某要购买股票,想用柜中的钱,却发现钱已不见,于是质问小南,小南在质问之下说出真相。但小南认为钱是自己中奖所得,自己有权决定怎么花费。萧某则认为小南还小,钱应当由自己和小南的父亲支配。于是马上拉着南某到商场,说小南购买钻戒未征得父母同意,要求退货。售货员说钻戒售出无法退货。

【问题与思考】

(1)小南购买洗发水的行为是否具有法律效力?奖金应当属谁所有?为什么?

(2)小南购买钻戒的行为是否具有法律效力?萧某能否要求退货?为什么?

(3)萧某是否有权将此笔钱用于购买股票?为什么?

(4)假设小南没有告诉萧某,直接到商场领奖,商场能否以小南是未成年人拒绝兑奖?

【简析】

(1)小南购买洗发水的行为属于与其年龄、智力及精神健康状况相适应的民事法律行为,具有法律效力。限制民事行为能力人有权单独获得奖励,因此奖金应归小南所有。《民法通则》第12条第1款规定,10周岁以上的未成年人是限制民事行为能力人。限制民事行为能力人从事两类民事行为有效:一是与其年龄、智力或精神健康状况相适应的民事法律行为;二是接受奖励、赠与、获得报酬等纯获益的民事行为。

(2)小南购买钻戒的行为属于效力待定的行为。萧某有权要求退掉钻戒。《合同法》第47条第1款规定,限制民事行为能力人订立的与其年龄、智力、精神健康状况不相适应的合同,经法定代理人追认后,该合同有效。在法定代理人追认之前,该合同属于效力待定的合同。如果父母拒绝追认,则合同归于无效。小南用4 800元购买钻戒,属于标的数额较大的民事行为,与其年龄、智力不相适应,须征得其父母的同意或者追认。本案中母亲萧某拒绝追认该合同,则合同归于无效,萧某有权要求退掉钻戒。

(3)萧某无权将这笔钱用于购买股票。《民法通则》第18条第1款规定,监护人应当履行监护职责,保护被监护人的人身、财产及其他合法权益,除为被监护人的利益外,不得处理被监护人的财产。股市风险大,萧某购买股票的行为可能会对小南的财产造成损失。

(4)商场不能以小南是未成年人为由拒绝兑奖。《最高人民法院关于贯彻执行〈民法通则〉若干问题的意见》第6条规定,无民事行为能力人、限制民事行为能力人接受奖励、赠与、报酬,他人不得以行为人无民事行为能力、限制民事行为能力为由,主张以上行为无效。

**案例6**:刘某和关某是邻居,两人关系不错。2001年9月,因工作需要,公司委派刘某去公司设在上海的办事处工作一年。刘某临行时,将自己的一台电冰箱委托给关某保管和使用。2001年11月,刘某给关某写信,说自己在上海又买了一台新的冰箱,家中的冰箱委托关某以适当价格卖掉。关某所在公司的司机张某得知此消息后,找到关某,表示想买下这台冰箱,但又不愿多出钱。张某对关某说,你可以给刘某写封信,告诉电冰箱出了毛病,噪音非常严重,要求他降低价格出售。关某当时有些犹豫,但考虑到自己同张某关系不错,经常让张某开车给自己拉东西,若不答应他会影响今后的关系,因而就按照张某的意思给刘某写了信。刘某回信说如果噪音非常严重,可以降低价格卖掉。于是关某就以500元的低价将冰箱卖给了张某。刘某从上海回来后,知道了买卖冰箱的真相,要求张某返还冰箱。张某答复说,在5天前,该冰箱突然爆炸,炸伤自己及家人,造成损失共2 500元,经查,爆炸是由于该冰箱的某部件存在严重的质量隐患所致。

【问题与思考】

(1)关某、张某买卖冰箱的行为属于什么性质的行为?为什么?

(2)刘某可以请求关某、张某承担什么责任?

(3)假如案情发展过程如下:刘某知道真相后,要求张某再加500元,即将电冰箱卖给他,张某表示同意并再交付了500元给刘某,几天之后,电冰箱发生爆炸,伤及张某及其家人,经查,爆炸是由于该冰箱的某部件存在严重的质量隐患所致,此时张某可以向谁要求赔偿损失?请求依据是什么?

【简析】

(1)关某代理刘某与张某买卖冰箱的民事法律行为无效。因为关某与张某的行为属于代理人与第三人恶意串通的合同行为。

(2)刘某可以请求张某归还冰箱,并要求关某和张某承担连带赔偿责任。

(3)张某可以向刘某要求赔偿损失,或向冰箱的生产者要求赔偿损失。向刘某要求赔偿损失的依据在于,刘某要求增加价金的行为,使得刘某与张某之间重新签订了买卖合同,合同有效。在这种情况下,如果买卖标的物导致张某人身或财产损害,张某可以向刘某选择适用违约损害赔偿请求权或侵权损害赔偿请求权。向冰箱生产者要求赔偿损失的依据在于,根据《民法通则》第122条的规定,依产品侵权责任享有的损害赔偿请求权。

**案例7**:宋姣,15岁,热爱发明创造,现成功完成一项发明,并获得系列荣誉。

【问题与思考】

未成年的宋姣能否享有专利权?该发明的专利权、荣誉权应当由谁享有?

【简析】

《中华人民共和国民法通则》规定,公民从出生起就享有民事权利能力,依法享有民事权利,承担民事义务。发明权、荣誉权都属于民事权利的范畴,不受年龄的限制。宋姣完成一项发明,依我国专利法的有关规定,享有发明专利权。随之而来的各种荣誉,也是由她拥有。

**案例8**:2000年,甲因脑血栓不治死亡。死前甲立有一遗嘱,将其存款5万元赠送给邻居张某。但在遗产继承问题上,甲在英国的儿子丁来电报说,甲曾当着其一位好朋友的面说,其死后全部遗产由丁继承。

【问题与思考】

(1)本案中谁对甲的5万元存款享有继承权?为什么?

(2)如何认定甲所立口头遗嘱的效力?为什么?

【简析】

(1)本案中只有甲的邻居张某享有对5万元遗产接受遗赠的权利。根据《继承法》的规定,遗赠具有和遗嘱继承同样的效力,因此,该5万元遗产应由张某接受遗赠。

(2)甲所立的将财产由其子丁继承的口头遗嘱无效。根据《继承法》的规定,遗嘱人在危急的情况下,可以立口头遗嘱。口头遗嘱应当有两个以上见证人在场见证。本案中,丁很难证明甲所立的口头遗嘱是在危急情况下所立,此外,本案中,见证人为一人,不符合口头遗嘱的见证人为两人或者两人以上的要求。

**案例9**:李某的父亲生前是一个集邮爱好者,去世时还留有几本邮票。李某对邮票从不感兴趣,在后来的几次搬家中他都觉得这些邮票不好处理。一日,李某的朋友刘某来吃饭,无意间发现了这几本邮票,刘某也是一集邮爱好者,他随即表示愿意全部购买,最后以5 000元的价格将邮票全部拿走,李某对这一价格也比较满意。事过不久,李某从父亲生前的一朋友处得知,他父亲所留的邮票中,有5张相当珍贵,可能每张都值5 000元;同时另一同事告诉他,刘某正在寻找买主。李某立即找到刘某,要求退还刘某的5 000元钱,取回邮票,但刘某坚决不同意。双方协商不成,李某诉至法院,要求撤销合同,返还邮票。

【问题与思考】

(1)李某与刘某间买卖邮票的行为的效力如何?

(2)法院应如何对待李某的请求?

【简析】

(1)《民法通则》第55条规定,民事法律行为应当具备三个条件,即行为人具有相应的民事行为能力,意思表示真实,不违反法律或者社会公共利益。本案中由于李某缺乏对邮票相关知识以及市场行情的了解,导致他对买卖标的物的价值有严重的误解,即意思表示不真实。《民法通则》第59条规定,行为人对行为内容有重大误解及行为显失公平的,当事人可以请求人民法院对已成立的民事行为予以变更或撤销。因此,刘某与李某之间的买卖行为属可变更、可撤销的民事行为。

(2)对于可变更、可撤销的民事行为,由享有撤销权或变更权的当事人决定是否变更或撤销,以及是予以变更还是撤销。本案中如果李某行使撤销权,该行为无效;如果李某不撤销也不变更,则该行为有效;如果李某要求变更价金条款,法院也应给予支持。因此,权利人李某要求撤销合同行为,返还邮票,人民法院应当允许。

**案例10**:李某受单位委派到某国考察,王某听说后委托李某代买一种该国产的名贵药材。李某考察归来后将所买的价值1 500元的药送至王某家中。但王某的儿子告诉李某,其父已于不久前去世,这药本来就是给他治病的,现在父亲已不在,药也就不要了,请李某自己处理。李某非常生气,认为不管王某是否活着,这药王家都应该收下。

【问题与思考】

(1)李某的行为的法律后果到底应由谁来承担?

(2)药是否应由王家出钱买下?为什么?

【简析】

(1)李某购买名贵药材是受王某的委托才进行的,其行为应属民事代理。《民法通则》第63条第2款规定,代理人在代理权限内,以代理人的名义实施民事法律行为,被代理人对代理人的代理行为,承担民事责任。因此,本案中李某购买药材的行为后果应由王某承担。

(2)根据最高人民法院《关于贯彻执行(中华人民共和国民法通则)若干问题的意见(试行)》第82条的规定,当被代理人死亡后,代理人由于不知道被代理人死亡而为的民事法律行为仍然有效。也就是说,代理人因实施代理行为所取得的后果应由被代理人的继承人受领,由此所产生的债务作为被代理人的债务,以被代理人的遗产或者其继承人或受遗赠人来承担。本案中,王家理当出钱买下此药。

**案例11**:2002年12月,胡某所在单位决定派他到加拿大学习两年,因办理出国手续一时钱不够用,遂向朋友张某借款3万元,并立字据约定胡某在出国前将钱还清。但胡某直到2003年7月27日出国,都一直没有还钱。此前张某虽然经常来看望胡某,但也对钱的事只字未提。胡某在国外两年与张某也有过联系,但都没有说钱的事。2005年8月,胡某回国。2005年10月张某因买房急需用钱,找到胡某,胡某当即表示,全部钱款月底还清,并在原来的字据上对此作了注明。11月5日,当张某再次来找胡某要钱时,胡某却称,他的一个律师朋友说他们之间的债务已超过两年的诉讼时效,可以不用还了。张某气愤至极,第二天就向法院提起了诉讼,要求胡某偿还3万元的本金和利息。

【问题与思考】

(1)胡某对王某债务的诉讼时效是否已经届满?

(2)胡某在2005年10月在字据上对月底还钱作注明的行为有何种效力?

(3)张某能否通过诉讼要回胡某所欠的钱?

**【简析】**

(1)《民法通则》第135条规定:"向人民法院请求保护民事权利的诉讼时效期间为两年,法律另有规定的除外。"根据该规定,民事权利超过诉讼时效后,权利人将丧失胜诉权。本案中,胡某于2002年12月向张某借的钱,直到2005年10月张某才第一次向胡某要钱,其间已过了近三年,胡某债务的诉讼时效实际上早已届满。因此,当时胡某如果表示不愿偿还此款,张某将无法通过诉讼索回他的钱款。

(2)根据最高人民法院《关于贯彻执行〈中华人民共和国民法通则〉若干问题的意见(试行)》第171条的规定,过了诉讼时效期间,义务人履行义务后,又以超过诉讼时效为由反悔的,不予支持。此处义务人履行义务不仅仅指义务人实际履行义务,也包括义务人对履行义务重新做出承诺。本案中,胡某2005年10月在字据上的注明即是一种重新承诺,不得反悔。

(3)张某要求法院判决胡某还款的请求可以得到法院的支持,因胡某已重新做出承诺。

**案例**12:2001年9月1日,甲家的烟窑要拆除,雇民工乙帮助。上午,甲非常注意安全,每拆掉一根木头都要用铁丝拴着慢慢放下,由乙在下面接着。下午,甲为了加快速度,就没有用绳子拴着木头,而直接将木头放下,但没有告知乙。在放下第一个木头时,乙认为有绳子拴着,就没有注意。结果木头从上面掉下来将另一帮忙者丙打死。

**【问题与思考】**

(1)对于丙的死亡,甲是否应当承担责任?为什么?

(2)对于丙的死亡,乙是否应当承担责任?为什么?

**【简析】**

(1)对于丙的死亡,甲应当承担责任。因为这属于侵权责任。其构成要件有四:行为的违法性;行为人主观上有过错;受害人受有损失;受害人的损失和该违法行为有因果关系。本案中,甲在将木头放下时,没有告知乙没有用绳子拴着,乙也无法预见木头未拴绳子,因此甲是有过错的,应当承担民事责任。

(2)对于丙的死亡,乙不应当承担责任。因为乙对于事故的发生不能预见,也不应当预见,他的主观无过错,而在一般侵权责任中,行为人的主观过错是构成侵权责任的要件之一。

**案例**13:以下为一份简易合同文本:

**订货合同**

签订日期:________年________月________日

签约地点:________

合同编号:________

供方:________

法定代表人或代理人:________

地址:________

电话:________

开户行、账号:________

需方:________

法定代表人或代理人:________

地址:________

电话:________

开户行、账号:________

一、本合同是依照《中华人民共和国合同法》订立的,经双方签字盖章后,即发生法律效力,双方必须严格履行。

二、合同条款:

1. 签订双方商妥订货产品总值人民币________元。其产品名称的规格、质量、数量、单价、总值、交货付款等详如附表(略)。

2. 产品及原材料检验方法:________。

3. 产品价格规定:________。

4. 产品的包装方法及费用负担:________。

5. 产品交货方法及费用负担:________。

6. 货款及费用等结算方法:________。

7. 补充条款:________。

三、经济责任:

1. 供方如未能履行合同,须负下列责任:

(1)产品花色、品种、规格、质量不符合同规定:需方同意利用的,按质论价,退还贬值价款;不能利用的,应负责保修、保退、保换。由于延误交货时间,每天应偿付需方________的罚款。

(2)产品数量不符合规定:少交的仍有需要的照数补交;因延期而不要的,可以退货,并承担因此而造成的损失;不能交货的,应偿付需方以不能交货的货款总值________的罚金。

(3)产品包装不符合同规定:应负责返修或重新包装,并承担支付的费用;需方不要求返修或重新包装,应偿付不符合同规定包装价值________的罚金。

2. 需方未能履行合同时,须负以下责任:

(1)中途变更产品花色、品种、规格、质量或包装的规格,应偿付变更部分货款或包装价值总值________罚金。

(2)中途退货,由双方根据实际情况商定,同意退货的偿付退货部分货款总值________的罚金。

(3)未按规定的时间和要求交原材料或技术、资金、包装物,除交货日期得以顺延外,应偿付顺延交货产品总值每日________的罚金;不能提供时,视同中途退货处理。

(4)自提产品未按规定日期提货,每延期一天,应偿付供方以延期提货部分货款总额________罚金。

(5)未按规定日期付款,每延期一天,应偿付以延期付款总额________的罚金。

(6)实行送货或代运的产品拒绝接货,应承担由此而造成的损失和运输费用及罚金。

3. 产品价格:如需要调整,必须经双方协商方能变更。

4. 任何一方要求全部或部分解除合同,必须提出充分理由,经双方协商,并报请签证机关备案。

5. 如因生产原料、生产设备、生产工艺或市场发生重大变化,需要变更产品品种、花色、规格、质量、包装时,应提前________天与对方协商修订调整,并报签证机关备案,任何一方不得擅自变更合同。一方变更合同,对方有权拒绝收购,因此而不能执行合同应偿付对方________的罚金。

6. 确因自然灾害等原因,影响执行合同或延期交货,需提前________天通知对方,经有关机构证明,可酌情减免罚金。

四、执行合同中,发生争议和纠纷,签约双方协商不成,均可向法院提出诉讼或向仲裁机关申请仲裁(只能两者选一)。

五、本合同及附件一式六份,供需双方各执正本一份,副本四份,双方主管部门和工商行政管理局各一份。

供方单位(盖章):________　　需方单位(盖章):________

法定代表人或代理人(签字): ________法定代表人或代理人(签字):________

**【问题与思考】**

(1)通过这份合同文本分析,合同的主要条款有哪些?

(2)应当按什么程序订立合同?

**【简析】**

(1)合同的主要条款包括当事人的名称或者姓名和住所,标的,数量,质量,价款或者报酬,履行期限、地点和方式,违约责任,解决争议的方法。

(2)合同的订立应该经过要约和承诺两个阶段。

**案例 14**:山西晋鹏商贸有限公司 2005 年 5 月至 6 月期间,将过期的 176 袋洽洽香花生、185 袋亚玛亚核桃软糖包装上的生产日期篡改,送往超市销售,被工商部门查获。当事人的行为已构成销售过期商品行为,被责令停止销售,没收过期洽洽香花生 176 袋、亚玛亚核桃软糖 185 袋,并处罚款 5 000 元。

**【问题与思考】**

本案中山西晋鹏商贸有限公司销售过期商品的行为侵害了消费者的什么权利?

**【简析】**

《中华人民共和国消费者权益保护法》第 8 条规定:"消费者享有知悉其购买、使用的商品或者接受的服务的真实情况的权利。消费者有权根据商品或者服务的不同情况,要求经营者提供商品的价格、产地、生产者、用途、性能、规格、等级、主要成分、生产日期、有效期限、检验合格证明、使用方法说明书、售后服务,或者服务的内容、规格、费用等有关情况。"本案中山西晋鹏商贸有限公司销售过期商品的行为侵害了消费者的知情权。

**案例 15**:2005 年 10 月 17 日,成都市苏坡税务所的数名税务干部前往红碾村进行税务检查。在检查到张少平所开的皮鞋生产作坊时,张阻止税务干部进入其生产场所进行检查,并用下流语言辱骂税务干部。在税务干部多次耐心地向其宣传依法纳税的义务无效的情况下,税务干部依照国家税法的有关规定对其作坊进行强行检查。当发现张少平自己当年 5 月开办皮鞋生产作坊以来,多次拒绝向税务所申报纳税,欠税总额 4 859.92 元的违法事实时,张少平恼羞成怒,居然公开用铁锤威胁并欲殴打税务干部,并引起不明真相围观群众的起哄和抓扯,致使数名税务干部受伤。在联防队和派出所干警的制止下才平息了事态。

【问题与思考】

如何看待张少平的行为?

【简析】

本案张少平的行为违反《中华人民共和国税收征收管理法》以下规定,第5条第4款规定:"税务机关依法执行职务,任何单位和个人不得阻挠。"第25条规定:"纳税人必须依照法律、行政法规规定或者税务机关依照法律、行政法规的规定确定的申报期限、申报内容如实办理纳税申报,报送纳税申报表、财务会计报表以及税务机关根据实际需要要求纳税人报送的其他纳税资料。"同时,张少平公开用铁锤威胁并欲殴打税务干部的行为符合第67条的规定"以暴力、威胁方法拒不缴纳税款的,是抗税"。

**案例16:**甲和乙是同乡邻居,均为25岁男子,甲在A市打工,某日回乡遇见乙就和乙说自己在外地打工每天能赚800块,乙听了很心动,就要求甲下次出去打工的时候也把自己带上,甲就同意了。过了几天甲回A市后找到一煤矿公司老板丙,并与其商量以1 000元的价格把乙卖与其做苦工。后甲回乡告诉乙说已经帮乙找好了工作,准备带乙过去,问乙愿意不愿意,乙欣然同意与甲前往A市。甲把乙带到丙处后,从丙处拿到1 000元钱,然后走了。

【问题与思考】

甲的行为是否构成犯罪?

【简析】

甲的行为不构成犯罪。从犯罪概念看,甲某以欺骗手段非法介绍乙到煤矿公司做苦力并从中牟利,虽侵犯了公民人身权利,但属于情节显著轻微危害不大的,因而不认为是犯罪。同时根据罪刑法定原则,甲的行为并未构成现有刑事法律中任何一条明文规定的罪名,仅仅构成一般违法行为。首先,此种"恶意中介"不同于诈骗,其1 000元非法所得系与得利方不正当交易所得,并无非法占有乙财产的故意。其次,整个拐骗行为过程中以当事人同意为基础,没有使用绑架、非法拘禁等可能导致有罪情形的暴力手段,且有别于拐卖人口。

**案例17:**乔甲,男,18岁,待业青年。乔甲因家中人多房少不能住,于1998年6月到其叔乔乙家借宿。同年9月28日,乔甲在叔乔乙家午睡后,闲着无事,想找本杂志翻阅,就随手拉乔乙忘了上锁的书桌抽屉,发现内有一叠崭新的10元面值人民币,乔甲顿起贪心,趁家中无人,偷偷从中抽走50元。由于乔乙大意,没有发现其抽屉内短少的现金。乔甲见第一次窃取得逞后,胆子越来越大,又分别于1998年10月、1999年3月两次趁乔乙不在意,共窃取其人民币600余元。当乔甲又于1999年6月10日趁乔乙家无人之机,打开抽屉寻找现金时,不料被躲在家里逃学的乔乙之子乔丙发现,遂案发,随后乔甲家属代其偿还了乔乙的损失。乔乙曾到公安机关要求不要处理乔甲。

【问题与思考】

乔甲的行为是否构成犯罪?为什么?

【简析】

乔甲的行为尚不构成犯罪。《刑法》第13条规定:"一切危害国家主权,领土完整和安全,分裂国家,颠覆人民民主专政的政权和推翻社会主义制度,破坏社会秩序和经济秩序,侵犯国有财产或者劳动群众集体所有的财产,侵犯公民私人所有的财产,侵犯公民的人身权利、民主权利和其他权利,以及其他危害社会的行为,依照法律应当受刑罚处罚的,都是犯罪。但是情节显著轻微,危害不大的,不认为是犯罪。”乔甲主观上具有非法占有他人财物的目的,客观上实施了窃取他人财物的行为,其行为具有一定的社会危害性。但乔甲每次窃取的财物数额很少,其犯罪情节显著轻微,而且乔甲的家属已对乔乙的损失作了赔偿,乔甲对乔乙造成的危害不大。所以本案中乔甲的行为尚不构成犯罪。最高人民法院、最高人民检察院《关于办理盗窃案件具体应用法律的若干问题的解释》规定:“盗窃自己家里的财物或者近亲属的财物,一般可不按犯罪处理。对确有追究刑事责任必要的,在处理时也要同在社会上作案有所区别。”

**案例18**:刘某(男,33岁)与许某(男,35岁)的妻子(女,31岁)相好,为达到结婚的目的,乘工地大伙干活的机会,在许某的饭菜里投放老鼠药,许某发现饭菜有异味就倒了,另买东西吃。倒的饭菜被狗吃了并被毒死。许某把此事告诉了刘某,刘借机说是马某(男,40岁)所为。因为马某与刘某和许某都有矛盾,然后刘某与许某一起向公安机关举报马某涉嫌杀害许某。

**【问题与思考】**

从犯罪的构成要件分析,刘某的行为是否构成犯罪?

**【简析】**

犯罪的构成要件包括犯罪客体、犯罪客观方面、犯罪主体、犯罪主观方面。本案中,刘某的行为构成故意杀人罪(未遂)和诬陷罪。首先,刘某的行为构成故意杀人罪,其犯罪客体是侵犯了许某的生命权;犯罪客观方面刘某实施了危害行为,在许某的饭菜里投放老鼠药,只是因为许某较敏感,发现饭菜有异味而倒了才免除危害结果;犯罪主体刘某系成年人,达到刑事责任年龄、具备刑事责任能力;在犯罪主观方面刘某具有杀害许某的直接故意。其次,刘某的行为构成诬陷罪,刘某以使马某受刑事处分为目的,与许某一起向公安机关举报马某涉嫌杀害许某,具有诬陷马某犯罪的直接故意。

**案例19**:某日上午,农民甲与农民乙为地界争议发生争吵,进而发展成相互厮打,后被人拉开。农民乙感到在刚才厮打中,自己吃了亏,折了面子,遂回家拿出一把剔骨刀要砍杀农民甲。甲见状赶忙逃走并躲了起来,直到傍晚,才回到村中,不想乙还是持刀追了过来。眼看乙就要追上来了,甲急忙从路边的村民丙手中夺过锄头朝乙头上打去,乙当即倒地身亡。

**【问题与思考】**

农民甲用锄头击打乙的行为是犯罪吗?为什么?

**【简析】**

农民甲用锄头击打乙的行为是正当防卫,不负刑事责任。正当防卫是为了保护国家、公共利益、本人或者他人的人身、财产和其他权利免受正在进行的不法侵害,采取对不法侵害人造成损害的方法制止不法侵害的行为。本案中,乙先是拿出剔骨刀要砍杀甲,后又继续持刀追甲,在这种情形下,甲从路边村民丙的手中夺过锄头朝乙头上打去,致使乙当即倒地身亡。甲是为了保护自身的生命健康权免受正在进行的不法侵害,而损害不法侵害人乙的。

**案例20**:雷某住在二楼。三楼的邻居国庆期间外出。有一天,雷某发现天花板开始滴水,意识到三楼邻居家可能漏水了。她向该楼宇的物业管理公司反映情况,公司称:三楼住户不在家,不能入室检修。结果情形越来越糟,雷某的屋子里像下雨,天花板、家具、衣服、被褥等都受到不同程度的损害,其中一些物品受损相当严重。而物业管理公司仍然不来维修。雷某没有办法,打110电话,在巡警的要求下,物业管理公司砸开三楼房门入内维修,发现屋内的东西也被泡得不成样子。三楼住户回来后,对于他们破门而入的行为感到很恼火,三方矛盾很大。

**【问题与思考】**

物业公司破门而入的行为是否构成犯罪? 为什么?

**【简析】**

物业公司破门而入的行为是紧急避险,不负刑事责任。紧急避险必须同时符合以下条件:避险起因是有自然现象带来的危险、人为形成的危险、动物的侵害等紧急危险存在;避险意图是使合法权益免受正在发生的危险;避险对象是第三者;避险手段是不得已而为之的。本案物业公司破门而入的行为符合上述条件。

**案例21**:张某、孙某、吴某均系某金笔厂职工,三人曾多次密谋盗窃该厂仓库内存放的铱粒。某日深夜,三人共同前往该厂作案。行至途中,吴某因惧怕,借口胃痛不能前往而返回家。当晚十一点钟,张、孙二人趁值班人员不备,潜至仓库门口。张叫孙在门外隐蔽处放风,自己撬开门锁进入仓库。孙在门外等了十多分钟不见张出来,以为张盗得铱粒后从别的出口溜走,遂离开仓库门口,翻墙出厂。厂值班人员听见响动,便前去仓库查看,将正在库内盗窃铱粒的张某抓获。

**【问题与思考】**

(1)张某、孙某、吴某的行为是否属于共同犯罪? 为什么?

(2)他们各自的行为属于犯罪的哪一种形态? 在量刑上有何区别?

**【简析】**

(1)张某、孙某、吴某的行为属于共同犯罪。共同犯罪是指二人以上的共同故意犯罪。本案中张某、孙某、吴某三人曾多次密谋盗窃铱粒,符合共同故意犯罪的特征。

(2)吴某因惧怕,行至途中,借口胃痛不能前往而返回家,属于犯罪中止。应当减轻处罚。孙某误以为张盗得铱粒后从别的出口溜走,遂离开现场,是犯罪未遂,可以从轻处罚。张某正在库内盗窃铱粒被抓获,是犯罪既遂,应当罚当其罪。

**案例22**:赵某(男,1983年8月8日生)游手好闲,讲究享乐,为了让经商的父亲多给一些钱用而费尽心机。2000年7月7日,赵某让钱某(男,1983年6月6日生)给自己的父亲打电话,谎称自己被警察抓走了。钱某问为什么要撒谎,赵某说:“这不关你的事!”钱某给赵某的父亲打了电话。接着,赵某于当日半夜拿菜刀将自己的左手小指齐指甲根部剁下,然后跑到医院包扎。第二天早晨,赵某让孙某(男,1983年5月5日生)把装有半截手指的信封送到赵家楼下的食杂店,委托店主交给赵的父亲。中午孙某按赵某的意思给赵某的父亲打电话:“你的儿子已经被我们绑架了,拿50万元来赎人,否则你儿子便没命了。”赵某的父亲立即报案,公安机关将赵某、钱某、孙某抓获。赵某在被拘留期间,主动交代司法机关还未掌握的另一犯罪事实:赵某于1999年4月4日,在盗窃了李某家5 000元现金后,为了毁灭罪证而实施了危害公共安全的放火行为。钱某在被拘留期间也主动交代自己曾于1999年3月3日参与一起绑架案，分得赎金3 000元。孙某在被拘留期间，检举、揭发了周某的重大犯罪行为，经查证属实。

**【问题与思考】**

(1)本案中的赵某、钱某、孙某的行为是否构成共同犯罪？

(2)这些人各个有哪些法定的量刑情节？

**【简析】**

(1)赵某、钱某、孙某的行为是共同犯罪。

(2)赵某于1999年4月4日，在盗窃了李某家5 000元现金后，为了毁灭罪证而实施了危害公共安全的放火行为，应当数罪并罚。钱某在被拘留期间主动交代自己曾于1999年3月3日参与一起绑架案，分得赎金3 000元，是自首，根据刑法第67条的规定，可以从轻处罚。孙某在被拘留期间，检举、揭发了周某的重大犯罪行为，且查证属实，有重大立功表现，根据刑法第68条的规定，可以减轻处罚。

## 关键名词

**行政法**：指调整国家行政机关在履行其职能的过程中发生的各种社会关系的法律规范的总称。

**刑法**：指统治阶级为了维护其阶级利益和统治秩序，根据自己的意志，以国家的名义颁布的，规定犯罪、刑事责任以及刑罚的法律规范的总和。

**民法**：指调整平等主体的公民之间、法人之间以及公民和法人之间的财产关系和人身关系的法律规范的总和。

**商法**：指调整平等主体之间商事关系的法律规范的总称。现阶段，我国的商法主要包括公司法、证券法、保险法、票据法、海商法等。

**经济法**：指调整国家在监管和协调经济运行过程中发生的经济关系的法律规范的总称。

**行政行为**：指行政主体运用行政权力针对行政相对人做出的、能够产生一定法律效果的行为。

**行政处罚**：指行政主体依照法定职权和程序，对违反行政法规的行政相对人给予行政制裁的具体行政行为。

**行政复议**：指行政相对人认为行政机关的具体行政行为侵害了自己的合法权益，依法向该机关的上一级机关或者法律规定的有权机关提出复议申请，由受理申请的行政机关对该具体行政行为的合法性和适当性进行审查并做出行政复议决定的一种制度。

**民事权利能力**：指法律确认的民事主体享有民事权利、承担民事义务的资格。

**民事行为能力**：指民事主体独立实施民事法律行为的资格。

**诉讼时效**：指权利人请求人民法院依法定程序保护其合法权益而提起诉讼的法定有效期限。

**犯罪**：指严重危害社会，触犯刑法并应受刑罚处罚的行为。

**刑罚**：指人民法院依据刑事法律对犯罪分子给予的强制处罚。

## 拓展知识

1. 具体行政行为与抽象行政行为的区别

| | 抽象行政行为 | 具体行政行为 |
|---|---|---|
| 效力对象 | 不特定的多数人和事 | 特定的人和事 |
| 适用效力 | 能反复适用 | 不能反复适用 |
| 对相对人的影响 | 不能直接影响相对人的权利义务,要通过具体行政行为的实施 | 直接影响相对人权利义务 |
| 程序要求 | 一般要求有征求意见程序、公布程序 | 强调调查程序和听证程序 |
| 受到监督和审查的范围和程度 | 一般不受到行政诉讼的司法审查,部分抽象行政行为可以被附带申请行政复议 | 可以被申请行政复议和被提起行政诉讼 |

2. 行政责任的种类和形式

对行政责任根据不同的标准可作不同的分类。根据责任功能,行政责任可以分为惩罚性行政责任和补救性行政责任两类,这是最为重要的一种分类;根据责任主体,行政责任可以分为行政主体行政责任和行政人行政责任;根据责任范围,行政责任还可以分为内部行政责任和外部行政责任。

惩罚性行政责任主要有两种具体形式,即通报批评和行政处分。根据《国家公务员暂行条例》(国务院 1993 年 8 月 14 日发布)规定,行政处分的形式有警告、记过、记大过、降级、撤职、开除六种。补救性行政责任主要包括撤销行政违法行为、纠正不当的行政行为、履行职务、返还权益、恢复原状、赔偿损失、恢复名誉、消除影响、承认错误、赔礼道歉等。

一般的,行政主体承担行政责任的具体方式有通报批评、赔礼道歉、承认错误、恢复名誉、消除影响、返还权益、恢复原状、履行职务、撤销行政违法行为、纠正不当的行政行为和赔偿损失等。公务员承担行政责任的方式有通报批评、赔偿损失、行政处分等。行政相对方承担行政责任的方式有承认错误、赔礼道歉、接受行政处罚、履行法定的义务、恢复原状、返还原物和赔偿损失等。此外,外国人及外国组织在我国境内活动时,属于我国行政管理相对方,如违反了我国行政管理义务也要承担行政责任。外国人承担行政责任的特殊方式还有限期离境、驱逐出境、禁止离境等。

## 训练提升

**一、选择训练**

1. 单项选择题

(1)某商场甲明知其购进的电冰箱质量有问题,但在销售时却未予以说明。顾客乙购买了质量有问题的电冰箱。甲与乙之间的民事行为属于(　　)。

A. 受欺诈的民事行为　　B. 显失公平的民事行为

C. 重大误解的民事行为　　D. 乘人之危的民事行为

(2)某夫妇在儿子甲周岁生日时到乙照相馆为儿子拍照留念,乙照相馆保留了该照片底片,随后出卖给个体户丙用以制作挂历,丙随后又将其卖给护肤品生产商丁,用以进行广告宣传,下列说法正确的是(　　)。

A. 乙、丙、丁均侵犯了甲的肖像权

B. 乙、丙侵犯了甲的肖像权,但丁不构成侵权

C. 乙、丁侵犯了甲的肖像权,但丙不构成侵权

D. 丙、丁侵犯了甲的肖像权,但乙不构成侵权

(3)当事人既约定违约金,又约定定金的,(　　)。

A. 其约定无效　　B. 其约定的效力待定

C. 当事人可以选择适用　　D. 当事人可以合并适用

(4)下列情形中,适用1年诉讼时效的是(　　)。

A. 身体受到伤害请求赔偿　　B. 环境污染致人损害

C. 买卖合同　　D. 继承纠纷

(5)甲于2001年立有一公证遗嘱,2003年立有一自书遗嘱,2004年病危期间又立有一口头遗嘱。三份遗嘱符合遗嘱的有效要件,但内容相抵触。2004年10月甲病故,其遗产应(　　)。

A. 按法定继承处理　B. 按自书遗嘱处理　C. 按公证遗嘱处理　D. 按口头遗嘱处理

(6)甲在乙商店购买丙厂生产的啤酒,开启时发生爆炸导致甲受伤。经查明该爆炸是因丙厂违规使用了旧酒瓶所致。下列说法正确的是(　　)。

A. 甲只能向乙商店索赔　　B. 甲只能向丙厂索赔

C. 甲可以向乙商店或丙厂索赔　　D. 乙商店赔偿甲损害后不能向丙厂追偿

(7)公民合作作品保护的截止期限,不论合著人人数多少,必须是其中最后一名作者死亡之后算起第(　　)。

A. 20年12月31日　B. 30年12月31日　C. 40年12月31日　D. 50年12月31日

(8)我国商标法规定,注册商标有效期满尚须继续使用的,申请续注册的期间是(　　)。

A. 15天　　B. 3个月　　C. 6个月　　D. 12个月

(9)我国专利法规定,发明专利权的期限为(　　)年。

A. 10　　B. 15　　C. 20　　D. 30

(10)建筑物或者其他设施以及建筑物上的搁置物、悬挂物发生倒塌、脱落、坠落造成他人损害的,(　　)承担民事责任。

A. 所有人或管理人　　B. 受害人

C. 受害人和管理人共同　　D. 受害人和所有人共同

(11)下列各项中,不属于行政职权的是(　　)。

A. 行政处罚权　B. 行政复议权　C. 行政指导权　D. 行政审判权

(12)公安机关对在公共场所酗酒滋事的人进行人身拘束,该行政行为性质是(　　)。

A. 行政处罚　B. 行政强制　C. 行政监督　D. 行政指导

(13)消费者为(　　)消费需要购买、使用商品或接受服务,其权益受《消费者权益保

护法》保护。

A. 生产　　B. 生活　　C. 生产和生活　　D. 个人

(14)经营者提供商品或者服务有欺诈行为的，应当按照消费者的要求增加赔偿其受到的损失，增加赔偿的金额为消费者购买商品的价款或者接受服务的费用的(　　)。

A. 一倍　　B. 二倍　　C. 三倍　　D. 五倍

(15)我国刑法规定，在(　　)上一律平等，不允许任何组织和个人有超越法律的特权。

A. 制定刑法　　B. 解释刑法　　C. 执行刑罚　　D. 适用刑法

(16)醉酒的人犯罪，依我国刑法规定，(　　)负刑事责任。

A. 可以　　B. 应当　　C. 不一定　　D. 视具体情节而定

(17)我国刑法规定，对组织、领导犯罪集团的首要分子，按照集团所犯的(　　)处罚。

A. 主要罪行　　B. 重要罪行　　C. 全部罪行　　D. 最重的罪行

(18)某公民因犯罪被判处有期徒刑 15 年，附加剥夺政治权利 3 年，他实际上被剥夺政治权利的期限为(　　)。

A. 3 年　　B. 15 年　　C. 18 年　　D. 12 年

(19)我国刑法规定，犯罪后自首又有(　　)表现的，应当减轻或者免除处罚。

A. 重大立功　　B. 立功　　C. 悔改　　D. 积极

(20)我国刑法规定，判处无期徒刑，减刑以后实际执行的刑期，不能少于(　　)。

A. 15 年　　B. 10 年　　C. 20 年　　D. 18 年

2. 多项选择题

(1)下列属于侵害人格权的行为有(　　)。

A. 甲在与乙的争执过程中，用利器刺瞎乙的一只眼睛

B. 甲到处散布乙患有性病的事实

C. 照相馆未经顾客的同意将顾客的照片摆放在其橱窗里

D. 夫妻离婚后，抚养子女的一方拒绝对方探视子女

E. 甲由于过失行为致乙死亡

(2)下列侵权行为中，适用无过错责任原则的是(　　)。

A. 高度危险作业致人损害　　B. 建筑物倒塌致人损害

C. 环境污染致人损害　　D. 产品缺陷致人损害

E. 饲养的动物致人损害

(3)下列属于行政行为的有(　　)。

A. 法院对某杀人犯判处死刑　　B. 工商局为某新成立企业发放营业执照

C. 国务院制定颁布新的行政法规

D. 公安局对某违法者处以行政拘留 10 天的处罚

E. 市政府与某建筑公司签订市政府办公楼建筑施工合同

(4)不属于著作权客体的是(　　)。

A. 改编、注释已有的作品　　B. 国家法律、机关的决议

C. 时事新闻　　D. 编辑的作品

E. 原创作品

(5)《行政处罚法》中体现处罚公开原则的制度是(　　)。

A. 表明身份制度　B. 裁执分离制度　C. 听证制度　D. 听取意见制度

E. 告知制度

(6)经营者与消费者进行交易,应当遵循(　　)的原则。

A. 自愿　B. 平等　C. 公平　D. 诚实信用

E. 公正

(7)消费者与经营者进行交易,享有(　　)的权利。

A. 知悉真实情况　B. 自主选择　C. 公平交易　D. 获得赔偿

E. 公正交易

(8)犯罪构成是指刑法规定的犯罪行为所应当具备的一切主客观要件的总和。我国的犯罪构成包括(　　)。

A. 犯罪主体　B. 犯罪客体　C. 犯罪主观方面　D. 犯罪客观方面

E. 犯罪主客体

(9)已满 14 周岁不满 16 周岁的人,犯(　　)的,应当负刑事责任。

A. 抢劫罪　B. 故意杀人罪

C. 制造、运输贩卖毒品罪　D. 走私武器、弹药、核材料或者伪造货币罪

E. 吸毒贩毒罪

(10)剥夺政治权利是指剥夺犯罪分子的下列权利(　　)。

A. 选举权和被选举权

B. 言论、出版、集会、结社、游行、示威的自由和权利

C. 担任国有公司、企业、事业单位和人民团体领导职务的权利

D. 担任国家机关职务的权利

E. 其他与政治有关的权利

**二、问答训练**

1. 什么是犯罪构成?犯罪构成有哪些要素?

2. 简述无效合同的情形。

3. 简述自然人民事权利能力和民事行为能力。

**三、案例训练**

1. 大学生张某毕业后与甲公司签订了一份为期 3 年的劳动合同,根据劳动合同的约定,张某须向甲公司交付保证金 1 万元。在甲公司工作 1 年后,张某想解除劳动合同,在与公司交涉的过程中,双方发生纠纷。问:

(1)张某与甲公司的劳动合同是否有违法之处?

(2)张某想解除劳动合同应当怎样做?

(3)双方发生纠纷应通过怎样的途径解决?

(4)张某是否可以直接到法院诉讼?为什么?

2. 赵某系某公司经理,1995 年结婚,与其妻王某生有一女孩赵甲。赵某长期在外承包工程,并与一女子方某以夫妻名义同居,生有一子赵乙。2003 年赵某回家探亲时遇车祸死亡,赵某留有遗产 60 万元,未留遗嘱。方某得知后,欲分割遗产,王某则不同意。问:

(1)方某是否有继承权？为什么？

(2)赵乙是否有继承权？为什么？

(3)赵某的遗产应适用何种继承方式？

(4)赵某的继承人的范围包括哪些人？

(5)赵某的遗产怎样分割？

3. 王某因犯数罪被人民法院依法判处有期徒刑20年,服刑13年后被假释。在假释考验期间的第6年,王某盗窃一辆汽车而未被发现。假释考验期满后的第4年,王某因抢劫而被逮捕,交代了自己在假释考验期限内盗窃汽车的行为。问:

(1)对王某是否撤销假释？为什么？

(2)对王某假释考验期限内的盗窃行为应如何处理？

(3)对王某假释考验期满后的抢劫罪应如何处理？

(4)对王某最后的刑罚应当如何确定？

## 项目3.6 我国程序法律制度学习与遵守

### 学习素材1 案例

**案例1**:李某于2005年6月10日向某市中级人民法院递交起诉状称:李某于2001年11月将两间房屋租给宋某,每月租金200元,租期3年。现租期已过,李某要求宋某迁出,收回房屋自用。中级人民法院告知李某本院对本案无管辖权,没有受理李某的起诉,让其到区人民法院起诉。李某想不通,认为中级人民法院的审判员水平高,更能公正审理案件,区法院的审判员水平不高,不愿去区法院起诉。

**【问题与思考】**

(1)本案的诉讼当事人有哪些？

(2)李某不愿到区人民法院起诉的理由是否成立？本案应当由哪一级人民法院受理？

(3)本案可否适用简易程序？为什么？

**【简析】**

(1)本案的诉讼当事人是原告李某,被告宋某。

(2)李某不愿到区人民法院起诉的理由不能成立。我国人民法院的设置分为四级,即基层人民法院、中级人民法院、高级人民法院和最高人民法院。这四级人民法院都有权审理一定范围的第一审民事案件。

《民事诉讼法》第18条规定:"基层人民法院管辖第一审民事案件,但本法另有规定的除外。"据此,第一审民事案件原则上由基层人民法院管辖。《民事诉讼法》第19条规定:"中级人民法院管辖下列第一审民事案件:重大涉外案件;在本辖区有重大影响的案件;最高人民法院确定由中级人民法院管辖的案件。"《民事诉讼法》第20条规定:"高级人民法院管辖在本辖区有重大影响的第一审民事案件。"《民事诉讼法》第21条规定:"最高人民法院管辖下列第一审民事案件:在全国有重大影响的案件;认为应当由本院审判的案件"。本案是一个比较简单的民事案件,不必由中级人民法院管辖。当事人的担心是不必要的,对区法院的审判如果不服,还可以上诉至中级人民法院。所以本案应由区法院管辖。

(3)本案可以适用简易程序。简易程序作为一种简便易行的诉讼程序,是对普通程序的简化,它适用于基层人民法院和其派出法庭审理事实清楚、权利义务关系明确、争议不大的简单的民事案件。

**案例2**:2004年3月10日,曲江县陈某为方便上下班而买了一辆新的乘风牌摩托车,平时下班之后就将摩托车停放在自家小院中。4月5日,陈某的高中同学张某去找陈某,看到那辆摩托车后对车子大为赞赏,并起了将车盗走之心。4月8日晚上9点左右,张某翻墙进入陈家小院,偷偷将车搬到院外,随后仓皇骑车逃走。张某飞速骑车到红旗路与广和路交叉口,右转弯时险些撞到迎面走来的加完夜班回家的曲江县人民法院刑庭审判员胡某,胡某看清了这位莽撞骑车人的面貌,并记住了车牌号。4月9日早上,陈某发现摩托车不见了,就立即向公安局报案。负责对该案件进行侦查的公安干警古某某系陈某同父异母的姐姐。5天后,公安人员将犯罪嫌疑人张某抓获。曲江县人民检察院依法对此案进行审查起诉后,向县人民法院提起公诉,指控张某犯有盗窃罪。审判员胡某负责该案的审理。

【问题与思考】

(1)本案是否可以由受害人陈某直接向人民法院提起自诉?为什么?

(2)本案指控张某犯有盗窃罪的主要证据有哪些?

(3)该案哪些人员应该回避?为什么?

【简析】

(1)本案不能由受害人陈某直接向人民法院提起自诉。《刑事诉讼法》第170条规定,自诉案件包括下列案件:告诉才处理的案件;被害人有证据证明的轻微刑事案件;被害人有证据证明对被告人侵犯自己人身、财产权利的行为应当依法追究刑事责任,而公安机关或者人民检察院不予追究被告人刑事责任的案件。

(2)本案指控张某犯有盗窃罪的主要证据有,物证——陈某的乘风牌摩托车及其车牌号,证人证言——曲江县人民法院刑庭审判员胡某夜班回家途中的所见,受害人陈某的陈述,犯罪嫌疑人张某的供述和辩解。

(3)本案应该回避的人员是负责对该案件进行侦查的公安干警古某某和审判员胡某。《刑事诉讼法》第28条规定,审判人员、检察人员、侦查人员有下列情形之一的,应当自行回避,当事人及其法定代理人也有权要求他们回避:是本案的当事人或者是当事人的近亲属的;本人或者他的近亲属和本案有利害关系的;担任过本案的证人、鉴定人、辩护人、诉讼代理人的;与本案当事人有其他关系,可能影响公正处理案件的。本案中,公安干警古某某系陈某同父异母的姐姐,是受害人陈某的近亲属。审判员胡某是指控张某实施了盗窃行为的证人。

## 学习素材2 模拟法庭参考资料

### 模拟法庭

**一、教育目的**

通过模拟法庭审判,引导学生树立法律精神,尊重法律程序,培养法律思维方式,并自觉维护法律权威。

**二、组织程序**

(1)准备案例材料。让学生收集和案件有关的一些资料,初步掌握和案件有关的一些内容。

(2)分组和角色安排。每个模拟法庭分为四组,即审判组、起诉组、代理(辩护)组和综合组(被告人、被害人、证人、鉴定人、法警等)。

(3)熟悉法庭审判的流程。查阅关于法庭审判较为详细的内容。

(4)布置模拟法庭场地。主要设施包括席位牌,其中审判长席一个,审判员席两个,书记员席一个,原告席一个,公诉人席一个,被告席一个,代理人(辩护律师)席二个;国徽;服装服饰;法槌;背景布;音响设备、摄像设备;观众席;案件卷宗。

**三、审判程序**

某区法院普通程序审理民事案件庭审提纲

【庭前准备】

书记员(以下简称书):请当事人、诉讼代理人入庭。

书:查明当事人、诉讼代理人到庭情况,核对证件。

书:请肃静,现在宣布法庭纪律。

(1)诉讼参与人应当遵守法庭规则,维护法庭秩序,不得喧哗、吵闹,发言、陈述和辩论须经审判长许可。

(2)旁听人员必须遵守下列纪律:①未经许可,不得录音、录像和摄影;②不得随意走动和进入审判区;③不得发言和提问;④进入法庭必须关闭手提电话机及传呼机;⑤不得吸烟、鼓掌、喧哗、哄闹和实施其他妨害审判活动的行为。

(3)对于违反法庭规则的人,审判长可以口头警告、训诫,也可以没收录音、录像和摄影器材,责令退出法庭或者罚款、拘留。

(4)对哄闹、冲击法庭、侮辱、诽谤、威胁、殴打审判人员等重要扰乱法庭秩序的人,依法追究刑事责任。

书:全体起立,请审判长、审判员入庭。

书:报告审判长,原告某某,原告代理人某某,被告某某,被告代理人某某到庭。原告(被告)提供的证人某某,鉴定人某某庭外候传。庭前准备工作就绪,请开庭。

【开庭审理】

审判长(以下简称审):现在核对当事人、诉讼参与人基本情况。

审:原告对被告出庭人员有无异议?

原:______________________________

审:被告对原告出庭人员有无异议?

被:______________________________

审:经审查,原、被告出庭人员符合法律规定,可以参与本案庭审活动。

某某市某某区人民法院现在公开(不公开)开庭审理原告某某诉被告某某纠纷一案,依据《中华人民共和国民事诉讼法》第40条第1款、第120条的规定,本案由审判员某某某担任审判长、审判员某某某、助理审判员某某某组成合议庭适用普通程序进行审理,书记员某某某担任本案记录。

有关当事人诉讼权利与义务的规定,庭前已以书面形式告知双方当事人。原、被告对诉讼权利、义务是否清楚?

原:____________________

被:____________________

审:原告是否申请回避?

原:____________________

审:被告是否申请回避?

被:____________________

【法庭调查】

1)诉辩阶段

(审判长根据双方诉辩意见进行总结。总结围绕案件事实进行,首先对双方认可的事实予以认定。其次,总结双方争议的事实,按顺序逐一列出。暂时不总结双方法律关系方面的争议点。)

审:庭审分四个阶段进行:法庭调查、法庭辩论、法庭调解、评议和宣判。现在进行法庭调查。鉴于庭前证据交换程序中,诉状与答辩状已依法送达给各方当事人,原告的诉讼请求、事实、理由与被告的答辩意见不再当庭陈述。

原告对诉讼请求、事实、理由有无变更或补充?

原:______________________________

审:被告对答辩意见有无变更或补充?

被:______________________________

审:根据双方诉辩意见,本庭认为以下事实是双方认可的事实:1、______;2、______;3、______。本庭予以确认。本庭确认的事实,无须质证和辩论。双方争议焦点有1、______;2、______;3、______;4、______。原告,对本庭归纳的争议焦点有无异议?

原:______________________________

审:被告,对本庭归纳的争议焦点有无异议?

被:______________________________

2)质证阶段

(经庭前证据交换,证据应装订成册,按1、2、3、4、……的顺序分类编订,并已就证据来源、证据内容、所证明的事实做出说明。法官在庭审中仅指导当事人围绕法庭总结的焦点进行质证。法庭已认定的事实,当事人不再举证,法庭也不认证。)

审:现在由原、被告双方就庭前证据交换程序中提交的证据进行质证。

审:由原告出示证据?

原:证据一,____________________,证明____________________;

证据二,____________________,证明____________________。

审:被告质证?

被:________________

审:被告出示证据?

被:________________

审:原告质证?

原:________________

审:本庭依职权调查的证据有:1、______;2、______;3、______。现出示给原、被告双方。原告对本庭调查的证据有何意见?

原:________________________

审:被告对本庭调查的证据有何意见?

被:________________________

3)问答阶段

(法官针对当事人未提供证据证实,但又必须查清的事实,询问双方当事人。双方当事人也可针对此类事实互相发问。)

审:________________?

原:________________

被:________________

4)认证、总结阶段

审:经过法庭质证,本庭对以下证据予以认定:原告出示的证据一、证据二,被告出示的证据一、证据三。

经过法庭调查,本庭对以下事实给予认定:________________。

基于事实的认定,本庭认为本案的焦点为:1、______;2、______;3、________________。

【法庭辩论】

审:现在进行法庭辩论,双方围绕本庭归纳的焦点发表对本案性质、法律关系、法律适用、责任承担等方面的意见。原告发表辩论意见?

原:________________

审:被告发表辩论意见?

被:________________

审:原、被告是否有新的辩论意见?

原:________________

被:________________

【法庭调解】

审:依据《中华人民共和国民事诉讼法》第128条之规定,由本庭主持调解。原告是否同意调解?

原:________________

审:被告是否同意调解?

被:________________

审:原告提出你的调解方案?

原:____________________

(略)

审:在法庭主持下,双方当事人自愿达成如下调解协议:1、______;2、______;3、____________________。本庭认为,双方自愿达成的调解协议,符合法律规定,本院予以确认。本调解书经双方签收后即具有法律效力,双方应自觉履行。现在闭庭。

书:全体起立,请法官退庭。评议、宣判。

【当庭宣判】

审:因原告(被告)代理人无调解权限,本庭不主持调解。(由于原、被告不同意调解或双方意见分歧较大,调解未成.)现休庭______分钟,由合议庭进行评议。

(书:全体起立,请审判员退庭。)

(书:全体起立,请审判员入庭。)

审:现在继续开庭。

对原告××诉被告××纠纷一案进行宣判。原告认为__________,请求__________,被告认为__________,请求__________。经审理查明,本案事实是____________________。基于以上事实,本庭认为(法律关系、责任承担)。依据《__________》、《__________》第______条之规定,判决如下:(书:请当事人、诉讼代理人起立。)

1. ____________________

2. ____________________

原告发表对本庭判决的意见?

原:____________________

审:被告发表对本庭判决的意见?

被:____________________

当庭宣判案件,当事人于宣判后第十日到本院______室领取判决书。如不服本判决,可在判决书送达之日起十五日内向本院提交上诉状并按对方当事人人数提交副本,上诉于______中级人民法院。现在闭庭。

书:全体起立,请审判员退庭。

【定期宣判】

审:由于本庭对本案事实和法律关系尚须进一步确认,本案待后宣判。现在休庭。

书:全体起立,请审判员退庭。

**四、教师归纳小结**

先对模拟法庭进行过程中的优点和存在的问题进行评价,然后提出希望。(希望通过今天的模拟法庭活动,能够提高同学们学习法律知识、运用法律知识的积极性,自觉强化学法、懂法、守法意识,做一名讲法、守法的公民。)

(选自 http://www.dffy.com/sifashijian/ws/200504/20050429174603.htm)

**行政诉讼**:指公民、法人和其他组织认为行政机关或者行政机关工作人员具体行政行

为侵犯其合法权益,依法向人民法院提起诉讼,并由人民法院审理和裁判的一种诉讼活动。

**民事诉讼:**指人民法院在当事人和其他诉讼参与人的参加下,以审理、判决、执行等方式解决民事纠纷的活动,以及由这些活动产生的各种诉讼关系的总和。

**刑事诉讼:**指人民法院、人民检察院和公安机关在当事人及其他诉讼参与人的参加下,依照法定程序,追究犯罪,确定被追诉者刑事责任的活动。

**仲裁:**指民事争议的双方当事人达成协议,自愿将争议提交选定的第三者根据一定程序规则和公正原则作出裁决的一种解决争议的方式。

**调解:**指发生纠纷的当事人,在第三者的主持下,互相协商,互谅互让,依法自愿达成协议,使纠纷得以解决的一种活动。

## 拓展知识

1. 民事诉讼法、行政诉讼法和刑事诉讼法共同具有的基本原则

1)以事实为根据,以法律为准绳原则

必须以事实为根据,就是处理案件必须以查对属实的证据和凭借这些证据认定的案件事实为根据,不能以主观的想象、推测或者想当然为依据。以法律为准绳,就是必须以国家的法律规定为标准,对案件做出正确的处理。

2)公民在适用法律上一律平等原则

司法机关在办理案件时,不受民族、种族、性别、职业、社会出身、宗教信仰、教育程度、财产状况、居住期限等因素的影响,对一切公民的合法权益都应依法给予平等的保护,对一切公民的违法犯罪行为,都应予以平等的追究,在法律面前不允许任何人享有任何特权。

3)司法机关依法独立行使职权原则

人民法院、人民检察院依法独立行使自己的职权,不受任何机关、社会团体和个人的非法干涉。《民事诉讼法》第6条规定:"人民法院依照法律规定对民事案件独立进行审判,不受行政机关、社会团体和个人的干涉。"刑事诉讼法第5条规定:"人民法院依照法律规定独立行使审判权,人民检察院依照法律规定独立行使检察权,不受行政机关、社会团体和个人的干涉。"

4)实行合议、回避、公开审判原则

合议原则是指人民法院审理案件时,一般都由审判员或审判员与陪审员依照法定人数和组织形式组成合议庭进行。回避原则是指承办案件的审判人员、检察人员、侦查人员、鉴定人员、翻译人员、书记员等发现案件与自己有利害关系时,必须退出对本案的承办,当事人也有权依法申请案件承办人员回避。公开审判原则是指人民法院审判案件,除法律另有规定外,一律公开进行。

5)使用本民族语言文字进行诉讼原则

在诉讼中,各民族都有权使用本民族的语言文字。人民法院在少数民族聚居地或者是多民族共同居住地审理案件和发布法律文书时,应当以当地民族通用的语言文字进行审理,并用通用文字发布判决、裁定等法律文书。对于不通晓当地民族通用的语言文字的

诉讼参与人,人民法院有义务为他们提供翻译以保护他们诉讼权利,保证他们顺利地进行各种诉讼活动。

6)实行两审终审原则

除最高人民法院以外的其他各级人民法院,按照第一审程序对案件审理后所做出的判决、裁定,尚不能发生法律效力;只有在法定期限内,有上诉权的人没有提出上诉,同级人民检察院也没有提出抗诉,一审的判决、裁定才发生效力;如果在法定期限内,有上诉权的人提出上诉,或者同级人民检察院提出抗诉,案件就应当由上一级的人民法院按照第二审程序进行审理,二审审理后所做出的判决、裁定就是终审的判决、裁定,除依法还必须经过核准程序的案件外,二审判决、裁定宣告后立即发生法律效力。

7)检察机关对诉讼活动实行法律监督原则

人民检察院作为专门的法律监督机关,不仅对公安机关、人民法院办理刑事案件过程中的立案、侦查、审判等活动进行监督,还依法对人民法院的民事审判和行政诉讼活动以及刑罚执行和监管活动进行监督。公安机关和刑罚执行机关对人民检察院依法提出的立案监督、侦查监督和刑罚执行监督事项,应当严格按照法律规定履行职责,不得推诿、应付或者不作为。人民法院对人民检察院依法提起的刑事抗诉案件和民事、行政抗诉案件,应当依照程序及时审理,对人民检察院建议再审的,应当及时审查决定是否启动再审,符合再审条件的,要依法再审。

2. 刑事诉讼、行政诉讼与民事诉讼的主要区别

1)诉讼的目的不同

民事诉讼所要解决的是平等主体之间的民事权利和义务的争议;行政诉讼所要解决的是国家行政机关的具体行政行为是否合法、正确问题;刑事诉讼所要解决的是涉嫌犯罪的人是否确实犯罪和犯什么罪以及应处何种刑罚问题。

2)提起诉讼的主体不同

民事诉讼中双方当事人都可以提起诉讼,原告起诉后,被告可以反诉;行政诉讼只能是由行政管理的相对人提起诉讼,行政机关始终处于被告地位,不能反诉;刑事诉讼除自诉案件由自诉人提起诉讼外,均由人民检察院提起公诉。

3)适用的法律不同

民事诉讼主要适用《民法通则》和《民事诉讼法》;行政诉讼主要适用行政法律、法规和《行政诉讼法》;刑事诉讼主要适用《刑法》和《刑事诉讼法》。

4)举证责任不同

在民事诉讼中,谁主张权利谁负责举证;在行政诉讼中,只由被告(行政机关)负举证责任;在刑事诉讼中,公诉人负有提供被告人有罪的证据,并加以证明的责任,被告人不负举证责任,但可以提出自己罪轻或无罪的材料为自己辩护。

5)调解的原则不同

民事诉讼中的调解是一项基本原则,在自愿和合法的基础上,只要案件性质适合调解,人民法院均可以进行调解。对离婚案件,人民法院必须首先进行调解。刑事诉讼中对附带民事诉讼部分可以进行调解,对《刑事诉讼法》第170条前两项规定的自诉案件,可以进行调解,对公诉案件和刑事诉讼法第170条第3项规定的自诉案件,不适用调解。行政诉讼中除行政赔偿诉讼案件可以适用调解外,其他行政案件不适用调解。

6)审判组织的人数不同

民事诉讼和行政诉讼中人民法院组成合议庭的成员人数是三人以上的单数即可,没有更具体的人数要求。刑事诉讼中人民法院组成合议庭的成员人数除了须是单数外,还另有要求,即对于第一审案件,基层人民法院、中级人民法院由合议庭审判时应由三人组成,高级人民法院、最高人民法院由合议庭审判时应由三至七人组成;对于第二审案件,合议庭应由三至五人组成。

7)回避申请的决定权不同

民事诉讼中,对书记员、翻译人员、鉴定人、勘验人员等非审判人员的回避,由审判长决定;刑事诉讼中,对书记员、翻译人员、鉴定人等非审判人员的回避,由法院院长决定;行政诉讼中,对书记员、翻译人员、鉴定人、勘验人等非审判人员回避,由审判长决定。

8)公开审理的情形不同

民事诉讼中,涉及国家秘密、个人隐私的案件或者法律另有规定的案件,应当不公开审理;当事人申请不公开审理的离婚案件、涉及商业秘密的案件,可以不公开审理。刑事诉讼中,涉及国家秘密、个人隐私的案件,以及14岁以上不满16岁未成年被告人的案件,应当不公开审理;当事人提出的确属涉及商业秘密的案件,应当不公开审理; 16岁以上不满18岁未成年被告人的案件,可以不公开审理。行政诉讼中,除涉及国家秘密、个人隐私和法律另有规定的外,人民法院应当公开审理行政案件。

9)上诉的期限规定不同

民事诉讼和行政诉讼中,对第一审判决不服提起上诉的期限为15日,对第一审裁定不服提起上诉的期限为10日;刑事诉讼中,对第一审判决不服提起上诉、抗诉的期限为10日,对第一审裁定不服提起上诉、抗诉的期限为5日。

3. 诉讼与仲裁的异同

1)仲裁与诉讼的共同点

第一,处理争议的主体都是当事人之外的第三方。诉讼是在人民法院的主持下进行,仲裁是在仲裁机构的主持下进行。第二,都必须遵循一定的原则。诉讼必须遵循诉讼法规定的诉讼程序,仲裁必须遵循仲裁法及仲裁规则规定的程序。否则,仲裁和诉讼都无法发生预期的法律效力。第三,二者程序中的某些规则和制度相同。无论在仲裁还是诉讼中,有关当事人适用的标准、举证责任的分担等方面所运用的规则是一致的。在程序方面,仲裁和诉讼都规定了保全措施、调解、回避和时效等制度。第四,仲裁裁决和诉讼判决具有相同的法律效力。对于仲裁裁决和诉讼判决,当事人双方都必须自觉地全面地履行,否则会引起司法上强制执行程序的发生。

2)仲裁与诉讼的不同处

第一,性质不同。仲裁是民间组织所进行的准司法活动,诉讼是由人民法院行使审判权的国家司法活动。第二,启动程序的前提不同。仲裁必须是当事人双方都自愿接受这种方式,其表现形式是双方当事人在合同中订有仲裁条款或者达成专门的仲裁协议。诉讼则只要一方当事人认为权益受到侵害,即可依法向人民法院起诉。第三,裁判人员的标准和条件不同。仲裁员的条件较法官要高。仲裁员应当公道正派,并且符合下列条件之一:从事仲裁工作满八年的;从事律师工作满八年的;曾任审判员满八年的;从事法律研究、教学工作并具有高级职称的;具有法律知识、从事经济贸易等专业工作并具有高级职称或者具有同等专业水平的。第四，受案范围不同。仲裁的事项小于诉讼的受案范围，婚姻、收养、监护、抚养、继承纠纷可以诉讼，但不能仲裁。第五，当事人的自主权不同。仲裁没有管辖的规定，当事人可以在全国范围内任意选择仲裁机构。诉讼由法律明确规定了管辖制度，当事人不得随意选择起诉法院。在仲裁程序中，当事人享有选择仲裁员的权利。而在诉讼中，当事人不能选择合议庭的组成人员。第六，案件开庭的公开程度不同。仲裁一般不公开进行，诉讼一般应当公开进行。第七，终局的程序不同。仲裁实行一裁终局制，诉讼则实行两审终审制。

4. 依照法律程序维护合法权益的实例

2003 年 11 月，因感染乙肝病原被取消公务员录取资格，安徽青年张先著以违宪为由状告安徽芜湖市人事局，成为中国“乙肝歧视第一案”。2004 年 5 月 31 日，芜湖市中级人民法院终审判决张先著胜诉。

2004 年 12 月 1 日，新修订的传染病防治法实施。该法新增了一条规定：“任何单位和个人不得歧视传染病病人、病原携带者和疑似传染病病人。”2005 年 1 月 20 日，《公务员录用体检通用标准（试行）》实施，该标准规定：“各种急慢性肝炎，不合格。乙肝病原携带者，经检查排除肝炎的合格。”这就在政策层面解决了社会上对乙肝问题的争论。此前，人事部、卫生部两次网上征求意见，并起草了致乙肝病原携带者及关注者的一封信。张先著说：“两次征求意见，我都参与了。我提出，取消录取标准的大量限制性条款，并出台细则保护我们的隐私。”

正是依照法律程序维护合法权益，让张先著成为中国 1.2 亿乙肝病原携带者权利和尊严的捍卫者与推动者。

**一、选择训练**

1. 单项选择题

（1）人民法院之间因管辖权发生争议时，经协商解决不了的，报请（　　）。

A. 中级人民法院指定管辖　　B. 高级人民法院指定管辖

C. 最高人民法院指定管辖　　D. 共同上一级人民法院指定管辖

（2）因不动产纠纷提起的诉讼，由（　　）人民法院管辖。

A. 原告住所地　　B. 被告住所地　　C. 不动产所在地　　D. 标的物所在地

（3）按照诉讼证据与待证事实的关系，证据可分为（　　）。

A. 本证与反证　　B. 书证与物证

C. 直接证据与间接证据　　D. 原始证据与派生证据

（4）在王某诉某区工商局违法查封货物一案中，该局法制科科长纪某出庭应诉。本案中纪某的法律身份是（　　）。

A. 原告　　B. 被告　　C. 诉讼代表人　　D. 诉讼代理人

（5）在行政诉讼中，人民法院主要审查的是（　　）。

A. 行政事实　　B. 抽象行政行为

C. 具体行政行为的合法性　　D. 具体行政行为的合理性

(6)下列选项中属于可诉行政行为的是(　　)。

A. 外交行为　　B. 国防行为　　C. 行政调解行为　　D. 行政不作为

(7)行政诉讼变更判决适用于(　　)。

A. 行政处罚证据不足　　B. 行政处罚显失公正

C. 行政处罚违反法定程序　　D. 行政处罚适用法律法规错误

(8)刑事诉讼是(　　)。

A. 国家司法行政机关处理刑事案件的活动

B. 国家立法机关处理刑事案件的活动

C. 国家行政机关处理刑事案件的活动

D. 国家司法机关处理刑事案件的活动

(9)下列诉讼参与人中,属于当事人的是(　　)。

A. 辩护人　　B. 诉讼代理人　　C. 法定代理人　　D. 自诉人

(10)下列案件中,属于中级人民法院管辖的是(　　)。

A. 一般的故意伤害案件　　B. 暴力干涉婚姻自由案件

C. 可能判处无期徒刑的案件　　D. 遗弃案件

(11)下列人员中,不能担任辩护人的是(　　)。

A. 律师　　B. 被告人的亲属　　C. 被告人的朋友　　D. 本案的证人

2. 多项选择题

(1)广义的诉讼当事人包括(　　)。

A. 原告　　B. 被告　　C. 共同诉讼人　　D. 诉讼代表人

E. 第三人

(2)按照民事诉讼法的规定,免交诉讼费用的案件有(　　)。

A. 按特别程序审理的案件　　B. 简易程序审理的案件

C. 人民法院依职权提起的再审案件　　D. 人民检察院抗诉的再审案件

E. 按普通程序审理的案件

(3)(　　)具有法定必须回避情形时,不参与对案件的审理。

A. 审判员　　B. 书记员

C. 翻译人员　　D. 鉴定人员和勘验人员

E. 诉讼代理人

(4)下列选项中,适用于特殊地域管辖的案件有(　　)。

A. 诉国务院各部门　　B. 诉省、自治区、直辖市政府

C. 诉最初做出具体行政行为的行政机关　　D. 因不动产而提起的诉讼

E. 对限制人身自由的行政强制措施不服而提起的诉讼

(5)下列案件中,应当由人民检察院直接受理的是(　　)。

A. 告诉才处理的案件　　B. 被害人有证据证明的轻微刑事案件

C. 刑讯逼供案件　　D. 国家工作人员的渎职犯罪案件

E. 贪污贿赂案件

(6)下列证据中,属于证据理论分类中所讲的人证的是(　　)。

A. 证人证言　　B. 被害人陈述　　C. 勘验笔录　　D. 鉴定结论

E. 口供

(7)根据我国刑事诉讼法的规定,公安机关在刑事诉讼中的职权包括(　　)。

A. 对自诉案件的直接受理权　　B. 决定逮捕权

C. 侦查权　　D. 执行逮捕权

E. 执行部分生效裁判权

**二、问答训练**

1. 简述当事人上诉必须具备的条件。

2. 简述行政诉讼中被告的举证责任。

3. 辩护人参加刑事诉讼有什么意义?

**三、案例训练**

1. 幼儿王宁在某幼儿园玩耍时,不慎将幼儿张磊的眼睛弄伤,张磊的父母为给张磊治疗眼睛花去医疗费5 000元。张磊父母欲向法院起诉。

试问:(1)张磊父母能否以原告身份起诉?(2)本案的当事人应包括哪些人?

2. 甲公司拖欠乙公司10万元货款。当乙公司向甲公司索要这笔货款时,甲公司提出双方在另一合同关系中乙公司违约,应付甲公司违约金27万元,所以乙公司尚欠甲公司17万元。乙公司拒不承认在另一合同中违约,不同意给付违约金。甲公司因此向人民法院申请发出支付令。

试问,人民法院能否受理此案?请说明理由。

3. 乐彩影视城销售盗版光碟和淫秽影像被辖区工商分局查获。该工商分局依法没收了全部盗版光碟和淫秽影像,并做出没收全部非法所得并处罚款2 500元的决定。辖区文化稽查大队得知此事后,到乐彩影视城对业主又进行了2 000元罚款。

试问,判断本案两次行政执法行为是否合法?说明理由。

4. 被告人刘某,因犯抢劫罪被起诉至某县人民法院。在宣判前,被告人脱逃,人民法院决定延期审理。被告人归案后,人民法院以抢劫罪和脱逃罪数罪并罚判处被告人无期徒刑。判决宣告后,被告人不服提出上诉。人民检察院认为量刑过重,也提起了抗诉。二审法院受理后经过书面审理,认为一审法院对该案无管辖权,但是原判认定事实清楚、证据确凿充分,适用法律正确,量刑恰当,因此,裁定驳回上诉、抗诉、维持原判。

试问,本案诉讼程序是否存在违法情形?若有,请指出并简要说明理由。

## 项目3.7 庭审旁听(实践体验)

**训练(方式)步骤:**利用课外活动或者晚自习时间,组织学生观看一个案件的审判视频。教师与基层法院联系,组织学生旁听一个案件的开庭审理。观看视频和参加旁听后,教师组织学生讨论并总结。

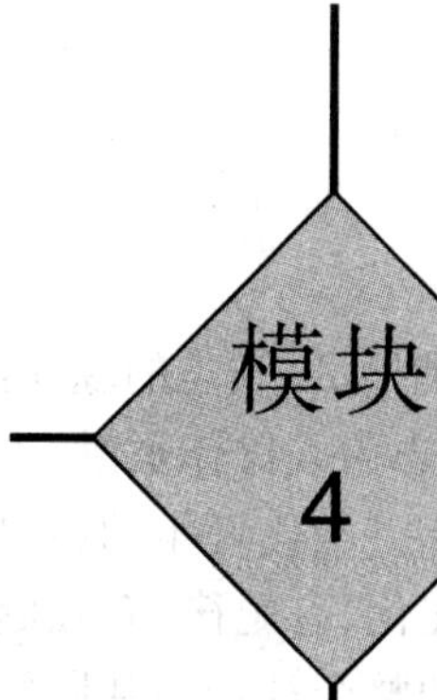


# 立志做社会主义“四有”新人

## 素质目标

争做社会主义“四有”新人。

## 能力目标

树立做社会主义“四有”新人的远大志向。

## 知识目标

深刻理解当代大学生所肩负的历史使命，充分认识当代大学生是实现祖国现代化的主要力量和新生产力的开拓者。当代大学生应该用自己的聪明才智为实现中华民族的伟大振兴贡献自己的一切。

# 学习素材

## 学习素材1 “四有”新人的提出及含义

1.“做‘四有’新人”——邓小平为全国青少年题词

1980年5月26日，中共中央副主席邓小平给《中国少年报》和《辅导员》杂志的题词：“希望全国的小朋友，立志做有理想、有道德、有知识、有体力的人，立志为人民作贡献，为祖国作贡献，为人类作贡献。”《人民日报》1982年5月4日发表的社论《当代青年的历史使命》中把邓小平的题词延伸为“培养青年成为有理想、有道德、有文化、有纪律、有强健体魄的新一代。这不仅是学校和共青团的责任，而且要靠所有家庭和整个社会的共同努力。”1985年，全国共青团思想政治工作会议上提出：要加强和改进新时期的青年思想政治工作，在四化建设的伟大实践中培养和造就一代有理想、有道德、有文化、有纪律的共产主义新人。从此，做“四有”新人的口号和以此为主题的活动（如1985年“祖国在我们心中，做四有新人”、1991年“学雷锋精神，做四有新人”）在全国各行各业展开。

（选自2008年6月6日人民网）

2.怎样理解“四有”新人的含义

“四有”是指有理想、有道德、有文化、有纪律。这是国家对公民的基本要求，也是提高整个中华民族的思想道德素质和科学文化素质的基本内容。

任何一个民族、任何一个国家的人民都有自己的素质。这种素质的好坏决定着一个民族、一个国家的成就和进步。因此，要实现社会主义现代化，就要培养一代有理想、有道德、有文化、有纪律的人才，推进现代化建设。

理想是指人们对美好事物的追求，是经过努力有可能实现的奋斗目标。按内容区分，主要有生活理想、职业理想、道德理想和社会理想。其中，社会理想即人们对未来社会制度的向往和设想，是最重要的、最根本的，它决定、制约着其他理想；而其他理想则从不同的侧面体现着社会理想。各种不同的理想又有着各自不同的层次。就社会理想来说，把我国建设成为社会主义现代化国家，是现阶段我国各族人民的共同理想。在全人类实现共产主义社会制度，是全世界无产阶级和劳动人民的最高理想。这个最高理想，无论过去、现在和将来，都是无产阶级的力量源泉和精神支柱。而建设有中国特色的社会主义，则是实现最高理想的必经阶段。

道德是一种行为规范，是用来调整人们之间和个人与社会之间的关系的。人人都能按照一定的道德规范自己的行为，就能正确处理自己与他人、与集体、与国家之间的关系，整个社会就会有良好的秩序和风气。

文化是社会进步的基础。实现现代化，教育是基础，科学技术是关键。社会主义现代化建设，都离不开科学文化知识。

纪律是各项事业成功的保证。有了纪律，才能协调一致，保证现代化建设的顺利进行。

“四有”是一个整体，缺一不可，其中的理想和纪律特别重要。我们这个地大物博、人口众多的国家，靠理想，靠纪律，组织起来才有力量。否则，就会像一盘散沙，不仅革命和建设不会成功,还会遭人宰割。

## 学习素材2 名人名言

1. 青年人首先要树雄心,立大志;其次要度衡量力,决心为国家、人民做一个有用的人才;为此就要选择一个奋斗的目标,努力学习和实践。——吴玉章

【简析】

青年人是祖国的希望,民族的未来。尤其是青年大学生更应树雄心,立大志,自觉担负起时代的重任,努力成为理想远大、信念坚定的新一代,品德高尚、意志顽强的新一代。刻苦学习、报效祖国,成为社会主义现代化事业的合格者和可靠接班人。

2. 青年之字典,无"困难"之字;青年之口头,无"障碍"之语;惟知跃进,惟知雄飞,惟知本身自由之精神,奇僻之思想,锐敏之直觉,活泼之生命,以创造环境,征服历史。——李大钊

【简析】

在革命、建设、改革的各个历史时期,青年人赢得了期许和信赖,挑起了重担。而新的时代又赋予青年以新的使命和责任,立志报效祖国、希望有所作为的青年一代,唯有激扬敢为天下先的勇气,唯有长存永不言败、永不言退的锐气,唯有永葆积极进取、乐观向上的朝气,唯有凭借坚定的理想信念、顽强的意志毅力和持之以恒的艰苦奋斗,才能真正对得起人民的信任,担负起历史使命,青春在为祖国和人民的奋斗中更显意义和价值。

## 关键名词

**人才:**指具备某一领域或某些领域的职业素质和专业技术的人。人才的标准包括:良好的人品;在博学广识的基础上,在某一个领域或某些领域有所专长;效率高,讲方法,洞察力强,吃苦耐劳,有创造性的思维;有较高的情商。

**复合型人才:**指具备两个及以上职业所需的职业素质和专业技能的人。包括知识复合、能力复合、思维复合等多方面。

## 拓展知识

1. 为什么说爱国主义是培养"四有"新人的基本要求

1)爱国主义是一个永不过时的话题

爱国主义不仅是一个永不过时的话题,同时也是每个国家、每个民族能够在世界上屹立不倒的重要的思想支柱。在中国,爱国主义是中华民族的光荣传统,是各族人民共同的精神支柱,是社会主义精神文明建设主旋律的重要组成部分,同时也是中国培养"四有"新人的基本要求。

爱国主义作为中华民族的"民族心"和"民族魂",一直是凝聚中华民族的精神纽带和激励国人奋发图强的思想之源,是中华民族生存和发展的精神支柱。人们常常把祖国比作母亲。千百年来,中华儿女始终怀着对自己祖国母亲最崇高的敬意、最浓厚的眷恋之情,竭尽全力地履行自己对祖国的责任和义务。拜伦说:"连祖国都不爱的人,是什么也

不会爱的。”

爱国主义发源于对祖国山河的热爱。毛泽东同志曾这样概括我们祖国的伟大形象：“我们中国是世界上最伟大的国家之一，……在这个广大的领土之上，有广大的肥田沃地，给我们以衣食之源；有纵横全国的大水山脉，给我们生长了广大的森林，储藏了丰富的矿产；有很多的江河湖泽，给我们以舟楫和灌溉之利；有很长的海岸线，给我们以交通海外各民族的方便。”在赞美爱国英雄主义的献身精神时，毛泽东写下了这样令人赞叹的诗句：“江山如此多娇，引无数英雄竞折腰。”

我国改革开放和现代化建设的总设计师邓小平同志一生中为了革命三落三起，但他把个人的安危置之度外，一心一意为祖国和人民谋利益。他的座右铭是：“我是中国人民的儿子，我深情地爱着我的祖国和人民。”

2）历史上的爱国范例值得我们效仿和学习

翻开中华民族的荣辱史，我们会发现在不同的历史条件下，数不清的志士仁人却弹奏出相同的爱国主义乐章。爱国诗人屈原在诗中写到：“望孟夏之短夜兮，仅晦明之若岁。惟郢路之辽远兮，魂一夕而九逝。曾不知路之曲直兮，南指月与列星。愿径逝而未得兮，魂识路之营营。”孟夏之夜是短促的，但对“郁郁忧思”难以入眠的屈原来说，却长如经年。他的灵魂在生疏黑暗的原野上，借助星月指示方向，仓皇寻找归郢的道路。这是屈原炽热的爱国之心。“满地芦花和我老，旧家燕子傍谁飞？从今别却江南日，化作啼鹃带血归。”这是南宋民族英雄文天祥在被俘后押往元蒙都城的路上写下的壮丽诗句。即使自己以身殉国，也要变成啼哭出血的杜鹃飞回故国！这是和祖国生死与共的情感！“国家兴亡，匹夫有责”，这是爱国志士顾炎武的豪言。

当历史进入近代，从鸦片战争开始，帝国主义列强发动了一次又一次侵华战争强迫清朝政府签订了一个又一个丧权辱国的条约。据统计，从1840年鸦片战争到1911年清朝政府垮台，仅对外赔款一项，就累计白银13亿两。此后，仅日本侵华战争，就使得中国人民死伤2千多万，财产损失数千亿美元。帝国主义列强的侵略使中华民族陷入空前的危机之中，但中国并没有灭亡。原因何在？就在于中国人民有着强烈的爱国主义传统，以及由此转化而成的伟大的民族凝聚力和崇高的民族气节。

虎门销烟的壮举，把“苟利国家生死以，岂因祸福避趋之”的林则徐，冠以民族英雄写在中国近代史上。三元里人民的抗英斗争，沉重地打击了英国侵略者，迫使侵略军不得不从广州退走。“大将筹边尚未还，湖湘子弟满天山。新栽杨柳三千里，引得春风渡玉关。”这是讴歌在收复新疆的斗争中功绩卓绝的爱国将领左宗棠。“为越南削平敌寇”、“为中国捍蔽边疆”，这是刘永福率领黑旗军全体抗法将士的慷慨誓言。在中日甲午战争中，北洋海军的著名将领邓世昌，用热血谱写了一曲悲壮的英雄赞歌：“勇哉壮节首捐躯，无愧同袍夸胆识。”

伟大的革命先行者孙中山先生，以“我们生在中国实为幸福”的挚爱，面对清王朝的腐朽、外国列强的欺凌，拍案而起，发出了“振兴中华”的呐喊。

中国共产党问世之后，把爱国主义与共产主义结合起来，使爱国主义成为马克思主义指导下力量和行动上最彻底的爱国主义。在共和国的丰碑上，记载着毛泽东、周恩来、刘少奇、朱德、邓小平……“舍小家为大家”呕心沥血为国为民的动人事迹和创立的如“日月经天，将和行动”的不朽功绩；记载着李大钊、瞿秋白、蔡和森、夏明翰、彭湃……“为了主义真”,视死如归的光辉形象;记载着北伐战争、土地革命战争、抗日战争、解放战争中英勇牺牲的、留下名字和没有留下名字的无数烈士。正是这些共产党人不屈不挠的斗争,推动了中国历史的车轮进入了一个崭新的时代。

3)当代大学生应当具有爱国之心、报国之志、建国之才、效国之行

爱国主义作为一种社会意识形态,它是一个阶级对热爱自己祖国问题的系统思想和观点;作为一种社会心理,它是人们热爱自己祖国的一种朴素感情。中国儒家所倡导的“忠孝”观念和“舍生取义”思想,在中国历史上铸就了无数的民族英雄,对形成中华民族的爱国主义传统起过十分重大的作用。在中国,爱国主义实际上是爱中华民族。众所周知,华夏文明是世界上唯一没有间断过的文明。炎黄子孙在这片土地上顽强地与自然,同时也同外来的侵略者进行斗争。经过西汉的匈奴人南迁、五胡乱华、回纥与中原的融合、元朝时蒙古人与汉人的融合等几次民族大融合,逐渐形成了中华民族的概念。虽然地理位置不同,生活习惯不同,语言文化不同,但是我们都是炎黄子孙,都是华夏儿女,这已成为我们最有凝聚力的思维内核。如今,不论中国人走到哪里,都有唐人街,都过春节,都说自己是龙的传人。这种文化、思维的向心力是中华儿女爱国主义的最大的,也是最根本的动力。

江泽民总书记多次指出,要坚持不懈地对广大群众特别是青少年进行近代史、现代史及国情教育。胡锦涛总书记强调:青年学生要做到“以热爱祖国、贡献全部力量建设社会主义祖国为最大光荣,以损害社会主义祖国利益、尊严和荣誉为最大耻辱。”

当代大学生要树立和践履爱国主义,就必须在知祖国、爱祖国的基础上,铸造爱国之心、立报国之志、学建国之才、效报国之行。

首先,知国才能爱国,“知之深”才能“爱之切”。调查资料表明,当前大学生对祖国的历史、对中华民族的传统、对马列主义毛泽东思想邓小平理论确实知之不多、知之不深。因此,不少同学对封建主义旧中国和资本主义的腐朽本质缺乏认识,对历史和现实中出现的一些问题,有时不能科学地分析、正确地对待,容易产生种种偏见。因此,必须通过各种有效途径,帮助大学生了解祖国的过去,认识祖国的现在,展望祖国的未来,以此激励大学生珍重中华民族的光辉历史,相信中华民族将永远屹立于世界民族之林。

其次,要树立关心祖国前途命运和荣辱兴衰,并随时准备为祖国的事业勇于献身的一种崇高而炽烈的道德情感。大学生的情感往往是与具体的人物、事件相联系的,因此,要在帮助大学生了解祖国壮丽河山、悠久历史、灿烂文化和中华民族对人类世界的巨大贡献的同时,激发大学生的民族自尊心、自信心和自豪感,同时帮助他们客观地分析我国近代所以落后的原因和未来美好的前景,激励他们刻苦学习、发愤图强的精神。

第三,报效祖国是知祖国、爱祖国的发展,也是爱国主义教育的最终目的。总之,热爱祖国主要体现在是否有爱国之心、报国之志、建国之才和效国之行等各个方面。

(白明政,贵州民族学院校报电子版,第236期,http://www.gznc.edu.cn/jgsz/xcb/xb/wz.php? id=360)

2.当代大学生应该怎样成为社会主义“四有”新人

大学生是国家宝贵的人才资源,是民族的希望,祖国的未来,肩负着人民的重托,历史的责任。告别中学时代,迈进大学校门,人生的历程翻开了新的一页,对此我们要适应人生新阶段。在大学中,要提高独立生活能力,树立新的学习理念,虽然远离了父母和老师

的管教,但仍要好好学习,学习是大学生活的主要任务,是大学生活的中心内容。要成为“四有”新人不仅要学习,更重要的是德、智、体、美全面发展。

1)追求远大理想,坚定崇高信念

理想是人们在实践中形成的,有可能实现的,是对未来社会和自身发展的向往和追求,是人们的世界观、人生观和价值观在奋斗目标上的集中体现。作为大学生,理想信念对我们成长成才有着重要意义。如果说社会是海,人生是舟,那么理想信念就是引航的灯塔。它指引人生的奋斗目标,使我们方向明确,不论前进的道路如何曲折都可以使我们看到未来的希望和曙光;它为我们的人生提供前进的动力,成为人生力量的源泉,使我们以惊人的毅力和不懈的努力,成就事业,创造奇迹;它能使我们的精神境界得到提高,因为理想信念是人的精神生活的核心内容。理想信念的作用如此之大,因此我们要树立科学的理想信念。

我们应当确立马克思主义的科学信仰,树立在中国共产党领导下走中国特色社会主义道路,为实现中华民族伟大复兴而奋斗的共同理想。同时,大学中的共产党员和先进分子,还应追求更高的目标,树立共产主义的远大理想。

理想是实践的基础,有了理想便是向成功迈进了一大步。因此,作为社会主义事业的接班人树立科学的理想是重要的,这也是成为“四有”新人所必需的一条。在漫漫人生路上有了理想也就找到了自我,不会因碌碌无为而荒废一生。

2)加强道德修养,锤炼道德品质

大学时期是人生道德意识形成、发展和成熟的一个重要阶段。牢固树立社会主义荣辱观,践履社会主义核心价值体系,加强思想道德修养,做一个知荣辱、讲道德的人。以促进自身全面发展、健康成长。

道德属于上层建筑的范畴,是一种特殊的意识形态。它通过社会舆论、传统习俗和人们的内心信念来维系,是对人们的行为进行善恶评价的心理意识、原则规范和行为活动的总和。

作为社会主义事业的接班人,必须具有社会主义道德,才能成为祖国的栋梁、社会的人才。社会主义道德是以为人民服务为核心、以集体主义为原则的。

大学生要努力按下列要求提高道德修养的自觉性:首先,应有进行道德修养的强烈动机,这样才能满腔热情地、自觉自愿地去学习、去思考,从而提升道德修养的境界;其次,应积极主动地进行自我教育、自我启发、自我激励,坚忍不拔、脚踏实地、持之以恒地进行道德修养;最后,应正确地认识和评价自己,发扬成绩,克服不足。道德修养并不是脱离实际的闭门思过,而是与社会实践相联系的个体道德上的自我反省和自我升华。与社会实践相联系,是进行道德修养的根本途径。因此,要从小事做起,从自身做起。

3)丰富文化知识,养成优良学风

进入大学,学习的内容、形式和要求都发生了变化。同学们不仅要努力学习,而且要学会学习;不仅要掌握知识,而且要掌握获得知识的能力;不仅要在学业上不断进步,而且要在综合素质上不断提高。

要成为建设社会主义事业的接班人,具有丰富的科学文化知识是必要的。只有一个有知识的人才能适应社会的发展、祖国的需要。现代社会飞速发展,手工时代早已过去,一个目不识丁的人如何能通过电脑控制机器进行生产,如何进行自主创新,提高生产效率呢？大学是培养我们成为专业人才的地方，是我们成为"四有"新人的一个重要阶段。因此，我们要明确学习目的，自觉适应专业要求和社会需要，积极主动地掌握相关知识、技能和方法，使自己真正成为学习的主人。学习应该是全面的，不仅要认真学习好专业知识，而且要学习与专业有关的其他方面的知识，学好有利于提高自身综合素质的各方面知识。学习不仅是学习知识，更为重要的是掌握科学方法，培养探索求知的热情，学会如何收集、处理、选择和管理信息，学会分析、解决理论和实际问题。

我们还要树立创新学习和终身学习的理念。创新学习是一种以求真务实为基础，采取创造性方法，积极追求创造性成果的学习。当今世界，科技发展日新月异，已进入了终身学习的时代，不断学习新知识，获得新本领是适应社会发展的要求。

想要学好文化知识就要树立良好的学风，应在勤奋、严谨、求实、创新上下工夫。勤奋，就是发奋努力、不畏艰难、锲而不舍、永不懈怠；严谨，就是要一丝不苟，认真负责，做到严肃、严格、严密；求实，就是要脚踏实地，求真务实，不轻信，不弄虚作假，不贪图虚名，"知之为知之，不知为不知"；创新，就是不拘陈规，敢为人先，进行创造性的学习和思维。

4）增强法律意识，弘扬法治精神

大学生既要具备良好的思想道德素质，也要具备相应的法律知识，树立"以遵纪守法为荣，以违法乱纪为耻"的观念。学习和掌握法律知识，增强法律意识，提高运用法律的能力，是培养大学生法律素质的基本内容。只有认真领会社会主义法律精神，树立社会主义法制观念，增强国家安全意识，加强法制修养，才能在社会主义法制国家和和谐社会建设中做一个知法、懂法、守法的合格公民，成为建设社会主义事业的"四有"新人。

大学生是社会主义法制国家建设的重要力量，必须加强社会主义法律培养。不仅要学习法律知识，掌握法律方法，参与法律实践，培养社会主义法律思维方式，而且要树立法律信仰，宣传法律知识，敢于同违法犯罪行为作斗争，自觉维护社会主义法律权威。

无规矩不成方圆，遵守法律法规才能快乐地生活、工作和学习，才能成为祖国的栋梁之材，才能做一个合格的接班人。"四有"的最后一条要求我们有纪律，因此大学生要树立崇尚法律的理念，在公共生活中作守法的模范，以适应社会主义接班人的要求。

在新世纪新阶段，当代大学生要牢记党和人民的重托，自觉担负起时代的重任，努力成为理想远大、信念坚定的新一代，品德高尚、意志顽强的新一代，视野开阔、知识丰富的新一代，开拓进取、艰苦创业的新一代。这对当代大学生自觉学习和践履社会主义核心价值体系，健康成长为社会主义事业合格建设者和可靠接班人具有重要意义。

大学生要成长为社会主义"四有"新人，就要开拓视野、刻苦学习，努力掌握马克思主义理论，打下坚实的知识和理论功底；就要以社会主义核心价值体系为指导，加强培养，磨炼意志、砥砺品格、陶冶情操，培养良好的思想道德素质与法律素质；就要脚踏实地、善于创造、甘于奉献，在服务祖国、服务人民的伟大实践中实现人生价值。

祖国的未来无限美好，青年的前途无限光明。青春只有在为祖国和为人民的真诚奉献中才能更加绚丽多彩，人生只有融入国家和民族的伟大事业才能闪闪发光。让青春承担责任，让责任引领人生，大学生应当与时代同步伐，与祖国同命运，与人民齐奋斗，创造永恒的青春！

3.21世纪最需要的七种人才

我们都知道21世纪最有价值的是人才，是什么人才呢，就是我今天要演讲的题目。

我这个演讲有一个很大的假设就是21世纪需要的人才与20世纪、19世纪有着很大的差别,因为21世纪有几个很重大的革命发生。在21世纪,更多的工作是靠我们脑力的创造,是靠平等的竞争,信息已经没有国界的差别,就共享意义而言世界被铲为平地,任何一个国家的人都可以与另外一个国家的人合作或者竞争,都可以接触到、使用到、共享到同样的信息。不像过去,谁能独占信息他就能对另一个人或者对那个公司创造相当大的价值。

今天的信息是因为共享才能发挥它真正的潜力。所以在这样的情况下,每个人都可以自由地选择,平等地竞争,他们会积极地去获取自己的信息,追求自己的兴趣。他们期望自己工作的公司采取的不再是控制式的管理,而是放权式的管理。因为在21世纪,一个人是靠自己的脑力创造财富,他很聪明很有创意,他跟全世界每一个人平等地竞争,然后每一个人都有同样的信息,没有一个人会愿意在一个不公平的控制下做一个公司的齿轮。每个人都会希望发挥自己的潜能,他希望自己到一个公司工作,这个公司能够放权地让每一个员工做自己的事情。还有呢,21世纪什么都改变得非常快。你才认为说某某一个技术或者某某一个公司是很火热的,忽然一个新的技术或者一个新的公司已经出现了。这都是因为互联网,每个国家、每个领域之间的边界因此而不断地消除,世界各地的人们可以一起工作、竞争和合作。所以在这样的一个环境之下,21世纪需要的不再是19、20世纪那种听话的、没有自己意见的、努力且有毅力的所谓的蓝领或者白领工人,更需要的是我的演讲要谈到的七种人。

1)创新实践者——What matters is not innovation , but useful innovation

这七种人中的第一种是创新实践者。在今天谈到的所有人时,我都会引用一句我认为很好的话。那么这句话是谁说得呢,是我说的。这句话跟创新有关,待会儿还会谈到。我想说的是:在21世纪真正有价值的人是能够创新的人。他不是一个只会使用别人的方法做事情的人,他不是那种只会听话做事情的一颗棋子,一个齿轮。因为,在如今的竞争之下,一个公司唯一可以延续的竞争优势就是它的创新。任何东西都可以很容易地被模仿,只有创新很难被模仿。而创新一旦被模仿,你唯一的办法就是继续地再创新。所以一批有生命力的能够持续创新的员工是唯一能够带给企业持续竞争力的财富。

你们可能会说,李开复是不是要讲Google,讲其他科技公司要学计算机科学,要做最高深的研究这才是创新呢?其实不是的。在每一个领域都可以创新,也就是每一个不同领域的这些创新,让每一个工作变得多彩多姿。我可以举个例子。如果你在美国加州101公路硅谷段上开车,就可能会看到一个广告牌。整个广告牌上面没有公司名也没有任何广告词,只简简单单刷着"(在'e'的数列中所能找到的第一个十位数质数).com"。很多在硅谷工作的聪明人开车看到了这个广告,他们回家就会去算,有些用计算机算,有些用数学方法推算,算出答案以后登陆这个网站一看,发现另外有一个更难的题目。然后他们再做了这道题目,又会到达另外一个网站,就这样做了一个题目又一个题目,最后他们发现自己到了一个很特殊的网站,这个网站就是Google的招聘网站。我们可以从这个例子看到,在Google这样一个创新的公司,它的创新其实远远不止在一个工程部门。你可以看到招聘市场都是充满了创意的。

关于创新还有一点要注意,21世纪的创新必须实时、实践。因为有了互联网的存在,每个公司的步伐都非常快。如果你花很多的时候去做一些验证,一些用户调查,再花一两年的时间才把一个东西编出来再做测试,一个产品四五年做出来以后很可能已经过时了。所以在这21世纪,光做一个创新者是不够的,要做一个创新实践者。这就回答了我上面那句话:What matters is not innovation, but useful innovation。只是为了创新而创新是没有意义的,要做有用的创新才是有意义的。

记得我在SCI公司的时候,曾经犯过的一个最大的错误就是只想到创新,没有想到实践。我们做了一个非常酷的三维浏览器,可能今天都还没有人在使用。当时,我们每次演示的时候,观众的下巴都会掉下来,说:哇,怎么会做这么酷的一个东西!但是我们忘记了这么酷的东西却是没有市场的。最后结果是相当的失败,让我也有了一个很惨痛的经验后,尤其是当我看到一百多名员工因此而失去他们工作的时候,让我下了一个决心,就是上面这句话。

我们虽然要创新,但不是为了创新而创新,而是为了做有用的事情而创新。回顾历史,可以看到许多成功的人才,他们有些创新,有些实践,有些左脑发达,有些右脑发达。那些真正对世界有重大贡献的人,我想他们不仅是创新者,也是实践者,比如说爱迪生、比尔·盖茨、Larry 和 Sergey,都是很好的例子。一个真正的创新实践者每一次在创新的时候都忘不了实践,在实践的时候也忘不了创新,这样的人,我想是21世纪不可缺少的人才。

2)跨领域合成者——What matters is not analysis but synthesis

第二种呢,我想非常需要的是跨领域合成者。刚才听到了竺可桢学院的有关介绍,它本身是多学科的,强化班也是由来自不同专业的同学组成。这点确实非常符合所谓的合成者。相信在中国的未来,在全世界的未来,我们更需要的人才不只是那些把一个学科学得非常非常深的,而是那些把自己学科学好,同时能够与其他领域合成的一个跨领域结合的人才。原因其实非常简单,如果世界上有1 000种知识,这个知识本身你可以学得很深,但是两个人的知识通过交叉碰撞又可以产生新的知识,三个人的碰撞就能产生十亿个组合。

以计算机为例,如果你是学计算机的,又对心理学感兴趣,这样一个跨学科的合成者,你可能对用户界面或者可用度测试会有一些贡献。所以,很多新的领域的产生,都是靠过去的两种学科所交叉碰撞出来的,这是一个很好的机会。如果把一门学科学得太深了,可能会去钻牛角尖,反而会失去创新实践的机会。真正重要的不是 analysis,不只是要分析得很深,而是要 synthesis,怎么样有合成的机会。

所以,对各位同学我的建议就是,当然读好你的专业是有必要的,但是同时要考虑是否还有别的什么专业是你有兴趣的。这两个专业最新的思想能不能结合起来,做一些既有创新又可以实践的东西,这可能是最有成长空间的一些机会。

3)高情商合作者——EQ is 9 times more important than IQ

第三种最需要的人是高情商合作者。EQ is 9 times more important than IQ,这句话来自 Daniel Goleman 的《EQ》。《EQ》这本书谈到情商与智商的一些差别,还说出哪个比较重要。他做了一个研究,找了几千个企业的领导者。他研究的是什么因素让这些非常优秀的领导者与普通的领导者有所区别。他研究的结论最重要的差别不在于IQ,而是比IQ要更重要9倍的EQ,即情商。

情商包括了怎样与人合作,包括了对自己的一种自觉,包括了对自己的一种管理,也包括了与别人团结合作以及社交的一些能力。EQ 的重要性在 21 世纪是非常显著的,因为在 21 世纪,我们需要全球的合作,需要跨领域的合成。比如说你学的是心理学,你要与学计算机的人合作才能做出用户界面。跨领域的合作,跨国度的合作,跨语言的合作,这些都是必须的。所以,过去也许在很多的环境里面,你作为一个孤僻自傲的天才会得到很大的重视,但是这个情况现在已经在大大地改变了。

过去,我曾在我的人才观里提到,在这个信息社会里,与过去的工业社会的很大一个差别就是信息社会最好的一个人才,一个程序员、一个科学家,可能比普通人的生产力要好 3 倍、5 倍、10 倍或者 20 倍甚至更多。但是我想在这里补充的一句话就是,即使他在技术方面好多少倍,但如果他是一个孤僻自傲、不能合作,甚至引起团队无法工作的人,那么他对这个团队,反而是一个负面的效果。

当我们做管理的时候,也必须考虑到,如果你要建立一个非常健康的团队,不管是在 Google 还是未来的 Google Camp 工作,一定要在每个人都很客观高情商地愿意与他人合作,并尊敬别人的前提之下,才可能有很好的结果,尤其是在 21 世纪这样一个情商和合作是那么重要的世纪里面。所以,我对各位同学的建议是,在你可以抓住的每一个机会里,多参与社团工作,多建立一些与人合作的基础,无论是在上课,还是参与社团项目,或是暑期工作的机会。让自己除了读书之外,做一个能够与人团结、合作、客观、尊敬别人、聆听别人意见的一个高情商的学生。

4)高效能沟通者——The man who can think and does not know how to express what he thinks is at the level of him who cannot think

第四种人是高效能的沟通者。一个人如果有思想但是不能表达自己,他其实就是一个没有思想的人,这句话其实相当的有道理。我想在座很多理工科的同学以前可能认为只要有思想就够了。不过这句话告诉我们,你只有思想而不能沟通,其实你是没有思想的。这句话其实并没有夸张,在 21 世纪全世界都是信息的前提下,很好的信息渠道还必须经过人来传播。人是怎么传播信息的,靠沟通。一个人,如他的沟通能力很好,他可以把一个很难懂的信息很好地传播给别人。如一个人沟通能力很差,他就无法传播信息,别人就可能看不起他,认为他没有思想。所以沟通是非常应该学习的。

这种沟通的能力怎么得到呢,我可以给同学们几个很好的建议。你沟通的时候一定要理解你的听众,你要知道你的听众在想什么,听众从你的讲话中能得到什么好处,即 What's in it for you。还有要注意说话的方式,不要用说教,而应该采取引导的方式。当你与别人沟通的时候,你要先想好你主要要传达的 Message 是什么,用听众能够接受的方式表达出来。

5)热爱工作者——If you find a job you love , you will never work a day in your life

第五种非常需要的人才是热爱工作者。在信息面前,每一个人都是平等的。如果你能够做一个工作是你非常热爱的,那么你可能在睡觉、洗澡、吃饭时都在想你的工作。你可能就会更有热情去做你的工作。你不认为你的工作是一个枯燥的事情,而是可以享受的事情。所以就有这么一句话,有一天有个美国朋友到我的办公室来说你们的孔夫子实在是太聪明了。我说怎么回事呢。他说,他讲的这句话多有道理啊:If you find a job you love, you will never work a day in your life。我就跟他说:谢谢你夸奖我们的孔夫子,不过当时我实在想不起来孔夫子说了这句话。

后来开车回家的时候，我才想到可能是“知之者不如好之者，好之者不如乐之者”这句话。但是今天看起来，我认为可能这句英文的翻译还更贴切一些，在21世纪更能够被更多的人理解。因为如果你真的很爱你的工作，你就不是在工作了，你是在享受了。如果你是在享受的话，你一定会有更多的热情投入，更多的时间投入，更乐意去做更多的工作。到了星期五可能不想回家，到了星期天可能就想来上班了。那么，如果你想比别人做得差，可能都很困难。

我们能看到的是，如果你能找到你的最爱，你的一生都会过得比较快乐。所以各位同学，如果你们还没找到你们的最爱，我的建议是保持一颗好奇的心，多去尝试不同的事情。然后要理解你的专业和你的工作不见得是完全一样的。要多做咨询，了解有什么样的公司，什么样的环境，什么样的工作，你毕业后可以从中选择。如果你在一个你喜欢的专业里面呢，珍惜它，好好地去找一份未来相应的工作。如果是在一个可以选择的十字路口，比如说考研、出国等，这个时候你要好好地去选一个你真正喜欢的专业，而且也许把刚才谈到的跨领域合作的概念借鉴过来。并不是说我过去学的是一个不喜欢的专业，我就要从文科转到理科。也许你可以找到一个更好的跨越的台阶。如果你不喜欢你的专业呢，你也可以在这个专业里面尽量找一个大专业里面的小专业，也许是你比较喜欢的；或者你可以在一个你认为你比较喜欢的专业与你现在不喜欢的专业之间的交叉学科找一些机会。所以不管怎么样，最后能够找到你爱的事情，你就能发挥你的潜力，成为21世纪需要的热爱工作者。

6）积极主动者——In a few hundred years , the most important event those historians will see is that for the first time , people will have a choice. They will have to manage themselves

第六种是积极主动者。这句话是Peter Ducker说的。他说几百年之后，历史学家回顾今天，他们会说这个世纪里最重要的事情，不是互联网，而是人有了选择。有了选择就要积极主动，然后应该学会管理自己。这是最重要的一点，这也就是我们从工业社会转变到现在的信息社会所发生的最重要的事情。一个积极主动者他对自己的一切一定要负责，因为如果你自己不在乎，没有别人会比你更在乎，没有人会比你更知道你想做什么。在来到大学之前，一切都是消极的，是由父母决定的。进入大学之后，要开始对自己的一切负责。不去解决也是一种解决，不做决定其实也是一种决定，这个决定就是让自己走入一个积极而不是消极的方向。

在我出书的时候许多人喜欢让我把他们的座右铭写在书上，当我有时间的时候我也会尽量配合，但是有一句话我是绝对不写的，这句话就是沉默是金。因为在今天的环境里面，每个人都应该合适地推销自己，让别人知道你的成果。因为如果你不表达，那其实别人就会认为你没有思想。当然，在适当的环境里，你才能做适当的表达，并不是要你抢别人的机会，也不是要你过分地做一个出头鸟。但是，如果你有一些想法、有一些思想，就一定要表达出来。

在这个21世纪里，每个人都有想法，都有信息。那些最有信息或者最有想法的人可能会得到很多或者更多的注意。比如说在这次成立Google Camp的时候，有一天，工作人员来找我，说我们对这个Google Camp有一些想法，你觉得怎么样？当时我记得非常清楚的就是我在全国20多个高校做巡回演讲的时候，在那些学校见到了一些非常积极主动的同学。我就跟他说，你去下面四个学校见见曾经主持过我办的活动的同学吧，因为我认为他们是积极主动的，是符合 Google Camp 的精神的。我认为他们会给你很多想法，也许他们会成为我们的 Google Camp 的骨干。所以，如果你们在想，怎么挑到这四个学校的呢，很大的原因就是当时我做巡回演讲的时候，这是四个让我感触最深最积极主动的学校和最优秀的同学。所以这是一个活生生的今天在 Google Camp 成立的时候发生的例子。

可以看到，正是因为当时有这么一批积极主动的同学让我们今天有机会在浙大成立这个 Google Camp。积极主动者，他并不只是积极地等待机会，他还应该积极地把握机会，为自己创造机会。这点可能是中国的学生、中国的员工最应该常常提醒自己的地方。前一阵，我们在中国差不多招了三十多个员工，工作了三四个月。有一天我们在聚会，他们就问我说：开复，你对我们这三十个刚开始的关门弟子有什么建议没有。我的回答是：从技术方面，从对公司的理想、价值观认同以及努力方面，我都非常非常的满意。但是，如果要讲一点我希望你们未来可以做得更好的就是，我希望你们未来能够更加积极主动，要提出你们的想法。

7）乐观向上者——The glass is half full or half empty depending on whether you are pouring in or out

最后我想讲的是乐观向上者。这句话来自美国的一个喜剧演员 Bill Cosby，他是这么说的，我们常说一杯水是一半满的还是一半空的，其实要看你是继续把水注进杯子里，还是把水从杯子里面倒出去。如果你在继续注水的话，你会期望着水位上升；如果你在倒水的话，你会想到很快杯子就会空掉了。其实这告诉我们的是一个人的思想，要看你是一个乐观的人，还是一个悲观的人。如果你是一个乐观向上的人，你会总告诉自己未来会更好。台湾有位企业家叫做张忠谋，他是台基电的董事长，他最近写了一篇文章，我觉得里面有些很有哲理的话。他有个朋友请他提几个字挂在墙上。然后张忠谋就跟他说，我的字写得不好，但是我随便帮你写几个字，然后他就写了“常想一二”这四个字。他朋友说什么叫“常想一二”呢？张忠谋就告诉他说，你没有听过吗？我们都说人生不如意之事十有八九，我要告诉你，常想那剩下的一二比较如意的事情。他说他从小就看了很多大人物的传记，他发现了一个规律，凡是成功者都是受苦受难的。然后他们的生命几乎就是人生不如意事十有八九的真实写照。但是他发现这些人之所以能够成功，就是因为他们保持了正面的思考，通过“常想一二”，他们能够超越苦难。苦难对他们来说反而成了生命中最好的养料，为他们未来的成功做了良好的铺垫。

所以这些成功者在面对苦难时的坚持、乐观和勇气是最重要的。人生的如意或不如意，更重要的不是取决于人生的际遇而是思想的瞬间。所以，人生的真正品质取决于你有没有“常想一二”这种乐观的思维方式，观点反而比这个事实更重要。这是他很有哲理的一篇文章，我想你用 Google 可以搜索得到。

其实在 21 世纪，还有很多其他的理由要做一个乐观向上的人。因为 21 世纪是一个更实时善变的环境，我们尝试的事情会碰到很多很多的失败。我们都听到说 Google 很酷，有一个 20% 的 Project，每一个人都有 20% 的时间做自己想做的事情。但是，如果我们做一个统计，我想一定会发现，这个 20% 自己想做的 Project 绝大多数一定是失败的。如果你没有一个良好的心态，不能客观地说我学到了一个 Lesson 有助于我做下一个项目时，那你很快就会处于一个非常沮丧的心态。所以 Google 公司不但不惩罚失败，还鼓励每个人客观地从失败中爬起来。我们要有一种心态，要认为挫折不是一种惩罚，而是一个学习的机会。

当我回顾我一生的职业生涯，我想我学到最多的绝对不是来源于我的成功。反而是我在读博士的时候被评为最坏的老师，在一个公司做了一个很酷的技术却没有用，导致公司被卖掉、员工失业等等失败的经历让我学到了很多，超过了我在语音识别或者其他领域所取得的成就。所以一定要把握每一个失败的经历，让自己过渡好每一个痛苦的时期。然后要能有正面的思想，要站起来，要正视自己的错误，能够从错误中学习。

最后我做一个总结：在21世纪里面，我们要求认真读书的同学，但是我们更需要创新实践的人才。我们需要每一科的专才，但是我们更需要跨领域合成者。我们需要高智商的人，但是更需要高情商的人。我们要求每一个学生能够高效能地理解，但是未来，你们更应该要求自己能够高效能地沟通。

毕业后，当然要找一个热门的工作，但是更重要的是你要热爱你的工作。不要再继续做一个只会被动听话的学生，而要做一个积极主动的学生。不要只是做一个小心翼翼的人，而要做一个乐观向上的人。

（选自李开复，21世纪最需要的七种人才，http://tieba.baidu.com/f? kz=406680304）

## 训练提升

**一、选择训练**

1. 单选训练

(1)人才素质的基础是(　　)。

A. 德　　B. 智　　C. 体　　D. 美

(2)衡量大学生全面发展的一个重要标准是(　　)。

A. 知识渊博　　B. 品质高尚　　C. 德才兼备　　D. 知行统一

(3)社会主义大学的培养目标是(　　)。

A. 培养德智体等方面发展的人才

B. 培养德智体等方面发展的社会主义建设者

C. 培养德智体等方面发展的社会主义建设者和接班人

D. 培养德智体等方面发展的国家接班人

2. 多项选择训练

(1)我国在加强社会主义精神文明建设过程中，要培育适应社会主义现代化要求的“四有新人”是指(　　)。

A. 有理想　　B. 有道德　　C. 有修养　　D. 有文化

E. 有纪律

(2)加强思想政治修养，提高思想政治素质是现代人的必然要求。下列选项中，属于思想政治修养内容的有(　　)。

A. 社会责任感的修养　　B. 社会主义信念的修养

C. 马克思主义理论修养　　D. 现代科学文化知识修养

E. 政治知识、政治品格修养

## 二、分析训练

1. 天将降大任于斯人也，必先苦其心志，劳其筋骨，饿其体肤，空乏其身，行拂乱其所为，所以动心忍性，曾益其所不能。——孟子

请分析孟子这句话的含义。

2. 要努力造就高素质人才。高素质人才是决定国家和民族前途命运的重要力量，是建设创新型国家的强大依托。希望同学们志存高远，刻苦学习，勤奋钻研，努力成为党和人民事业发展需要的优秀人才。要在深入学习中国特色社会主义理论体系上狠下工夫，努力用马克思主义中国化最新成果武装头脑，牢固树立科学的世界观、人生观、价值观，牢牢把握人生的正确航向。要在提高综合素质上狠下工夫，既努力学习科学知识，又积极陶冶文明素养，既努力增加知识积累，又积极加强品德修养，既努力锻炼强健体魄，又积极培养良好心理素质，真正实现自身的全面发展。要在提高实践本领上狠下工夫，积极参与社会实践，向人民群众学习，磨炼意志，增长才干，切实提高创造能力和创业能力，为今后走上社会、成就事业打下坚实基础。——胡锦涛

试问，大学生应当如何理解和践履胡锦涛总书记在北京大学师生代表座谈会上的讲话？

## 三、问答训练

请简述社会主义“四有”新人的含义。

## 四、论述训练

江泽民在庆祝中国共产党成立八十周年大会上的讲话中指出：“发展社会主义文化的根本任务，是培养一代又一代有理想、有道德、有文化、有纪律的公民。”联系实际阐述如何做适应社会主义现代化要求的“四有”新人。

## 五、践履训练

写一份学习《思想道德修养与法律基础》心得体会（3 000 字左右）。

内容包括：(1)对知识的掌握；(2)对素质的提升；(3)对能力的培养。

# 贯穿全课程的训练项目

## ——践履社会主义核心价值体系

## 项目5.1 时事点评

**素质目标:**提高学生的思想道德素质和法律素质。

**能力目标:**

(1)能运用马克思主义的立场观点和方法分析问题和解决问题,正确认识和评价社会现象。

(2)能较为明确、流利地分析和表达自己的观点。

**知识目标:**掌握和理解马克思主义人生观、价值观、道德观、法制观。

**学习素材:**分析简评内容由学生自定,可以是时事、社会现象,也可以是发生在身边的事。

**训练方式:**每次课的前10分钟,2~3名学生分别自愿上台分析点评,学生分析点评结束后,教师简要归纳。

## 项目5.2 良好行为习惯的养成

**素质目标:**提高思想道德素质和法律素质。

**能力目标:**初步具备正确约束和规范自己行为的能力,自觉养成良好习惯,纠正不良行为。

**知识目标:**巩固人生观、价值观、道德观、法制观的相关知识。

**训练方式:**每个学生选定1~2个自己最想养成的好习惯或者最想纠正的不良习惯,制定出纠改措施,学期结束时,自我评价纠改效果。

## 项目5.3 自建个人档案 提高完善自我

**素质目标:**提高学生的思想道德素质和法律素质,为就业做好充分准备。

**能力目标:**提高专业技能。

**知识目标:**充实理论知识。

**档案内容:**个人简历,学业成绩,获奖(或处分)记录,各种证件(荣誉证书、职业资格证、身份证等)复印件,一份求职信等。

**训练方式:**个人档案从大一入学开始建立,大学期间不断反思,不断充实完善。大学毕业,档案建成,准备就业。

# 参考文献


[1] 李卫红.统一思想 明确任务 扎实工作 高质量实施高校思想政治理论课新课程方案[J].思想理论教育导刊,2006年·增刊.

[2] 罗国杰."思想道德修养与法律基础"课教材的编写过程以及对广大任教教师的几点希望[J].思想理论教育导刊,2006年·增刊.

[3] 吴潜涛."思想道德修养与法律基础"课的性质、逻辑结构与特点[J].思想理论教育导刊,2006年·增刊.

[4] 吴潜涛.《思想道德修养与法律基础》绪论、第一章解读[J].思想理论教育导刊,2006年·增刊.

[5] 陈秉公.《思想道德修养与法律基础》第二章解读[J].思想理论教育导刊,2006年·增刊.

[6] 武东生.《思想道德修养与法律基础》第三章解读[J].思想理论教育导刊,2006年·增刊.

[7] 唐凯麟.《思想道德修养与法律基础》第四、五、六章解读[J].思想理论教育导刊,2006年·增刊.

[8] 陈大文.《思想道德修养与法律基础》有关法制教育内容解读[J].思想理论教育导刊,2006年·增刊.

# 参考文献